高职高专财会专业工学结合实训教材

会计分岗位综合实务训练

主　编　周丽华　游婉瑜
副主编　朱健齐(台湾)　朱晓帆　胡劭颖

厦门大学出版社
XIAMEN UNIVERSITY PRESS
国家一级出版社
全国百佳图书出版单位

前　　言

　　这是一部美丽而丰富的会计岗位实训指导书。它是编写团队近 30 年丰富会计岗位工作经验和高职教学经验积累的结晶。在姜大源教授"基于工作过程系统化"的理论指导下,本教材历时两年时间研究、构思、撰写。本实训教材的出版是高职会计人才培养改革的成果,也是幸福的收获。教材遵循"以就业为导向,以职业为载体的人的全面发展"的理念,工学结合、职业导向,将企业真实会计岗位工作内容充分融入教材,采用项目工作任务驱动法,构建会计岗位工作过程系统化课程实训任务设计。本优质项目化实训教材具有以下特色:

一、教材布局新颖

　　全书由 6 个会计岗位模块,22 个项目任务,以及习题答案、实训材料组成。包括往来会计核算岗位、职工薪酬会计核算岗位、资金筹集核算会计核算岗位、存货核算会计核算岗位、费用会计核算岗位、原始凭证审核岗位。每个会计岗位包括:会计行话、名人名言、岗位工作职责、任务背景、能力目标、任务描述、工作成果要求、实施建议、学习专业知识、主要业务会计核算、励志小故事、参考资料推荐、网中网实训任务、自我提高再训练等内容。教材详细介绍了各会计岗位涉及的相关部门及相关人员,强调了该岗位会计人员应具备的职业素养,并由此带出相关岗位实训任务。每个会计岗位设计的任务由浅入深,由基础认知工作任务、功能性能力培养任务、职业定向工作任务、系统性工作任务、带有问题的特定工作任务组成。特别是原始凭证审核岗位任务十分贴近审核会计岗位工作实际,在全国为首创。本教材所有任务能力要求,有助于学生日后更好地完成相关会计岗位工作任务。

二、教材亮点多

　　1.突出会计岗位,实现岗、教、学、做深度融合

　　教材编写团队经过调研,与企业专家合作研讨梳理出岗位工作特点,通过真实会计岗位工作过程,带入教材中项目任务,提升了本实训教材与岗位深度融合。

　　2.强调素质培养,以期提高人才职业素养

　　俗话说"做事先做人"。会计人员因其工作特性,接触企业的商业秘密多,其诚实守信、忠诚度及工作质量直接影响企业资产的安全与完整。所以会计人员的职业道德素质显得更重要。本教材通过"名人名言"、"励志小故事"、"岗位素养要求"、"会计行话"等,细化岗位工作的

点点滴滴,特别是几个来自台湾民间和海外的励志小故事,寓意深刻,能够在专业技能训练之余,丰富学习者的特质培养,以期提高学习者职业素养。

3.博采知识,引导学生深入思考,提升综合素养

编写团队精心安排教材中每个岗位的专业知识和拓展知识,带动学生在做中学、做中想、做中找、做中询。强调广博知识对于提高专业能力的重要意义。要求会计人应与企业文化及企业发展规划高度融合,丰富专业底蕴,强调以全面发展的理念努力提升个人综合素质,拓宽视野,推进会计岗位工作成效。

4.设计多重训练,强调养成良好职业品格

岗位能力的培养离不开丰富的实践。本教材创新编写方式,大力倡导"工作学习化、学习工作化",每个会计岗位训练由浅到深,由基础认知工作任务到职业定向工作任务,再到系统性工作任务,逐步提高难度,再辅之以厦门网中网会计实训软件训练、自我提高再训练等,多次任务叠加,促进学生主动练习,提高学习兴趣,提升能力。并在实训任务描述、工作成果要求、实施建议模块中详细指导,有助于学生自主学习、不断提高。

三、编写团队优秀,闽台特色鲜明

本教材编写团队充分体现双师结构、闽台合作的鲜明特色。主编周丽华高级会计师具有30年财会管理工作经验,从事财会教学24年,既精通会计岗位工作,又具备财会专业教学改革创新能力,具有良好职业素养;第二主编游婉瑜高级会计师是行业内较有造诣的专家,其丰富的财会管理经验为本教材的编写增色不少;第一副主编朱健齐博士来自台湾技职院校,有5年经济类教学经验和7年企业管理经验,他将从海外学习到的先进职业教育理念引进本教材编写中,形成海峡两岸技职教育创新成果。

四、教学资源丰富,实现院校间协同创新

本教材有配套实训指导书、教学课件、教学进度表、课程考核表、习题集、实训答案、试题集、评价标准等教学资源,答案可自行核对,思考提升,充分满足教师与自学者学习和自我评价需要。本教材编写团队为方便长期研究讨论,特设置 QQ 群,提供研讨平台,由资深双师型教师进行远程指导和答疑解惑。

本教材由周丽华高级会计师、朱健齐博士担任主编,游婉瑜高级会计师、朱晓帆、胡劭颖担任副主编,蔡德静、周洁旎参加编写。本教材聘请中国法学会会员郑耀辉、郑真担任法律顾问。

本教材可作为高职高专财会、税务、审计及经济管理等相关专业的实训课程教材,可对接应用于"会计分岗位实务训练"、"会计综合实务训练"、"财务会计中级实务"课程,也可用于职业中专财会专业学生的教学,更适用于欲掌握会计岗位专业技能的社会各界人士自学使用。

　　为丰富本实训教材岗位训练内容,编者将于2014年对本教材修订再版,同时增加3个会计岗位模块,12个项目任务,敬请期待。由于编写时间仓促,教材中若有不妥之处,恳请批评指正。欢迎征订、欢迎研讨、索取样书。若索取教学资源,请实名加入教材研讨QQ群号:74984915。意见建议请联系编者QQ:1303599352。

编者

2013年6月12日

目　　录

岗位任务一

往来款项核算会计岗位工作任务

　　天将降大任于斯人也,必先苦其心志,劳其筋骨,饿其体肤,空乏其身,行拂乱其所为,所以动心忍性,曾益其所不能。

——(战国)孟子

📄 会计行话:"三角债"

　　如果您是一个制造业老板,那么您在采购原材料时,有时候可能因为资金紧张而只支付了一部分原材料款,也有可能全部的原材料款都没有支付,这样就形成了"应付账款";同样,当您销售产品时,客户方也有可能由于企业资金暂时不够而没有支付全部的货款,形成了"应收账款"。这样的三个企业间的相互交叉的欠款关系在会计界被称为"三角债"。

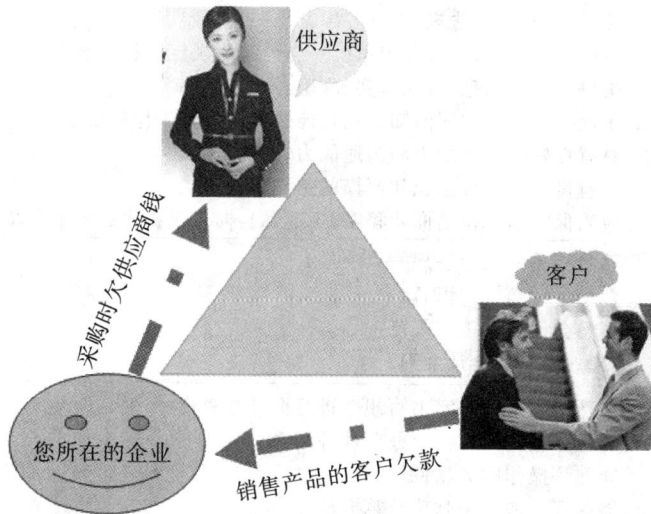

在学习本岗位工作与学习任务之前,让我们一起来了解往来款项核算会计员岗位工作职责。

表 1-1　往来款项核算会计员岗位工作描述

职业岗位工作	往来款项核算岗位
典型岗位称谓	往来款项核算会计(助理会计)
所属部门	财务部(科、处、室)
常关联部门	销售部、采购部
直属上级	财务主管、总账会计
常关联人员	出纳员、销售部开票员
岗位概述	根据单位相关规定,负责对本企业的往来款项进行相关会计核算和管理
岗位职责	1.按有关规定会同有关领导拟订往来款项结算制度 2.办理往来款项的结算业务 3.负责往来款项结算的明细核算 4.负责按规定提取坏账准备 5.负责定期对应收款项进行预警、催收 6.负责定期对往来款项进行核对及清查 7.熟悉本单位的经营和业务管理情况,运用掌握的会计信息和会计方法,为改善往来款项管理、降低资金成本、提高经济效益提出意见、建议 8.办理领导交办的其他事务
岗位职业素养要求	1.遵守职业道德,忠于职守,廉洁奉公,热爱本职工作,努力钻研业务,树立良好的职业品质、严谨的工作作风,严守工作纪律,富有团队合作精神,努力提高工作效率和工作质量 2.熟悉财经法律、法规、规章和国家统一会计制度 3.按照会计法律、法规和国家统一会计制度规定的程序和要求进行会计工作,保证所提供的会计信息合法、真实、准确、及时、完整 4.正确运用自己掌握的知识和技能适应所从事工作的要求 5.具有良好的社交能力和沟通能力、团队合作能力 6.具有良好的服务意识和严谨的工作态度 7.应当保守本单位的商业秘密,不能私自向外界提供或者泄露单位的会计信息
岗位知识要求	1.熟悉相关的法律法规 2.熟悉会计基础知识 3.熟悉会计基础工作规范 4.熟悉《小企业会计准则》
岗位技能要求	1.能熟练运用数码字书写规范进行会计核算 2.能熟练操作计算机及办公软件 3.能熟练操作财务软件 4.能熟练掌握往来款项核算方法 5.能熟练掌握财产清查方法,对往来款项进行清查

在往来款项核算岗位,您将与采购部有密切联系,从采购合同的签订到采购价格监督、付款方式选择、付款核算等,您都应熟悉;此外,您还会与销售部有密切联系,从销售合同的签订到销售折扣、销售优惠政策制定、收款方式选择、收款核算等,您都应认真了解,并及时规范地按规定来完成相关处理;您要按规定防范财务风险,加强往来款项的清查与监督工作,制定相关内部控制制度等。本项目设计了以下学习与工作任务,学习者通过自我训练达到培训其相关岗位能力的目的,以便尽快融入岗位,很好地胜任岗位工作,为企业提高财务管理水平作出贡献。

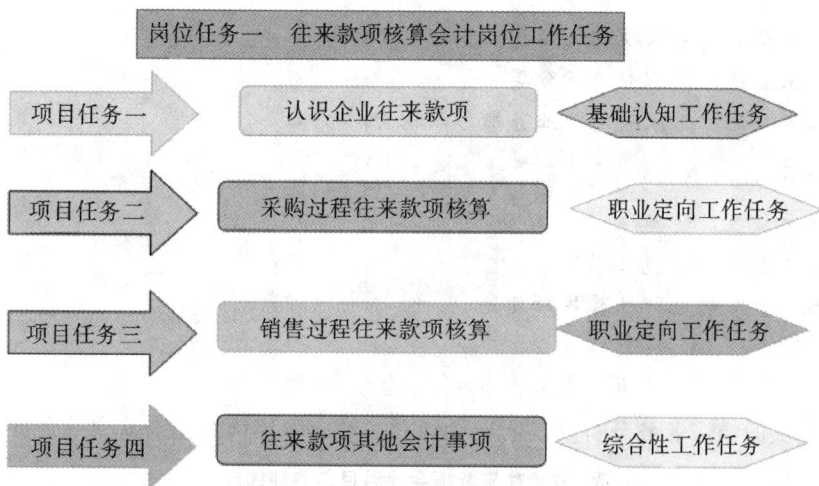

图 1-1　往来款项核算会计岗位任务一览表

项目任务一　认识企业往来款项

历史上所有伟大的成就,都是由于战胜了看来是不可能的事情而取得的。

——卓别林

岗位任务背景

所有企业在正常经营过程中都会产生往来款项,往来款项具有资产的特征也有负债的特性。在企业的供应及采购过程、销售过程,以及其他过程都可能有往来款项发生,其所发生的金额占总资产的比重比较大,所以,往来款项核算与管理在企业财务管理中十分重要。

📋 素质目标

①具备爱岗敬业、实事求是的科学态度

②具有敏锐的职业眼光

③具有企业资产安全意识

④具有一丝不苟、耐心细致的工作作风

⑤具有廉洁自律的素养

📋 能力目标

①能够正确认识往来款项相关经济业务

②能对往来款项经济业务进行分类

③能够正确描述往来款项经济业务所涉及的会计要素

📋 知识目标

①熟悉往来款项的种类

②熟悉往来款项相关规章制度

③掌握往来款项的会计核算基础理论

1.1 任务描述

根据所提供的经济业务分析反映所属会计要素及应归集反映往来款项的会计科目。

表1-2　往来款项会计科目归集训练表

序号	经济业务内容	所属会计要素及增减变动		涉及往来款科目
例示	计提应由本月承担的但尚未支付的水电费	费用增加	负债增加	其他应付款
1	企业在销售产品时根据合同或协议约定预先收取货款			
2	企业在销售产品时根据合同或协议约定收到客户通过银行开出的"商业承兑汇票"			
3	企业在采购原材料时按合同或协议约定预先支付的货款			
4	企业在销售产品时,货已发给客户,尚未收到的货款			
5	企业忘记代扣而先垫付职工个人"五险一金"			
6	企业从职工工资中代扣准备下个月上缴的个人应支付的"五险一金"			

1.2 工作成果要求

(1)在本学习与工作任务中,您应该通过与小组同学分析与讨论,判断出该经济事项反映哪个会计要素,进而分析出该经济业务在哪一个往来款项的会计科目反映。

(2)将分析判断结果填写到相关表格中。

1.3 实施建议

(1)认真阅读本教材中关于往来款项的相关内容

(2)利用课余时间上网或到图书馆查找关于往来款项核算的方法

(3)利用课余时间上网或到图书馆查找关于往来款项有关会计制度规定

(4)与小组同学充分研讨,取得实质性的认识,提高专业技能

(5)对本次任务工作过程及结果的收获与不足进行思考与总结

1.4 学习专业知识

(1)认识往来款项

往来款项是指企业在生产经营过程中发生的各种应收、应付款项及预收、预付款项、应收票据和应付票据。它可能存在各种问题,需要做好内部控制,并在给予准确的认定时把好关。

从图 1-2 可以知道,如果是羊毛衫厂,生产必须从供应与采购过程开始,企业购到原材料后,投入生产;经过生产过程,产品被生产出来,验收合格入库后形成完工的产成品;然后,在销售过程实现销售,得到货币,再进行重复循环。企业在采购过程中,如果没有足够的钱支付,那么可能产生应付款项;当然,在采购过程中,也可能由于提前付款而产生预付款项;也可能由于对方代垫运费或其他费用而产生其他应付款;如果您所在的公司给对方开具了银行承兑汇票或商业承兑汇票,约定在 3 个月或 6 个月支付款项,那么就产生了应付票据。

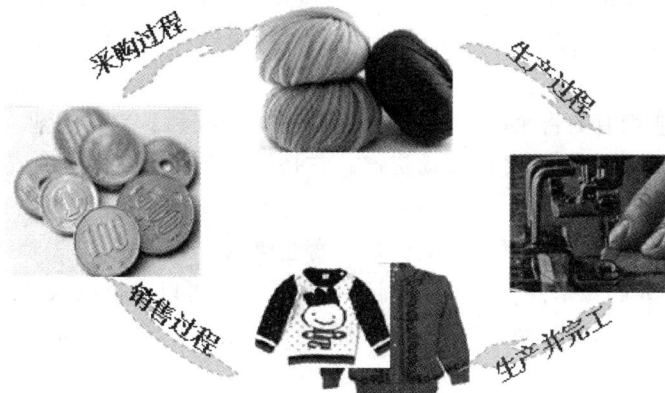

图 1-2　企业生产过程循环图

企业在销售过程中,如果客户公司没有足够的钱支付全部货款,那么可能产生应收款项;当然,在销售过程中,也可能由于对方客户提前付款而产生预收款项;也可能由于您所在的公司为

对方代垫付运费或其他费用而产生其他应收款;如果您的客户资金暂时困难,经协商开具了银行承兑汇票或商业承兑汇票给本公司,约定在 3 个月或 6 个月支付款项,那么就产生了应收票据。

(2)认识往来款项所涉及的会计科目

为全面核算企业经济业务,设置了"应收账款"、"应付账款"、"预收账款"、"预付账款"、"应收票据"、"应付票据"、"其他应收款"和"其他应付款"等科目。

①在采购过程中使用的往来款项会计科目

A. 预付账款

预付账款是核算企业因采购货物或接受劳务以及其他原因,购货单位或个人按合同规定预先支付给供货单位或个人的款项,也包括接受劳务单位或个人在劳务提供前预先支付给劳务提供方的相关款项。它具有资产的特性。

B. 应付账款

应付账款是企业因购买材料、商品和接受劳务等经营活动产生应付而未付的手续费和佣金款项。它是一种负债。

C. 应付票据

应付票据是指企业在商品购销活动和对工程价款进行结算因采用商业汇票结算方式而发生的,由出票人出票,委托付款人在指定日期无条件支付确定的金额给收款人或者票据的持票人,它包括商业承兑汇票和银行承兑汇票。应付票据按是否带息分为带息应付票据和不带息应付票据两种。它具有负债的特性。

②在销售过程中使用的往来款项会计科目

A. 预收账款

预收账款是在企业销售交易成立以前或劳务提供之前预先收取的部分货款或报酬。由于预收款项随着企业销售交易或劳务提供的发生而发生,所以其具有负债的特性。

B. 应收账款

应收账款指企业拥有的将来获取现款、商品或劳动的权利。它是企业在日常生产经营过程中发生的各种债权,是企业重要的流动资产。它是企业在经营过程中形成的债权。

C. 应收票据

应收票据是指企业持有的、尚未到期兑现的商业票据。是一种载有一定付款日期、付款地点、付款金额和付款人的无条件支付的流通证券,也是一种可以由持票人自由转让给他人的债权凭证。应收票据按照到期时间分类可分为短期应收票据和长期应收票据,如无特指,应收票据即为短期应收票据。

③认识其他往来款项会计科目

A. 其他应收款

其他应收款是指企业因业务需要而存在其他单位或个人的保证金,企业内部员工因公或因私借款,应收暂时交付的保证金、押金等各种应收、暂付款项;还包括在财产清查过程中发现相关责任人、责任单位应赔偿的款项；在会计核算的权责发生制背景下，预先支付而应由以后会计期间承担的费用等。也就是指企业在商品交易或提供劳务业务以外发生的各种应收、暂付款项。当企业在垫付职工个人"五险一金"时，也可以应用这个科目来核算。它是企业的一项资产。

②其他应付款

其他应付款是指企业应付、暂收其他单位或个人的款项，如应付租入固定资产和包装物的租金，暂时收到的其他单位或个人存入的保证金、应付其他单位或个人代为垫付费用、暂收所属单位、个人的款项、企业在代扣职工个人"五险一金"时，也可以应用这个科目来核算。在会计核算的权责发生制背景下，预先计提而尚未支付利息等费用也可以采用这个科目进行核算。也就是说，其他应付款是指企业在商品交易或提供劳务业务以外发生的各种应收、暂付款项，包括企业向职工代扣的各种应付应交款项；各种暂收款项，如暂收包装物押金、暂收保证金等。它具有负债的特性。

3.往来款项会计科目归集

表 1-3　往来款项会计科目归集训练表（答案）

序号	经济业务内容	所属会计要素及增减变动		涉及往来款科目
1	企业在销售产品时根据合同或协议约定预先收取货款	资产增加	负债增加	预收账款
2	企业在销售产品时根据合同或协议约定收到客户通过银行开出的"商业承兑汇票"	资产增加	收入增加	应收票据
3	企业在采购原材料时按合同或协议约定预先支付的货款	资产减少	资产增加	应收账款
4	企业在销售产品时，货已发给客户，尚未收到的货款	收入增加	资产增加	应收账款
5	企业忘记代扣而先垫付职工个人"五险一金"	资产减少	资产增加	其他应收款
6	企业从职工工资中代扣准备下个月上缴的个人应支付的"五险一金"	资产增加	负债增加	其他应付款

在训练题 1 中，企业销售产品时根据合同或协议约定预先收取货款，属于他人资产，如果没有履行合同或协议，这些款项应归还，所以负债增加了（预收账款增加）。

在训练题 2 中，企业在销售产品时根据合同或协议约定收到客户通过银行开出的"商业承兑汇票"，企业的产品已经实现销售也就是货物已经转移了，实现收入，可是货款尚未收到，资产被占用了，所以是一项收入增加，一项资产增加（应收票据增加）。

在训练题 3 中，企业在采购原材料时按合同或协议约定预先支付的货款，这项业务是在原材料尚未到达时，先支付了款项，所以是资产减少了，而应收款项增加了，如果供货商没有发货或无货可以提供，企业可以收回这笔款项。

在训练题 4 中，企业在销售产品时，货已发给客户，尚未收到货款，这就形成了应收账款，一方面收入增加，另一方面货款没有收到，形成应收账款增加。

在训练题 5 中,企业忘记代扣而先垫付职工个人"五险一金",这项目经济业务属于资产先垫付,也就是说,本来要员工自己支付的,因为没有代扣,而用企业的资金先帮员工交了,形成了一项资产减少,另一项资产增加。

在训练题 6 中,企业从职工工资中代扣准备下个月上缴的个人应支付的"五险一金",这一项目负债增加了,也就是应付款项增加,银行存款同时增加,也就是资产增加。

◎ 励志小故事

夏虫不可以语冰

有一天,孔子的一个学生在门外扫地,来了一个客人问他:"您是谁啊?"

学生很自豪地说:"我是孔夫子的弟子!"

客人就说:"那太好了,我能不能请教您一个问题?"

学生高兴地说:"可以啊!"他心想:他大概是要问什么奇怪的问题吧?

客人问:"一年到底有几季啊?"

学生心想:这种问题还要问吗?于是回答道:"春、夏、秋、冬四季。"

客人摇摇头说:"不对,一年只有三季。"

"哎,您弄错了,四季!"

"三季!"

最后两个人争执不下,就决定打赌:如果是四季,客人向学生磕三个头;如果是三季,学生向客人磕三个头。学生心想自己这次赢定了,于是准备带客人去见孔子。正巧这时孔子从屋里走出来,学生上前问道:"老师,一年有几季啊?"孔子看了一眼客人,说:"一年有三季。"这个学生快吓晕了,可是他不敢马上问。客人马上说:"磕头,磕头!"学生没办法,只好乖乖磕了三个头。

客人走了以后,学生迫不及待地问孔子:"老师,一年明明有四季,您怎么说三季呢?"

孔子说:"你没看到刚才那个人全身都是绿色的吗?他是蚂蚱,蚂蚱春天生,秋天就死了,他从来没见过冬天,你讲三季他会满意,你若讲四季,跟他说到晚上都讲不通。你吃亏,磕三个头,无所谓。"

这个故事不管是真是假,对我们都非常有用。只要您会用,您可以多活十年!我有很多朋友听我讲了这个故事后,变得很开心,碰到都跟我说,以前看到那些不讲理的人会生气,现在不会了,心想那是"三季人",就不往心里去了。对任何人任何事,当您要发脾气时,当您情绪很不稳定时,您就想那是"三季人",想那是"三季人"做的事,马上就会心平气和了。

夏虫不可以语冰。您跟夏天的虫讲冰,那是您糊涂啊!

◎ 参考资料推荐

《小企业会计准则》(中华人民共和国财政部 2011 年 10 月 18 日财会〔2011〕17 号)

◎ 网中网软件训练

请熟悉厦门网中网软件有限公司"会计分岗位核算"模块——往来会计岗位相关介绍

往来会计岗位职责介绍及实务操作

课件

模拟学生实训

下载 打印

往来会计岗位常用单证介绍及演示

课件

模拟学生实训

下载 打印

◎ 课后自我提高再训练

请完成实训岗位任务 1.1

项目任务二　　采购过程往来款项核算

能力强的人通常自尊心也很强,更有甚者,觉得什么都是自己对,这就容易演变成傲慢。

——李东生(TCL 董事长、CEO)

📋 任务背景

一个朋友办了一个小型私营企业,经营两年了,聘请了一个兼职会计,做的账比较乱,请我去瞧瞧。到了公司,了解一些情况后,我问他们,你们公司哪位负责采购? 他们说:老板、老板的太太、老板的儿子以及员工都在买东西,当他们哪位感觉需要用东西而公司没有时,就立马去附近超市买,然后来报账。我当场笑了,这就好像一个温馨的大家庭一样,不是一个企业应有的采购方式呀。

　　一个企业,不论大小,要有分工,要有企业架构,要有岗位职责,要有内部牵制制度,只有这样才能进行管理,实现良性循环。可是我的许多就业多年的学生经常通过 QQ 对我说:"老师,我们遇到的私营企业都是这样的呀,我们也没办法呀。"

　　如果您是一位称职的会计人员,那么,您有义务向老板宣传相关财务管理知识。相信通过耐心、不厌其烦、和颜悦色地多次宣传,您的合理化建议会被采纳,老板会很欣赏、很感谢您的。

📑 素质目标

① 具有爱岗敬业、实事求是的科学态度
② 具有敏锐的会计职业眼光
③ 具有企业资产安全意识,保守企业内部商业秘密
④ 具有一丝不苟、耐心细致的工作作风
⑤ 具有廉洁自律,不谋私利的职业道德

📑 能力目标

① 能够正确理解和分析判断采购过程往来款项经济业务
② 能够正确应用采购过程往来款项会计科目
③ 能够按规定对采购过程往来款项进行会计核算

📑 知识目标

① 熟悉采购过程往来款项所涉及的会计科目
② 掌握采购过程往来款项所涉及的会计核算方法

2.1 任务描述

(1)根据所提供资料对采购过程往来款项进行核算
(2)对实训任务一所提供的信息进行分析后编制会计分录

2.2 工作成果要求

在本学习与工作任务中,您应该完成以下工作:

(1)能够如实准确地反映所提供经济业务的会计分录

(2)根据记账凭证填写规范正确填写反映所提供经济业务的记账凭证

(3)记账凭证书写清晰,要素完整,内容正确

2.3 实施建议

(1)认真阅读本教材中关于采购过程往来款项的相关内容

(2)上网或到图书馆查找关于采购过程往来款项核算的方法

(3)上网或到图书馆查找关于采购过程往来款项有关会计制度规定

(4)与同学坦诚沟通,互相审核并评价,交流专业知识,帮助同学,提升自己的能力,对采购过程往来款项核算与管理进行思考

(5)对本次项目任务工作过程及结果的收获与不足进行思考与总结

2.4 学习专业知识

(1)认识采购过程

如图 1-3 所示,制造业企业生产经营过程是由资金投入的资金筹集过程、采购过程、生产过程、销售过程形成,这些过程互相衔接,不可断裂,无限循环反复,直到企业关闭。

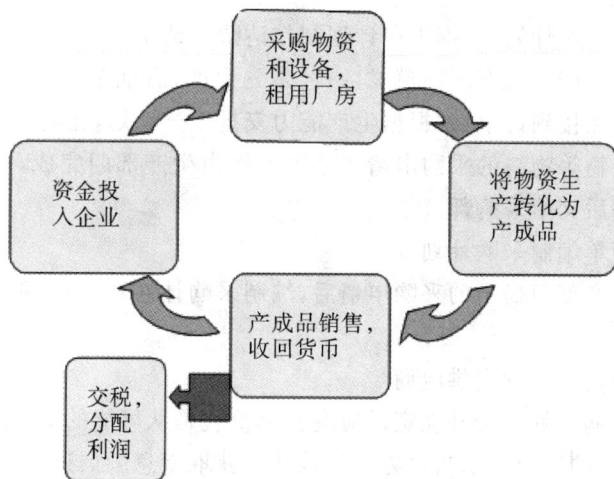

图 1-3　制造业企业生产经营过程流程图

采购过程又称供应过程,是制造业企业生产过程的起点。采购过程包括企业从请购、采购计划拟订、采购询价、确定供应单位、采购合同签订到采购材料进场的全过程,如图1-4。

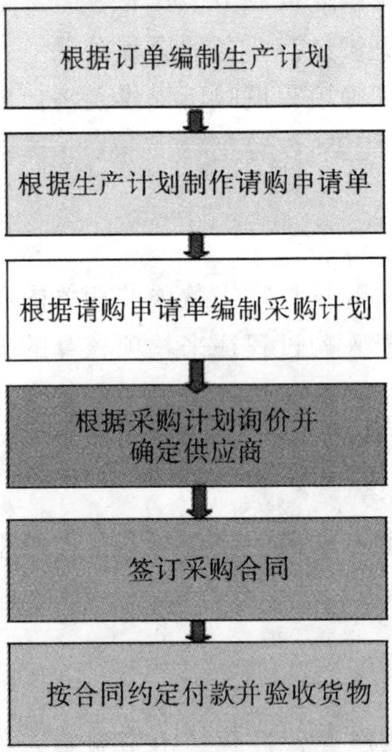

```
┌─────────────────────────┐
│   根据订单编制生产计划    │
└─────────────────────────┘
            │
            ▼
┌─────────────────────────┐
│ 根据生产计划制作请购申请单 │
└─────────────────────────┘
            │
            ▼
┌─────────────────────────┐
│ 根据请购申请单编制采购计划 │
└─────────────────────────┘
            │
            ▼
┌─────────────────────────┐
│   根据采购计划询价并      │
│     确定供应商           │
└─────────────────────────┘
            │
            ▼
┌─────────────────────────┐
│     签订采购合同          │
└─────────────────────────┘
            │
            ▼
┌─────────────────────────┐
│ 按合同约定付款并验收货物  │
└─────────────────────────┘
```

图1-4 采购工作流程图

①根据订单编制生产计划、根据生产计划制作请购申请单

制造业企业安排生产大致有两种模式,一种是先生产,后推销产品;另一种是根据订单来安排生产。一般企业在接到订单后,根据生产能力安排生产计划,在制订生产计划后提出对原材料、辅助材料、包装物等物料的采购申请。这项工作由生产部门完成,由分管生产的厂长或副厂长或总经理定稿后交给采购部。

②根据请购申请单编制采购计划

采购部在接到生产部门提出的采购申请后,编制采购计划,安排采购人员着手各阶段采购准备及实施工作。

③根据采购计划询价并确定供应商

采购人员根据采购计划询价并确定供应商。询价就是从可能的卖方那里获得谁有资格完成工作的信息,该过程的专业术语叫供方资格确认。获取信息的渠道有:招标公告、行业刊物、互联网等媒体、供应商目录等。通过询价获得供应商的投标建议书。

在供应单位选择这个阶段根据既定的评价标准选择一个供应商。评价方法有以下几种:

A. 合同谈判：双方澄清见解，达成协议。这种方式也叫"议标"。

B. 加权方法：把定性数据量化，将人的偏见影响降至最低程度。这种方式也叫"综合评标法"。

C. 筛选方法：为一个或多个评价标准确定最低限度履行要求。如最低价格法。

D. 独立估算：采购组织自己编制"标底"，作为与供应商报价比较的参考。

一般情况下，要求参与竞争的供应商不得低于三个。选定供应商后，经谈判，买卖双方签订合同。这样做的目的是节约采购成本。

④签订采购合同

选定供应商后，经谈判，买卖双方签订合同。采购合同的签订应严格按《中华人民共和国合同法》规定进行详细约定，以维护企业权益。

⑤按合同约定付款并验收货物

签订采购合同时，付款方式是多样的，企业可能预先支付一些货款，也可能在收到货物后才支付货款。结算方式的不同影响财务部款项支付计划。所以，采购部每签订一份采购合同后，应复印一份给财务部相关会计人员，以方便安排资金和审批付款。

在货物的验收环节，仓库管理人员或生产车间相关人员应负责任地认真根据合同约定来验收货物，对规格、数量、质量等所有指标进行认真核对，确信无误后方可签收入库单。采购部每签订一份采购合同后，也应复印一份给仓库相关人员，以方便验收时核对。

2. 认识采购过程往来款项所涉及的会计科目

在采购过程中或接受劳务过程中，如果您所在的企业没有足够的钱支付，那么可能产生应付款项；当然，在采购过程或接受劳务过程中，也可能由于提前付款而产生预付账款；也可能由于对方代垫付运费或其他费用而产生其他应付款。为全面核算企业的经济业务，设置"应付账款"、"预付账款"、"应付票据"和"其他应付款"等科目。

①在采购过程中设置的往来款项会计科目

A. 应付账款

应付账款是企业因购买材料、商品和接受劳务等经营活动产生应付而未付的款项。它是一种负债。

借方	应付账款	贷方
核算已偿还的款项		核算因购买材料、商品应付未付款项
		反映尚未偿还的款项

B. 预付账款

预付账款是核算企业因采购货物原材料或用品，按合同规定预先支付给供货单位或个人的款项。它具有资产的特性，属于资产类会计科目。

借方	预付账款	贷方
核算因采购材料预先支付的款项	核算收到材料后冲减的款项	
反映预先支付的款项		

C. 应付票据

应付票据是指企业在商品购销活动中和对工程价款进行结算因采用商业汇票结算方式而发生的,由出票人出票,委托付款人在指定日期无条件支付确定的金额给收款人或者票据的持票人。它包括商业承兑汇票和银行承兑汇票。应付票据按是否带息分为带息应付票据和不带息应付票据两种。它具有负债的特性,属于负债类会计科目。企业应设置"应付票据"备查账簿进行逐笔登记。

借方	应付票据	贷方
核算实际支付的银行汇票款	核算采购过程中开出的银行汇票款	
	反映应付而未付的银行汇票款	

D. 其他应付款

其他应付款是指企业应付、暂收其他单位或个人的款项,如应付租入固定资产和包装物的租金,暂时收到的其他单位或个人存入的保证金,应付其他单位或个人代为垫付费用,暂收所属单位、个人的款项,各种暂收款项,如暂收包装物押金、暂收保证金等。它具有负债的特性。

借方	其他应付款	贷方
核算支付的各种其他应付款项、暂收款项	核算发生的各种其他应付款项、暂收款项	
	反映应付而未付的其他应付款项	

② 采购过程中结算方式与相关经济业务会计核算

企业在采购或接受劳务过程中,采用的结算方式包括以下几种:

A. 一次性支付所有采购货款

[例 1-2-1]漳州兴达羊毛衫厂 2012 年 12 月 5 日向江苏吴江三峡纺织厂采购羊毛、兔毛原材料,货款共 30 000 元,增值税 5 100 元,所有款项从银行电汇支付。

借:原材料　　　　　　　　　　　　　　　　　　　　　　　　30 000
　　应交税费——应交增值税(进项)　　　　　　　　　　　　　　5 100
　贷:银行存款　　　　　　　　　　　　　　　　　　　　　　　　　　35 100

B. 部分支付货款,部分款项暂欠

[例1-2-2]漳州兴达羊毛衫厂 2012 年 12 月 15 日向江苏吴江三峡纺织厂采购羊毛线、兔毛线原材料,货款共 20 000 元,增值税 3 400 元,从银行电汇支付 13 400 元,其余款项暂欠。

借:原材料	20 000	
应交税费——应交增值税(进项)	3 400	
贷:银行存款		13 400
应付账款——江苏吴江三峡纺织厂		10 000

C. 赊欠所有货款

[例1-2-3]漳州兴达羊毛衫厂 2012 年 12 月 18 日向江苏吴江三峡纺织厂采购羊毛线、兔毛线原材料,货款共 40 000 元,增值税 6 800 元,因资金紧张,这笔原材料款项暂欠。

借:原材料	40 000	
应交税费——应交增值税(进项)	6 800	
贷:应付账款——江苏吴江三峡纺织厂		46 800

D. 预先支付部分或全部货款

[例1-2-4]漳州兴达羊毛衫厂 2012 年 12 月 20 日向山东合肥得明纺织厂从银行预付原材料采购款 15 000 元。

借:预付账款——山东合肥得明纺织厂	15 000	
贷:银行存款		15 000

E. 从银行支付前欠所有货款

[例1-2-5]漳州兴达羊毛衫厂 2012 年 12 月 22 日从银行支付前欠江苏吴江三峡纺织厂的原材料款。

借:应付账款——江苏吴江三峡纺织厂	10 000	
贷:银行存款		10 000

F. 采购原材料,开出商业承兑汇票,6 个月后支付

[例1-2-6]漳州兴达羊毛衫厂 2012 年 12 月 25 日向江苏吴江三峡纺织厂采购羊毛线、兔毛线原材料,货款共 60 000 元,增值税 10 200 元,因资金紧张,开出商业汇票,承诺 6 个月后支付。

借:原材料	60 000	
应交税费——应交增值税(进项)	10 200	
贷:应付票据——应付江苏吴江三峡纺织厂		70 200

G. 商业承兑汇票到期支付

[例1-2-7]漳州兴达羊毛衫厂于 6 个月前向江苏吴江三峡纺织厂采购羊毛线、兔毛线原材料,2012 年 12 月 25 日商业汇票到期支付。

借:应付票据——应付江苏吴江三峡纺织厂	70 200	
贷:银行存款		70 200

H. 银行承兑汇票到期无款支付,转为银行借款

[例 1-2-8] 漳州兴达羊毛衫厂于 6 个月前向江苏吴江三峡纺织厂采购羊毛、兔毛原材料，银行承兑汇票到期无款支付，转为借款，总金额为 90 000 元。

　　借：应付票据——应付江苏吴江三峡纺织厂　　　　　　　　　90 000

　　　贷：短期借款——****银行　　　　　　　　　　　　　　　　　　90 000

需要提醒的是，所有核算都必须细化到相关明细科目，会计分录不能只写到总账科目，而应详细写明往来单位名称，以方便对账及催讨货款。

（3）采购过程往来账簿的登记

应付账款作为企业的一项流动负债，也要进行明细核算，如果没有进行明细核算，那么，就不能查清这笔应付款到底要支付给哪家公司。企业根据所有在采购过程中存在欠款的供应单位设置明细账进行登记，每个单位单独采用一页或多页账页，每个月末，将应付账款所有明细账余额加起来与总分类账中的应付账款余额进行核对，当它们相等时，表明明细账的记录是对的。

年		凭证		摘要	借方								贷方								借或贷	余额								核对
月	日	种类	号数		十	万	千	百	十	元	角	分	十	万	千	百	十	元	角	分		十	万	千	百	十	元	角	分	

图 1-5　应付账款明细账格式

（4）应付账款账龄分析

诚信经营才能使企业走得更远。通过对应付账款账龄分析，可以了解企业应付账款所欠的时间长短，了解资金需求，提前筹集资金，为守护企业诚信采取适当有效的应对措施。

应付账款账龄分析表（一）主要分析应付款超过合同约定期限的情况。

表 1-4　应付账款分析表(一)

截止至：　　年　　月　　日　　　　　　　　　　单位：元

应付款明细账户名称	账面余额	未过期金额	已过期金额					
			1年以上	2年以上	3年以上	4年以上	5年以上	……

制表人：　　　　　　　　　　　　　　　　审核人：

表 1-5　应付账款分析表(二)

截止至：　　年　　月　　日

应付账款	账龄账户数量	金额（元）	占应收款总额的比重%
信用期内			
超过信用期1年以上			
超过信用期2年以上			
超过信用期3年以上			
超过信用期4年以上			
……			
应付账款总额			

制表人：　　　　　　　　　　　　　　　　审核人：

　　需要特别说明的是,企业可以根据会计核算的重要性原则,选定期末数据比较大的往来账户进行账龄分析,以满足会计信息使用者的需要以及财务管理决策的需要。

◎ 励志小故事

水上漂的功夫

　　有一个博士被分配到一家研究所工作,成为所里学历最高的人。有一天,他到单位后面的小池塘去钓鱼,正好正副所长分别在他的左右两边,也在钓鱼。他只是对他们微微点了点头,算是打过招呼了,心想:和这两个本科生,有啥好聊的呢?不一会儿,正所长放下钓竿,伸伸懒腰,"蹭蹭蹭"地从水面上如飞地走到对面上厕所。博士惊讶得眼珠子都快掉下来了。水上漂?不会吧?正所长上完厕所回来的时候,同样也是"蹭蹭蹭"地从水上走回来。这是怎么回事?博士心里很好奇又不好去问,因为自己是博士啊!

过了一阵子,副所长也站起来,走几步,"蹭蹭蹭"地走过水面上厕所。这下博士惊讶得差点昏倒:不会吧,到了一个江湖高手集中的地方?

博士也内急了。这个池塘两边有围墙,要到对面厕所得绕 10 分钟的路,而回单位上又太远,怎么办?博士还是不愿意去问两位所长,憋了半天后,也起身往水里走,心想:我就不信本科生能过的水面,我博士不能过。

只听"扑通"一声,博士栽到了水里。两位所长将他拉了出来,问他为什么要下水。博士说:"为什么你们可以走过去呢?"

两位所长相视一笑:"这池塘里有两排木桩,由于这两天下雨涨水正好在水面下。我们都知道这些木桩的位置,所以可以踩着桩子过去。你怎么不问一声呢?"

温馨提示:

学历代表过去,学习力才代表将来。尊重经验的人才能少走弯路。"三人行必有我师",一个优秀的职场人,应该是终身学习的人。当然,要学习理论知识,更需要不断丰富实践和提升技能。

◎ 参考资料推荐

《中华人民共和国合同法》(1999 年 3 月 15 日第九届全国人民代表大会第二次会议通过)

◎ 网中网软件训练

请完成厦门网中网软件有限公司"会计分岗位核算"模块——往来会计岗位实训1.2

往来会计岗位实训4 应付账款处理	往来会计岗位实训5 应付票据会计处理	往来会计岗位实训6 其他负债往来业务会计处理
实训	实训	实训
模拟学生实训	模拟学生实训	模拟学生实训
下载 打印	下载 打印	下载 打印

◎ **课后自我提高再训练**

请完成实训岗位任务1.2

项目任务三　销售过程往来款项核算

衡量一个人的真正品格,是看他在知道没人看见的时候干些什么。

——(法国)孟德斯鸠

📑 任务背景

　　许多私营企业老板,他们在努力地做生意,希望把事业做得更大,赚更多的钱。可是,一天天过去了,原本投入的资金一点点从自己的手中流失,好几个月了,才想起,张三欠我货款10万元,李四欠我货款12万元……直到从会计报表中发现,当总资产700万元时,应收账款竟然占用了300万元! 这是怎样的一种风险啊! 通俗地说,就是您所在的企业或您所拥有的企业资金被客户占用,您所发商品或产品只有挂在账上的收入没有广义现金的流入。

　　如果您是一位会计,一位往来核算岗位的会计,当您发现这种情形时,应及时向财务部经理、老板报告,然后,您自己要制订催款计划,提出应对方案和改进措施,在总经理的支持下,组织销售部与财务部相关人员共同致力完成应收账款的核对与催收工作,防范财务风险,提高往来款项管理水平,加速资金流入。

📑 素质目标

❶具有爱岗敬业、实事求是的科学态度

❷具有敏锐的会计职业眼光

❸具有企业资产安全意识,保守企业内部商业秘密

❹具有一丝不苟、耐心细致的工作作风

❺具有廉洁自律,不谋私利的职业道德

📑 能力目标

❶能够正确理解和分析判断销售过程往来款项经济业务

②能够正确应用销售过程往来款项会计科目
③能够按规定对销售过程往来款项进行会计核算

📑 知识目标

①熟悉销售过程往来款项所涉及的会计科目
②掌握销售过程往来款项所涉及的会计核算方法

3.1 任务描述

(1)根据所提供资料对销售过程往来款项进行核算
(2)对所提供的经济业务进行分析后编制会计分录
(3)将相关会计分录按规定填写在所提供的空白记账凭证上

3.2 工作成果要求

在本学习与工作任务中,您应该完成以下工作:
(1)能够如实准确反映所提供经济业务的会计分录
(2)根据记账凭证填写规范正确填写反映提供经济业务的记账凭证
(3)记账凭证书写清晰、要素完整、内容正确

3.3 实施建议

(1)认真阅读本教材中关于销售过程往来款项的相关内容
(2)上网或到图书馆查找关于销售过程往来款项核算的方法
(3)上网或到图书馆查找关于销售过程往来款项有关会计制度规定
(4)与同学坦诚沟通,互相审核并评价,交流专业知识,帮助同学,提升自己的能力,对采购过程往来款项核算与管理进行思考
(5)对本次任务工作过程及结果的收获与不足进行思考与总结

3.4 学习专业知识

(1)认识销售过程

产品销售过程是通过对企业生产产品的销售,收回货款来实现企业产品价值的过程,是产品进入流通阶段,也是企业的生产耗费通过市场取得补偿并实现利润的阶段。在产品销售过程中,企业要确认产品销售收入的实现,与购买单位签订购销合同,办理结算,收回货款;结转产品销售成本;支付产品销售费用;计算和交纳产品销售税金;确定产品销售利润。上述业务便构成了企业产品销售过程业务核算的主要内容。这里主要学习在销售过程中往来款项核算与管理。

（2）认识销售过程往来款项所涉及的会计科目

企业在销售产品或提供劳务过程中，如果客户没有足够的钱支付，那么可能产生应收账款；当然，在采购原材料或接受劳务过程中，也可能由于客户提前付款而产生预收账款；也可能由于为对方代垫付运费或其他费用而产生其他应收款。为全面核算企业经济业务，设置"应收账款"、"预收账款"、"应收票据"和"其他应收款"等科目。

（3）在销售过程中设置的往来款项会计科目

①应收账款

该账户属于资产类账户，主要用来核算和监督企业因销售产品而向购买单位收取货款的结算情况。账户借方登记由于销售产品而发生的应收账款，贷方登记已收回的应收账款。期末余额在借方，表示尚未收回的应收账款数额；如果期末在贷方，则表示多收的应收账款数额，相当于预收账款。

该账户按购买单位设置明细账户，进行明细分类核算。该账户具有资产的特性，"应收账款"属于资产类会计科目。本科目应当按照购买单位（或个人）进行明细核算。

借方	应付账款	贷方
核算销售产品尚未收回的款项	核算客户偿还的款项	
反映尚未收回的款项	反映客户多付的款项	

②预收账款

当企业预收购买单位货款的时候，应设置"预收账款"账户，用来核算和监督企业预收货款的发生及偿付情况。该账户借方登记因提供产品或劳务抵偿的预收货款数额，贷方登记已收到的预收货款数额。期末余额在贷方，表示尚未用产品或劳务偿付的预收账款数额。

该账户应按购买单位设置明细账并进行明细分类核算。该账户具有负债的特性。本科目应当按照购买单位（或个人）进行明细核算。

借方	预收账款	贷方
核算应收货款数额	核算已收到的预收货款数额	
	反映预先收到的款项	

③应收票据

该账户用来核算和监督购货单位开出的银行汇票的结算情况。账户借方登记企业收到购货单位开出的票据数额，贷方登记收到到期购货单位购货款项数额。期末账户如有余额，则在借方，表示尚未到期票据的应收款项。

该账户具有资产的特性。企业为详细了解应收票据的结算情况,应设置"到期应收票据备查簿",逐笔登记每笔应收票据的详细相关信息。本科目应当按照应收款项目和对方单位(或个人)进行明细核算。

借方	应收票据	贷方
核算收到购货单位开出的票据数额	核算收到到期购货单位购货款项	
反映收到购货单位开出票据数额		

④其他应收款

其他应收款是企业应收款项的另一重要组成部分。其他应收款科目核算企业除买入返售金融资产、应收票据、应收账款、预付账款、应收股利、应收利息、应收代位追偿款、应收分保账款、应收分保合同准备金、长期应收款等以外的其他各种应收及暂付款项。其他应收款通常包括暂付款,是指企业在商品交易业务以外发生的各种应收、暂付款项。

销售过程中产生的其他应收款是指企业在这一过程中为购货单位代垫付运费或垫付其他费用而产生其他应收款,它具有资产的特性。本科目应当按照其他应收款的对方单位(或个人)进行明细核算。

借方	应付账款	贷方
核算销售过程中代垫付各种款项、个人借款、应收赔偿款和应收代垫款等	核算发生的各种其他应付款项、暂收款项	
	反映应付而未付的其他应付款项	

企业在经济活动过程中发生往来结算,通过其他应收款科目进行核算的业务主要包括:备用金,是企业预付给职工和企业内部有关单位作差旅费、零星采购、零星开支等用途的款项;应收的各种赔款、罚款,如因职工失职造成一定损失而应向该职工收取的赔款,因企业财产等遭受意外损失而应向有关保险公司收取的赔款等;应收出租包装物租金;应向职工收取的各种垫付款项,如为职工垫付的水电费、应由职工负担的医药费、房租费等;存出保证金,如租入包装物支付的押金;预付账款转入;购买股票后应收的包括在股票价格中的已宣告发放的股利(或者在"投资收益"中计入);其他各种应收、暂付款项。

(4)销售过程中的结算方式与相关经济业务会计核算

企业在销售过程中或提供劳务过程中,采用的结算方式包括:一次性支付所有销售货款的钱货两清结算方式,这是所有卖家最希望的结算方式;购货单位部分支付货款,部分款项暂欠的结算方式;购货单位赊欠所有货款的结算方式,这是所有卖家最不希望出现的结算方式;购货单位预先支付部分货款的结算方式,这也是所有卖家最想要的结算方式,当然,这种结算方式的前提是销售企业的产品十分抢手;购货单位开出商业汇票,承诺几个月后支付,这种结算方式在欠款前提下是最安全的,因为到期时,银行是一定会兑现现金的。这么多种形式的结算方式带来了不同的会计处理。详见以下例子。

A. 一次性支付所有销售货款

[例1-3-1]漳州兴达羊毛衫厂2012年12月3日向上海第三百货公司销售羊毛衫、兔毛衫,货款共30 000元,增值税为5 100元,从银行收到购货单位汇来的所有款项。

```
借:银行存款                                    35 100
  贷:主营业务收入                                      30 000
     应交税费——应交增值税(销项)                         5 100
```

B. 销售产品,购货单位部分支付货款,部分款项暂欠

[例1-3-2]漳州兴达羊毛衫厂2012年12月11日向广州白马丽丽服装批发公司销售羊毛衫、兔毛衫,货款共20 000元,增值税为3 400元,购货单位从银行电汇支付13 400元,其余款项暂欠。

```
借:银行存款                                    13 400
  应收账款——广州白马丽丽服装批发公司              10 000
  贷:主营业务收入                                      20 000
     应交税费——应交增值税(销项)                         3 400
```

C. 销售产品,购货单位赊欠所有货款

[例1-3-3]漳州兴达羊毛衫厂2012年12月15日向上海第三百货公司销售羊毛衫、兔毛衫,货款共40 000元,增值税为6 800元,因购货单位资金紧张,这笔款项全部暂欠。

```
借:应收账款——上海第三百货公司                  46 800
  贷:主营业务收入                                      40 000
     应交税费——应交增值税(销项)                         6 800
```

D. 购货单位预先支付货款

[例1-3-4]漳州兴达羊毛衫厂2012年12月18日收到广州白马丽丽服装批发公司从银行汇来预付购产品款25 000元。

```
借:银行存款                                    25 000
  贷:预收账款——广州白马丽丽服装批发公司                  25 000
```

E. 从银行支付前欠货款

[例1-3-5]漳州兴达羊毛衫厂2012年12月20日从银行收到上海第三百货公司上个月所欠货款60 000元。

```
借:银行存款                                    60 000
  贷:应收账款——上海第三百货公司                         60 000
```

F. 销售产品,购货单位开出商业汇票,承诺9个月后支付

[例1-3-6]漳州兴达羊毛衫厂2012年12月26日向广州白马丽丽服装批发公司销售羊毛

衫、兔毛衫,货款共 60 000 元,增值税为 10 200 元,因购货单位资金紧张,开出商业汇票,承诺 9 个月后支付。

借:应收票据——广州白马丽丽服装批发公司　　　　　　　　70 200
　　贷:主营业务收入　　　　　　　　　　　　　　　　　　　　　　　60 000
　　　　应交税费——应交增值税(销项)　　　　　　　　　　　　　10 200

G. 从银行收到期的商业汇票

[**例 1-3-7**]漳州兴达羊毛衫厂 2012 年 12 月 26 日从银行收到广州白马丽丽服装批发公司 6 个月前开出到期的商业汇票 50 000 元。

借:银行存款　　　　　　　　　　　　　　　　　　　　　　　　50 000
　　贷:应收票据——广州白马丽丽服装批发公司　　　　　　　　　　50 000

(5)应收票据备查簿登记

***公司应收票据登记簿(一)

收票日期	票 据 基 本 情 况						出票人单位联系人	
	票据号	出票人名称	出票日	到期日	票面金额(元)	票据相关银行	姓名	联系电话
年月日			年月日	年月日				

图 1-6　应收票据备查账簿参考格式(一)

***公司应收票据登记簿(二)

单位:元

收票日期	票 据 基 本 情 况					贴现		承兑		转让		经办人签章	备注
	票据号	出票人名称	出票日	到期日	票面金额	日期	净额	日期	金额	日期	被背书人名称		

图 1-7　应收票据备查账簿参考格式(二)

　　为加强对应收票据的管理,方便对票据到期日的了解,企业应设置应收票据备查簿登记进行逐笔登记。财务部往来会计核算岗位人员应经常查阅,及时办理承兑等相关手续。

　　①应收账款明细核算

　　应收账款作为企业的一项流动资产,一定要进行明细核算,如果没有进行明细核算,那么,您就不能查清这笔应收款到底要向哪个公司收取。企业根据所有存在欠款的购货单位设置明细账进行登记,每个单位单独采用一页或多页账页,每个月末,将应收账款所有明细账余额加起来与总分类账中的应收账款余额进行核对,当它们相等时,说明明细账的记录是对的。

广州白马丽丽服装批发公司应收账款明细账

年		凭证		摘要	借方									贷方									借或贷	余额									核对
月	日	种类	号数		十	万	千	百	十	元	角	分	十	万	千	百	十	元	角	分		十	万	千	百	十	元	角	分	

图 1-8　应收账款明细账格式

　　②应收账款账龄分析

　　应收账款账龄分析具有十分重要的意义,通过分析,可以了解企业应收账款被欠的时间长短,了解资金风险程度,以便于采取适当有效的应对措施。

　　应收账款账龄分析表(一)主要分析应收款超过合同约定期限的情况。

表 1-6　应收账款账龄分析表(一)

截止至:　　年　　月　　日　　　　　　　　　　　　单位:元

应收款明细账户名称	账面余额	未过期金额	已过期金额						
			1~6个月	6个月以上	1年以上	2年以上	3年以上	4年以上	……

制表人:　　　　　　　　　　　　审核人:

应收账款账龄分析表(二)主要分析应收款超过合同约定期限长短及在应收账款总额中所占的比重。

表 1-7　应收账款账龄分析表(二)

截止至：　　年　　月　　日			
应收账款	账龄账户数量	金额（元）	占应收款总额的比重%
信用期内			
超过信用期1~3个月			
超过信用期4~6个月			
超过信用期6~12个月以上			
超过信用期1年以上			
超过信用期2年以上			
超过信用期3年以上			
超过信用期4年以上			
……			
应收账款总额			
制表人：		审核人：	

财务部往来账款核算岗位会计或财务部经理,应每个月向总经理或老板报送"应收账款账龄分析表",促进各有关部门及管理人员提高对应收账款管理的认识,加速资金回笼,防范财务风险。企业可以根据会计核算的重要性原则,选定期末数据比较大的往来账户进行账龄分析,以满足会计信息使用者的需要及财务管理决策的需要。

◎ 励志小故事

相信自己是一只雄鹰

一个人在高山之巅的鹰巢里抓到了一只幼鹰,并把幼鹰带回家,养在鸡笼里。这只幼鹰和鸡一起啄食、嬉闹和休息。它以为自己是一只鸡。这只鹰渐渐长大,羽翼丰满了,主人想把它训练成猎鹰,可是由于终日和鸡混在一起,它已经变得和鸡完全一样,根本没有飞的愿望了。主人试了各种办法,都毫无效果,最后把它带到山顶上,一把将它扔了出去。这只鹰像块石头似的直掉下去,慌乱之中它拼命地扑打翅膀,就这样,它终于飞了起来!

温馨提示:磨炼是召唤成功的力量,相信自己能就会成功。

◎ 参考资料推荐

《小企业会计准则》(中华人民共和国财政部 2011 年 10 月 18 日财会〔2011〕17 号)

◎ 网中网软件训练

请完成厦门网中网软件有限公司"会计分岗位核算"模块——往来会计岗位实训1.1

往来会计实训1⁻应收账款会计核算

往来会计实训2⁻应收票据会计核算

往来会计岗位实训3⁻其他资产往来业务处理

实训

实训

实训

模拟学生实训
下载 打印

模拟学生实训
下载 打印

模拟学生实训
下载 打印

◎ 课后自我提高再训练

请完成实训岗位任务1.3

项目任务四　往来款项其他会计事项

什么是路？就是从没路的地方践踏出来的,从只有荆棘的地方开辟出来的。

——鲁迅

📋 任务背景

企业每天都在生产经营:不断地投入原材料,生产出符合标准的完工产品。老板关心着仓库里的成品不断地运出企业,送到购货单位或个人的手中,实现生产者创造的剩余价值。就这样一天又一天地忙碌着。

财务部的往来款项会计或者财务经理,每天不时地接收、审核各种单据,要时刻保持其职业敏感性,关注老板也许没有考虑到的财务风险;时不时地查一查应收账款明细账,时不时地想一想,是否有太多的应收款没有收回来;是否有尚未登记完整的往来款项;半年安排一次全面的往来款项清查,从清查中发现管理上的问题,从清查中找出企业内部相关会计制度规定的不足,修改、完善它。

素质目标

①具有爱岗敬业、实事求是的科学态度
②具有敏锐的会计职业眼光
③具有企业资产安全意识，保守企业内部商业秘密
④具有一丝不苟、耐心细致的工作作风
⑤具有廉洁自律，不谋私利的职业道德

能力目标

①能够正确理解和分析判断往来款项其他经济业务
②能够正确应用反映往来款项其他经济业务的会计科目
③能够按规定反映往来款项其他经济业务并进行会计核算

知识目标

①熟悉反映涉及往来款项其他经济业务的会计科目
②掌握往来款项其他经济业务的会计核算方法

4.1 任务描述

(1)根据所提供资料对往来款项其他业务进行核算
(2)对所提供的经济业务进行分析后编制会计分录
(3)将相关会计分录按规定填写在所提供的空白记账凭证上

4.2 工作成果要求

在本学习与工作任务中,您应该完成以下工作:

(1)能够如实准确反映所提供经济业务的会计分录

(2)根据记账凭证填写规范正确填写反映所提供经济业务的记账凭证

(3)记账凭证书写清晰、要素完整、内容正确

4.3 实施建议

(1)认真阅读本教材中关于销售过程往来款项的相关内容

(2)上网或到图书馆查找关于销售过程往来款项核算的方法

(3)上网或到图书馆查找关于销售过程往来款项的有关会计制度规定

(4)与同学坦诚沟通,互相审核并评价,交流专业知识,帮助同学,提升自己的能力,对采购过程往来款项核算与管理进行思考

(5)对本次任务工作过程及结果的收获与不足进行思考与总结

4.4 学习专业知识

(1)会计的谨慎性原则在往来款核算中的应用

在前面的教学内容中,我们了解到,往来款项主要产生于采购过程和销售过程,在这两个过程中产生了与经济业务相对应的负债或者资产。《小企业会计准则》第60条规定:小企业应当按照从购买方已收或应收的合同或协议价款,确定销售商品收入金额。销售商品涉及现金折扣的,应当按照扣除现金折扣前的金额确定销售商品收入金额。现金折扣应当在实际发生时计入当期损益。销售商品涉及商业折扣的,应当按照扣除商业折扣后的金额确定销售商品收入金额。前款所称现金折扣,是指债权人为鼓励债务人在规定的期限内付款而向债务人提供的债务扣除。商业折扣,是指小企业为促进商品销售而在商品标价上给予的价格扣除。《小企业会计准则》第61条还规定:小企业已经确认销售商品收入的售出商品发生的销售退回(不论属于本年度还是属于以前年度的销售),应当在发生时冲减当期销售商品收入。小企业已经确认销售商品收入的售出商品发生的销售折让,应当在发生时冲减当期销售商品收入。前款所称销售退回,是指小企业售出的商品由于质量、品种不符合要求等原因发生的退货。销售折让,是指小企业因售出商品的质量不合格等原因而在售价上给予的减让。

也许您正在困惑:为什么在往来款核算中讲到销售收入的确认呢?其实,作为一名会计人员,一个企业的管家,我们知道,应收账款数额的确定与购货单位向本企业采购时的价格或者说是本企业的销售收入数额具有正方向的关系。也就是说,收入确认多,那么,在对方尚未付款的背景下,应收账款就会更多。所以,虽然是分岗位进行核算,但是,所有会计人员的思维都应该是全面的,而不能是本位的。当销售过程产生销售折扣时,收入会减少,应收账款也同样

可以减少;当销售过程产生销售退货时,收入会减少,应收账款也同样可以减少。因此,在销售环节,要求按企业相关规定签订购销合同或协议书,请有资质的法律顾问审核相关购销合同或协议书,以确保销售过程的规范与安全。这些举措都是会计的谨慎性原则在往来款核算中的重要反映。

《小企业会计准则》第9条明确规定:应收及预付款项,是指小企业在日常生产经营活动中发生的各项债权。包括:应收票据、应收账款、应收股利、应收利息、其他应收款等应收款项和预付账款。应收及预付款项应当按照发生额入账。《小企业会计准则》第10条规定:小企业应收及预付款项符合下列条件之一的,减除可收回的金额后确认的无法收回的应收及预付款项,作为坏账损失:

①债务人依法宣告破产、关闭、解散、被撤销,或者被依法注销、吊销营业执照,其清算财产不足清偿的。

②债务人死亡,或者依法被宣告失踪、死亡,其财产或者遗产不足清偿的。

③债务人逾期3年以上未清偿,且有确凿证据证明已无力清偿债务的。

④与债务人达成债务重组协议或法院批准破产重整计划后,无法追偿的。

⑤因自然灾害、战争等不可抗力导致无法收回的。

⑥国务院财政、税务主管部门规定的其他条件。

《小企业会计准则》规定,小企业的资产应当按照成本计量,不计提资产减值准备。企业应收及预付款项的坏账损失应当于实际发生时计入营业外支出,同时冲减应收及预付款项。

(2)应收款清查

应收账款表示企业在销售过程中被购买单位所占用的资金。应收账款是有特定的范围的。首先,应收账款是指因销售活动或提供劳务而形成的债权,不包括应收职工欠款、应收债务人的利息等其他应收款;其次,应收账款是指流动资产性质的债权,不包括长期的债权,如购买长期债券等;最后,应收账款是指本公司应收客户的款项,不包括本公司付出的各类存出保证金,如投标保证金和租入包装物等保证金等。企业应及时收回应收账款以弥补企业在生产经营过程中的各种耗费,保证企业持续经营;对于被拖欠的应收账款应采取措施,组织催收;对于确实无法收回的应收账款,符合坏账条件的,应在取得有关证明并按规定程序报批后,可作坏账损失处理。

(3)应收账款产生的常见原因

首先是由商业竞争引起的,这是应收账款产生的主要原因。在竞争日益激烈的市场经济条件下,企业为了提高竞争力,不得不采用赊销方式销售产品,此时产生的应收账款即为商业竞争引起的,它是一种商业信用。其次是由于销售和收款的时间差引起的。即便是现销,收入的确认和款项的回收也可能存在时间差,此时产生的应收账款不属于商业信用,也不属于应收账款的主要内容。应收账款的作用主要体现在企业生产经营过程中。主要有以下两个方面:

一是扩大销售,在市场竞争日益激烈的情况下,赊销是促进销售的一种重要方式。企业赊销实际上是向客户提供了两项交易:向客户销售产品以及在一个有限的时期内向客户提供资金。赊销对客户来说十分有利,所以客户在一般情况下都选择赊购。赊销具有比较明显的促销作用,对企业销售新产品、开拓新市场具有重要意义。二是减少库存,企业持有产成品存货,要追加管理费、仓储费和保险费等支出;相反,企业持有应收账款,则无需上述支出。因此,当企业产成品存货较多时,一般可采用较为优惠的信用条件进行赊销,把存货转化为应收账款,减少产成品存货,节约相关的开支。但是,企业应充分认识赊销所存在的风险。

(4)应收账款的清理与管理

考虑到企业的长远利益,应避免短期行为。重视企业可持续发展,应将销售与应收账款周转率、回收率等指标结合起来考核经营者业绩。企业应建立应收账款回收业绩考核制度和催收制度。将应收账款情况列入对有关业务人员的考核内容,与奖惩挂钩,做到目标明确,责任分明。对超过信用期的应收账款应逐笔查明原因,分清责任,并责成有关人员提出处理意见。同时组织力量加紧催收,制订具体的催收计划,使清欠工作落实到人。确定合理的催收账制度。

应收账款催收账款的程序一般为:信函通知、电报电话传真催收、派人面谈、诉诸法律。但在采取法律行动前应遵循成本效益原则,如遇以下几种情况时可不必履行法律程序:诉讼费用超过债务求偿额;客户抵押品折现可冲销债务;客户的债款额不大,起诉可能使企业运行受到损害;起诉后收回账款的可能性有限。

确定科学的应收账款讨债方法。一般的催讨方法有:电话催讨、信函催讨、律师催讨和诉讼催讨等。企业还可以委托信誉良好的代理机构协助催讨。若客户确实遇到暂时困难,经努力可有起色,企业可帮助其渡过难关,以便收回账款,比如:可以接受债务人以非货币性资产予以抵偿;可以改变债务形式,同意债务人制订分期偿债计划;还可以修改债务条件,延长付款期,甚至减少本金数额,激励其还款等。如债务人故意赖账,或确实资不抵债,已达到破产界限,则应及时向法院起诉,借助法律手段,以期尽早收回账款,或在破产清算时得到部分清偿,及时止损,将损失减少到最低。

应收账款产生之后,企业除了积极催收以外,还应积极对其进行利用。应收账款融资业务是银行根据商务合同交易双方之间的赊销行为而设计的一种金融产品,它是一种专门为赊销设计的集融资、结算、财务管理和风险担保于一体的综合性金融服务产品。卖方将商务合同所产生的应收账款转让给银行,由受让银行提供贸易融资等金融服务,可以在一定程度上缓解企业资金需求压力,加速企业资金周转速度。应收账款在企业资产中属于变现能力较强、风险低的优质资产,其变现能力仅排在货币资金和短期投资之后。因此,企业为了解决临时的资金紧张,将应收账款出售给银行或以其质押,银行和企业都能获益。随着我国市场信用体制的不断完善,企业通过应收账款出售和质押进行融资的业务也将逐步开展起来。因此,企业可以积极尝试利用应收账款融资提高应收账款的变现能力,尽可能减少坏账的产生,降低企业财务风险。

(5)应收账款询证函

在应收账款清查过程中,有一个重要的环节是寄发应收账款询证函(如图1-9),通过回收到的应收账款询证函达到对账和明确债权债务的目的。

索引号：Z4-4

应收账款询证函

（积极式询证函）　　　　　　　　　　　　　　　　　　编号：

　　　　公司：

　　　　本公司聘请的安徽华普会计师事务所正在对本公司20×7年度财务报表进行审计,按照中国注册会计师审计准则的要求,应当询证本公司与贵公司的往来账项等事项。下列信息出自本公司账簿记录,如与贵公司记录相符,请在本函下端"信息证明无误"处签章证明;如有不符,请在"信息不符"处明不符项目。如存在与本公司有关的未列入本函的其他项目,也请在"信息不符"处出这些项目的金额及详细资料。回函请直接寄至安徽华普会计师事务所。

　　通讯地址：　　　　　　　　　　收件人：

　　邮编：230001　　　电话：　　　　传真：

　　1. 本公司与贵公司的往来账项列示如下：　　　　　　　　　单位：元

截止日期	贵公司欠	欠贵公司	备　注

　　2. 其他事项

　　本函仅为复核账目之用,并非催款结算。若款项在上述日期之后已经付清,仍请及时函复为盼。

（发函单位盖章）

年　月　日

收函单位结论：

1. 信息证明无误。	2. 信息不符，不符项目及具体内容如下（或见附件）。
（收函单位盖章） 年　月　日 经办人： 经办人联系电话：	（收函单位盖章） 年　月　日 经办人： 经办人联系电话：

图 1-9　应收账款询证函参考格式

为方便购货单位寄发对账函，可以在寄出应收账款询证函的同时寄一贴好邮票、写好收件人信息的信封，以方便收件对账单位寄出回复件。

（6）往来款项清查的会计处理

根据会计的账实相符原则，企业进行往来款项清查后，如果发现账实不相符的情况，应根据清查取得的有关资料，先调整账簿记录，等确实查明原因，有关领导审批后，再调整相关账项。

A. 应付账款清查的会计处理

[例 1-4-1]漳州兴达羊毛衫厂 2012 年 12 月 28 日清查发现，5 年前尚未支付的广东佛山永泰纺织公司货款 2 000 元，因对方公司倒闭无法归还，经书面报告总经理审批后，核销。

借：应付账款——广东佛山永泰纺织公司　　　　　　　　　　　　　　2 000
　贷：营业外收入　　　　　　　　　　　　　　　　　　　　　　　　　　2 000

B. 其他应付款清查的会计处理

[例 1-4-2]漳州兴达羊毛衫厂 2012 年 12 月 28 日清查发现，3 年前广东佛山永泰纺织公司暂存放在本企业的保证金 800 元因对方公司倒闭无法归还，经书面报告总经理审批后，核销。

借：其他应付款——广东佛山永泰纺织公司　　　　　　　　　　　　　　800
　贷：营业外收入　　　　　　　　　　　　　　　　　　　　　　　　　　800

C. 应收账款清查的会计处理

[例 1-4-3]漳州兴达羊毛衫厂 2012 年 12 月 29 日得知，5 年前的购货单位广东中山三极服

装批发公司宣告破产,原欠货款 8 000 元无法收回。经上网下载相关文件说明,报总经理批准后,做相关会计处理。

借:营业外支出　　　　　　　　　　　　　　　　　　　　8 000

　贷:应收账款——广东中山三极服装批发公司　　　　　　　　　　8 000

D.其他应收款清查的会计处理

[例 1-4-4]漳州兴达羊毛衫厂 2012 年 12 月 29 日得知,5 年前的购货单位广东中山三极服装批发公司宣告破产,原欠代垫付的运杂费 900 元无法收回。经报总经理批准后,做相关会计处理。

借:营业外支出　　　　　　　　　　　　　　　　　　　　900

　贷:其他应收款——广东中山三极服装批发公司　　　　　　　　　　900

财务会计人员需要特别注意的是,在进行往来款项清查的会计处理时,不得无任何依据、无审批自行处理,一定要按规定程序清查,取得相关佐证材料后,由分管领导或老板审批后方可核销,以免引起不必要的误会。

(7)往来款项清查报告参考格式

往来款项清查结果报告

董事长/总经理:

漳州兴达羊毛衫厂 2012 年 12 月 1 日至 2012 年 12 月 28 日进行往来款项清查,清查结果报告如下:

清查发现,5 年前尚未支付的广东佛山永泰纺织公司货款 2 000 元,因对方公司倒闭无法归还。

清查发现,3 年前广东佛山永泰纺织公司暂存放在本企业的保证金 800 元因对方公司倒闭无法归还。

专此报告,建议根据财务制度规定给予核销,可否,请审批。

附件:

1.截至 2012 年 12 月 28 日应付账款广东佛山永泰纺织公司明细账

2.截至 2012 年 12 月 28 日其他应付款广东佛山永泰纺织公司明细账

　　　　　　　　　　　　　　　　　　　　财务部往来款项核算岗位会计

　　　　　　　　　　　　　　　　　　　　财务部经理

　　　　　　　　　　　　　　　　　　　　2012 年 12 月 31 日

(8)其他应收款核算

①认识其他应收款

其他应收款是企业应收款项的另一重要组成部分。其他应收款科目核算企业除买入返售金融资产、应收票据、应收账款、预付账款、应收股利、应收利息、应收代位追偿款、应收分保账款、应收分保合同准备金、长期应收款等以外的其他各种应收及暂付款项。其他应收款通常包括暂付款，是指企业在商品交易业务以外发生的各种应收、暂付款项。

②其他应收款内容

A. 企业内部员工借款。当企业内部员工因公出差时，如果出差时间比较长，预计的差旅费用比较多，可以根据企业内部借款制度给予借款；具有采购员性质的职员，因为要进行日常零星采购，一般没办法从银行支付款项，所以，要借给他们采购周转用的现金；还有，企业为领导或老板开车的司机，因为要经常出差，可能发生比较多的费用，也需要借点周转金；当然，企业员工如果有意外工伤、家庭出现特别困难，企业从关怀和需要考虑，会批准给予因私借款。这些借款，应在规定或约定时间内收回借款。

B. 应收的各种赔款、罚款。如因企业财产等遭受意外损失而应向有关保险公司收取的赔款；当企业资产盘亏时，应收相关责任人员如仓库管理员、出纳员、司机的赔偿款；其他应收款还包括员工因操作不当造成损失的应赔偿款等。

C. 应向职工收取的各种垫付款项，如为职工垫付的水电费、应由职工负担的医药费、房租费、"五险一金"等。

D. 存出保证金，如租入包装物支付的押金、招投标保证金等。

E. 其他各种应收、暂付款项。

如应收代垫运输费用或其他费用，购买股票后应收的包括在股票价格中的已宣告发放的股利（或者在"投资收益"中计入）等。

③其他应收款的核算

借给采购员和领导司机的周转金，不需要每次回来报销费用就归还，只要在年终清理个人借款时签署借款确认单或其他应收款对账单就可以了。

从笔者多次的私营企业内部审计中发现，许多私营企业出纳员在每个月末，没有按规定把当月员工借款单据交由会计做账，而是自己保管。这样，出纳员手中的借条就变成了现金余额，出现现金余额很大的情形。实际上，这些现金余额并不是真正意义上的现金余额，是包括了借款的不真实现金余额，这样做是错的。因为，根据现金日记账登记要求，当出纳员支付了一笔借款时，现金就会减少。按规定，出纳员应该马上登记现金日记账，现金余额就少了，相反，如果出纳员保留了员工个人借条，他必定没有在现金日记账上记录这项经济事项，也就是没有如实反映经济活动。

[例 1-4-5]漳州兴达羊毛衫厂采购员孔兴明 2012 年 12 月 5 日因采购需要，向公司借差旅费 8 000 元，出纳员以现金支付。

借：其他应收款——孔兴明　　　　　　　　　　　　　　　　　　8 000
　　贷：库存现金　　　　　　　　　　　　　　　　　　　　　　　　8 000

[例 1-4-6]漳州兴达羊毛衫厂 2012 年 12 月 26 日采购员孔兴明出差回来，报销差旅费 5 000 元，余下 3 000 元归还现金。

借:管理费用——差旅费   5 000

    库存现金   3 000

    贷:其他应收款——孔兴明   8 000

    需要特别提醒的是：当采购员孔兴明出差前借款时，借款单应交由会计记账，不能由出纳员自己保管，因为那样不仅出纳员有风险，万一借款单据没了，出纳员就会损失现金，因为那张借款单就代表现金。

    根据会计制度规定，现金是要记日记账的，当借款支付时，出纳员应当记现金减少，如果出纳员自己保管借条，就有可能没有记现金账，出现现金账实不相等。孔兴明出差回来则应根据其归还借款数开具收款收据，收据上填写金额应是全部还款金额。

    例如，以上1-4-6例子中，孔兴明出差归来可能出现以下三种情形。

    情形一：孔兴明出差归来，返还全部借款。

    2012年12月26日孔兴明出差归来，报销差旅费5 000元，归还现金3 000元，他是要还掉原来8 000元的借款，这种情况下，出纳员应填写孔兴明还款金额为8 000元的收款收据，而不能填写只有现金3 000元的收款收据。

    按以上要求办理后，出纳员现金日记账上记录是这样的：

漳州兴达羊毛衫厂库存现金日记账

单位：元

日期	凭证号	摘要	收入	支出	余额
2012年12月26日		收回孔兴明借款	8000		
2012年12月26日		支付孔兴明报销旅差费		5000	3000

图1-10　现金日记账1

    如果不按以上要求办理，出纳员只填写收回3 000元的收款收据，则现金日记账上记录是这样的（图1-11）：

漳州兴达羊毛衫厂库存现金日记账

单位：元

日期	凭证号	摘要	收入	支出	余额
2012年12月26日		收回孔兴明借款	3000		
2012年12月26日		支付孔兴明报销旅差费		5000	-2000

图1-11　现金日记账2

从以上现金日记账余额可以知道,出纳员是不是多出钱了? 他在没有余额的前提下,只收回来 3 000 元的借款,而支付了报销款 5 000 元。因为,会计是根据凭证来做账的,出纳员开具收回 3 000 元的收款收据,会计也只能做现金增加 3 000 元。这个时候谁最亏? 当然是孔兴明,因为他现在只还了 3 000 元的借款。

漳州兴达羊毛衫厂其他应收款明细账					
细目:孔兴明				单位:元	
日期	凭证号	摘要	借方	贷方	借方余额
2012年12月5日		孔兴明出差前借款	8000		
2012年12月26日		收回孔兴明借款		3000	5000

图 1-12　其他应收款明细账

情形二:孔兴明出差归来,返还部分借款。

如果孔兴明出差归来,因工作需要他马上就又要出差了,只是归还现金 3 000 元,他报销的差旅费 5 000 元取现金拿回去了,这时,出纳员应填写孔兴明还款金额为 3 000 元的收款收据。至此,如果孔兴明没有其他借款,那么,他的其他应收款账上余额应为 5 000 元。

情形三:孔兴明出差归来,没有返还借款。

按规定,借款应及时归还。所以,每个月结账后,往来款核算会计员应打印一份有关企业内部员工借款余额的明细账给出纳员,出纳员在办理相关人员报销费用时,要及时关注查询企业内部员工借款余额的明细账,发现有借款的,要及时提醒他们归还借款。

借 款 单

20　　年　　月　　日

借款人姓名		所属部门	
借款原因		部门负责人签名	
		财务部签名	
		总经理批准	
借款金额	大写:万 千 百 十 元 角 分　小写:￥_____元		
还款日期		借款人签名	

图 1-13　员工借款单参考格式

员工借款清欠通知单

_____部门_____员工：

截至_____年_____月_____日您逾期借支的现金金额为_____元,按照公司借款管理规定请您在 10 日内到财务部核对、报销并归还所借款,如逾期未办,将按有关规定执行。请予配合,谢谢。

×××× 公司
年   月   日

图 1-14　员工借款清欠通知单参考格式

◎ 励志小故事

多听少说

曾经有个小国到中国来,进贡了三个一模一样的金人,皇帝高兴坏了。可是这小国不厚道,出一道题目:这三个金人哪个最有价值? 皇帝请来珠宝匠检查,称重量,看做工,都是一模一样的,难以判断哪个最有价值。怎么办? 使者还等着回去汇报呢。泱泱大国,如果连这个问题都回答不出来,定会被小国取笑。最后,一位退位的老大臣说他有办法。皇帝将使者请到大殿,老臣胸有成竹地拿着三根稻草,将其中一根插入第一个金人的耳朵里,这稻草从另一边耳朵出来了;第二个金人,稻草从嘴巴里直接掉出来;而第三个金人,稻草进去后掉进了肚子,什么响声也没有。老臣说:"第三个金人最有价值!"使者听他说出了正确答案,不再刁难,回国复命去了。

温馨提示:这个故事告诉我们,最有价值的人,不一定是最能说的人。老天给我们两只耳朵一个嘴巴,本来就是让我们多听少说的。善于倾听,才是成熟的人最基本的素质。

◎ 参考资料推荐

《征信业管理条例》(中华人民共和国国务院 2012 年 12 月 26 日)

◎ 网中网软件训练

请完成厦门网中网软件有限公司"会计分岗位核算"模块——往来会计岗位实训 1.3、1.4

往来会计岗位实训7期末往
来款项对方单位核对

往来会计岗位综合实训

实训

模拟学生实训
下载 打印

模拟学生实训
下载 打印

◎ 课后自我提高再训练

请完成实训任务 1.4

岗位任务二

职工薪酬核算会计岗位工作任务

劳动一日,可得一夜的安眠;勤劳一生,可得幸福的长眠。

——达·芬奇

会计行话"一支笔"

这里所说的会计行话"一支笔",并不是写字的钢笔或铅笔,它是一个象形词。企业为加强管理,达到内部控制的目的,一个企业只能由一个老板或一位总经理签批所有开支,不能由多人同时签批同样的成本费用支出。"一支笔"就是指一位有权限审批的领导。当然,企业领导层也可以有分工,比如,基建开支由张副总经理审批、职工薪酬由王副总经理审批等,这是总经理的授权。但同一项目开支不能同时由两个人审批,比如,不能由张副总经理和王副总经理两位同时审批基建开支,因为这样容易造成漏洞。

在学习本岗位工作与学习任务之前,让我们一起来了解职工薪酬核算会计员岗位工作职责。

表 2-1 职工薪酬核算会计员岗位工作描述

职业岗位工作	职工薪酬核算岗位
典型岗位称谓	职工薪酬核算会计(助理会计、人员经费会计、工资核算会计)
所属部门	财务部(科、处、室)
常关联部门	人力资源部或人事部
直属上级	财务主管、总经理、老板

续表

常关联人员	人力资源部人员、车间统计员、出纳员
岗位概述	根据单位相关规定,负责办理本企业应付职工薪酬计算与会计核算,相关福利费用、社保、医保、公积金、失业保险、养老保险,代扣代缴个人所得税等业务,进行相关会计核算,运用掌握的会计信息和会计方法,为改善单位内部管理、降低成本、提高经济效益提出意见建议,配合拟定相关内部制度
岗位职责	1.按规定对工资计算表进行审核 2.按规定根据月工资计提相关福利费、职业教育经费等 3.按规定代扣代缴个人所得税 4.按规定代扣应由个人缴交的养老保险、医保、公积金、失业保险、工会经费等 5.指导出纳员按规定及时办理养老保险、医保、公积金、失业保险等相关代扣代缴业务 6.按规定办理工会费、单位水电费、房租费的代扣代缴 7.按规定对职工薪酬核算相关经济业务进行会计核算 8.按规定将当月发生的职工薪酬在完工产品和在产品之间进行分配 9.根据上级要求对职工薪酬相关业务进行汇总申报 10.配合有关部门拟定与职工薪酬有关的规章制度 11.熟悉本单位经营情况,运用掌握的会计信息为改善单位内部管理、降低成本、提高经济效益提出意见建议 12.办理领导交办的其他事项
岗位职业 素养要求	1.遵守职业道德,忠于职守,廉洁奉公,保守秘密,热爱本职工作,努力钻研业务,树立良好的职业品质、严谨的工作作风,严守工作纪律,富有团队合作精神,努力提高工作效率和工作质量 2.熟悉财经法律、法规、规章和国家统一会计制度,并结合会计工作进行耐心的宣传 3.按照会计法律、法规和国家统一会计制度规定的程序和要求进行会计工作,保证所提供的会计信息合法、真实、准确、及时、完整 4.具有良好的社交能力和沟通能力、团队合作能力 5.具有良好的服务意识和严谨的工作态度
岗位知识要求	1.熟悉相关的法律法规 2.熟悉会计基础知识、会计基础工作规范 3.熟悉数码字书写规范 4.熟悉个人所得税代扣代缴业务办理程序及相关方法 5.熟悉社保、医保、公积金、失业保险、养老保险及办理程序 6.熟悉劳动法规定及五险一金的缴交及其他相关规定
岗位技能要求	1.熟练运用数码字书写规范进行会计核算 2.熟练操作计算机、办公软件、财务软件 3.熟练掌握个人所得税代扣代缴业务办理程序及流程 4.熟练掌握社保、医保、公积金、失业保险、养老保险办理及核算方法 5.熟练掌握借贷记账法进行人员经费的核算 6.熟练掌握借贷记账法进行人员经费成本分配的核算 7.熟练掌握借贷记账法进行人员经费相关报表编制

　　当企业架构中设置了"人力资源部或人事部"时,这个部门单独完成整个企业的员工需求分析、招聘、录用、培训、考核、职工薪酬计算、晋升管理等工作;财务部对其送达的职工薪酬计算表进行审核,并安排资金按时发放职工工资等。职工薪酬核算岗位会计人员需要与人力资源部或人事部相关岗位人员有工作上的联系。当然,可能遇到规模很小的企业,老板把"人力资源部或人事部"的工作都并到了财务部,由出纳员或会计来完成工资计算表的编制与审核工作。作为一名会计人员,您需要做的是,把会计内部控制制度的相关规定告诉老板,希望他们在有条件的情况下,根据会计内部控制制度要求,进行不相容岗位相分离的重新布局。

　　根据职工薪酬核算会计岗位工作,在会计分岗位核算训练中,安排了以下任务,需要学生通过自我训练达到培训其相关岗位能力的目的,以便尽快融入岗位,很好地胜任岗位工作,为提高企业财务管理水平作出贡献。

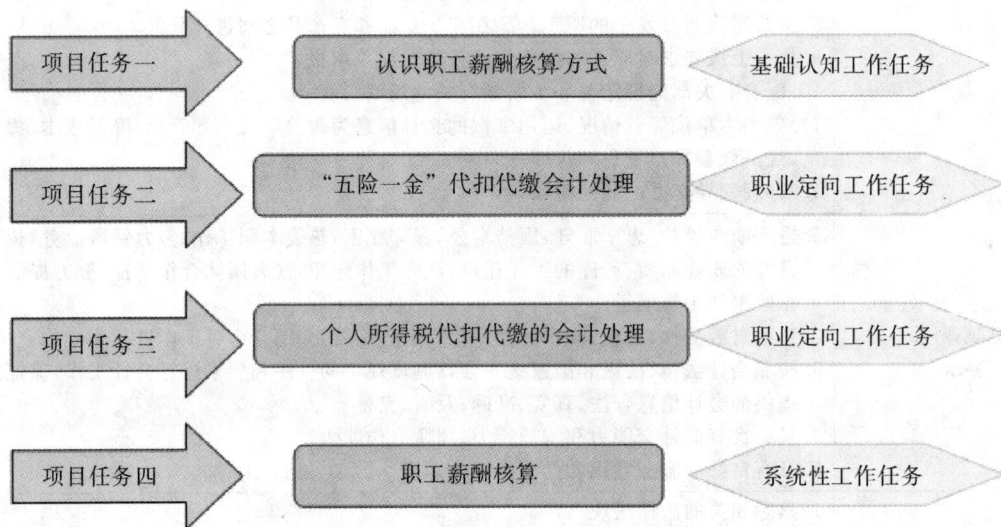

项目任务一	认识职工薪酬核算方式	基础认知工作任务
项目任务二	"五险一金"代扣代缴会计处理	职业定向工作任务
项目任务三	个人所得税代扣代缴的会计处理	职业定向工作任务
项目任务四	职工薪酬核算	系统性工作任务

图 2-1　职工薪酬核算岗位任务一览表

　　除此之外,如果您想要更好地胜任本岗位工作,您应该经常与相关部门沟通,与职工交流,了解一线信息,将企业制度规定中的不足与员工建议收集并上报老板或总经理,协助拟订相关规章制度,提升企业的整体管理水平。

项目任务一　认识职工薪酬核算方式

📋 任务背景

　　如果您是一个企业的会计人员，您需要审核从人力资源部或由其他人员送来的职工薪酬计算表。在完成这一任务之前，您应该知道如何编制职工薪酬计算表，知道计算职工工资的依据和方式，了解计算原则，然后才能正确审核。本模块内容就是要认识职工薪酬核算的方式，为接下来的职工薪酬核算打基础。

工资情况一览表

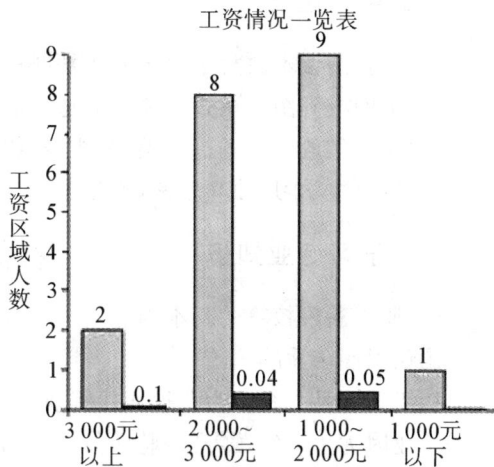

📋 素质目标

❶具备爱岗敬业、实事求是的科学态度

❷具有对相关财经法规和财务制度的解读能力

❸具有敏锐的会计职业眼光

❹具有一丝不苟、耐心细致的工作作风

📋 能力目标

❶能够正确认识职工薪酬及其核算模式

❷能够正确理解并选择适合企业的员工考勤系统

📋 知识目标

❶熟悉企业职工薪酬核算的种类

❷熟悉企业职工薪酬的核算模式

❸熟悉企业的员工考勤系统种类

❹掌握职工薪酬相关会计核算基本知识

1.1 任务描述

　　了解企业 5~10 种职工薪酬核算方式，把它们写出来，形成一份"职工薪酬核算方式及员工考勤系统种类调查报告"。

1.2 工作成果要求

　　在本学习与工作任务中，您与您的小组应该完成以下工作：

(1)上网或到图书馆查找资料,分析、讨论、归类后,每组写一份报告,介绍企业 5～10 种职工薪酬核算的方式、员工考勤系统种类。

(2)字数在 500～1 000 字之间。

1.3 实施建议

(1)认真阅读本教材中关于职工薪酬的专业知识

(2)上网或到图书馆查找关于制造业企业职工薪酬核算的方式并进行收集

(3)对收集的资料进行分类、分析、小组同学讨论、整理,取得正确答案

(4)请自主学习,独立思考,不抄袭

1.4 学习专业知识

(1)职工薪酬核算的基本内容

①认识职工薪酬

职工薪酬是指企业为获得职工提供的服务而给予各种形式的报酬以及其他相关支出,也就是企业因为生产经营需要,聘请员工参与生产经营活动,获得职工提供的服务,按规定应给予的所有代价(包括货币形态和物资形态的报酬及福利等)。这里所指的职工不仅包括与企业订立劳动合同的所有人员,有全职、兼职和临时职工,也包括未与企业订立劳动合同,但由企业正式任命的企业治理层和管理层人员,如董事会成员、监事会成员等;还包括在企业的计划和控制下,虽未与企业订立劳动合同或未正式任命但为其提供与职工类似服务的人员。企业职工薪酬的内容包括:

A. 工资、奖金、津贴和补贴

工资是指雇主或者用人单位依据法律规定或行业规定或根据与员工之间的约定,以货币形式对员工的劳动所支付的报酬。工资可以以时薪、月薪、年薪等不同形式计算。

奖金主要是指作为一种工资形式,其作用是对与生产或工作直接相关的超额劳动给予报酬。奖金是对劳动者在创造超过正常劳动定额以外的社会所需要的劳动成果时,所给予的物质补偿。

津贴,是指补偿职工在特殊条件下的劳动消耗及生活费额外支出的工资补充形式。常见的包括矿山井下津贴、高温津贴、野外矿工津贴、林区津贴、山区津贴、驻岛津贴、艰苦气象台站津贴、保健津贴、医疗卫生津贴等,此外,生活费补贴、价格补贴也属于津贴。

补贴是为保证职工工资水平不受物价等因素影响而支付的各种补贴。

B. 职工福利费

指企业内设的医务室、职工浴室、理发室、托儿所等集体福利机构人员的工资、医务经费,职工因公负伤赴外地就医路费、职工生活困难补助,以及按照国家规定开支的其他职工福利支出。

C.按规定为职工支付的医疗保险费、养老保险费、失业保险费等社会保险费

指企业按照国务院、各地方政府或企业年金计划规定的基准和比例计算,向社会保险经办机构缴纳的各项保险费用,企业为职工购买的商业保险也属于职工薪酬。

D.为职工支付的住房公积金

指企业按照国务院《住房公积金管理条例》规定的基准和比例计算,向住房公积金管理机构缴存的住房公积金。

E.为职工支付的工会经费和职工教育经费

指企业为了改善职工的文化生活,为职工学习先进技术和提高文化水平与业务素质,用于开展工会活动和职工教育及职业技能培训等的相关支出。

F.发放给职工的非货币性福利

指企业以自己的产品或外购商品发放给职工作为福利,企业提供给职工无偿使用自己拥有的资产或租赁资产供职工无偿使用等。

G.因解除与职工的劳动关系给予的补偿

指由于各种原因,企业在职工劳动合同尚未到期之前解除与职工的劳动关系,或者为鼓励职工自愿接受裁减而给予职工的经济补偿。

H.其他与获得职工提供的服务相关的支出

如企业提供给职工以权益形式结算的认股权、以现金形式结算但以权益工具公允价值为基础确定的股票增值权等。

综上所述,职工薪酬包括提供给职工本人在职期间的薪酬,也包括提供给职工离职后的薪酬,还包括提供给职工配偶、子女或其他被赡养人的福利。从支付的形式上讲,包括货币性薪酬和非货币性薪酬,包括物质性福利和教育性福利。

②认识效益职工薪酬

效益职工薪酬指职工薪酬与企业效益挂钩。企业获得利润,从中划出一部分作为职工效益奖励。在奖金形式中,可以将效益职工薪酬平均分配,也可以按照职工薪酬的一定比例发放。这种效益奖一般在年末、节日、度假期发放,对缺勤人员则采取扣发办法。

③认识职工薪酬计算模式

A.计月工资

计月工资是以月为单位来计算的工资额。比如,在招聘时约定,一个月基本工资2 000元,具体每周工作几天,每天上班时间从几时到几时。这种工资计算模式广泛适用于管理岗位人员,如聘请的统计员、办公室文员等。

B.计日工资

计日工资是按工作天数来计算的工资额,是计算工资的价格结合工作天数,计算出应发工资额。这种工资计算模式适用于生产一线工人和临时聘请来清理水沟,或建筑工地临时聘请来清理完工现场等人员。

C. 计件工资

计件工资是按照工人生产的合格品数量（或作业量）和预先规定的计件单价，来计算报酬的一种工资形式。它不是直接用劳动时间来计量，而是用一定时间内的劳动成果——产品数量或作业量来计算，因此，它是间接用劳动时间来计算的，是计时工资的转化形式。

计件工资是由计时工资转化而来的，是变相的计时工资是按照工人所完成的产品数量或作业量支付的工资。例如，在实行计时工资时，工人的日工资额为30元，每日的产量为10件，而在实行计件工资时，计件单价是按照日工资额除以日产量来确定的，即30÷10＝3（元）。

计件工资可分个人计件工资和集体计件工资。个人计件工资适用于个人能单独操作而且能够制定个人劳动定额的工种，比如，车一个机器零件，这时可以由一个人单独完成，那么就以个人完成数量来计算工资；集体计件工资适用于工艺过程要求集体完成，不能直接计算个人完成合格产品数量的工种，比如，园林绿化，应以小组为单位来计件，如果以个人为单位不容易考核。

计件工资具体有以下几种形式：

a. 直接计件工资。按工人完成合格产品的数量和计件单价来支付工资。

b. 间接计件工资。按工人所服务的计件工人的工作成绩或所服务单位的工作成绩来计算支付工资。

c. 有限计件工资。对实行计件工资的工人规定其超额工资不得超过本人标准工资总额的一定百分比。

d. 无限计件工资。对实行计件工资的工人超额工资不加限制。

e. 累进计件工资。工人完成定额的部分按同一计件单价计算工资，超过定额的部分，则按累进递增的单价计算工资。

f. 计件奖励工资。产品数量或质量达到某一水平就给予一定奖励。

g. 包工工资。把一定质量要求的产品、预先规定完成的期限和工资额包给个人或集体，按要求完成即支付工资。

当然，一个企业可以有多种工资发放模式。企业根据员工所担任的工作性质不同和岗位工作差异，在劳动法允许的范围内来制定职工薪酬计算办法。

（2）选择适合企业的员工考勤系统

①机械打卡机（机械与电子相结合）

优点：简单直观，无须计算机知识，价格相对较低（办公用品商店有售）

缺点：统计烦琐，每月更换卡片或色带，机械故障率较高（插卡口易受破坏）

适用范围：100人以下且环境较好的单位

②磁卡考勤机

优点：可利用计算机统计考勤数据

缺点：磁卡与磁头易损（也许有更可靠的磁卡设备）

适用范围:卫生环境较好,人员素质较高的场所(多用于门禁、银行等)

③IC卡考勤机

与磁卡大致相同,IC卡插口是易损之处。考勤速度慢。

④条形码考勤机

与磁卡使用方法相同

优点:光电读取条形码卡号,故障率低

缺点:卡片易伪造(专用条码除外),条形码脏了后灵敏度下降并有错码

⑤应卡考勤机

优点:非接触读卡,卡片无磨损,无错码,考勤速度快

缺点:卡片成本偏高,解决不了"代打卡"问题,但可以配合监控系统使用

适用范围:一般大型工厂

⑥指纹考勤机

优点:无须卡片,解决代打卡问题

缺点:要求人员素质较好,指纹要求清洁,防破坏能力及稳定性有待提高

适用范围:500人以下且工作环境较好的单位

⑦眼虹考勤机

理想的考勤机

优点:利用人的眼睛特征来识别不同的人,做到了用非接触方式来识别人的特征,识别速度小于1秒

缺点:目前成本高,采用的公司或单位少

　　总之,企业考勤系统选择的成败一半是要寄托在为您提供产品的公司身上。所有考勤机应必备的品质是时间准确、考勤数据不易受干扰丢失或混乱。一般人数少于400人的公司建议使用指纹考勤机,可有效防止代打卡现象;如公司人数超过500,就要考虑使用射频感应卡考勤系统,可以同时配备保安和监控来防止代打卡。

◎ 励志小故事

让失去变得可爱

　　一个老人在高速行驶的火车上,不小心把新买的鞋子从窗口掉了一只,周围的人倍感惋惜,不料老人立即把第二只鞋也从窗口扔了下去。这举动更让人大吃一惊。老人解释说:"这一只鞋无论多么昂贵,对我而言已经没有用了,如果有谁能捡到一双鞋子,说不定他还能穿呢!"

　　温馨提示:成功者善于放弃,善于从损失中看到价值。

◎ 参考资料推荐

全国人大常委会,《中华人民共和国劳动法》

劳动和社会保障部,劳社部发[2008]3号,《关于职工全年月平均工作时间和工资折算问题的通知》

2007年12月国务院令《国务院关于修改〈全国年节及纪念日放假办法〉的决定》

◎ 网中网软件训练

请熟悉厦门网中网软件有限公司"会计分岗位核算"模块——职工薪酬岗位实训5

薪酬核算会计岗位职责介绍
及实务操作

课件

模拟学生实训
下载 打印

薪酬核算岗位常用单证介绍
及演示

课件

模拟学生实训
下载 打印

◎ 课后自我提高再训练

请完成实训岗位任务2.1

项目任务二 "五险一金"代扣代缴会计处理

由俭入奢易,由奢入俭难。

——司马光

📖 任务背景

会计专业毕业的小红去了两家公司应聘,这两家公司的发展前景都很好,每天工作8小时,每周休息一天,而且在同一个工业区,包住宿,不包吃。一家是制造业企业,他们给小红开的工资是月薪2 000元,同时给小红办理"五险一金";另一家是商品流通企业,他们给小红开的工资是月薪2 200元,没有办理"五险一金"。您替小红想想,到哪家公司工作福利待遇好一点？

　　每个职员都想要知道他所供职的公司福利待遇怎么样，职工薪酬水平高低很大程度上决定了您的求职方向。作为未来保障，"五险一金"很重要。

📋 素质目标

① 具备爱岗敬业、实事求是的科学态度
② 具有敏锐的职业眼光和良好的执行力
③ 具有解读社会福利相关法规的能力
④ 具有一丝不苟、耐心细致的工作作风
⑤ 具有团队合作能力与沟通能力

📋 能力目标

① 能够正确理解"五险一金"的相关规定
② 能够正确进行社会保险费个人应缴部分代扣代缴会计处理
③ 能够互相审核记账凭证

📋 知识目标

① 掌握"五险一金"相关法规规定
② 熟悉"五险一金"在职工薪酬发放表中的计算和编制方法
③ 掌握"五险一金"会计核算方法
④ 了解"五险一金"对职工及家庭的影响

2.1 任务描述

按规定时间完成上网或到图书馆查找资料,了解 3～5 个城市(应包括学校所在地)"五险一金"的相关法规规定,分类整理,并上台介绍制作的 PPT。

2.2 工作成果要求

在本学习与工作任务中,您与您的小组应该完成以下工作:

(1)根据上网或到图书馆查找资料,分析、讨论、归类后,每组写一份报告,介绍所了解的"五险一金"相关法规规定

(2)在报告中,应写明本次任务的小组成员以及分工

(3)在报告中,应写明本次任务的工作过程

(4)总结完成本次任务的收获与不足

2.3 实施建议

(1)认真阅读本教材中关于职工薪酬"五险一金"的相关专业知识

(2)上网或到图书馆查找关于制造业企业职工薪酬核算的方式并进行收集

(3)对收集的资料进行分类、分析、小组同学讨论,整理取得正确答案

(4)对讨论过程及结果的收获与不足进行思考与总结

2.4 学习专业知识

(1)认识"五险一金"

"五险"指的是五种保险,包括养老保险、医疗保险、失业保险、工伤保险和生育保险;"一金"指的是住房公积金。其中养老保险、医疗保险和失业保险这三种险由企业和个人共同缴纳保费;工伤保险和生育保险完全由企业承担,个人不需要缴纳。这里要注意的是"五险"是法定的,而"一金"不是法定的。

①养老保险

养老保险是社会保障制度的重要组成部分,是社会保险五大险种中最重要的险种之一。所谓养老保险(或养老保险制度)是国家和社会根据一定的法律和法规,为解决劳动者在达到国家规定的解除劳动义务的劳动年龄界限,或因年老丧失劳动能力退出劳动岗位后的基本生活而建立的一种社会保险制度。

②医疗保险

医疗保险就是当人们生病或受到伤害后,由国家或社会给予的一种物质帮助,即提供医疗服务或经济补偿的一种社会保障制度。

③工伤保险

工伤保险是社会保险制度中的重要组成部分。是指国家和社会为在生产、工作中遭受事故伤害和患职业性疾病的劳动者及亲属提供医疗救治、生活保障、经济补偿、医疗和职业康复等物质帮助的一种社会保障制度。

④失业保险

失业保险是指国家通过立法强制实行的，由社会集中建立基金，对因失业而暂时中断生活来源的劳动者提供物质帮助的制度。它是社会保障体系的重要组成部分，是社会保险的主要项目之一。

⑤生育保险

生育保险是国家通过立法，对怀孕、分娩女职工给予生活保障和物质帮助的一项社会政策。其宗旨在于通过向职业妇女提供生育津贴、医疗服务和产假，帮助她们恢复劳动能力，重返工作岗位。生育保险提供的生活保障和物质帮助通常由现金补助和实物供给两部分组成。现金补助主要是指给予生育妇女发放的生育津贴。有些国家还包括一次性现金补助或家庭津贴。实物供给主要是指提供必要的医疗保健、医疗服务以及孕妇、婴儿需要的生活用品等。提供的范围、条件和标准主要根据本国的经济实力而确定。

⑥住房公积金

住房公积金是地方政府用于解决行政事业单位职工及中低收入的居民住房问题的专项基金。城市住房基金从当地同级财政提取，现在用于住房建设、维修、管理和补贴的资金，通过固定资产投资方向调节税、房地产税、土地使用权出让金，以及出售属于国有资产的住房回收资金等渠道筹集。

（2）"五险一金"的缴费基数与缴交比例

"五险一金"的缴纳额度每个地区的规定都不同，缴交基数是以工资总额为基数。有的企业在缴交"五险一金"时，把所发放的基本工资和补贴等全部加总来计算；有的企业在缴纳时，只是将员工基本工资作为计算依据缴纳"五险一金"；也有的企业只是根据每个地区规定的最低缴纳基数来计算缴纳"五险一金"。

全国各地"五险一金"的缴交比例不尽相同。

（3）"五险一金"相关知识

社会保险是一种为丧失劳动能力、暂时失去劳动岗位或因健康原因造成损失的人口提供收入或补偿的一种社会和经济制度。社会保险计划由政府举办，强制某一群体将其收入的一部分作为社会保险税（费）形成社会保险基金，在满足一定条件的情况下，被保险人可从基金获得固定的收入或损失的补偿，它是一种再分配制度，它的目标是保证物质及劳动力的再生产和社会的稳定。我国社会保险的主要项目包括养老社会保险、医疗社会保险、失业保险、工伤保险和生育保险等。养老保险、失业保险和医疗保险的支取，是在法定允许的情况下才可以领取的，是由社保登记部门来发放，如养老保险要达到法定的年龄才可以，失业保险金的领取也要具备条件，如您到户口所在地的街道办事处办理失业证明，同时又办了求职证，就是指您失业以后还必须有求职的意愿,这样才可以领取。

①养老保险

职工想要享受基本养老保险的条件:企业依法足额缴纳;职工个人按照规定足额缴纳;缴费年限、年龄等条件符合国家规定,个人缴费年限累计不满 15 年的,退休后不享受基本养老金待遇,其个人账户储存额一次性支付给本人。至 2013 年,男职工满 60 周岁,女职工满 50 周岁,女干部满 55 周岁;从事井下、高温、特别繁重体力劳动或其他有害健康工作的男职工年满 55 周岁,女职工年满 45 周岁人员可以退休申请领取社会养老金。

②医疗保险

至 2013 年,医疗保险的种类包括:职工基本医疗保险、城镇居民基本医疗保险、新型农村合作医疗保险。

③工伤保险

至 2013 年,可享受的工伤待遇:工伤医疗待遇、因工伤残待遇、因工死亡待遇。

④生育保险

至 2013 年,享受生育保险的基本条件:结婚符合《婚姻法》规定、生育或流产符合有关规定、单位必须按时足额缴纳生育保险费、缴费年限一年以上。享受生育保险的基本项目:生育津贴、生育医疗费、疾病医疗费、计划生育手术费。

⑤失业保险

至 2013 年,领取失业保险金应具备的条件:按照规定参加失业保险,所在单位和本人已按照规定履行缴费义务满 1 年;非因本人意愿中断就业;已办理失业登记并有求职要求。

⑥住房公积金

住房公积金的提取条件:购买、建造、翻建、大修自住房;离退休;完全丧失劳动能力,并与单位终止劳动关系;出境定居;偿还购房贷款本息;房租超出家庭工资收入比例。

(4)"五险一金"相关会计核算

(5)了解"五险一金"缴交比例

"五险一金"缴交比例在全国各地不尽相同,如果您是一位职工薪酬核算岗位的会计或是一位财务主管,那么,您可以上企业所在地的相关网站了解相关政策,以方便进行会计核算。

表 2-2　2012 年 12 月福建省某地"五险一金"缴交比例明细表

（假设最低缴交基数是 1 000 元）

序号	项　目	计提基数	最低缴交基数	计提比例		缴交期
				单位应缴	个人应缴	
1	养老保险	本月工资总额	1000	18%	8%	
2	失业保险	本月工资总额	1000	2%	1%	
3	医疗保险	本月工资总额	1500	9%	2%	
4	工伤保险	本月工资总额	1000	0.80%	0	
5	生育保险	本月工资总额	1000	1%	0	按月缴交
6	住房公积金	本月工资总额	1000	8%	8%	
7	工会经费	本月工资总额	1000	2%	0	
8	职工教育经费	本月工资总额	1000	1.50%	0	
9	残疾人保障金	全年工资总额		单位缴		按年缴交

　　从上表您可以了解到,养老保险:单位每个月为您缴纳 18％,您自己缴纳 8％;医疗保险:单位每个月为您缴纳 9％,您自己缴纳 2％;失业保险:单位每个月为您缴纳 2％,您自己缴纳 1％;工伤保险:单位每个月为您缴纳 0.8％,您自己一分钱也不用缴;生育保险:单位每个月为您缴纳 1％,您自己一分钱也不用缴;住房公积金:单位每个月为您缴纳 8％,您自己缴纳 8％。

　　(6)每个月计算工资时"五险一金"代扣的核算

　　月末工资计提时,从职工应发工资中计算并代扣个人应交的"五险一金",超过个人所得税计税标准的,也要代扣个人所得税。

表 2-3　工资计算表

单位:元

姓名	所在部门	职务	标准					本月加班费/日	日加班费标准	本月应发工资	代扣个人社保金					个税计算基数	代扣个人所得税	实发工资
			基本工资	满勤奖	岗位津贴	职务津贴	电话费补贴				缴交基数	养老保险	失业保险	医疗保险	公积金			
2	3	4	5	6	7	8	9	10	11	12	13	14	15	16	17	18	19	20
郭明宏	总经办	总经理	4500	100	400	400	100			5500	1 000	80	10	20	80	5310	54.30	5255.70

　　[**例 2-2-1**]漳州兴达羊毛衫厂 2012 年 12 月 31 日计算本月应发总经理工资,根据以上工资表,编制会计分录:

借:管理费用——工资   5 500

  贷:应付职工薪酬——应付工资   5 255.70

    其他应付款——应付养老保险   80

    其他应付款——应付医疗保险   20

    其他应付款——应付失业保险   10

    其他应付款——应交公积金   80

    应交税费——应交个人所得税   54.30

（7）次月缴纳"五险一金"的核算

[**例 2-2-2**]漳州兴达羊毛衫厂 2013 年 1 月 10 日按规定缴纳相关养老保险金。

借:其他应付款——应付养老保险（代扣个人部分）   80

  管理费用——养老保险（应由单位支付的部分）   180

    贷:银行存款   260

[**例 2-2-3**]漳州兴达羊毛衫厂 2013 年 1 月 10 日按规定缴纳医疗保险金。

借:其他应付款——应付医疗保险（代扣个人部分）   20

  管理费用——医疗保险（应由单位支付的部分）   90

    贷:银行存款   110

[**例 2-2-4**]漳州兴达羊毛衫厂 2013 年 1 月 10 日按规定缴纳失业保险金。

借:其他应付款——失业保险（代扣个人部分）   10

  管理费用——失业保险（应由单位支付的部分）   20

    贷:银行存款   30

[**例 2-2-5**]漳州兴达羊毛衫厂 2013 年 1 月 10 日按规定缴纳公积金。

借:其他应付款——公积金（代扣个人部分）   80

  管理费用——公积金（由单位支付的部分）   80

    贷:银行存款   160

[**例 2-2-6**]漳州兴达羊毛衫厂 2013 年 1 月 10 日按规定缴纳工伤保险。

借:管理费用——工伤保险（全部由单位支付的部分）

    贷:银行存款

[**例 2-2-7**]漳州兴达羊毛衫厂 2013 年 1 月 10 日按规定缴纳生育保险。

借:管理费用——生育保险（全部由单位支付的部分）

    贷:银行存款

企业应在每个月 15 日前按规定缴交"五险一金"和代扣的个人所得税。如果忘记代扣,可以先由企业出资缴,待次月计算工资时补扣回来。这种情况,代付的款项则采用"其他应收款"科目进行相关明细核算。

◎ 励志小故事

三位司机的选择

一家大公司准备以高薪雇用一名给老板开车的小车司机,经过层层筛选和考试之后,只剩下三名技术最优良的竞争者。主考官问了他们一个同样的问题:"悬崖边有块金子,你们开着车去拿,觉得能距离悬崖多近而又不至于掉落山崖呢?"

"两米",第一位说。"半米",第二位很有把握地说。"我会尽量远离悬崖,愈远愈好",第三位说。您知道最后是哪位被录取了吗? 结果这家公司录取了第三位司机。

温馨提示:不要和诱惑较劲,而应离得越远越好。从另一角度也可以解读为:您为老板打工时,在利益诱惑下,人的生命重要,还是金钱重要?

◎ 参考资料推荐

国务院办公厅,国办发〔2009〕66 号,《城镇企业职工基本养老保险关系转移接续暂行办法》

国务院办公厅,《住房公积金管理条例》

◎ 网中网软件训练

请完成厦门网中网软件有限公司"会计分岗位核算"模块——职工薪酬岗位实训5.2

薪酬会计岗位实训4 社会保险费的核算	薪酬会计岗位实训5 住房公积金的核算	薪酬会计岗位实训6 工会经费的核算	薪酬会计岗位实训7 职工教育经费的核算
实训	实训	实训	实训
模拟学生实训 下载 打印	模拟学生实训 下载 打印	模拟学生实训 下载 打印	模拟学生实训 下载 打印

◎ 课后自我提高再训练

请完成实训岗位任务2.2

项目任务三　个人所得税代扣代缴的会计处理

世界上最快乐的事,莫过于为理想而奋斗。

——(古希腊)苏格拉底

📋 任务背景

中秋节到了,公司为提高员工福利,每人发了价值500元的中秋月饼提货券,还有价值500元的商超购货券。这价值1 000元的福利没有以现金形式发放,公司员工问:"我需要交个人所得税吗?"

如果您是一位职工薪酬核算岗位会计人员,您会做什么样的职业判断? 您认为应该如果对以上两笔业务进行会计核算呢?

您是否感觉到,在这个时候,熟悉个人所得税法很重要?

📋 素质目标

❶具备爱岗敬业、实事求是的科学态度

❷具有敏锐的职业眼光

❸具有对税法的解读能力

❹具有一丝不苟、耐心细致的工作作风

能力目标

① 能够正确理解《个人所得税法》及其实施细则
② 能够对个人所得税应缴税额进行计算
③ 能够对代扣代缴个人所得税进行会计处理

知识目标

① 掌握《个人所得税法》相关法规规定
② 熟悉个人所得税法在职工薪酬表中的计算
③ 掌握个人所得税的会计核算

3.1 任务描述

(1)根据所提供资料分析是否缴纳个人所得税
(2)根据所提供资料计算应缴个人所得税
(3)根据相关资料进行个人所得税代扣代缴会计处理

3.2 工作成果要求

在本学习与工作任务中,您应该完成以下工作:
(1)通过分析、计算,在相关表格中填写个人所得税额
(2)在所提供的记账凭证中填写个人所得税代扣代缴会计分录
(3)对个人所得税纳税筹划进行可行性思考
(4)填写实训小结,总结完成本次任务的收获与不足

3.3 实施建议

(1)认真阅读本教材中关于《个人所得税法》的相关规定
(2)上网或到图书馆查找关于个人所得税核算的方法
(3)上网或到图书馆查找关于个人所得税纳税筹划案例
(4)完成个人所得税代扣代缴的会计核算
(5)对本次任务工作过程及结果的收获与不足进行思考与总结

3.4 学习专业知识

(1)认识个人所得税

个人所得税是对个人取得的应税所得征收的一种税。是国家参与个人收入分配、防止贫富两极分化的重要手段。个人包括中国公民、个体工商业户、个人独资企业、合伙企业投资者以及在中国有应税所得的外籍人员(包括无国籍人员、港澳台同胞)。

我国现行的个人所得税主要法律依据是 1980 年 9 月全国人大制定的、2005 年 10 月第三次修正的《中华人民共和国个人所得税法》以及 1994 年 1 月国务院颁布的、2005 年 12 月第三次修订的《中华人民共和国个人所得税法实施条例》。2011 年 6 月 30 日第十一届全国人民代表大会常务委员会第二十一次会议通过了《关于修改〈中华人民共和国个人所得税法〉的决定》（第六次修订）。

（2）认识个人所得税的纳税人

依法取得《个人所得税法》规定的应税所得的个人，为个人所得税的纳税人。依据个人在我国境内（不包括港澳台地区，下同）住所和居住时间两个标准，将个人所得税纳税人分为居民纳税人和非居民纳税人。

（3）居民纳税人

居民纳税义务人是指在我国境内有住所，或者无住所但在我国境内居住满一年的个人。居民纳税义务人负有无限纳税义务，应就其来源于我国境内外的应税所得，向我国政府缴纳个人所得税。

在国境内有住所的个人，是指因户籍、家庭、经济利益关系而在中国境内习惯性居住的个人。所谓习惯性居住，是指个人因学习、工作、探亲、旅游等原因消除之后，没有理由在其他地方继续居留时所要回到的地方。

在我国境内居住满一年，是指在一个纳税年度中在我国境内居住 365 日。在一个纳税年度中一次不超过 30 日或者多次累计不超过 90 日的为临时离境，临时离境不扣减日数。

（4）非居民纳税人

非居民纳税义务人是指在我国境内无住所又不居住，或者无住所而在境内居住不满 1 年的个人。非居民纳税义务人负有有限纳税义务，仅就其从我国境内的应税所得向我国政府缴纳个人所得税。

在实际征管中，对在我国境内无住所，但是居住 1 年以上 5 年以下的个人，其来源于我国境外的所得，经主管税务机关批准，可以只就由我国境内公司、企业以及其他经济组织或者个人支付的部分缴纳个人所得税；居住超过 5 年的个人，从第 6 年起，应当就其来源于我国境外的全部所得缴纳个人所得税。

（5）个人所得税的扣缴义务人

为了便于个人所得税的征收管理和加强税源控制，我国个人所得税实行自行申报和源泉扣缴相结合的征收办法。除了个体工商户生产经营所得以外的其他各项应税所得，均以支付所得的单位或个人为个人所得税的扣缴义务人。

（6）个人所得税的征税范围

我国现行个人的所得税采用分类分项课征制，将个人取得的应税所得划分为 11 个项目。

①工资、薪金所得

工资、薪金所得，是指个人因任职或者受雇而取得的工资、薪金、奖金、年终加薪、劳动分红、津贴、补贴以及与任职或者受雇有关的其他所得。

以下不属于工资、薪金性质的补贴津贴项目的收入，不征税：独生子女补贴；执行公务员工资制度未纳入基本工资总额的补贴、津贴差额和家属成员的副食品补贴；托儿补助费；差旅费津贴、误餐补助。

②个体工商户的生产、经营所得

个体工商户的生产、经营所得，包括 A. 个体工商户从事工业、手工业、建筑业、交通运输业、商业、饮食业、服务业、修理业以及其他行业生产、经营取得的所得；B . 个人经政府有关部门批准，取得执照，从事办学、医疗、咨询以及其他有偿服务活动取得的所得；C. 其他个人从事个体工商业生产、经营取得的所得；D. 上述个体工商户和个人取得的与生产、经营有关的各项应纳税所得。

③对企事业单位的承包经营、承租经营所得

对企事业单位的承包经营、承租经营所得，是指个人承包经营、承租经营以及转包、转租取得的所得，包括个人按月或者按次取得的工资、薪金性质的所得。

④劳务报酬所得

劳务报酬所得，是指个人从事设计、装潢、安装、制图、化验、测试、医疗、法律、会计、咨询、讲学、新闻、广播、翻译、审稿、书画、雕刻、影视、录音、录像、演出、表演、广告、展览、技术服务、介绍服务、经纪服务、代办服务以及其他劳务取得的所得。

个人担任董事职务所得的董事费收入，应按劳务报酬所得项目征税。

⑤稿酬所得

稿酬所得，是指个人因其作品以图书、报刊形式出版、发表而取得的所得。

以上作品是指包括文字、图片或乐谱等能以图书、报刊方式出版、发表的作品。

⑥特许权使用费所得

特许权使用费所得，是指个人提供专利权、商标权、著作权、非专利技术以及其他特许权的使用权取得的所得；提供著作权的使用权取得的所得，不包括稿酬所得。

⑦利息、股息、红利所得

利息、股息、红利所得，是指个人拥有债权、股权而取得的利息、股息、红利所得。

利息，是指个人的存款利息、贷款利息和购买各种债券的利息。

股息，也称股利，是指股票持有人根据股份有限公司的公司章程规定，凭股票定期从股份有限公司取得的投资盈利。

红利，是指股份有限公司根据应分配的利润按股份分配超过股息部分的利润。以股票形式向股东个人支付股息、红利，应以股票面额为收入额计税。

⑧财产租赁所得

财产租赁所得，是指个人出租建筑物、土地使用权、机器设备、车船以及其他财产取得的所得。

⑨财产转让所得

财产转让所得,是指个人转让有价证券、股权、建筑物、土地使用权、机器设备、车船以及其他财产取得的所得。

⑩偶然所得

偶然所得,是指个人得奖、中奖、中彩以及其他偶然性质的所得。

经国务院财政部门确定征税的其他所得

⑪除上述10项个人应税所得外,对于今后可能出现的需要征税的新项目,由国务院财政部门确定征收。个人取得的所得,难以界定应纳税所得项目的,由主管税务机关确定。

居民纳税人和非居民纳税人的纳税义务是不同的,因此对纳税人征税时,要确定其纳税人身份,还要判断其所得的来源地。

根据税法规定,下列所得,不论支付地点是否在中国境内,均为来源于中国境内的所得:

A. 任职、受雇、履约等而在中国境内提供劳务取得的所得;

B. 将财产出租给承租人在中国境内使用而取得的所得;

C. 转让中国境内的建筑物、土地使用权等财产或者在中国境内转让其他财产取得的所得;

D. 许可各种特许权在中国境内使用而取得的所得;

E. 从中国境内的公司、企业以及其他经济组织或者个人取得的利息、股息、红利所得;

F. 在中国境内从事生产、经营活动而取得的生产经营所得;

G. 在中国境内以图书、报刊方式出版、发表作品取得的稿酬所得;

H. 中国境内参加竞赛取得的奖金所得、参加有关部门组织的有奖活动取得的中奖所得、购买有关部门发行的彩票取得的中彩所得。

(7)个人所得税的税率

表 2-4　至 2013 年最新个人所得税的税率表(工资、薪金所得适用)

级数	全月应纳税所得额		税率(%)	速算扣除数
	含税级距	不含税级距		
1	不超过 1 500 元的	不超过 1 455 元的	3	0
2	超过 1 500 元至 4 500 元的部分	超过 1 455 元至 4 155 元的部分	10	105
3	超过 4 500 元至 9 000 元的部分	超过 4 155 元至 7 755 元的部分	20	555
4	超过 9 000 元至 35 000 元的部分	超过 7 755 元至 27 255 元的部分	25	1 005
5	超过 35 000 元至 55 000 元的部分	超过 27 255 元至 41 255 元的部分	30	2 755
6	超过 55 000 元至 80 000 元的部分	超过 41 255 元至 57 505 元的部分	35	5 505
7	超过 80 000 元的部分	超过 57 505 元的部分	45	13 505

（8）个人所得税的申报办法

个人所得税的纳税办法有代扣代缴纳税和自行申报纳税。

纳税义务人有下列情形之一的，应当按照规定到主管税务机关办理纳税申报：①年所得在12万元以上的；②从我国境内二处或者二处以上取得工资、薪金所得的；③从我国境外取得所得的；④取得应纳税所得，没有扣缴义务人的；⑤国务院规定的其他情形。

扣缴义务人在向个人支付下列所得时，应按规定代扣代缴个人所得税：工资、薪金所得；企事业单位的承包经营、承租经营所得；劳务报酬所得；稿酬所得；特许权使用费所得；利息、股息、红利所得；财产租赁所得；财产转让所得；偶然所得，以及经国务院财政部门确定征税的其他所得。

（9）个人所得税的纳税期限

扣缴义务人每月所扣的税款，自行申报纳税人每月应纳的税款，都应当在次月7日内缴入国库，并向税务机关报送纳税申报表。具体有以下几个规定：

工资、薪金所得应纳的税款，按月计征，由扣缴义务人或者纳税义务人在次月7日内缴入国库，并向税务机关报送纳税申报表。特定行业的工资、薪金所得应纳的税款，可以实行按年计算、分月预缴的方式计征。

个体工商户的生产、经营所得应纳的税款，按年计算，分月预缴，由纳税义务人在次月7日内预缴，年度终了后3个月内汇算清缴，多退少补。

对企事业单位的承包经营、承租经营所得应纳的税款，按年计算，由纳税义务人在年度终了后30日内缴入国库，并向税务机关报送纳税申报表。纳税义务人在一年内分次取得承包经营、承租经营所得的，应当在取得每次所得后的7日内预缴，年度终了后3个月内汇算清缴，多退少补。

从我国境外取得所得的纳税义务人，应当在年度终了后30日内，将应纳的税款缴入国库，并向税务机关报送纳税申报表。

年所得在12万元以上的纳税义务人，在年度终了后3个月内到主管税务机关办理纳税申报。扣缴义务人在代扣税款的次月内，向主管税务机关报送其支付个人收入明细表、扣缴个人所得税报告表和其他相关涉税信息。

年所得在12万元以上的纳税人，在纳税年度终了后，应当填写《个人所得税纳税申报表（适用于年所得在12万元以上的纳税人申报）》，并在办理纳税申报时报送主管税务机关，同时报送个人有效身份证件复印件，以及主管税务机关要求报送的其他有关资料。有效身份证件包括纳税人的身份证、护照、回乡证、军人身份证件等。

个人独资企业和合伙企业投资者在预缴个人所得税时，应向主管税务机关报送《个人独资企业和合伙企业投资者个人所得税申报表》，并附送会计报表。

（10）个人所得税申报表

①个人基础信息登记表参考格式

表 2-5 中国居民个人基础信息登记表

姓名	身份证照类型	身份证照号码	工作单位名称（注：非雇员填写本栏）	职务	户籍所在地	联系电话	通信地址	邮政编码	公司股本总额和个人股本额（注：个人股东、投资者填写本栏）

②支付个人收入明细表

表 2-6 支付个人收入明细表参考格式

扣缴义务人编码：□□□□□□□□□□□□□□□□□□□

扣缴义务人名称（公章）：   金额单位：元（列至角分）

所属期：   年   月   日至   年   月   日

1	2	合计	工资薪金所得	承包、承租所得	劳务报酬所得	利息、股息、红利所得	其他各项所得	
1	2	3	4	5	6	7	8	9
合计								

制表人：   审核人：

《支付个人收入明细表》填表说明：

本表根据《中华人民共和国税收征收管理法》及其实施细则、《中华人民共和国个人所得税法》及其实施条例制定。各省、自治区、直辖市地方税务局可根据本地实际，本着有利征管、方便纳税人的原则，在本表样的基础上增加栏目和内容。

适用范围：扣缴义务人向个人支付应税所得，但未达到纳税标准、没有扣缴税款的纳税人情况报送。"收入项目"栏填写金额，4＋5＋6＋7＋8＝3；非本单位雇员、非本期收入及其他有关事项应在备注栏中注明；"审核人"指单位的财务部门负责人；本表为 A4 横式，填写一式二份，扣缴义务人留存一份，报税务机关一份。

③个体工商户所得税年度申报表

根据《中华人民共和国个人所得税法》第 9 条规定制定本表。个体工商户年度生产经营所得应在年度终了后 3 个月内报送本表，进行汇算清缴，多退少补。

表 2-7　个体工商户所得税年度申报表

纳税年度(月份):自　年　月　日　至　年　月　日　填表日期:　年　月　日

纳税人编码:　　　　　　　　　　　　　　　　　　金额单位:人民币元

业主姓名		地址				
户名						
业别		开始生产经营日期		银行账号	邮编	电话

项　目		金　额
应纳税所得额的计算	1.全年收入额	
	2.成本	
	3.费用	
	4.损失	
	5.应纳税所得额[1−(2+3+4)]	
应纳个人所得税额的计算	6.税率(征收率)	
	7.速算扣除数	
	8.应纳所得税额(5×6−7)或[1×6(征收率)]	
	9.全年预缴税额	
	10.应补(退)所得税额(8−9)	

授权代理人	(如果您已委托代理人,请填写下列资料) 　为代理一切税务事宜,现授权＿＿＿＿＿ ＿＿＿＿＿(地址)为＿＿＿＿＿本人代理申报人,任何与本申报表有关的来往文件都可寄与此人。 　　　　　授权人签章＿＿＿＿＿	声明	我声明,此纳税申报表是根据《中华人民共和国个人所得税法》的规定填报的,我确信它是真实的、可靠的、完整的。 　　　　声明人签章＿＿＿＿＿

代理申报人签字:　　　　　　　　　　　　纳税人签字:

(11)个人所得税的计算

工资个税的计算公式为:

应纳税额＝(工资薪金所得−"五险一金"个人承担部分−扣除数)×适用税率−速算扣除数

个税的起征点是 3 500 元,使用超额累进税率的计算方法如下:

缴税＝全月应纳税所得额×税率−速算扣除数

全月应纳税所得额＝应发工资−"五险一金"个人承担部分−3 500

表2-8 福建省漳州兴达羊毛衫厂2012年12月管理人员工资计算表

单位：元

姓名	所在部门	职务	标准					本月加班/日	日加班费标准	本月应发工资	代扣个人社保金					个税计算基数	代扣个人所得税	实发工资
			基本工资	满勤奖	岗位津贴	职务津贴	电话费补贴				缴交基数	养老保险	失业保险	医疗保险	公积金			
2	3	4	5	6	7	8	9	10	11	12	13	14	15	16	17	18	19	20
郭明宏	总经办	总经理	4500	100	400	400	100			5500	1000	80	10	20	80	5310	54.30	5255.70
吕 斌	采购部	经理	3000	100	200	200	50			3550	1000	80	10	20	80	3360	0	3360.00
王力去	办公室	经理	3000	100	200	200	50	10	100	4550	1000	80	10	20	80	4360	25.8	4334.20
邹 洁	财务部	经理	3000	100	200	200	50			3550	1000	80	10	20	80	3360	0	3360.00
林 莉	财务部	出纳	2000	100			100	8	50	2600	1000	80	10	20	80	2410	0	2410.00
孔兴明	采购部	科员	2000	100			100			2200	1000	80	10	20	80	2010	0	2010.00
张林达	办公室	科员	2000	100			100	8	50	2600	1000	80	10	20	80	2410	0	2410.00

从以上计算表中可以知道,总经理郭明宏当月工资为5 500元。

应交个人所得税额＝5 500－(80＋10＋20＋80)－3 500＝1 610(元)

应交个人所得税＝1 610×3％＝54.30(元)

(12)个人所得税的会计核算

①计算工资时根据税法规定代扣个人所得税,以总经理郭明宏的工资及代扣款项为例。

借:管理费用——工资　　　　　　　　　　　　5500

　　贷:应付职工薪酬——应付工资　　　　　　　　　　　　5310

　　　应交税费——应交个人所得税　　　　　　　　　　　　54.30

　　　其他应付款——应交养老保险金　　　　　　　　　80(代扣个人应交部分)

　　　其他应付款——应交失业保险金　　　　　　　　　10(代扣个人应交部分)

　　　其他应付款——应交医疗保险金　　　　　　　　　20(代扣个人应交部分)

　　　其他应付款——应交公积金　　　　　　　　　　　80(代扣个人应交部分)

②次月缴纳个人所得税时根据银行回单作会计处理

借:应交税费——应交个人所得税　　　　　　　　54.30

　　贷:银行存款　　　　　　　　　　　　　　　　　　　　54.30

企业普遍适用的个人所得税政策如下:《中华人民共和国个人所得税法》,《中华人民共和国个人所得税法实施条例》、《国家税务总局关于企业发放补充养老保险金征收个人所得税问题的批复》、《财政部、国家税务总局关于个人所得税有关问题的批复》、《国家税务总局关于单位为员工支付有关保险缴纳个人所得税问题的批复》、财税(2006)10号《关于基本养老保险费基本医疗保险费失业保险费住房公积金有关个人所得税政策的通知》、《国家税务总局关于调整个人取得全年一次性奖金等计算征收个人所得税方法问题的通知》、《国家税务总局关于个人因公务用车制度改革取得补贴收入征收个人所得税问题的通知》、《国家税务总局关于个人所得税有关政策问题的通知》、国税函〔2007〕305号《国家税务总局关于企事业单位公务用车制度改革后相关费用税前扣除问题的批复》。关于个人所得税中企业向职工发放交通补贴的个人所得税问题、企业向职工发放的通讯补贴的个人所得税问题、企业为职工购买的人身意外险的个人所得税问题、企业年金的个人所得税问题、公司向解除劳动关系的人员支付一次性补偿费、企业为职工缴付的补充医疗保险的个人所得税问题、金融保险企业开展的以业务销售附带赠送个人实物的问题都有了政策依据,企业相关岗位会计人员应提高从业素质,保持高度职业敏感性,全面、准确地掌握税收政策,提高用活、用好税收政策的能力,合理代扣代缴个人所得税,优化税收筹划,谋取未来税收效益,规避企业经营风险和税务风险,为企业在经济发展中健康成长保驾护航。

◎ 励志小故事

一样的鱼不一样的结果

　　从前,有两个饥饿的人得到了一位长者的恩赐:一个人要了一篓鱼,另一个人要了一根钓竿,于是他们分道扬镳了。得到鱼的人在原地用干柴搭起篝火煮起了鱼。鱼熟之后,他狼吞虎咽,还没有品出鲜鱼的肉香,就连鱼带汤吃了个精光。不久,他便饿死在空空的鱼篓旁。另一个人则提着钓竿继续忍饥挨饿,一步步艰难地向海边走去,可当他已经看到不远处那片蔚蓝色的海洋时,他浑身的最后一点力气也使完了,他也只能带着无尽的遗憾撒手人间。

　　过了几天,又有两个饥饿的人,他们同样得到了长者的恩赐——一根鱼竿和一篓鲜鱼。只是他们并没有各奔东西,而是商定共同去找寻大海。路上,他俩每次只煮一条鱼,然后分着吃。他们经过漫长的跋涉,终于来到了海边,开始了捕鱼为生的日子。几年后,他们盖起了房子,有了各自的家庭、子女,有了自己的渔船,过上了幸福安康的生活。

　　温馨提示:一个人只顾眼前的利益,得到的终将是短暂的欢愉;一个人目标高远,但也要面对现实的生活。只有把理想和现实有机结合起来,才有可能成为一个成功之人。有时候,一个简单的道理,就足以给人意味深长的生命启示。

◎ 参考资料推荐

　　《中华人民共和国个人所得税法》(根据 2011 年 6 月 30 日第十一届全国人民代表大会常务委员会第二十一次会议《关于修改〈中华人民共和国个人所得税法〉的决定》第六次修正)

◎ 网中网软件训练

　　请完成厦门网中网软件有限公司"会计分岗位核算"模块——职工薪酬核算岗位实训5.1.2

序	操作	
1	职工薪酬1.1--计提工资	⬇
2	职工薪酬1.2--代扣个人保险费、住房公积金及个人所得税	⬇
3	职工薪酬1.3--登记应付职工薪酬明细账	⬇
4	职工薪酬1.4--支付工资	⬇

◎ 课后自我提高再训练

请完成实训任务2.3

项目任务四　职工薪酬核算

📋 任务背景

　　每个企业,不论是否生产,都可能发生工资支出。比如,您开的店,周末放假,您聘请的营业员是按月发工资的,所以,当他们没有上班时,工资仍然是要支付的,这也是劳动法规定的。那么,如果您是一个企业的会计人员,您需要审核从人力资源部或其他人员送来的职工薪酬计算表,您首先得知道职工薪酬的计算方法,知道本公司有哪些相关规定,知道其来龙去脉,您还要会编制职工薪酬表,进行相关会计核算,并将所发放的工资归集到相关产品成本中。

📋 素质目标

①具备爱岗敬业、实事求是的科学态度
②具有与相关部门沟通协作的能力
③具有一丝不苟、耐心细致的工作作风
④具有良好的执行力

📋 能力目标

①能够正确解读企业职工考勤相关信息和产量记录
②能够正确解读企业内部职工薪酬相关规定
③能够正确进行工资的计算
④能够正确编制职工薪酬发放表
⑤能够进行职工薪酬的会计核算

📋 知识目标

①熟悉企业职工考勤相关信息和产量记录种类及特点
②熟悉企业内部职工薪酬相关规定
③熟悉工资的计算原理
④掌握职工薪酬发放表填写方法
⑤掌握职工薪酬的会计核算理论与方法

4.1 任务描述

(1)根据所提供的资料选用空白职工薪酬发放表
(2)根据所提供的资料编制职工薪酬发放表
(3)正确填制职工薪酬核算相关记账凭证
(4)根据所提供的资料将工资分配到相关产品中去

4.2 工作成果要求

在本学习与工作任务中,您应该完成以下工作:
(1)从多张空白职工薪酬发放表中选用适用的表格
(2)职工薪酬发放表填写应准确、完整、清晰
(3)根据职工薪酬发放表填写的记账凭证应清晰、准确、完整
(4)工资分配表计算规范、准确
(5)实训小结全面、细致、分析透彻

4.3 实施建议

(1)认真阅读本教材中关于职工薪酬的专业知识
(2)上网或到图书馆查找关于制造业企业职工薪酬核算的方式并进行收集
(3)上网或到图书馆查找关于制造业企业职工薪酬分配的方式并进行收集
(4)完成空白职工薪酬发放表的选用
(5)填写职工薪酬发放表

（6）填写记账凭证

（7）填写工资分配表

（8）填写与工资分配有关的记账凭证

（9）对本项目任务工作过程进行思考与总结

4.4 学习专业知识

（1）职工薪酬

职工薪酬是指企业为获得职工提供的服务而给予各种形式的报酬以及其他相关支出。职工薪酬的内容包括：

①职工工资、奖金、津贴和补贴；

②职工福利费；

③医疗保险费、养老保险费、失业保险费、工伤保险费和生育保险费等社会保险费；

④住房公积金；

⑤工会经费和职工教育经费；

⑥非货币性福利；

⑦因解除与职工的劳动关系给予的补偿；

⑧其他与获得职工提供的服务相关的支出。

本模块学习内容主要是以上①～④项目的核算。

（2）职工考勤相关信息和产量记录种类及特点

①了解职工考勤相关信息

职工考勤相关信息是计算职工工资的重要依据，企业做职工出勤记录的形式有多种，如点名制、打卡制、按指纹等。

这种职工信息收集适用于计时工资模式、计日工资模式、计月工资模式等。

②认识产量记录种类

产量记录所收集的信息是计算工人工资的重要依据，企业根据生产工序的特点，分配给各工序员工相应的工作任务，确定完成相关任务的工资标准，如服装厂缝制一件衣服的工资为6元，那么，就根据当月完成的数量计算月应支付的工资数。

产量可以是按个人来记录，也可以按班组来记录，也可以是按车间来记录。

产量记录的收集方法适用于计件工资模式。

（3）月职工薪酬计算

①计月工资的计算

计月工资是按工作月为单位来计算的工资额。比如，在招聘时约定，一个月基本工资2 000元，具体每周工作几天，每天上班时间从几时到几时。这种工资计算模式广泛适用于管理岗位人员，如聘请的统计员、保洁员等。

表 2-9　管理人员考勤情况统计表

福建省漳州兴达羊毛衫厂2012年12月管理人员考勤情况

单位：元

序号	姓名	所在部门	职务	标准					本月加班/日	日加班费标准
				基本工资	满勤奖	岗位津贴	职务津贴	电话费补贴		
1	郭明宏	总经办	总经理	4500	100	400	400	100		
2	李兴过	销售部	经理	3000	100	200	200	50	10	100
3	吕 斌	采购部	经理	3000	100	200	200	50		
4	王力去	办公室	经理	3000	100	200	200	50	10	100
5	邹 洁	财务部	经理	3000	100	200	200	50		
6	江迈河	车 间	主任	2800	100	200	300	50	10	100
7	林 莉	财务部	出纳	2000	100			100	8	50
8	洪东海	销售部	科员	2000	100			100	6	50
9	孔兴明	采购部	科员	2000	100			100		
10	张林达	办公室	科员	2000	100			100	8	50
工资计算及发放方式：按月计提，次月10日发放。										

以上是根据本月相关管理人员出勤情况收集到的信息。根据这些信息计算并编制工资表。

②计件工资的计算

计件工资是指以工人完成产量记录的相关信息为依据来计算工人工资。每个月末，生产部门统计人员会将本月工人的任务完成情况统计后交到人力资源部或财务部。

表2-10　福建省漳州兴达羊毛衫厂2012年12月管理人员工资计算表

单位：元

姓名	所在部门	职务	标准					本月加班/日	日加班费标准	本月应发工资	代扣个人社保金					个税计算基数	代扣个人所得税	实发工资
			基本工资	满勤奖	岗位津贴	职务津贴	电话费补贴				缴交基数	养老保险	失业保险	医疗保险	公积金			
2	3	4	5	6	7	8	9	10	11	12	13	14	15	16	17	18	19	20
郭明宏	总经办	总经理	4500	100	400	400	100			5500	1000	80	10	20	80	5310	54.30	5255.70
李兴过	销售部	经理	3000	100	200	200	50	10	100	4550	1000	80	10	20	80	4360	25.8	4334.20
吕斌	采购部	经理	3000	100	200	200	50			3550		80	10	20	80	3360	0	3360.00
王力去	办公室	经理	3000	100	200	200	50	10	100	4550	1000	80	10	20	80	4360	25.8	4334.20
邹洁	财务部	经理	3000	100	200	200	50			3550		80	10	20	80	3360	0	3360.00
江迈河	车间	主任	2800	100	200	300	50	10	100	4450	1000	80	10	20	80	4260	22.8	4237.20
林莉	财务部	出纳	2000	100			100	8	50	2600		80	10	20	80	2410	0	2410.00
洪东海	销售部	科员	2000	100			100			2500		80	10	20	80	2310	0	2310.00
孔兴明	采购部	科员	2000	100			100			2200		80	10	20	80	2010	0	2010.00
张林达	办公室	科员	2000	100			100	8	50	2600	1000	80	10	20	80	2410	0	2410.00
合计			27300	1000	1400	1900	350	52		36050		800	100	200	800		128.70	34021.30

表2-11　福建省漳州兴达羊毛衫厂2012年12月生产工人考勤情况

单位：元

姓名	所在部门	职务	标准						
			基本工资	满勤奖	加工A产品		加工B产品		质量奖
					数量	加工单位工资	数量	加工单位工资	
1	2	3	4	5	6	7	8	9	10
林岚	车间	工人	1000	100	500	4	200	2	100
林倩倩	车间	工人	1000	100	500	4	200	6	100
黄立斌	车间	工人	1000	100	500	4	200	5	100
黄日华	车间	工人	1000	100	500	4	200	4	100
张宝成	车间	工人	1000	100	500	4	200	3	100
张立昌	车间	工人	1000	100	500	4	200	5	100
吕斌	车间	工人	400	100	300	3	100	2	100
曾万达	车间	工人	1000	100	1000	2	50	4	100
张宏生	车间	工人	1700	100	0	0	0	0	0

注：表中工资计算方法：基本工资＋计件工资

按照会计的权责发生制原则，根据以上生产部门交来的资料，审核并计算当月应付工人工资。

表 2-12　福建省漳州兴达羊毛衫厂 2012 年 12 月生产工人工资计算表

部门:生产车间　　　　　　　　　　　　　　　　　　　　　　　　单位:元

姓名	标准							本月应发工资	代扣个人社保金					个税计算基数	代扣个人所得税	实发工资
	基本工资	满勤奖	加工A产品 数量	单位工资	加工B产品 数量	单位工资	质量奖		缴交基数	养老保险	失业保险	医疗保险	公积金			
1	4	5	6	7	8	9	10	11	12	13	14	15	16	17	18	19
林　岚	1000	100	500	4	200	2	100	3600	1000	80	10	20	80	3410	0	3410
林倩倩	1000	100	500	4	200	6	100	4400	1000	80	10	20	80	4210	18.30	4191.70
黄立斌	1000	100	500	4	200	5	100	4200	1000	80	10	20	80	4010	12.30	3997.70
黄日华	1000	100	500	4	200	6	100	4400	1000	80	10	20	80	4210	18.30	4191.70
张宝成	1000	100	500	4	200	3	100	3800	1000	80	10	20	80	3610	3	3607
张立昌	1000	100	500	4	200	5	100	4200	1000	80	10	20	80	4010	12.30	3997.70
吕　斌	1000	100	400	3	100	4	100	2600	1000	80	10	20	80	2410	0	2410
曾万达	1000	100	1000	2	50	4	100	3400	1000	80	10	20	80	3210	0	3210
张宏生	1700	100	0	0	0	0	0	1800	1000	80	10	20	80	1610	0	1610
合计	9700	900	4400	29	1350	33	800	32400		720	90	180	720	30690	64.2	30625.8

（4）应付职工薪酬的账务处理

企业应当通过"应付职工薪酬"科目,核算应付职工薪酬的提取、结算、使用等情况。该科目的贷方登记已分配计入有关成本费用项目的职工薪酬的数额,借方登记实际发放职工薪酬的数额,包括扣还的款项等;该科目期末贷方余额,反映企业应付未付的职工薪酬。

职工薪酬核算应设置的会计科目有:"应付职工薪酬"、"其他应付款"、"其他应交款"、"生产成本"、"管理费用"、"制造费用"、"销售费用"、"在建工程"、"研发费用"等。

"应付职工薪酬"科目应当按照"工资"、"职工福利"、"社会保险费"、"住房公积金"、"工会经费"、"职工教育经费"、"非货币性福利"等设置明细科目,进行明细核算。

企业应当在职工为其提供服务期间,根据职工提供服务的受益对象,将应确认的职工薪酬(包括货币性薪酬和非货币性福利)计入相关资产成本或当期损益,同时确认为应付职工薪酬。

本项目任务中所需学习并掌握的职工薪酬核算包括:货币性职工薪酬的核算、非货币性职工薪酬的核算、辞退职工福利的核算、带薪缺勤职工薪酬的核算、以股份支付职工薪酬的核算。

（5）货币性职工薪酬的核算

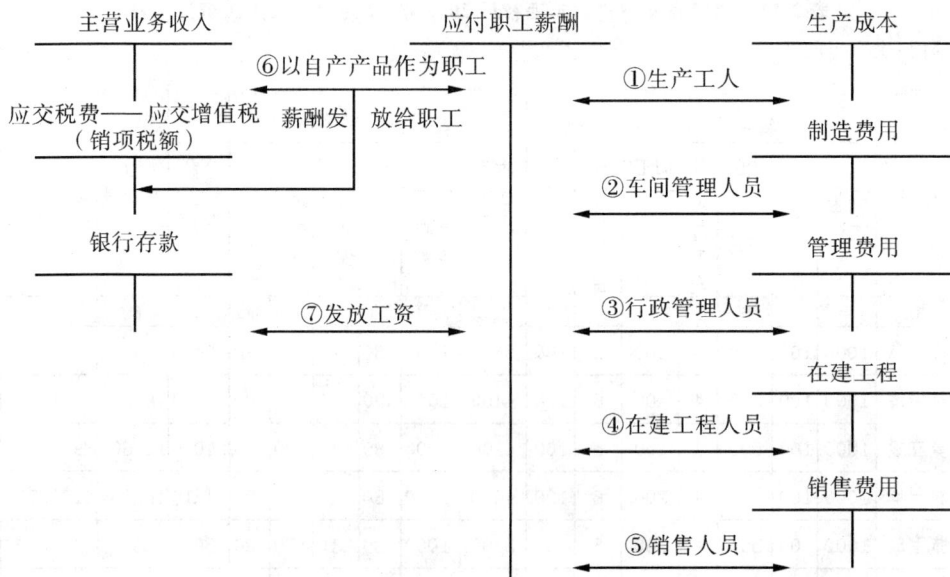

图 2-2 应付职工薪酬核算关系图

　　每月,企业根据实际情况进行相关会计核算。生产部门人员的职工薪酬,借记"生产成本"、"制造费用"、"劳务成本"等科目,贷记"应付职工薪酬"科目;管理部门人员的职工薪酬,借记"管理费用"科目,贷记"应付职工薪酬"科目;销售人员的职工薪酬,借记"销售费用"科目,贷记"应付职工薪酬"科目;应由在建工程、研发支出负担的职工薪酬,借记"在建工程"、"研发支出"科目,贷记"应付职工薪酬"科目。

借:生产成本
　　劳务成本
　　制造费用
　　管理费用
　　销售费用
　　在建工程
　　研发支出
　贷:应付职工薪酬

(1)每个月末计提本月应付职工薪酬的账务处理

　　从表 2-10 中可以了解到,这些管理人员分属不同部门,所以,在编制工资表时,应根据部门进行归类,以便进行分部门核算。在实际工作中,如果是人力资源部负责编制工资发放表,那么,作为财务部会计,应该主动提前与之沟通,请相关人员按财务部要求编制,这样可以提高工作效率。现在,我们重新编制工资发放表如下:

表 2-13　福建省漳州兴达羊毛衫厂 2012 年 12 月管理人员工资计算表

单位：元

序号	姓名	所在部门	职务	标准							本月应发工资	缴交基数	代扣个人社保金				个税计算基数	代扣个人所得税	实发工资
				基本工资	满勤奖	岗位津贴	职务津贴	电话费补贴缴交基数	月加班/日	日加班费标准			养老保险	失业保险	医疗保险	公积金			
1	2	3	4	5	6	7	8	9	10	11	12	13	14	15	16	17	18	19	20
1	鄂明宏	总经办	总经理	4 500	100	400	400	100			5 500	1 000	80	10	20	80	5 310	54.30	5 255.70
3	昌斌	采购部	经理	3 000	100	200	200	50			3 550	1 000	80	10	20	80	3 360	0	3 360.00
4	王力去	办公室	经理	3 000	100	200	200	50	10	100	4 550	1 000	80	10	20	80	4 360	25.8	4 334.20
5	邹洁	财务部	经理	3 000	100	200	200	50			3 550	1 000	80	10	20	80	3 360	0	3 360.00
7	林莉	财务部	出纳	2 000	100		100		8	50	2 600	1 000	80	10	20	80	2 410	0	2 410.00
9	孔兴明	采购部	科员	2 000	100		100				2 200	1 000	80	10	20	80	2 010	0	2 010.00
10	张林达	办公室	科员	2 000	100		100		8	50	2 600	1 000	80	10	20	80	2 410	0	2 410.00
	小计										24 550						23 220		23 139.90
6	江迈河	车间	主任	2 800	100	200	300	50	10	100	4 450	1 000	80	10	20	80	4 260	22.8	4 237.20
	小计										4 450						4 260		4 237.20
2	李兴过	销售部	经理	3 000	100	200	200	50	10	100	4 550	1 000	80	10	20	80	4 360	25.8	4 334.20
8	洪东海	销售部	科员	2 000	100		100		6	50	2 500	1 000	80	10	20	80	2 310	0	2 310.00
	小计										7 050						6 670		6 644.20
	合计			27 300	1 000	1 400	1 900	350	52		36 050		800	100	200	800	34 150	128.70	34 021.3

根据以上工资表编制相关会计分录：

[**例 2-4-1**]漳州兴达羊毛衫厂 2012 年 12 月 31 日,计算当月应付管理部门相关职员薪酬。

借:管理费用——工资　　　　　　　　　　　　　　　　　　　24 550

　　制造费用——工资　　　　　　　　　　　　　　　　　　　4 450

　　销售费用——工资　　　　　　　　　　　　　　　　　　　7 050

　　贷:应付职工薪酬——工资　　　　　　　　　　　　　　　　34 021.30

　　　　其他应付款——应交养老保险金　　　　　　　800(代扣个人应交部分)

　　　　其他应付款——应交失业保险金　　　　　　　100(代扣个人应交部分)

　　　　其他应付款——应交医疗保险金　　　　　　　200(代扣个人应交部分)

　　　　其他应付款——应交公积金　　　　　　　　　800(代扣个人应交部分)

　　　　应交税费——应交个人所得税　　　　　　128.70(代扣个人应交部分)

[**例 2-4-2**]漳州兴达羊毛衫厂 2013 年 1 月 15 日发放上月应付职工薪酬,根据银行代发工资清单及相关转账凭证,做账务处理。

借:应付职工薪酬——管理人员工资　　　　　　　　　　　　34 021.30

　　应付职工薪酬——生产工人工资　　　　　　　　　　　　30 625.80

　　贷:银行存款　　　　　　　　　　　　　　　　　　　　　64 647.10

[**例 2-4-3**]漳州兴达羊毛衫厂 2013 年 1 月根据缴交养老保险金相关凭证,做财务处理。

借:其他应付款——应交养老保险金　　　　　　　800(代扣个人应交部分)

　　其他应付款——应交养老保险金　　　　　　　720(代扣个人应交部分)

　　管理费用——养老保险金　　　3 420(单位应交部分:19 人×1 000 元×18%)

　　贷:银行存款　　　　　　　　　　　　　　　　　　　　　4 940

[**例 2-4-4**]漳州兴达羊毛衫厂 2013 年 1 月根据缴交失业保险金相关凭证,做财务处理

借:其他应付款——应交失业保险金　　　　　　　100(代扣个人应交部分)

　　其他应付款——应交失业保险金　　　　　　　90(代扣个人应交部分)

　　管理费用——失业保险金　　　380(单位应交部分:19 人×1 000 元×2%)

　　贷:银行存款　　　　　　　　　　　　　　　　　　　　　570

[**例 2-4-5**]漳州兴达羊毛衫厂 2013 年 1 月根据缴交医疗保险金相关凭证,做财务处理

借:其他应付款——应交医疗保险金　　　　　　　200(代扣个人应交部分)

　　其他应付款——应交医疗保险金　　　　　　　180(代扣个人应交部分)

　　管理费用——医疗保险金　　　1 710(单位应交部分:19 人×1 000 元×9%)

　　贷:银行存款　　　　　　　　　　　　　　　　　　　　　2 090

[**例 2-4-6**]漳州兴达羊毛衫厂 2013 年 1 月根据缴交公积金相关凭证,做财务处理

借:其他应付款——应交公积金　　　　　　　　　800(代扣个人应交部分)

　　其他应付款——应交公积金　　　　　　　　　720(代扣个人应交部分)

　　管理费用——公积金　　　1 520(假设单位应交部分:19 人×1 000 元×8%)

　　贷:银行存款　　　　　　　　　　　　　　　　　　　　　3 040

[**例 2-4-7**]漳州兴达羊毛衫厂 2013 年 1 月根据缴交个人所得税相关凭证,做财务处理。

借:应交税费——应交个人所得税　　　　　　　　　　128.70(代扣个人应交部分)

　　应交税费——应交个人所得税　　　　　　　　　　　64.20(代扣个人应交部分)

　　贷:银行存款　　　　　　　　　　　　　　　　　　　　　　　　　292.90

需要特别说明的是,如果您所在的企业规模比较大,工资核算方式多样,那么,每个月您要根据所发放的工资明细表编制"工资结算汇总表",这样进行会计核算效率会更高。当然,如果您认为这样不方便,那么您仍然可以如上面的例子一样做。分不同部门做多笔会计分录,也就是分开做会计处理。采用什么样的方式进行核算,就靠您自己的智慧去思考,去选择。而您选择的原则是能够准确如实反映并使工作效率更高。

(6)非货币性职工薪酬的核算

非货币性职工薪酬是指企业以其自产产品或外购商品以实物形态作为非货币性福利发放给职工。这种情况,应当根据受益对象,按照该产品或商品的公允价值,计入相关资产成本或当期损益,同时确认应付职工薪酬,借记"管理费用"、"生产成本"、"制造费用"等科目,贷记"应付职工薪酬——非货币性福利"科目。同时应根据个人所得税法的规定,计算并代扣代缴个人所得税。

企业按照有关规定向职工支付工资、奖金、津贴等,借记"应付职工薪酬——工资"科目,贷记"银行存款"、"库存现金"等科目;企业从应付职工薪酬中扣还的各种款项(代垫的家属药费、个人所得税等),借记"应付职工薪酬"科目,贷记"银行存款"、"库存现金"、"其他应收款"、"应交税费——应交个人所得税"等科目。

企业以自产产品作为职工薪酬发放给职工时,应确认主营业务收入,借记"应付职工薪酬——非货币性福利"科目,贷记"主营业务收入"科目,月末与销售的产品同时结转相关成本,涉及增值税销项税额的,还应进行相应的处理。

[**例 2-4-8**]漳州兴达羊毛衫厂 2012 年 12 月 31 日编制的"工资发放明细表"中列明,代扣职工房租 2 000 元,代扣企业代垫职工家属医药费 2 000 元,代扣职工吕荣个人借款 1 000 元,根据出纳员开出的相关收据做如下会计处理。

①根据出纳员开出的代扣职工房租 2 000 元收据,做会计处理。

如果您是职工薪酬岗位会计人员或者财务经理、主办会计,在您进行代扣职工房租时,要知道这项业务的来龙去脉。要知道这房子或职工宿舍是自己单位所有的还是为解决员工住宿问题向外租用的。如果是自己单位所有,会计处理会比较简单,只要每个月收取,列入营业外收入就行了,有的单位是免费提供住宿的,不向员工收取房租费。如果是向外租用又转给职工个人使用,这样的业务核算就会比较复杂,作为会计人员,您要了解这个房租一次性单位代租的期限及支付的款项,挂在"其他应收款"作为待摊费用处理,然后根据会计的权责发生制要求平摊,每个月摊一笔费用;同时,写个扣款通知书给编制工资发放明细表的部门或个人,请其在每个月工资表中代扣相关人员房租费用。

②如果是向外租用又转给职工个人使用,只收取一部分房租的,在当时租用宿舍时,一次性支付一年 48 000 元时,做会计处理:

借:其他应收款——职工房租　　　　　　　　　　48 000
　贷:银行存款　　　　　　　　　　　　　　　　　　　　48 000

按月摊销预付房租费用时,做会计处理:

借:管理费用——职工房租　　　　　　　　　　　2 000
　贷:其他应收款——职工房租　　　　　　　　　　　　　2 000

假设公司出一半的租金,职工个人出另一半的租金。那么,当发放工资收回个人应付部分时,做会计处理:(计算思路:一年 48 000/2＝24 000 元,24 000 元/12 个月＝2 000 元/月,也就是说,职工每个月要交 2 000 元的房租,直接从其个人工资中扣除。当然,也可以请他们一次性来缴款,不过,这样他们估计不太愿意。)

借:应付职工薪酬——工资　　　　　　　　　　　2 000
　贷:其他应收款——职工房租　　　　　　　　　　　　　2 000

③根据出纳员开出的代垫医药费 2 000 元收据,做会计处理。

企业为员工代垫医药费的情况比较少见,一般是出现工伤或突发性疾病或职工个人医药费开支比较大时,才会出现这种情况。代付时,做会计处理。

借:其他应收款——代垫医药费(员工姓名)
　贷:银行存款

计算员工个人工资时,根据出纳员开出的代垫医药费 2 000 元收据,做会计处理:

借:应付职工薪酬——工资　　　　　　　　　　　2 000
　贷:其他应收款——代垫医药费(员工姓名)　　　　　　2 000

④代扣职工吕荣个人借款 1 000 元

职工个人可能因公事向单位借用款项,也可能因个人困难向单位借用款项,会计人员应对应收个人借款高度敏感,每月及时关注"其他应收款——个人借款"明细账,及时根据原借款约定收回个人借款,以防范财务风险。

当员工超过预先约定期限尚未归还借款时,填写一张收款通知书,告诉编制工资发放明细表的部门或个人,请其在工资表中代扣相关人员个人借款。

根据出纳员开出的代扣职工吕荣个人借款 1 000 元收据,做会计处理。

借:应付职工薪酬——工资　　　　　　　　　　　1 000
　贷:其他应收款——借款(员工姓名)　　　　　　　　　1 000

对职工个人借款的催收有时也在财产清查中被当成一个任务来完成。在财务部的分工,只是对您所负责的工作有所侧重而已,所有会计人员都应该有全盘意识,主动配合各相关岗位会计人员进行综合性的财务管理协同。

[例 2-4-9]漳州兴达羊毛衫厂 2012 年 12 月 31 日决定在元旦时发放职工福利,具体形式是每人发放一件厂里自己生产的纯羊毛衫,这批纯羊毛衫成本为 18 000 元,市场售价为 30 000

元,本企业适用的增值税税率为17%。假设其中有23 000元的产品是发放给生产一线员工的,9 000元产品是发放给管理部门职工的,3 100元产品是发放给销售部门职工的。

本例中,应确认的应付职工薪酬不是按成本价格来确认,而应按市场售价30 000元来确认,并注意视同销售核算。

⑤根据产品名称及数量开具销售发票,做相关会计处理如下:

借:应付职工薪酬——非货币性福利　　　　　　　　　　　　　　　　35 100
　　贷:主营业务收入　　　　　　　　　　　　　　　　　　　　　　　　30 000
　　　　应交税费——应交增值税(销项税)　　　　　　　　　　　　　　5 100

⑥根据纯羊毛衫发放表,有23 000元的产品是发放给生产一线员工的,9 000元产品是发放给管理部门职工的,3 100元产品是发放给销售部门职工的。做会计处理如下:

借:生产成本　　　　　　　　　　　　　　　　　　　　　　　　　　　23 000
　　管理费用　　　　　　　　　　　　　　　　　　　　　　　　　　　9 000
　　销售费用　　　　　　　　　　　　　　　　　　　　　　　　　　　3 100
　　贷:应付职工薪酬——非货币性福利　　　　　　　　　　　　　　　　35 100

需要说明的是,发放给职工的非货币性福利也应并入本月货币性职工薪酬计算并代扣代缴个人所得税。

[例2-4-10]漳州兴达羊毛衫厂为5名副总裁以上高级管理人员每人租赁一套面积为200平方米带有家具和电器的公寓,月租金为每套6 000元。

每个月根据支付的租金相关票据做相关会计处理如下:

借:应付职工薪酬——非货币性福利　　　　　　　　　　　　　　　　30 000
　　贷:银行存款　　　　　　　　　　　　　　　　　　　　　　　　　30 000

每个月根据相关部门转来的高级管理人员房租相关文件做会计处理如下:

借:管理费用　　　　　　　　　　　　　　　　　　　　　　　　　　　30 000
　　贷:应付职工薪酬——非货币性福利　　　　　　　　　　　　　　　　30 000

需要说明的是,代付高级管理人员房租属于职工的非货币性福利也应并入本月货币性职工薪酬计算并代扣代缴个人所得税。

[例2-4-11]漳州兴达羊毛衫厂2012年12月31日以现金支付生产车间工人生活困难补助800元。有关会计分录如下:

借:应付职工薪酬——职工福利　　　　　　　　　　　　　　　　　　　800
　　贷:库存现金　　　　　　　　　　　　　　　　　　　　　　　　　800

(7)应付职工薪酬在成本核算中的应用

①生产工人工资的归集与认定

制造业企业根据生产过程分设几个车间,或者在一个生产车间内设几个生产工序或生产班组,每月末计算生产工人工资时,如果能区分的,尽量区分开来,方便将生产工人工资归集到他们所服务的产品成本中;确实无法分开的,就需要通过分配来完成将生产工人工资归集到许多品种的产品成本中去。

因为一个车间、一位员工在一个会计期间里经常是生产多种产品的,所以他们的工资一定得通过分配来转入产品成本中。在这个工作过程,财务部职工薪酬岗位工作的会计员应向技术部相关技术人员索取完成各种产品所耗费的生产工时,也就是计划工时定额,这一数据是产品的样品设计出来时就要有的技术指标,这个数据将被用来进行工资的分配。

当然,如果生产工人工资能够直接被认定是为哪个产品工作而支付的工资,那么就可以在会计核算时直接归集,不用再进行分配。

所以,本岗位会计人员应对企业整个生产过程十分清楚,要经常与车间统计进行联系,了解生产一线的情况。

②生产工人工资的分配

无法直接认定归属的生产工人工资可以通过一定的方法进行分配,归入产品成本中去。

根据表2-14可以了解到,本月应发生产工人工资为 32 400 元。

假设本月生产女纯羊毛开衫 2 000 件,生产这一产品标准工时为 4 小时;

男纯羊毛开衫 2 500 件,生产这一产品标准工时为 3 小时;

男童套装 3 200 件,生产这一产品标准工时为 2 小时;

女童套装 1 500 件,生产这一产品标准工时为 3 小时;

假设本月和上月均没有在产品。按产品工时分配生产工人工资。

表2-14 2012年12月福建省漳州兴达羊毛衫厂职工薪酬汇总表

单位:元

部门		应付工资	代扣个人应缴						合计
			养老保险	失业保险	医疗保险	公积金	个人所得税	代扣小计	
生产车间	生产工人	32400	720	90	180	720	64.20	1774.20	30625.80
	车间管理人员	4450	80	10	20	80	22.80	212.80	4237.20
销售部人员		7050	160	20	40	160	25.80	405.80	6644.20
公司管理部门人员		24550	560	70	140	560	80.10	1410.10	23139.90
合　　计		68450						3802.90	64647.10

审核:　　　　　　　　　　　　　　　　制单:

表2-15　2012年12月生产工人工资分配表

单位：元

填写日期：

受益对象		产量	标准工时	总工时	分配率	生产工人工资额
完工产品	女纯羊毛开衫	2000	4	8000		9818.18
	男纯羊毛开衫	2500	3	7500		9204.55
	男童套装	3200	2	6400		7854.55
	女童套装	1500	3	4500		5522.73
	合　计	9200		26400	1.2273	32400

审核：　　　　　　　　　　　　　　　　制单：

计算步骤：

A. 根据完工入库单汇总表填写各完工产品产量各栏

B. 根据技术指标填写各完工产品标准工时各栏

C. 计算完工产品总工时

　　完工产品总工时＝产量×标准工时

D. 根据工资汇总表中生产工人工资应发数填写生产工人工资额的合计数栏

E. 计算生产工人工资分配率

　　分配率＝生产工人工资额/完工产品总工时

F. 计算完工产品应分配的工资额

　　应分配的工资＝完工产品总工时×生产工人工资分配率

当然，在实际工作中，信息不会是那么简单的，您应该保持一种灵活应变的职业素养，如果您所在的企业在生产一件完工产品时需要经过多个生产工序，那么，可以把以上分配表扩展如表 2-16：

表2-16 2012年12月生产工人工资分配表

单位：元

填写日期：

受益对象	产量	工序1工时	工序2工时	工序3工时	工序4工时	各工序工时小计	总工时	分配率	生产工人工资额
1	2	3	4	5	6	7	8	9	10
计算公式						7=3+4+5+6	8=7*2	9=10合计/8合计	10=8*9
完工产品 女纯羊毛开衫	2000	0.5	1	1.6	0.9	4	8000		9818.18
男纯羊毛开衫	2500	0.6	0.9	1	0.5	3	7500		9204.55
男童套装	3200	0.3	1	0.3	0.4	2	6400		7854.55
女童套装	1500	0.3	1	0.9	0.8	3	4500		5522.73
合 计	9200						26400	1.2273	32400

审核：　　　　　　　　　　制单：

企业职工福利费汇总和分配表与工资核算相同,您可以根据您所在企业的具体情况,按会计的重要性原则,确定将工资和职工福利费合并计算后一起分配还是将它们分开来进行分配。

(8)应付职工薪酬的账簿记录

企业为方便考核和分析,制定内部制度,应付职工薪酬应根据其所设置的明细科目来设置和登记账簿。相关明细账格式参照费用类科目,采用多栏式来进行记录。

◎ 励志小故事

1万英镑的美宅

这是发生在英国的一个真实故事。有位孤独的老人,无儿无女,年事已高又体弱多病。他决定搬到养老院去住。老人宣布出售他漂亮的住宅。购买者闻讯蜂拥而至。住宅底价8万英镑,但人们很快就将它炒到了10万英镑。价钱还在不断攀升。老人深陷在沙发里,满目忧郁。是的,要不是健康情形不行,他是不会卖掉这栋陪他度过大半生的住宅的。

一天清晨,一个衣着朴素的青年来到老人跟前,弯下腰,低声说:"先生,我也很想买这栋住宅,可我只有1万英镑。可是,如果您把住宅卖给我,我保证会让您依旧生活在这里,和我一起喝茶、读报、散步,快快乐乐过好每一天。请相信,我会用整颗心来照顾您!"

老人颔首微笑,把住宅以1万英镑的价钱卖给了他。这位衣着朴素的青年第二天就搬来和老人同住了,每日照顾他,下班回家后,与老人聊天,为他读报。老人过得十分开心。

温馨提示:完成梦想,不一定非得要冷酷地厮杀和欺诈,有时,只要您拥有一颗爱人之心就可以了。青年以爱心与真情换来的幸福与快乐更加实在,老人在晚年需要的是陪伴与照顾,钱是冰冷的,亲情是温暖的。您是否同意?

◎ 参考资料推荐

1.全国人大常委会《中华人民共和国劳动法》

2.劳动和社会保障部劳社部发[2008]3号,《关于职工全年月平均工作时间和工资折算问题的通知》

3.2007年12月国务院令《国务院关于修改〈全国年节及纪念日放假办法〉的决定》

◎ 网中网软件训练

请完成厦门网中网软件有限公司"会计分岗位核算"模块——职工薪酬核算岗位实训5.3

薪酬会计岗位综合实训

模拟学生实训

下载 打印

◎ 课后自我提高再训练

请完成实训任务2.4

岗位任务三

🡒 资金筹集核算岗位工作任务

伟大的事业根源在于坚韧不拔地工作,以全副的精神去从事,不避艰苦。

————(英国)罗素

📑 会计行话"勾稽关系"

"勾稽关系"是指财务人员在审核会计核算报表、各种分配表、计算表时,要对表格纵向和横向的合计是否相等进行审核,对会计报表之间的互相关联数据进行核对,保证一个指标在各个报表出现时的数据一致。

会计行话"勾稽关系"指在没有会计核算软件的时代,在手工记账背景下,由于明细账记录后最终结出来的当月余额不等于总账相关账户余额时,需要查找差错出在哪里,以便进行更正,直到该账户相关明细账余额合计等于其对应的总账余额。当需要做这项工作时,要求会计人具有耐心细致的特质。当然,这项工作也是十分具有技术性的。所以,建议不论在电算化核算还是手工记账背景下,会计人在进行会计核算时,都应认真严谨、专心致志、细心周全,不要出差错。

在学习本岗位工作与学习任务之前,让我们一起来了解资金筹集核算会计岗位工作职责。

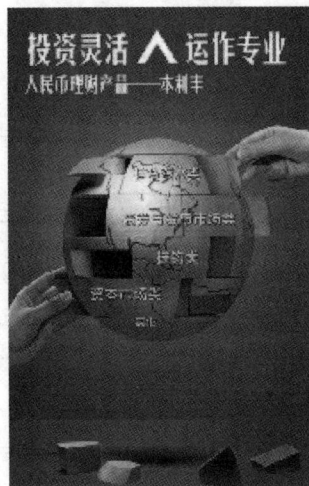

表 3-1　资金筹集核算岗位职责

职业岗位工作	资金筹集核算岗位
典型岗位称谓	资金筹集核算会计
所属部门	财务部(科、处、室)
常关联部门	企业外相关商业银行、人民银行
直属上级	财务主管、总经理
企业内相关人员	总经办有关人员、出纳员
常关联人员	人民银行贷款管理部门工作人员、商业银行信贷员
岗位概述	资金筹集核算岗位的会计人员主要是负责根据企业经营计划多渠道筹集资金,制订资金筹集计划,协调有关部门实施资金筹集,并对资金筹集经济业务进行会计核算,登记相关明细账,编制相关报表,为管理者提供全面准确的会计信息
岗位职责	1.按有关规定会同有关领导编制资金筹集计划 2.按有关规定会同有关领导拟订资金管理办法及规定 3.负责安排资金使用和调度 4.负责根据企业经营计划筹集资金 5.负责银行贷款总分类及明细分类核算 6.负责企业各项投资的明细分类核算 7.负责对企业资金使用计划进行分析总结和评价 8.负责办理其他会计事项 9.办理领导交办的其他事务
岗位职业 素养要求	1.遵守职业道德,廉洁奉公,保守本单位的商业秘密,忠于职守,热爱本职工作,努力钻研业务,树立良好的职业品质、严谨的工作作风,严守工作纪律,富有团队合作精神,努力提高工作效率和工作质量 2.熟悉财经法律、法规、规章和国家统一会计制度,并结合会计工作进行广泛宣传 3.按照会计法律、法规和国家统一会计制度规定的程序和要求进行会计工作,保证所提供的会计信息合法、真实、准确、及时、完整 4.正确运用自己所掌握的知识和技能适应所从事工作的要求
岗位知识要求	1.熟悉会计基础知识、会计基础工作规范 2.熟悉资金筹集分类及核算相关知识 3.熟悉资金筹集开支审批程序及支出前审核专业知识 4.熟悉商业银行关于企业贷款的相关规定
岗位技能要求	1.熟练运用数码字书写规范进行会计核算 2.熟练操作计算机、办公软件、财务软件 3.掌握资金筹集预算制定方法 4.能够配合有关部门制定资金开支管理办法 5.能够进行资金筹集业务办理 6.能够进行资金筹集相关业务核算与考核 7.掌握资金筹集账簿登记办法 8.掌握编制资金筹集计划与实际开支分析方法

资金筹集核算岗位会计人员主要负责根据企业经营计划制订资金筹集计划,协调有关部门实施资金筹集,并对发生的资金筹集经济业务进行会计核算,登记相关总账和明细账,编制相关报表,为管理者提供全面准确的会计信息。为帮助学生更好地完成资金筹集核算岗位工作,特设计以下由易到难的项目任务,以期通过学习与训练提高相关岗位技能。

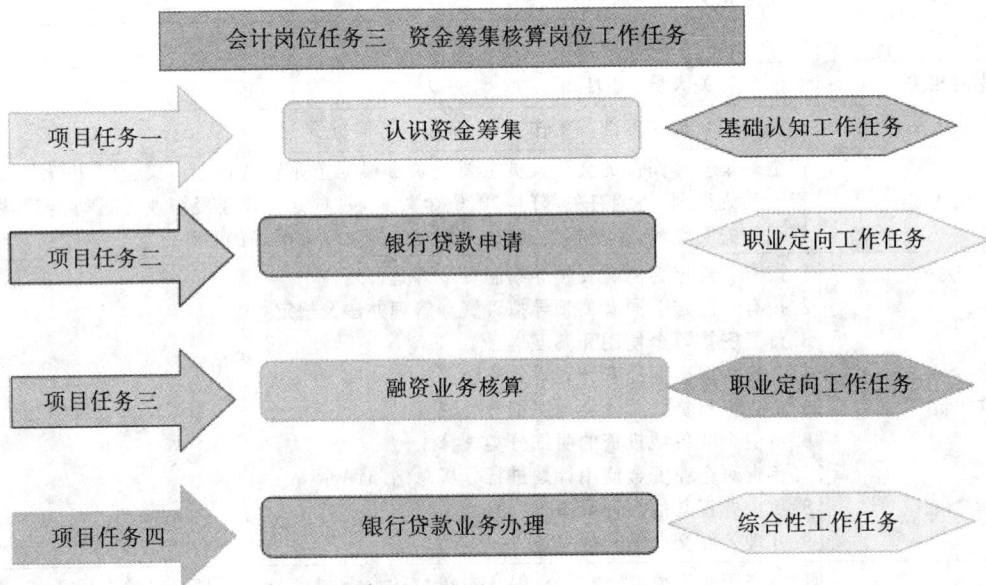

会计岗位任务三　资金筹集核算岗位工作任务		
项目任务一	认识资金筹集	基础认知工作任务
项目任务二	银行贷款申请	职业定向工作任务
项目任务三	融资业务核算	职业定向工作任务
项目任务四	银行贷款业务办理	综合性工作任务

图 3-1　资金筹集核算会计岗位任务一览表

项目任务一　认识资金筹集

下定决心去做您所应该做之事。矢志不渝地做好您决意要做之事。

——(美国)富兰克林

任务背景

2013 年,有专家研究中发现,浙江民间借贷的利率约为 20.15%。这项研究选取了 2008 年 1 月至 2012 年 11 月期间的 2 083 个民间借贷案例,这些案例发生在浙江温州、杭州、宁波、金华等 11 个民营经济活跃的城市。"由于中小企业申贷资料不齐备,不得不向类金融机构如影子银行借贷,利率很高,利润被融资成本吞噬。"中央财经大学金融学院副院长李建军在杭州中小企业互联网融资研讨会上说,"互联网的出现为改变现状提供了契机"。

"我国的金融结构与经济结构严重不匹配,信贷资源主要集中在一些大的金融机构,真正能为中小企业服务的金融机构数量上可能很多,但掌握的金融资源很少。"有关专家说,"这样就产生了许多问题,包括分离式信贷市场的高融资搜寻成本、资金搬运进程中设租、信息不对称等。而互联网为金融创新提供了技术支持,互联网的出现为解决这些问题提供了契机。"

素质目标

①认同企业文化,具有足够的忠诚度
②具备爱岗敬业、实事求是的科学态度
③具有良好的执行力
④具有良好的沟通协作能力
⑤具有一丝不苟、耐心细致的工作作风

能力目标

①能够正确认识筹资渠道
②能够正确对筹资渠道进行分类

知识目标

①熟悉筹资渠道的种类及特点
②熟悉筹资渠道的分类以及对企业资金成本的影响

1.1 任务描述

(1)上网或到图书馆查找资料,了解资金筹集的种类
(2)完成对筹资渠道进行分类
(3)请根据表 3-2 中提供的经济业务,完成对资金筹集经济业务的认定

表 3-2 企业资金筹集分类与归集训练

序号	经济业务	所应归集大类(打√)	
		资产类	负债类
1	向银行贷款		
2	新股东加盟投资 200 万元		
3	将企业上年度实现的净利润 100 万元转为企业实收资本		
4	发行债券收到资金 1 000 万元		
5	向上海一家公司借款 20 万元用于企业经营周转		

续表

序号	经济业务	所应归集大类(打√)	
		资产类	负债类
6	向个人借取高利贷 30 万元		
7	将上海客户欠本公司的应收款 500 万元转换成资本金		
8	应付而尚未支付的原材料采购款		

1.2 工作成果要求

在本学习与工作任务中,您与您的小组应该完成以下工作:

(1)上网或到图书馆查找资料,分析、讨论、归类后,每组写一份报告,介绍所了解到的制造业企业 5～8 种资金筹集

(2)完成本教材所提供的资金筹集相关经济业务的分类认定并写出分析说明

1.3 实施建议

(1)认真阅读本教材中关于资金筹集的专业知识

(2)上网或到图书馆查找关于资金筹集分类相关知识

(3)上网或到图书馆查找关于资金筹集的管理制度及规定

(4)利用课余时间到就近企业了解资金筹集管理现状

(5)利用各种信息渠道调查访问在企业工作的朋友或家人,获取相关任务的实际工作经验介绍

1.4 学习专业知识

(1)认识财务管理环境

企业财务活动是在一定的环境下进行的,必然受到环境的影响。社会经济环境构成了企业财务活动的客观条件,它以相当的重要性影响着企业的经营活动。财务管理环境,也称理财环境,是指对企业财务活动和财务管理产生影响作用的企业内外各种条件的统称。企业的资金取得、运用和收益的分配会受到环境的影响,资金的配置和利用效率会受到环境的影响,企业成本的高低、利润的多少、资本需求量的大小也会受到环境的影响,企业的兼并、破产与重整的变化仍然与财务环境有着千丝万缕的联系。所以,财务管理要获得成功,必须深刻认识和认真研究自己所面临的各种环境。

环境是个相对的概念,它是相对于主体而言的客体。任何事物都是在一定的环境条件下存在和发展的,是一个与其环境相互作用、相互依存的系统,作为人类重要实践活动之一的财

务管理活动也不例外。在财务管理活动中,财务管理主体需要不断地对财务管理环境进行审视和评估,并根据其所处的具体财务管理环境的特点,采取与之相适应的财务管理手段和管理方法,以实现财务管理的目标。因此,企业财务管理环境就是影响企业财务主体的财务机制运行的各种外部条件和因素的总和。由于影响企业财务主体的财务机制运行的外部条件和因素错综复杂,且变幻莫测,因此,财务管理环境本身就构成了一个复杂多变的系统。

财务管理环境就是指企业治理契约或公司治理结构以外的其他影响财务主体财务机制运行的外部条件和因素,主要包括政治环境、法律环境、经济环境、社会文化环境、科技教育环境等等。其中,影响最大的是政治环境、法律环境和经济环境。

①政治环境

一个国家的政治环境会对企业的财务管理决策产生至关重要的影响,和平稳定的政治环境有利于企业的中长期财务规划和资金安排。政治环境主要包括:社会安定程度、政府制定的各种经济政策的稳定性及政府机构的管理水平、办事效率等。

②法律环境

财务管理的法律环境是指企业发生经济关系时所应遵守的各种法律、法规和规章。国家管理企业经济活动和经济关系的手段包括行政手段、经济手段和法律手段三种。随着经济体制改革不断深化,行政手段逐步减少,而经济手段,特别是法律手段日益增多,把越来越多的经济关系和经济活动的准则用法律的形式固定下来。与企业财务管理活动有关的法律规范主要有企业组织法规、税收法规和财务法规等,这些法规是影响财务主体的财务机制运行的重要约束条件。相关岗位会计人员应充分熟悉和掌握各种法律、法规和规章制度,提高财务管理能力。

③经济环境

经济环境是指企业在进行财务活动时所面临的宏观经济状况。主要包括经济发展状况、政府的经济政策、通货膨胀和通货紧缩、金融市场、产品市场、经理和劳动力市场等,它将制约企业的发展。

④社会文化环境

社会文化环境是指人们在特定的社会环境中形成的习俗观念、价值观念、行为准则和教育程度以及人们对经济、财务的传统看法等。社会文化环境包括教育、科学、文学、艺术、新闻出版、广播电视、卫生体育、世界观、习俗,以及同社会制度相适应的权利义务观念、道德观念、组织纪律观念、价值观念和劳动态度等。社会文化环境会对企业人员内部管理和客户维护产生重要影响。

⑤市场环境

完善的市场体系包括资金市场、劳动力市场、技术市场、信息市场和产权交易市场等,各种市场都会对企业的生产经营和财务管理活动及其结果产生不同程度的影响。

⑥科技环境

科技发展的新成果催生新的财务管理方法和观点,科学技术的发展也影响财务管理技术方法的革新,所以,我们倡导运用优质管理软件进行供产销管理,利用科技手段提升管理效率;采用财务软件进行会计核算,提升财务管理水平,加强分析预测,提高管理水平。

⑦道德环境

道德环境是指社会上人们逐渐形成或自觉遵守的观念、信念、道德规范等。企业内在的道德环境也是制约企业发展的重要因素之一。

(2)认识筹资渠道

筹资渠道是指筹集资金来源的方向与通道,体现了资金的源泉和流量。从筹集资金的来源的角度看,筹资渠道可以分为企业的内部渠道和外部渠道。筹资作为一个相对独立的行为,其对企业经营理财业绩的影响,主要是借助资本结构的变动而发生作用的。

企业资金筹集主要有三条渠道:一是企业的自我积累,二是新增股东加进来的投资,三是借款筹集资金。

①企业以自我积累形式增加经营资金

企业的自我积累也就是企业在获得利润后不进行分配,而是仍然把资金放在企业里参加生产经营的继续周转循环,这部分资金是由企业税后利润所形成,积累速度慢,不适应企业规模的迅速扩大,这种筹资方式使业主权益增大,资金所有权与经营权合二为一。

②企业以资产重组形式融资

企业有时也会有新增的股东加进来投资,这种方式也就是资产重组。资产重组是指企业资产的拥有者、控制者与企业外部的经济主体进行的,对企业资产的分布状态进行重新组合、调整、配置的过程,或对设在企业资产上的权利进行重新配置的过程。

③企业以借款方式来筹集资金

借款筹集资金主要是指向金融机构(如银行)进行融资,其成本主要是利息负债。向银行借款的利息一般可以在税前冲减企业利润,从而减少企业所得税。向非金融机构及企业筹资操作余地很大,从纳税筹划角度而言,企业借款即企业之间拆借资金效果最佳。

④企业以向社会发行债券和股票的方式来融资

向社会发行债券和股票属于直接融资,避开了中间商的利息支出。由于借款利息及债券利息可以作为财务费用(即企业成本的一部分)而在税前冲抵利润,减少所得税税基,而股息的分配应在企业完税后进行,股利支付没有费用冲减问题,这相对增加了纳税成本。所以一般情况下,企业以发行普通股票方式筹资所承受的税负重于向银行借款所承受的税负,而借款筹资所承担的税负又重于向社会发行债券所承担的税负。企业内部集资入股筹资方式可以不用缴纳个人所得税。从一般意义上讲,企业以自我积累方式筹资所承受的税收负担重于向金融机构贷款所承担的税收负担,而贷款融资方式所承受的税负又重于企业借款等筹资方式所承受的税负,企业间拆借资金方式所承担的税负又重于企业内部集资入股所承担的税负。

(3)认识筹资渠道分类

各种筹资渠道按其资金来源可分为资本金和负债两类。资本结构的变动和构成主要取决于长期负债与资本的比例构成。负债比率是否合理是判定资本结构是否优化的关键。选择何种筹资渠道,构成怎样的资本结构,限定多高的负债比率是一种风险与利润的权衡取舍。在筹资渠道的筹划过程中必须充分考虑企业自身的特点以及风险承受能力。在财务管理实际操作中,多种筹资渠道的交叉结合运用往往能解决多重经济问题,降低经营风险。

从纳税筹划角度看,企业内部筹集和企业之间拆借方式产生的效果最好,金融机构贷款次之,自我积累效果最差。原因是内部集资和企业之间拆借涉及的人员和机构较多,容易使纳税利润规模降低,有助于实现"削山头",企业在向金融机构贷款时,可利用与机构的特殊联系实现部分税款的节省。自我积累由于资金的使用者和所有者合二为一,税收难以分摊和抵销,而且从税负和经营效益的关系来看,自我积累资金要经过很长时间才能完成,同时,企业投入生产和经营之后,产生的全部税负由企业自负。贷款则不一样,它不需要很长时间就可以筹足。

(4)企业资金筹集分类与归集

表 3-3　企业资金筹集分类与归集训练表

序号	经济业务	所应归集大类(打√)	
		资产类	负债类
1	向银行贷款		
2	新股东加盟投资 200 万元		
3	将企业上年度实现的净利润 100 万元转为企业实收资本		
4	发行债券收到资金 1 000 万元		
5	向上海一家公司借款 20 万元用于企业经营周转		
6	向个人借取高利贷 30 万元		
7	将上海客户欠本公司的应收款 500 万元转换成资本金		
8	应付而尚未支付的原材料采购款		

从在以上的任务表中,我们可以分析了解到:

当企业向银行贷款时,资产增加,"短期借款"或"长期借款"同时增加;

当企业有新股东加盟投资时,资产增加"实收资本"也就是所有者权益同时增加;

当企业将上年度实现的净利润转为企业实收资本时,所有者权益中的"实收资本"增加,"资本公积"减少;

当企业将未到期的商业承兑汇票提前 30 天向银行承兑时,资产增加,"短期借款"同时增加;

当企业向上海公司借款时,资产增加,"其他应付款"或"应付账款"同时增加;

当企业向个人借取高利贷时,资产增加,"其他应付款"同时增加;

当企业将上海客户欠本公司的应收款转换成资本金时,"实收资本"增加,资产同时减少;

当企业购进了原材料应付而尚未支付货款时,资产增加,"应付账款"同时增加。

通过这样几个业务案例我们可以了解到,企业要保持活力,保证资金充裕是十分关键的。筹集资金的渠道很多,如何选择是关键。

◎ 励志小故事

为自己造房子

有位老木匠准备退休,他告诉老板,说要离开建筑行业,回家与妻子儿女享受天伦之乐。老板很欣赏他的手艺,也感激他这些年来的付出,便问他是否能帮忙再建一座房子,老木匠说可以。但是大家都看得出来,老木匠期望退休,心已不在工作上,他用的是软料,出的是粗活。房子建好的时候,老板把大门的钥匙递给他。"这是您的房子,"老板说,"我送给您的礼物。"

老木匠震惊得目瞪口呆,羞愧得无地自容。如果他早知道是在给自己建房子,他怎么会这样敷衍呢?现在他得住在一幢粗制滥造的房子里!

我们又何尝不是这样?我们漫不经心地"建造"自己的生活,不是积极行动,而是消极应付,与老板斤斤计较,凡事不肯精益求精,在关键时刻不能尽最大努力。等我们惊觉自己的处境,早已深困在自己建造"房子"里了。

温馨提示:把您自己当成那个木匠吧!想想您的房子,您每天敲进去一颗钉,加上去一块板,或者竖起一面墙,用您的智慧好好建造它吧!您的生活是您一生唯一的创造,虽然可以抹平重建,但却要付出时间和金钱的代价。即使只有一天可活,那一天也要活得精彩,铭记着"生活是自己创造的",让自己更加有修养、更加美丽!

◎ 参考资料推荐

王本哲、王乐康:《会计制度设计》,中国财政经济出版社,2008

◎ 网中网软件训练

请熟悉厦门网中网软件有限公司"会计分岗位核算"模块——资金筹集岗位出题思路

◎ 课后自我提高再训练

请完成实训任务 3.1

资本资金核算会计岗位职责　　资本资金核算会计岗位常用
介绍及实务操作　　　　　　　　　　单证

模拟学生实训　　　　　　　　　模拟学生实训
下载　打印　　　　　　　　　　下载　打印

项目任务二　银行贷款申请

读一本好书,就是和许多高尚的人谈话。

——(德国)歌德

📑任务背景

李宏斌在广州的一家外企工作,一个月收入5 000元,却是"月光一族"。看看他每个月的花销吧:饮食1 000元,水果饮料200元,房租1 500元,交通费300元,电话费200元,日常用品费150元,健身、休闲400元,交际支出800元,水电煤气150元,物业费200元,共计4 900元,加上购置名牌服饰、化妆品及更换手机、数码产品的费用,每个月的收支产生"赤字"对李宏斌来说是很平常的事。

随着越来越多的人触摸到小康的生活水平,超前消费没人动员,没人宣传,也没有人用榜样的力量感召,水到渠成地来到我们的身边。为过上高质量的生活,您是依旧用着多年的积蓄,还是动了未来的钱? 超前消费——敢于"花明天的钱,圆今天的梦",与上辈人克勤克俭、量入为出的消费观念不同。"80后"对新生事物吸收快,对现代化设备操纵能力强,对新兴电子产品的热衷客观上推动了科技的革新、进步,是这一代人的优势。可是提前消费亟待正确引导,树立"理性消费、谨慎消费、可持续消费"理念

才是人生旅途顺畅的根本。当然,如果您要创业,在资金不充裕但项目优秀的背景下,向银行贷款或吸收投资人的投资来发展是不错的办法。

素质目标

①认同企业文化,具有足够的忠诚度
②具备爱岗敬业、实事求是的科学态度
③具有良好的执行力、沟通协作的能力
④具有一丝不苟、耐心细致的工作作风

能力目标

①能够正确认识银行贷款业务的意义
②能够正确撰写银行贷款申请书

知识目标

①熟悉银行贷款业务的相关知识
②熟悉国内各大银行名称
③熟悉国内各大银行所办理的主要贷款业务及要求
④熟悉银行贷款申请书的撰写要求

2.1 任务描述

银行贷款与我们每个人的生活紧密相关。如果您是个将要创业的大学生,那么您可以了解大学生创业贷款政策及优惠;如果您是个公司总经理或财务经理、主办会计,那么,您需要根据企业经营计划来筹集资金,了解银行的贷款政策,了解哪家银行有可能给予更优惠、更快捷的服务,明确或通过沟通来完成向银行的贷款工作。本项目任务旨在帮助您通过训练来完成相关任务并为将来从事会计工作打下良好的职业基础。

(1)上各大银行网站了解5~10项银行贷款种类
(2)撰写一份个人贷款申请书
(3)为一个小企业撰写一份短期流动资金贷款申请书

2.2 工作成果要求

在本学习与工作任务中,您与您的小组应该完成以下工作:

(1)根据对各大银行网站银行贷款种类的调查收集,列出并介绍5~10种银行贷款
(2)对比所收集的信息,分析哪家银行哪种类型的贷款更加优惠,更适合您个人或企业
(3)完成一份向特定银行申请个人贷款的贷款申请书,字数在300~600字之间
(4)完成一份小企业短期流动资金贷款申请书,字数在400~800字之间

2.3 实施建议

(1)认真阅读本教材中关于银行贷款的专业知识

(2)上网或到图书馆查找相关的银行贷款管理制度及规定

(3)利用课余时间到就近银行了解银行贷款政策及管理现状

(4)利用自己的人脉(或者说"社会关系"、"社会资源"),通过电话或 QQ 访问在企业工作的朋友或家人,获取相关任务的实际工作经验介绍

(5)请保持诚实守信的会计职业道德,所有任务敬请自主完成,可以参考资料,也可以在同学间讨论,互相取长补短

(6)本项目任务可以课外完成

2.4 学习专业知识

(1)认识金融环境

金融环境是指一个国家在一定的金融体制和制度下,影响经济主体活动的各种要素的集合。构建和谐金融环境,是新形势下加强金融宏观调控,维护金融和社会稳定,促进我国经济社会持续发展的重要举措,有着十分重大的作用和深远的意义。

①构建和谐金融环境是建设和谐社会的需要

如果说建设良好的生态环境是人类生存发展的重要条件,那么构建和谐金融环境就是我国建设社会主义和谐社会最重要的经济基础。

②构建和谐金融环境是社会经济发展的需要

改革开放 30 多年来的实践和取得的巨大成绩表明,没有良好的金融环境,我国社会经济建设就难以持续协调发展。

③构建和谐金融环境是我国金融体制改革的需要

构建和谐金融环境必须以科学发展观和正确的政绩观为指导,充分发挥政府、银行、企业及社会各个层面的作用,大力打造诚实守信的社会体系,建立健全激励约束机制,做大做强金融产业,实现社会经济和谐发展。

(2)构建和谐金融环境

良好的经济环境是充分发挥金融体系功能,实现与金融良性互动可持续发展的基础条件。金融是经济的重要组成部分,是现代经济的核心。我国银行业是金融业的主体,是融资的主要渠道。银行业拥有的资产是证券业和保险业的 6 倍多,融资比重占国内融资的 90% 以上,毋庸置疑,银行业的发展对整个经济的可持续发展和社会全面进步至关重要。反过来,银行业的健康发展亦离不开整个经济社会的全面持续协调发展。经济的高速增长使银行业积累了巨额资产,改革开放 30 多年的成绩已证明了这一点,但经济的转轨、金融环境的恶化也使银行业承担了大量改革成本。

金融也是经济的助推器和晴雨表。在市场经济条件下,资金流动取决于金融生态,金融生态好,就有更多的信贷资金向这里流动,形成资金聚集的"洼地效应",反之,就会引发资金外流,削弱经济竞争力。因此,以科学发展观统领全局,促进经济和谐健康发展,是改善金融生态环境,更好地发挥金融融通资金、优化资源配置的功能作用,构建和谐社会的物质基础。

良好的社会信用环境是建设良好金融生态环境的基础。提高整个社会的诚信意识,营造良好的社会信用氛围,需要各方共同努力,更需舆论部门加大宣传力度。让守信光荣、失信可耻成为人们的共识。对守信者,除进行大张旗鼓的宣传外,金融部门可以对其简化贷款手续,实行优惠利率,适当增加授信额度,并保证贷款及其他金融服务及时到位。对失信者及恶意逃废银行债务的企业或个人,要向社会公开曝光,并列入黑名单。各家银行对列入黑名单者不予贷款,不予开户,不予结算。用此办法促使失信者主动守信,守信后可同样享受守信者的待遇。

(3)建立良好的企业内部环境

银行对贷款企业的考察与评价是多维度的,良好的可持续发展能力、诚信与资金实力、经营项目的朝阳性与绿色概念、企业管理水平等都是银行评价贷款企业的重要指标。企业内部环境是指企业内部的物质、文化环境的总和,包括企业资源、企业能力、企业文化等因素,也称企业内部条件。即组织内部的一种共享价值体系,包括企业的指导思想、经营理念和工作作风,它们相互联系、相互影响、相互作用,形成一个有机整体。其中,企业家精神是内部环境生发器,物质基础和组织结构构成企业内部硬环境,企业文化是企业内部软环境。企业内部环境管理的目标就是为提高企业竞争力,实现企业利润目标营造一个有利的内部条件与内部氛围。

企业物质文化也叫企业文化的物质层,是指由职工创造的产品和各种物质设施等构成的器物文化,是一种以物质形态为主要研究对象的表层企业文化。相对核心层而言,它是容易看见、容易改变的,是核心价值观的外在体现。企业物质文化是组织文化的表层部分,是形成组织文化精神层和制度层的条件。优秀的组织文化是通过重视产品的开发、服务的质量、产品的信誉和组织生产环境、生活环境、文化设施等物质现象来体现的。

企业文化是由企业成员所共同分享和代代相传的各种信念、期望、价值观念的集合。企业文化为职工提供了一种认同感,激励职工为集体利益工作,增强了企业作为一个社会系统的稳定性,可以作为职工理解企业活动的框架和行为的指导原则。企业文化规定了企业成员的行为规范,对于企业战略的实施具有十分重要的影响。

(4)银行金融政策

金融政策是指中央银行为实现宏观经济调控目标而采用各种方式调节货币、利率和汇率水平,进而影响宏观经济的各种方针和措施的总称。一般而言,一个国家的宏观金融政策主要包括三大政策:货币政策、利率政策和汇率政策。

①货币政策

货币政策是中央银行调整货币总需求的方针策略,中央银行传统的货币政策工具包括法定准备金、贴现率、公开市场业务等,其政策一般是稳定货币供应和金融秩序,进而实现经济增长、物价稳定、充分就业和国际收支平衡。

②利率政策

利率政策是中央银行调整社会资本流通的手段。合理的存款利率政策有利于经营存贷业务的银行吸收储蓄存款,集聚社会资本;可以在一定程度上调节社会资本的流量和流向,从而导致产品结构、产业结构和整个经济结构的变化;可以用于刺激和约束企业的筹资行为,促进企业合理筹资,提高资本的使用效益。

③汇率政策

一个国家的汇率政策对于国际贸易和国际资本的流动具有重要的影响。跨国公司、外商投资企业和经营进出口业务的其他企业在国际融通活动中,必须掌握汇率政策并有效地加以利用。

(5)贷款申请报告的撰写

贷款申请报告的撰写应包括以下内容:

①企业简介

②贷款用途及项目可行性

A. 贷款项目总体情况介绍

B. 贷款项目所在地

C. 贷款项目总投资

D. 贷款项目预期收益

③资金需求

A. 贷款项目总投资额

B. 企业自有资金

C. 资金需要量

④贷款期限

⑤还款保证

以下是一份来自银行信贷管理员撰写的贷款申请调查报告,供完成银行贷款会计核算岗位项目任务时参考。

贷款申请报告(参考范例)

一、借款人概况

1. 基本情况

江西驱动桥股份有限公司地处县城,成立于 1980 年 5 月,主要从事驱动桥生产,经过 30 多年的发展,成为我国三大专业生产驱动桥企业之一。公司注册资金 1 000 万元,全部以现金出资,其中宁波 bb 集团股份有限公司出资 700 万元,占注册资本的 70%;上海 NN 集团股份有限公司出资 100 万元,占注册资本的 10%;深圳 AA 集团股份有限公司出资 200 万元,占注册资本的 20%。资本金全部到位。法人代表宋一平。职工 800 人,其中工程技术人员 65 人。

厂区占地面积 12 万平方米,生产建筑面积 2.8 万平方米。

2.企业生产情况

江西驱动桥股份有限公司为机械部专业化生产工程机械驱动桥的定点厂。企业主导产品"奔驰"牌驱动桥主要配套于装载机、压路机、平地机、叉车等工程机械领域,产品性能价格比合理,现已拥有 7 大系列 90 多个变形产品,年产各类工程机械驱动桥 7 000 台套,其中 zl20 和 zl15、zl30b 驱动桥分别为部优和省优产品。公司产品主要分为两大块:一块是装载机驱动桥,产品型号为 zl15、zl30、zl40、zl50,其占全国销售市场的 25% 左右;一块是压路机驱动桥,产品型号为 ps50 系列、ps75 系列,该产品占全国销售市场的 50% 左右。

3.管理者素质

公司领导班子共 7 人,其中总经理 1 人,副总经理 3 人,经理助理 1 人,工会主席 1 人,监事会人员 1 人,财务总监 1 人,其中有高级职称的 4 人。班子政治思想与党保持一致,具有良好的团队合作精神,有高度的事业心和责任感,有强烈的改革和开拓进取精神,具有较高的组织能力和领导决策水平。法人代表宋健平,高级工程师职称,从事驱动桥生产近 20 年,专业水平较高。该同志品行良好,清正廉洁,吃苦耐劳,有一定的个人魅力。

二、借款人生产经营及经济效益情况

从国家加大基础建设力度以来,公司不断进行技术改造,加大生产力度,其产品还是出现供不应求现象,近 4 年的销售收入分别为:3 900 万元、4 700 万元、7 200 万元和 10 072 万元,近 3 年销售收入增长率分别为 20.5%、53.19%、39.89%。近 4 年公司利润总额分别为净利润 2.4 万元、2.5 万元、25 万元和 242 万元。公司前 3 年净利润增长缓慢,主要由企业核销了许多历史呆账所致。

企业生产一般为订量生产,每年初工程机械车辆生产厂家对其签订全年的驱动桥需求量的订单。公司一般销售旺季为第二、第三季度,但近几年,由于产品供不应求,故销售季节性不强。

公司的销售模式为直销工程机械车辆生产厂家,中间不经过销售商,业务周期一般为 2 个月左右。主要供货为:三九宜工生化股份有限公司、常州林业机械厂、郑州工程机械厂、黄河工程机械厂、厦门工程机械综合厂等,与上海、浙江、山东、福建等大型工程机械企业建立了稳定的业务往来和协作关系。企业发展呈强劲增长态势,随着国家进一步加大基础设施建设投入、西部大开发战略的实施,用于工程机械驱动桥的市场空间巨大。

三、借款人财务状况

1.该公司最近 3 年主要财务指标

(1)借款情况:短期借款 2 500 万元。

(2)该公司经营管理正常,只是资产负债率略为偏高,但销售收入增长较快,去年实现净利润 260 万元。

(3)从流动比率、速动比率分析,该公司的短期偿债能力较强。

总体看来,该公司经营管理正常,随着内部管理的不断加强,企业盈利能力进一步提高,抗风险能力不断增强。

2.发展情况

公司已签订驱动桥订单 8 600 套,预计实现销售收入 15 000 万元,实现利税 1 000 万元,其中实现税金 600 万元,税后利润 400 万元。

四、公司与我行关系

该企业长期在中国工商银行县支行发生授信业务,基本账户在工商银行,其他金融机构均未介入,其中工商银行借款为 2 400 万元,资信良好,从未出现过逾期现象,工商银行对其信用评级为 AA 级。我行与该公司长期发生贴现业务,双方合作愉快,通过集团公司及当地公司管理人员的多方营销,我行良好的服务令该公司愿意与我行发生信贷关系,并成为我行的基本客户。

五、贷款必要性及可行性分析

如该笔贷款发放成功,不仅可以成功让企业成为我行的基本客户,且可以新增公司存款约400 万元,日平均余额将达 200 万元以上,同时,每年为我行带来结算业务 1 000 多万元,产生直接经济效益达万元。另外,由于公司地处我县县城,我行还可以取得该公司的工资代发权,每年代发工资 600 多万元,由此每年可新增储蓄存款近 200 万元。由于该公司是当地的三大龙头企业之一,将进一步扩大我行在当地的影响力,同时,该公司有良好的发展前景,这将进一步改善我行信贷总量和信贷结构,分散我行信贷风险,提高我行盈利能力。

六、贷款担保人分析

该笔贷款的担保由宁波 bb 集团有限公司提供连带责任担保,宁波 bb 集团是宁波市重点培育的十八家大企业集团之一,为宁波市的五星级企业。公司进入中国民营企业 500 强,世界汽配行业 500 强,县驱动桥股份有限公司为宁波 bb 集团下属公司。宁波 bb 集团有限公司总资产 10 余亿元,公司注册资金为 10 000 万元。下设 27 个分公司,主要产品有汽车、特种装备、汽车零部件、电子产品、水产食品,以及大中型精密模具等。集团下属各企业分别于 1997年 8 月通过了 ISO9000 认证,1999 年通过了国际汽车制造先时标准 QS9000(美国)和 VDA 6.1(德国)认证,10 月份通过国家 863 计划 CIMS 工程的验收和鉴定,4 月通过 TS/16949 认证,其集团公司下属企业——宁波 bb 电子有限公司已通过中国证监委员会批准,即将上市。宁波bb 集团是中国银行象山支行的基本客户,中国银行对其公司的信用评级为 AAA 级。

七、结论

同意对该公司发放短期流动资金贷款 1 000 万元,期限一年,利率 5.31%,由宁波 bb 集团股份有限公司提供连带责任保证。

6.个人贷款申请书模版

以下是一份个人贷款申请书,供您完成项目任务时参考。

个人贷款申请书

中国银行分(支)行：

本人系＿＿＿＿＿＿＿(单位)人员，现任＿＿＿＿＿职务，家庭(或个人)平均月收入＿＿＿＿元，为购买(公司)开发的商品住房(商铺)＿＿＿＿＿套，房产编号为＿＿＿＿＿，特向贵行申请住房(商铺)按揭贷款＿＿＿＿万元，期限＿＿＿＿年，并同意以所购房产抵押给贵行，作为偿还与贵行签订的借款合同项下借款保证；同意贵行通过人民银行个人征信系统查询本人信息，了解本人资信情况。本着诚实守信的原则，本人申明该套房产是家庭以贷款(不含公积金贷款)所购的第＿＿＿＿套住房。本人按照贵行要求在所在分(支)行开立了还款账户＿＿＿＿＿＿，账号为＿＿＿＿＿，并保证在每期还款日和贷款到期日前足额存入当期还本付息项，同时授权贷款人于每月还款日和贷款到期日从该账户中扣收贷款本息(包括逾期利息及罚息)；如果更换还款账户，本人将及时提供新的账户资料；如果账户内资金不足并出现拖欠贷款现象，本人接受贵行的所有合法催收措施并自愿承担一切后果。

附件：

申请人(签字及手印)：

有效身份证号：

年　　月　　日

银行贷款业务办理的前提是与银行沟通与协调，充分介绍自己或企业，将企业的发展前景充分展示给银行，让他们能够放心地把钱借给您或您所在的企业。所以，在撰写银行贷款申请时，要像刚认识一位朋友一样，实事求是地将自己的亮点充分展示出来。

◎ 励志小故事

一条纸龙

放假了，爷爷用纸给小伟做了一条长龙。长龙很小很细，它腹腔的空间仅能容纳几只蝗虫。爷爷捉来几只蝗虫投放进去，把龙头关起来。20 分钟后，打开龙头观察，小蝗虫们都死了，无一幸免！爷爷说："蝗虫性子太急躁，进去后只知道挣扎，没想过用嘴巴去咬破长龙，也不知道一直向前可以从另一端爬出来。因而，尽管它们有铁钳般的嘴壳和锯齿一般的大腿，也无济于事。"

第二天，爷爷说："我们再来做个试验。"他把几只同样大小的青虫从龙头放进去，然后关上龙头，不一会儿，奇迹出现了：仅仅几分钟，小青虫们从龙尾一只接一只、自由自在地爬了出来，就好像它们在谜宫里玩耍了一次，开心地走了出来似的。

温馨提示：

人生中，经常会遇到无数来自外部的打击，但这些打击究竟会对您产生什么样的影响呢？其实，最终决定权在您手上。命运一直藏匿在我们的思想里，每件事都有多种方法可以解决，并不是"不进则退"。许多人走不出人生不同阶段或大或小的阴影，并非因为他们天生的个人条件比别人差很多,而是因为他们没有决心和勇气要将阴影这条"纸龙"咬破,也没有耐心慢慢地寻找一个又一个方向,然后坚定不移、一步一步地向前,直到眼前出现新的洞天。还有一种启示:要完成一件事,方法与途径有许多,只等您来探索与努力。

◎ 参考资料推荐

　　http://www.boc.cn 中国银行官网

　　http://ebank.ccb.com/cn 中国建设银行官网

　　http://www.pbc.gov.cn/publish/goutongjiaoliu/3397/2010/20100915114630531885097/20100915114630531885097_.html 金融知识国民读本

◎ 网中网软件训练

　　请熟悉厦门网中网软件有限公司"会计分岗位核算"模块——资金筹集岗位出题思路

◎ 课后自我提高再训练

　　请完成实训任务 3.2

项目任务三　融资业务核算

独立思考和独立判断的一般能力,应当始终放在首位。

——(美国)爱因斯坦

任务背景

　　洪敏、张腾、万兴三人是大学同学,他们学的是计算机专业。大三的时候,他们在学校附近的学生街开了一家电脑销售店,主营电脑销售、维修维护。为了使公司正常经营,经过讨论,他们商定前期总投资约 15 万元。他们每人出资 2 万元,个人资本 6 万元,三人各自向朋友或家人借了 3 万元,总共借款为 9 万元,这 9 万元算是公司借款。实际上投入资金是 6 万元。

　　这里我们要研究的是,以上所说的 6 万元和 9 万元作为资金来源的两条渠道,在会计上该如何进行核算和反映? 在经营过程中,如何去管理它们? 本项目任务也许能解决部分困惑。

📋 素质目标

① 认同企业文化,具有足够的忠诚度

② 具备爱岗敬业、实事求是的科学态度

③ 具有良好的执行力

④ 具有良好的团队合作与沟通协作的能力

⑤ 具有一丝不苟、耐心细致的工作作风

📋 能力目标

① 能够正确认识筹资渠道

② 能够对筹资渠道进行正确的会计核算

📋 知识目标

① 熟悉筹资渠道的种类及特点

② 熟悉筹资渠道的分类以及对企业资金成本的影响

③ 熟悉筹资渠道会计核算相关专业知识

3.1 任务描述

(1)上网或到图书馆查找资料,了解资金筹集的种类

(2)对筹资渠道进行分类

(3)请根据以下表格中提供的经济业务,完成对资金筹集经济业务的认定

3.2 工作成果要求

在本学习与工作任务中,您与您的小组应该完成以下工作:

1.通过上网或到图书馆查找资料,分析、讨论、归类后,每组写一份报告,介绍所了解到的制造业企业的5~8种资金筹集

2.完成本教材所提供的资金筹集相关经济业务的分类认定

3.3 实施建议

(1)认真阅读本教材中关于资金筹集的专业知识

(2)上网或到图书馆查找关于资金筹集分类的相关知识

(3)上网或到图书馆查找有关资金筹集管理制度及规定

(4)利用课余时间到就近企业了解资金筹集管理现状

(5)利用自己的人脉,通过电话或 QQ 访问在企业工作的相关人员,获取相关任务的实际工作经验介绍

(6)对学习过程及结果的收获与不足进行思考与总结

3.4 学习专业知识

(1)认识投资

投资指的是用某种有价值的资产,包括资金、设备、资产、技术和知识产权等投入到某个企业、项目或经济活动,以获取经济回报的商业行为或过程。投资可分为实物投资、资本投资和证券投资。以资金进行的投资是指以货币投入企业,期望通过生产经营活动取得一定利润的行为。投资涉及财产的累积以求在未来得到收益。在财务方面,投资意味着买证券或其他金融或纸上资产。投资的类型包括房地产、证券投资、黄金投资、外币投资、债券投资和邮票投资等。这些投资也许会提供未来的现金流,也许其价值会增加或减少。

(2)认识融资

融资通常是指货币资金的持有者和需求者之间直接或间接地进行资金融通的活动。

广义的融资是指资金在持有者之间流动以余补缺的一种经济行为。这是资金双向互动的过程包括,资金的融入(即资金的来源)和融出(资金的运用)。

狭义的融资只指资金的融入,是一个企业的资金筹集行为与过程,也就是说公司根据自身的生产经营状况、资金拥有状况,以及公司未来经营发展需要,通过科学预测和决策,采用一定的方式,从一定的渠道向公司的投资者和债权人筹集资金,组织资金的供应,以保证公司正常生产经营需要。融资是经营管理活动重要的理财行为。企业筹集资金的目的:企业扩张、企业还债以及扩张与还债混合在一起。

融资可以分为直接融资和间接融资。直接融资是不经金融机构媒介,由政府、企事业单位及个人直接以最后借款人的身份向最后贷款人进行的融资活动,其融通的资金直接用于生产、投资和消费,最典型的直接融资就是公司上市。间接融资是通过金融机构媒介,由借款人向贷款人进行的融资活动,如企业向银行、信托公司进行融资等。

(3)认识融资所涉及的会计科目

企业因扩大规模而取得的投资资金或资产,增加了实收资本或资本公积。筹集资金核算过程涉及的账户包括"实收资本"、"资本公积"、"短期借款"、"长期借款"、"银行存款"、"库存现金"、"固定资产"、"无形资产"、"原材料"和"应付利息"等。"实收资本"科目是指企业接受投资者按企业章程投入企业的资本或称股本,本科目余额应等于该企业注册资金数额。企业因收到投资者出资额超出其在注册资本或股本中所占份额的部分,或接受非现金资产捐赠、现金捐赠等原因产生的,直接计入所有者权益的利得和损失,在"资本公积"科目核算。投资者可能以机器设备来投资,也可能以专有技术来参与投资,或者以原材料作价来参与投资,但更多的是以货币形态来参与投资。"短期借款"和"长期借款"都是向银行举债而用的核算账户。

下面,让我们认识一下各相关会计科目所建立的账户。

①"实收资本"账户

该账户为权益类账户,用来核算企业投资人投入的资本。

实际收到投资人作为资本投入的现金、银行存款及建筑物、机器设备、材料物资等实物或无形资产时,记入该账户的贷方;当投资人收回资本时,记入该账户的借方;其贷方余额表示投资人投入企业的资本总额。本账户应按投资人、投资单位设置明细分类账进行核算。

"实收资本"账户的结构可用"T"字型账户列示如下:

借方	实收资本	贷方
核算减少的注册 资本金额	核算投资人投入的货币资金 核算投资人投入的非货币性资产 核算资本公积、盈余公积转入的金额	
	余额反映投入资本实有数	

②"资本公积"账户

该账户为权益类账户,用来核算企业因收到投资者出资额超出其在注册资本或股本中所占份额的部分,接受非现金资产捐赠、现金捐赠等原因产生的,直接计入所有者权益的利得和损失。

实际收到的投资人超出其在注册资本或股本中所占份额的部分、所有者权益的利得、接受捐赠按价值记入该账户的贷方;投资人收回资本、所有者权益的损失记入该账户的借方;其贷方余额与实收资本的投资金额共同表示企业的资本总额。本账户应按投资人、投资单位设置明细分类账进行核算。

"资本公积"账户的结构可用"T"字型账户列示如下:

借方	资本公积	贷方
1. 核算减少的注册资本金额 2. 核算所有者权益损失 3. 用于弥补亏损的资金	1. 核算投资者出资额超出其在注册资 　本或股本中所占份额的部分 2. 接受捐赠资产总额 3. 核算所有者权益的利得 4. 从利润分配中转入投资额	
	余额反映资本公积实有数	

③"短期借款"账户

该账户为负债类账户,用于核算企业向银行或其他金融机构等借入的期限在1年以内(含1年)的各种借款。

该账户的贷方登记借入的款项,借方登记归还的借款,贷方余额表示尚未归还的短期借款。长期借款在还款期剩一年时应转为短期借款。

"短期借款"账户的结构可用"T"字型账户列示如下：

借方	短期借款	贷方
核算归还的短期借款	核算取得的短期借款	
	余额反映尚未归还的短期借款	

④"长期借款"账户

该账户为负债类账户，用于核算企业向银行或其他金融机构等借入的期限在 1 年以上（不含 1 年）的各种借款。

该账户的贷方登记借入的长期借款，借方登记转入短期借款账户近还款期一年的借款，贷方余额表示尚未归还的长期借款。

"长期借款"账户的结构可用"T"字型账户列示如下：

借方	长期借款	贷方
1.核算归还的长期借款 2.核算转入短期借款账户近还款期一年的借款	核算取得的长期借款	
	余额反映尚未归还的长期借款	

⑤"应付利息"账户

该账户为负债类账户，用于核算企业向银行或其他金融机构等借入各种借款而应支付的资金占用费，也就是贷款利息。

该账户的贷方登记应付而未付的借款利息，借方登记已经支付的借款利息，贷方余额表示尚未付的借款利息。

"应付利息"账户的结构可用"T"字型账户列示如下：

借方	应付利息	贷方
核算登记已经支付的借款利息	核算已经预提的应付而未付借款利息	
	余额反映尚未归还的长期借款	

⑥"库存现金"账户

该账户为资产类账户，用于核算企业日常报销及开支需要，由出纳员管理的库存现金或备用金。该账户的借方登记库存现金的增加数,贷方登记库存现金的减少数,借方余额表示库存现金数额。

"库存现金"账户的结构可用"T"字型账户列示如下:

借方	库存现金	贷方
核算库存现金的增加数	核算库存现金的减少数	
余额反映库存现金数额		

⑦"银行存款"账户

该账户为资产类账户,用于核算企业存放在银行或其他金融机构的各种款项。私营企业老板因公司业务需要开设的用于企业经营活动的个人银行卡里的存款也应列为银行存款。

该账户的借方登记库存现金的增加数,贷方登记库存现金的减少数,借方余额表示库存现金数额。

"银行存款"账户的结构可用"T"字型账户列示如下:

借方	银行存款	贷方
核算银行存款的增加数	核算银行存款的减少数	
余额反映银行存款数额		

⑧"固定资产"账户

该账户为资产类账户,用于企业核算使用期限超过1年的且单位价值在1 000元以上的房屋、建筑物、机器、机械、运输工具以及其他与生产、经营有关的设备、器具、工具等;使用期限超过2年的不属于生产、经营主要设备的物品也列为固定资产。

该账户的借方登记固定资产的增加数,贷方登记固定资产的减少数,借方余额表示企业固定资产实有数额,也就是固定资产原值。

"固定资产"账户的结构可用"T"字型账户列示如下:

借方	固定资产	贷方
核算固定资产的增加数	核算固定资产的减少数	
余额反映固定资产原值		

(4)融资经济业务会计核算

[**例3-3-1**]2012年12月2日,漳州兴达羊毛衫厂与合肥纺织公司签订合作协议,取得货币

资金投资 200 万元,款项已从银行收到。

借:银行存款　　　　　　　　　　　　　　　　　　　　　　2 000 000

　　贷:实收资本——合肥纺织公司　　　　　　　　　　　　　　　　2 000 000

[例 3-3-2]2012 年 12 月 3 日,漳州兴达羊毛衫厂与深圳隆盛有限公司签订合作协议,取得新机器设备 10 台,价值 120 万元,作为入股投资,设备已收到并验收调试交付使用。

借:固定资产　　　　　　　　　　　　　　　　　　　　　　1 200 000

　　贷:实收资本——深圳隆盛有限公司　　　　　　　　　　　　　　1 200 000

[例 3-3-3]2012 年 12 月 5 日,漳州兴达羊毛衫厂与北京胜鑫有限公司签订合作协议,取得专利权一项,账面价值为 20 万元,评估现值为 22 万元,作为入股投资,本项专利已交付使用。

借:无形资产——专利权　　　　　　　　　　　　　　　　　　220 000

　　贷:实收资本——北京胜鑫有限公司　　　　　　　　　　　　　　220 000

[例 3-3-4]2012 年 12 月 30 日,漳州兴达羊毛衫厂股东大会决议,将未分配利润 30 万元转增资本金,根据会计纪要编制会计分录。

借:未分配利润　　　　　　　　　　　　　　　　　　　　　　300 000

　　贷:实收资本　　　　　　　　　　　　　　　　　　　　　　300 000

[例 3-3-5]2012 年 12 月 30 日,漳州兴达羊毛衫厂经与对方公司协商,应付广州万荣有限公司的债务 50 万元以 40 万元转为股本。

借:应付账款——广州万荣有限公司　　　　　　　　　　　　　500 000

　　贷:实收资本——广州万荣有限公司　　　　　　　　　　　　　　400 000

　　　营业外收入——资产重组利得　　　　　　　　　　　　　　　100 000

[例 3-3-6]2012 年 12 月 30 日,漳州兴达羊毛衫厂发生财务困难,经与对方公司协商,应付成都三峡织品有限公司的债务 20 万元,以 15 万元转为股本。

借:应付账款——成都三峡织品有限公司　　　　　　　　　　　200 000

　　贷:实收资本——成都三峡织品有限公司　　　　　　　　　　　　150 000

　　　营业外收入——资产重组利得　　　　　　　　　　　　　　　50 000

企业将债务转为资本的,债务人应当将债权人放弃债权而享有股份的面值总额确认为股本(或者实收资本),股份的公允价值总额与股本(或者实收资本)之间的差额确认为资本公积。重组债务的账面价值与股份的公允价值总额之间的差额,计入当期损益(营业外收入——债务重组利得)。

也许您会在厦门网中网软件有限公司的相关模块训练中发现,那儿的练习所使用的会计科目与本教材的不一样。这是为什么呢? 也许,您已经知道啦,这是因为两家公司采用了不同的会计制度呀。本教材编写背景企业是个小型制造业,采用的是《小企业会计准则》,所以,在取得投资时采用的是"实收资本"、"资本公积"科目,而上市公司采用的是《企业会计准则》,在取得投资时采用的是"股本"、"资本公积"科目。反映的业务是一样的,只是科目不同而已,只要您熟悉相关会计准则和会计制度就可以了。

◎ 励志小故事

井底的驴子

有个农夫的一头驴子不小心掉进了一口枯井里,农夫绞尽脑汁想办法救它,但几个小时过去了,驴子还在井里痛苦地哀号着。

最后,农夫决定放弃,他想:这头驴子年纪大了,不值得大费周章去把它救出来,不过无论如何,我要让它的痛苦减少一些。于是农夫请来左邻右舍帮忙一起用泥把井填起来,将井中的驴子埋了。

泥土一铲一铲地落进枯井中。当这头驴子了解到自己的处境时,开始伤心地哭起来。但出人意料的是,一会儿之后它就安静下来了。农夫好奇地探头往井底一看,眼前的景象令他大吃一惊:

当铲进井里的泥土落在驴子的背部时,驴子的反应令人称奇——它将泥土抖落,然后站到泥土堆上面!

就这样,驴子将大家倒在它身上的泥土全数抖落在井底,然后站上去。很快,这头驴子便得意地上升到井口,然后在众人惊讶的表情中跑开了!

温馨提示:就如驴子的情况,在生命的旅程中,有时候我们难免会陷入"枯井"里,会有各式各样的"泥沙"倾倒在我们身上。想要从这些"枯井"脱困的秘诀就是:将"泥沙"抖落,然后站到上面去!

◎ 参考资料推荐

http://www.icbc.com.cn 中国工商银行投资、贷款介绍

http://news.cnstock.com/中国证券网

◎ 网中网软件训练

请熟悉厦门网中网软件有限公司"会计分岗位核算"模块——资金筹集岗位实训任务6.2、6.3

◎ 课后自我提高再训练

请完成实训任务3.3

资本资金会计岗位实训4 吸收直接投资的核算

实训

模拟学生实训
下载 打印

资本资金会计岗位实训6 其他资本资金事项的核算

实训

模拟学生实训
下载 打印

项目任务四　银行贷款业务办理

母亲对我的爱之伟大,让我不得不用我的努力工作去验证这种爱是值得的

——(俄国)马克·夏加尔

📋任务背景

会计专业学生洪炜去年到福建兴达服装厂当会计。这家工厂从事服装生产业务。

时间:2012 年 11 月 11 日

地点:厂内财务部

老板王总:洪炜我们银行账上还有多少钱?

会计洪炜:银行户头还有 12 万元。

老板王总:估计年底原材料会涨价,想提前采购一些原材料来储备。有什么办法准备资金?

会计洪炜:需要多少钱?

老板王总:大概需要 120 万元。

会计洪炜:好的,我向银行咨询一下,问问如何取得银行支付,贷些流动资金贷款,好么?

老板王总:行啊,如果能贷到款,就太好啦!

接到任务,会计洪炜开始了资金筹集中的一个重要方式——向债权人借款筹集企业生产经营所需资金。

这就是本项目任务要研究的课题,也许能对您以后的岗位工作有所帮助。

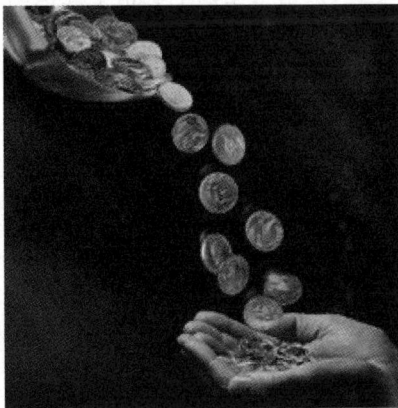

素质目标

①认同企业文化,具有足够的忠诚度

②具备爱岗敬业、实事求是的科学态度

③具有良好的执行力、主动工作积极性

④具有良好的团队合作能力、沟通协调能力

⑤具有一丝不苟、耐心细致的工作作风

能力目标

①能够正确认识筹资渠道

②能够正确对筹资渠道进行分类

知识目标

①熟悉筹资渠道的种类及特点

②熟悉筹资渠道的分类以及对企业资金成本的影响

4.1 任务描述

(1)上网或到图书馆查找资料,了解资金筹集的种类

(2)对筹资渠道进行分类

(3)请根据以下表格中提供的经济业务,完成对资金筹集经济业务的认定

4.2 工作成果要求

在本学习与工作任务中,您与您的小组应该完成以下工作:

(1)通过上网或到图书馆查找资料,分析、讨论、归类后,每组写一份报告,介绍所了解到的制造业企业 5~8 种资金筹集方式

(2)完成本教材所提供的资金筹集相关经济业务的分类认定

(3)请保持诚实守信的会计职业道德,所有任务敬请自主完成,不得抄袭

(4)本项目任务可以在实训室当场完成,也可以当成课外训练完成

4.3 实施建议

(1)认真阅读本教材中关于资金筹集的专业知识

(2)上网或到图书馆查找关于资金筹集分类相关知识

(3)上网或到图书馆查找相关资金筹集管理制度及规定

(4)利用课余时间到就近企业了解资金筹集管理现状

(5)利用自己的人脉,通过电话或 QQ 访问在企业工作的朋友或家人,获取相关任务的实

际工作经验介绍

(6)对完成任务过程及结果的收获与不足进行思考与总结

4.4 学习专业知识

(1)认识银行贷款

银行贷款是指银行根据国家政策规定,以一定的利率将资金贷放给资金需求的个人或企业,并约定期限归还的一种经济行为。

银行借款,是企业根据其生产经营业务的需要,为弥补自有资金不足而向银行借入的款项,它是企业从事生产经营活动资金的重要来源。要完成一笔银行借款,就需要银行提供支持,才能完成银行贷款事项的办理。

(2)银行贷款种类

①银行贷款按其方式、条件、用途等不同进行分类

A.按偿还期不同,可分为短期贷款、中期贷款和长期贷款等

B.按偿还方式不同,可分为活期贷款、定期贷款和透支等

C.按贷款用途或对象不同,可分为工商业贷款、农业贷款、消费者贷款和有价证券经纪人贷款等

D.按贷款担保条件不同,可分为票据贴现贷款、票据抵押贷款、商品抵押贷款和信用贷款等

E.按贷款金额大小不同,可分为批发贷款和零售贷款等

F.按利率约定方式不同,可分为固定利率贷款和浮动利率贷款等

②银行短期贷款

短期贷款是指贷款期限在 1 年以内(含 1 年)的贷款。短期贷款一般用于借款人生产、经营中的流动资金需要。

短期贷款的币种包括人民币和其他国家、地区的主要可兑换货币。短期流动资金贷款的期限一般在 6 个月左右,最长不超过一年。按规定,短期贷款只能办理一次展期,展期不能超过原定期限。短期贷款包括临时贷款、保证借款、抵押借款、质押借款和信用借款。

贷款利率按照中国人民银行制定的利率政策和贷款利率浮动幅度,根据贷款性质、币种、用途、方式、期限、风险等的不同来确定,其中外汇贷款利率分为浮动利率和固定利率。贷款利率在贷款合同中注明,客户可在申请贷款时查询。逾期贷款按规定加收罚息。

A.临时贷款

临时贷款是指银行等金融机构为解决工商企业季节性、临时性原因引起的资金不足,而发放的短期贷款。临时借款实行"逐笔核贷"的办法,借款期限一般为 3～6 个月,按规定用途使用,并按约定期限归还。

B.保证借款

保证借款是指按《中华人民共和国担保法》规定的保证方式以第三人承诺在借款人不能偿还借款时,按约定承担一般保证责任或连带责任而取得的借款。

C. 担保借款

担保借款是指由一定的担保人作保证或利用一定的财产作抵押或质押而取得的借款。

D 抵押借款

抵押借款是指按《中华人民共和国担保法》规定的抵押方式以借款人或第三人的财产作为抵押物而取得的借款。

E. 质押借款

质押借款是指按《中华人民共和国担保法》规定的质押方式以第三人或借款人的动产或权利作为质押物而取得的借款。

F. 卖方信贷

卖方信贷是指在大型机构设备或成套设备贸易中,为便于出口商以延期付款方式出售设备,出口商所在地的银行对出口商提供的信贷。

G. 票据贴现贷款

使用银行承兑汇票或商业承兑汇票结算的企业,发生经营周转困难时,申请票据贴现的借款,期限一般不超过 3 个月。票据贴现时办理的借款额一般是票面金额扣除贴现息后的数额,贴现借款的利息即为票据贴现息,由银行办理贴现时直接从票面金额中先行扣除。

短期贷款的优点是利率比较低,资金供给和偿还比较稳定。缺点是不能满足企业长期资金的需要,同时,由于短期贷款采用固定利率,企业所支付的贷款利息不会受利率波动的影响,所以企业利益在贷款期会受到些许影响。

③银行中长期贷款

中期贷款是指贷款期限在 1 年以上(不含 1 年)、5 年以下(含 5 年)的贷款;长期贷款是指贷款期限在 5 年以上(不含 5 年)的贷款。包括:技术改造贷款、基本建设贷款、项目贷款和房地产贷款等。中长期贷款又可称为项目贷款,房地产贷款也属于项目贷款范畴,但所执行的政策不同于项目贷款。

中长期贷款的利率比较高。固定资产投资项目一般要经过立项、可行性研究、初步设计和开工等几次审批,才能进入施工建设。项目建成后还要由政府有关部门组织竣工、决算、验收等工作。固定资产贷款期限较长,往往是一次审批,多次发放,贷款利率一年一定。固定资产贷款以整个项目的全部资金需求为评审对象,一次审批、承诺。而放款阶段是根据工程进度和年度贷款计划,逐年、逐笔发放。固定资产贷款合同期限是指对项目发放第一笔贷款起至最后一笔贷款还清为止的期限。合同利率为贷款第一年利率,以后每年要根据人民银行的利率变动进行调整。

(3)申办贷款的条件

根据国家有关规定,向银行申请办理贷款的单位须具备下列条件:

①借款单位必须是经主管部门或县以上工商行政管理机关批准设立、注册登记的,并持有"营业执照"的单位。

②企业必须在银行开立账户,有经济收入和还款能力。

③固定资产借款项目。借款单位的项目建议书、可行性研究报告和初步设计已获批准,并已列入国家固定资产投资计划。

④借款企业必须是实行独立的经济核算,单独计算盈亏,单独编制会计报表,有对外签订交易合同权利的企业。

⑤借款单位必须有正常生产经营所需一定数量的自有资金,并保证完整无缺。

⑥必须提供银行认可的借款担保人或抵押品做担保,并按时向银行报送有关财务、统计报表,接受银行的贷款监督和检查。

当然,银行也同时开设了针对个人的贷款,如公积金贷款、购房按揭贷款和个人消费贷款等。

(4)办理贷款证的程序

①领证

申办人持本人身份证、"企业法人营业执照"正本和企业代码证书原件,到中国人民银行所在地区分行领取空白贷款证及贷款证申请表等四份表格。

②填写申领表格

企业要真实、完整地填写申领表格。

③认真填写贷款证中的相关内容

申领贷款证企业自行填写的内容包括:贷款的第2页"企业概括";第7~9页"人民币存款户开户记录"和"外币存款户开户记录";第10页起"贷款余额情况统计表"。由企业送金融机构信贷部门填写的内容包括:第14页起"人民币贷款发生情况登记表"和"外币贷款发生情况登记表";第74页起"异地贷款发生情况登记表";第80页起"企业经济保证情况登记表"。

④办证送审资料及证明文件

贷款企业将填妥的表格和贷款证送交中国人民银行所在地分行,并提交证明文件、企业上年度财务决算报表,以及申领贷款证前一个月的财务报表。如是非法人企业,还需提交主管企业法人授权委托人的复印件;与金融机构新建立信贷关系的企业或贷款总额在500万元以上的企业,需出示资信等级证明;需要与金融机构新建立信贷关系的企业申办贷款证时,还需提供所在开户金融机构同意建立信贷关系的证明。

中国人民银行所在地分行收到企业申办贷款证的上述资料和文件,经审验齐备无误的,应在不超过一个月时间内,将加盖公章的贷款证发给申办企业。

(5)企业借款的程序

1	借贷人提出贷款申请
2	银行审批
3	签订贷款合同
4	贷款发放
5	银行贷后检查
6	贷款的收回与延期

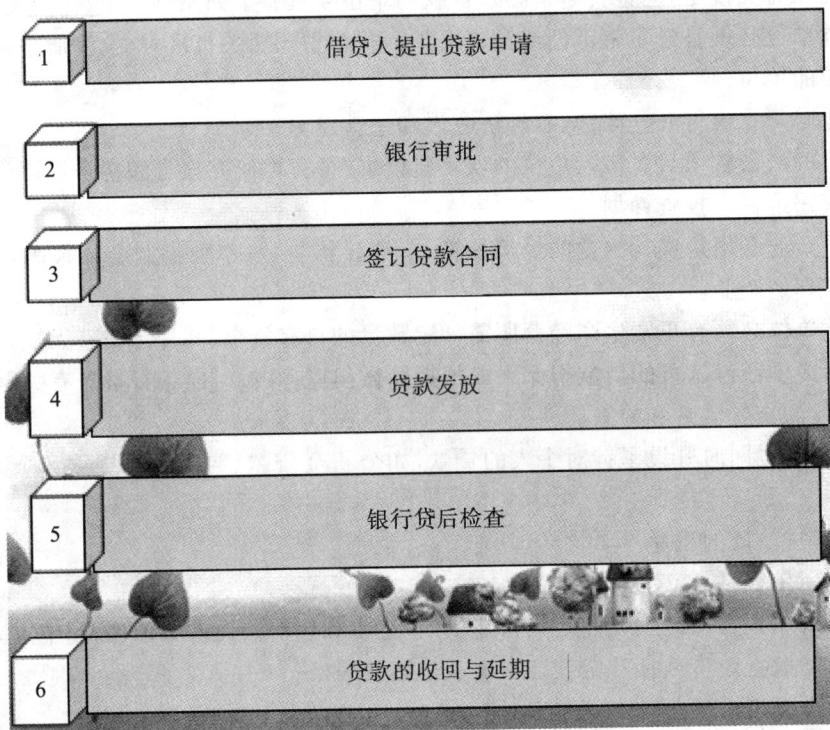

图 3-2　银行贷款程序图

企业向银行借款时,应遵循以下程序:

①借款申请

实际工作中,当企业有资金需求时,经老板或负责人同意,企业财务相关人员先准备资料,口头向银行经办的信贷人员提出申请,了解当时银行贷款政策及规模,确认可行性。如果一家银行不能办理,可以找另一家银行咨询。现在银行业竞争也很激烈,他们也希望与优质客户合作,如果您所在的企业是优秀的,那么银行会主动联系给您的企业授信的。所以,在向银行贷款意向确定后,借款方向银行提出借款申请,一般填写或撰写"借款申请书",并提供以下有关资料:

A. 借款人上一年度经工商行政管理部门办理年检手续证明的文件复印件。

B. 借款人上一年度和最近一期的财会报告及生产经营、物资材料供应、产品销售和出口创汇计划及有关统计资料。

C. 借款人的"贷款证",借款人在银行开立基本账户、其他账户情况,原有借款的还本付息情况。

D. 借款人法人、总经理、财务负责人的资格证书和聘用书复印件。

E. 购销合同复印件或反映企业资金需求的有关凭证、资料、项目建议书或项目可行性研究报告和国家有关部门的批准文件原件。

F. 非负债的自筹资金落实情况的证明文件。

G. 贷款行需要的其他资料。

这里需要说明的是,各商业银行对贷款企业所提供的资料要求不尽相同,您一定要根据企业所在地银行的要求来准备。

②贷款方审查

银行必须对借款方的申请进行审查,以确定是否给予贷款。审查内容包括形式审查,即检查"借款申请书"等有关内容的填写是否符合要求,有关的批准文件、计划是否具备等;实体审查,即检查"借款申请书"的有关内容是否真实、正确、合法。

银行对申请借款企业的审查应包括实地调查,信贷管理人员应到企业现场地了解情况,杜绝皮包公司虚假经营套取银行贷款。

③签订借款合同

借款单位的借款申请,经银行审查同意后,借贷双方即可签订"借款合同"。在借款合同中,应明确规定贷款的种类、金额、用途、期限、利率、还款方式、结算办法和违约责任等条款,以及当事人双方商定的其他事项。

④银行贷款审核方法

通常,银行贷款办理流程一般有以下四种:

A. 逐笔申请,逐笔核贷,逐笔核定期限,到期收回,周转使用

这是指企业每需要一笔贷款,都要向银行提出申请,银行对每笔贷款加以审查,如果同意发贷,对每笔贷款都要核定期限,贷款期满则要按期收回。收回的贷款银行仍可作为发放贷款的指标,可继续周转使用。这种方法适用于制造业企业生产周转贷款。

B. 逐笔申请,逐笔核贷,逐笔核定期限,到期收回

贷款指标一次使用,不能周转。这种方法与上述方法相比的不同之处在于:到期收回的贷款不能周转使用。这种方法适用于专项用途的贷款,如基本建设贷款、技术改造贷款等。

C. 一次申请,集中审核,定期调整

企业一年或一个季度办理一次申请贷款的手续,银行一次集中审核。平时企业需要这方面贷款时,由银行根据可贷款额度定期主动进行调整,贷款不受指标限制,企业不必逐项进行申请。这种贷款方法适合于结算贷款。

D. 每年或每季一次申请贷款,由银行集中审核

银行根据贷款申请企业的实际情况,下达一定时期内的贷款指标,企业进货时自动增加贷款,销售时直接减少贷款。贷款不定期限,在指标范围内,贷款可以周转使用,需要突破贷款指标时,则要另行申请,调整贷款指标。这种方法适用于商品流转贷款和物资供销贷款。

(6)贷款所涉及的会计科目

在贷款业务办理过程中,根据经济业务发生的情况不同,企业设置"短期借款"、"长期借

款"等会计科目进行日常核算和反映。

①短期借款

短期借款是指企业为扩大生产经营增加固定资产而向金融机构等借入的偿还期在一年以内的款项。企业应设置"短期借款"科目,核算企业向银行或其他金融机构借入的期限在一年内的各项借款。贷方核算银行贷到的一年内到期借款额,借方核算已经归还的贷款数额,本科目如有余额,则必定在贷方。

本科目应当按照贷款单位和贷款种类,分别设置二级账进行明细核算。企业借入的短期借款应按实际收到的现金净额,借记"银行存款"科目,贷记"短期借款"。

借方	短期借款	贷方
核算已经归还的贷款数额		核算银行贷到的一年内到期借款额
		反映尚未归还的贷款额

②长期借款

长期借款是指企业为扩大生产经营增加固定资产而向金融机构等借入的偿还期在一年以上的款项。企业应设置"长期借款"科目,核算企业向银行或其他金融机构借入的期限在一年以上(不含一年)的各项借款。贷方核算银行贷到的期限在一年以上借款额,借方核算已经归还的贷款数额,本科目如有余额,则必定在贷方。

本科目应当按照贷款单位和贷款种类,分别设置"本金"、"利息调整"、"应计利息"等二级科目进行明细核算。

借方	长期借款	贷方
核算已经归还的贷款数额		核算还款期一年以上的借款额
		反映尚未归还的贷款额

企业借入的长期借款应按实际收到的现金净额,借记"银行存款"科目,贷记"本金",按其差额,借记"利息调整"。

资产负债表日,应按摊余成本和实际利率计算确定的长期借款利息费用,借记"在建工程"、"制造费用"、"财务费用"和"研发支出"等科目,按合同约定的名义利率计算确定的应付利息金额,贷记"应计利息"或"应付利息"科目,按其差额,贷记"利息调整"。

归还长期借款本金时,借记"本金",贷记"银行存款"科目。同时,按应转销的利息调整、应计利息金额,借记或贷记"在建工程"、"制造费用"、"财务费用"和"研发支出"等科目,贷记或借记"利息调整"、"应计利息"。

本科目期末贷方余额,反映企业尚未偿还的长期借款的摊余成本。

(7)银行贷款业务会计核算

[例 3-4-1]向银行贷到一笔还款期限在一年内的短期借款

漳州兴达羊毛衫厂 2012 年 12 月 3 日向中国建设银行漳州分行办理一笔还款期限在一年内的短期借款 50 000 元,从银行收到款项。

借:银行存款	50 000	
贷:短期借款		50 000

[例 3-4-2]向银行贷得还款期限在一年以上的长期借款

漳州兴达羊毛衫厂 2012 年 12 月 12 日向中国建设银行漳州分行办理一笔还款期限在二年的长期借款 8 000 000 元,从银行收到款项。

借:银行存款	8 000 000	
贷:长期借款		8 000 000

[例 3-4-3]归还短期借款

漳州兴达羊毛衫厂 2012 年 12 月 20 日归还中国建设银行漳州分行到期的短期借款 20 000 元,从银行转讫。

借:短期借款	20 000	
贷:银行存款		20 000

[例 3-4-4]归还长期借款

漳州兴达羊毛衫厂 2012 年 12 月 20 日归还中国建设银行漳州分行到期的长期借款 1 000 000 元,从银行转讫。

借:长期借款	1 000 000	
贷:银行存款		1 000 000

[例 3-4-5]预先提取当月应付而尚未支付的银行短期贷款利息

根据会计核算的权责发生制原则,漳州兴达羊毛衫厂 2012 年 12 月 30 日计算应付而尚未支付的银行短期贷款利息 5 000 元。

借:财务费用——贷款利息	5 000	
贷:其他应付款——中国建设银行漳州分行		5 000

[例 3-4-6]支付一个季度的银行贷款利息

漳州兴达羊毛衫厂 2012 年 12 月 21 日支付第四季度(10、11、12 月)的银行短期贷款利息 15 000 元(其中 10、11 每月均已预先计提了 5 000 元的贷款利息)。

借:财务费用——贷款利息	5 000	
其他应付款——中国建设银行漳州分行	10 000	
贷:银行存款		15 000

以上分录中,财务费用是计算本月应付的银行贷款利息,其他应付款是计算 10、11 两个月预先计提的银行贷款利息。

[**例 3-4-7**]支付当月应付的银行长期贷款利息(用于研发)

漳州兴达羊毛衫厂 2012 年 12 月 21 日支付用于新产品研发的贷款 600 000 元的当月贷款利息 3 000 元。

借:研发支出——贷款利息　　　　　　　　　　　　　　　　　　　　　3 000

　　贷:银行存款　　　　　　　　　　　　　　　　　　　　　　　　　　　　3 000

[**例 3-4-8**]支付当月应付的银行长期贷款利息(用于基本建设)

漳州兴达羊毛衫厂 2012 年 12 月 21 日支付用于新厂房建设的贷款 9 000 000 元的当月贷款利息 60 000 元。

借:在建工程——新厂房——贷款利息　　　　　　　　　　　　　　　　60 000

　　贷:银行存款　　　　　　　　　　　　　　　　　　　　　　　　　　　60 000

银行贷款利息是指贷款人因为发出货币资金而从借款人手中获得的报酬,也是借款人使用资金必须支付的代价。银行贷款利率是指借款期限内利息数额与本金额的比例。以银行等金融机构为出借人的借款合同的利率确定,当事人只能在银行规定的利率上下限的范围内进行协商。贷款利率高,则借款到期后借款方还款金额提高,反之,则降低。决定贷款利息的三大因素:贷款金额、贷款期限和贷款利率。

贷款付利息,天经地义,但是在办理贷款前就要先付利息,这又从何而据呢? 现在,在网络上四处可见"仅凭身份证办理贷款"、"当天放款"、"无抵押"、"无担保"等吸引人眼球的贷款小广告。就是这些小广告让那些急需资金的人不经意间就"中了套"。

贷款先交利息,是很多贷款骗子的惯用伎俩。正规的贷款机构是不会要求提前支付费用的。特别要提防异地贷款和所谓的支付贷款利息后放款等方式,这都可能是不正规的贷款。办理贷款,申贷人要有自我风险防范意识,有时候多考虑一下,冷静一点,会免除很多不必要的损失。正规经营的企业尽量不要去贷取高利贷,尽可能到规范的银行申请贷款。

央行 2003 年 12 月 10 日发布的《中国人民银行关于人民币贷款利率有关问题的通知》规定:逾期贷款(借款人未按合同约定日期还款的借款)罚息利率由现行按日万分之二点一计收利息,改为在借款合同载明的贷款利率水平上加收 30%～50%;借款人未按合同约定用途使用借款的罚息利率,由现行按日万分之五计收利息,改为在借款合同载明的贷款利率水平上加收 50%～100%。对逾期或未按合同约定用途使用借款的贷款,从逾期或未按合同约定用途使用贷款之日起,按罚息利率计收利息,直至清偿本息为止。对不能按时支付的利息,按罚息利率计收复利。企业诚信十分重要,财务人员要合理调配资金,一定要记得按期支付贷款利息。

◎ 励志小故事

天道酬勤

曾国藩是中国历史上最有影响力的人物之一,然而,他小时候天赋并不高。有一天晚上,他在家读书，一篇文章重复不知道读了多少遍，还是记不住。这时候他家来了一个贼，潜伏在他的屋檐下，希望等他睡觉之后进屋捞点财物。可是等啊等，就是不见他睡觉，还在翻来覆去地读那篇文章。贼人实在忍无可忍，大怒，跳出来说："这种水平读什么书？"然后，将那文章背诵一遍，扬长而去！

哈哈，那贼真是聪明，至少比当时的曾先生要聪明。但是他不好好利用这种天赋，干起偷窃的行当，最终湮没在历史的长河里。而曾先生经过勤学苦读，最终成为毛泽东主席都钦佩的人，成为近代最有大本事的人，名垂千古。

温馨提示：没有人能只依靠天分成功。上帝给予了天分，勤奋将天分变为天才。伟大的成功和辛勤的劳动是成正比的，有一分劳动就有一分收获，日积月累，从少到多，奇迹就可以创造出来。

◎ 参考资料推荐

中国人民银行 1996 年 6 月 28 日《贷款通则》

2003 年 12 月 27 日第十届全国人民代表大会常务委员会第六次会议通过《中华人民共和国中国人民银行法》

◎ 网中网软件训练

请熟悉厦门网中网软件有限公司"会计分岗位核算"模块——资金筹集岗位实训任务 6.1

资本资金会计岗位实训1 短期借款的核算	资本资金会计岗位实训2 长期借款的核算	资本资金会计岗位实训3 应付债券的核算
实训	实训	实训
模拟学生实训	模拟学生实训	模拟学生实训
下载 打印	下载 打印	下载 打印

◎ 课后自我提高再训练

请完成实训任务 3.4

岗位任务四

↗ 存货核算会计
岗位工作任务

以排除万难坚定不移的勇气和精神向前行去,必有成功的一日。

——(中国)邹韬奋

📋 会计行话"套开"

销售发票一般有三联式、四联式、五联式。发票如果有三联,则第一联为存根联、第二联为记账联、第三联为客户联。正确的填写方法应该是,在三联中套上2张复写纸,一次同时开具。"套开"是指违法人员在开发票时没有按规定这样做,比如一笔收入是 5 000 元,存根联和记账联开 500 元,客户联开 5 000 元。这种三联不一起开具而拆开开出不同数据就是违法的"套开"行为,是绝对不允许的。会计人员要学会识别这样的错误,拒绝支付相关款项,情节严重的要及时报告领导或有关部门。

在学习本岗位工作与学习任务之前,让我们一起来了解存货核算会计岗位工作职责。

表 4-1　存货核算会计员岗位职责

职业岗位工作	存货核算岗位(原材料物资核算、库存商品核算)
典型岗位称谓	存货核算会计(助理会计)
所属部门	财务部(科、处、室)
常关联部门	采购部或供应部、仓库、车间等
直属上级	财务主管
企业内相关人员	各仓库管理员、车间统计员、采购员等
岗位概述	存货岗位基本职责:根据单位相关规定,负责办理本企业固定资产、原材料物资、库存商品、产成品收发存等业务核算,负责组织指导相关财产清查及申报工作,检查落实保管责任制度,建立严格的存货收发和计量制度,加强会计对各项存货的控制,建立库存存货质量管理制度,确定恰当的存货明细分类账分户方法,健全存货明细账设置
岗位职责	1.原材料物资核算岗位的职责 (1)制定原材料收、发、存管理制度 (2)按资产管理有关规定会同有关领导拟订原材料核算方法 (3)审查汇编原材料物资的采购资金计划 (4)负责采用正确方法对原材料采购成本进行归集、分配核算 (5)负责原材料明细核算和有关报表的编制 (6)负责定期、不定期组织原材料盘点清查,保证原材料安全与完整 (7)负责及时将原材料盘盈盘亏情况上报有关领导 (8)熟悉本单位的经营和业务管理情况,运用掌握的会计信息和会计方法,为改善单位内部管理、降低成本、提高经济效益提出意见建议 2.库存商品核算岗位的职责 (1)制定库存商品收、发、存管理制度 (2)按资产管理有关规定会同有关领导拟订库存商品核算方法 (3)负责库存商品的明细分类核算 (4)配合有关部门制定库存商品的最低、最高限额 (5)参与库存商品的清查盘点 (6)熟悉本单位的经营和业务管理情况,运用掌握的会计信息和会计方法,为改善单位内部管理、降低成本、提高经济效益提出意见建议 (7)办理领导交办的其他事务

续表

岗位职业 素养要求	1.遵守职业道德,忠于职守,廉洁奉公,热爱本职工作,努力钻研业务,树立良好的职业品质、严谨的工作作风,严守工作纪律,富有团队合作精神,努力提高工作效率和工作质量 2.熟悉财经法律、法规、规章和国家统一会计制度 3.按照会计法律、法规和国家统一会计制度规定的程序和要求进行会计工作,保证所提供的会计信息合法、真实、准确、及时、完整 4.正确运用自己所掌握的知识和技能适应所从事工作的要求 5.保守本单位的商业秘密,不能私自向外界提供或者泄露单位的会计信息
岗位知识要求	1.熟悉相关的法律法规 2.熟悉会计基础知识 3.熟悉数码字书写规范 4.熟悉会计基础工作规范 5.熟悉存货核算程序及相关方法 6.熟悉总账及数量单价式明细账的登记和核对方法
岗位技能要求	1.熟练运用数码字书写规范进行会计核算 2.熟练掌握存货管理程序及规范 3.熟练操作计算机、ERP软件、财务软件 4.具有良好的社交能力和沟通能力、团队合作能力 5.具有良好的服务意识和严谨的工作态度 6.熟练掌握借贷记账法进行存货收、发、存的核算 7.熟练掌握财产清查方法 8.熟练掌握相关报表编制

为对接存货核算岗位会计员工作,在本项目任务设计中安排了以下任务,期望学习者通过自我训练,达到培养其相关岗位能力的目的,以便尽快融入实际工作岗位,很好地胜任岗位工作,为企业管理者提供优质的会计信息,更好地参与企业管理。

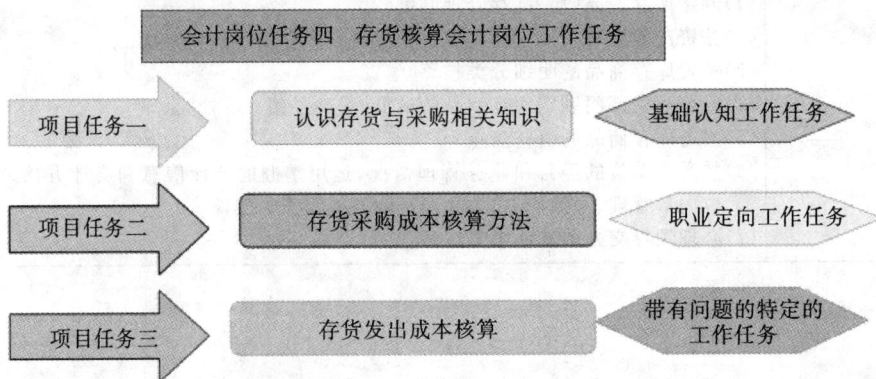

图 4-1 存货核算会计岗位任务一览表

项目任务一　认识存货与采购相关知识

创造力是一种智力肌肉,愿意并且知道如何锻炼它,您也能发挥出潜在的创造力。

——(美国)迈克尔·莱博夫

📋任务背景

在所有企业的采购和生产过程中,都一定会产生相当多的存货,它们占用了仓库的空间,占用了生产车间里的各个角落,它们所占用的资金是那么多,有时,企业会因为它们而出现资金链的断裂。可是,该如何对这些存货进行管控、核算,做到在保证正常经营的情况下,使它们在总资产中所占的比例最小? 这是我们要研究的课题。本项目任务也许能解决部分困惑。

📋 素质目标

① 认同企业文化,具有足够的忠诚度
② 具备爱岗敬业、实事求是的科学态度
③ 具有良好的执行力
④ 具有良好的团队合作、沟通协作能力
⑤ 具有一丝不苟、耐心细致的工作作风

📋 能力目标

① 能够正确认识存货
② 能够正确对存货进行分类
③ 能够制定适合企业的采购审批流程
④ 能够设计适合企业采购审批过程的相关单据

📋 知识目标

① 熟悉存货的种类及特点
② 熟悉存货的确认方法
③ 熟悉采购流程、采购所要考虑的要素

④熟悉采购审批过程相关单据

1.1 任务描述

(1)上网或到图书馆查找资料,了解 2～3 个不同制造业企业存货的种类,撰写一份关于存货的报告,字数在 300～800 字之间

(2)为以上 2～3 个不同制造业企业制定采购审批流程,字数在 300～800 字之间

1.2 工作成果要求

在本学习与工作任务中,您应该完成以下工作:

(1)通过上网或到图书馆查找资料,分析、整理、归类后,每组写一份报告,介绍 2～3 个不同制造业企业的 5～10 种存货。以文档的形式体现,字数在 300～800 字之间

(2)制定采购审批流程图以文档的形式体现,字数在 300～800 字之间

(3)在规定时间完成,并将文件上交学习委员的 QQ 邮箱,学习委员收集压缩后发教师的 QQ 邮箱

1.3 实施建议

(1)认真阅读本教材中关于存货及采购的相关专业知识

(2)上网或到图书馆查找关于存货及采购分类相关知识

(3)上网或到图书馆查找关于存货及采购的管理制度及规定

(4)利用课余时间到就近企业了解存货管理现状、采购流程及审批程序

1.4 学习专业知识

(1)认识存货

存货是指企业在日常活动中持有以备出售的产成品或商品、处在生产过程中的在产品,以及在生产过程或提供劳务过程中耗用的材料、物料等。存货区别于固定资产等非流动资产的最基本的特征是:企业持有存货的最终的目的是为了出售,不论是可供直接销售,如企业的产成品、商品等,还是需经过进一步加工后才能出售,如原材料等。

(2)存货的分类

存货按不同的生产环节分为不同的种类,这里按照经济用途划分为以下几类:

①原材料

这里所指的原材料是广义的,指企业在生产过程中经加工改变其形态或性质并构成产品、主要实体的各种原料及主要材料、辅助材料、外购半成品(外购件)、修理用备件(备品备件)、包装材料和燃料等。

为建造固定资产等各项工程而储备的各种材料,虽然同属于材料,但是由于用于建造固定

资产等各项工程不符合存货的定义,因此不能作为企业的存货进行核算。它们被列为在建工程物资。

②在产品

在产品指企业正在制造尚未完工的产品,包括正在各个生产工序加工的产品和已加工完毕但尚未检验或已检验但尚未办理入库手续的产品。

③半成品

指经过一定生产过程并已检验合格,交付半成品仓库保管,但尚未制造完工成为产成品,仍需进一步加工的中间产品。半成品不包括从一个生产车间转给另一个生产车间待继续加工的在产品以及不能单独计算成本的在产品。

④产成品

指已经完成全部生产过程并验收入库,可以按照合同规定的条件送交订货单位或者可以作为商品对外销售的产品。企业接受外来原材料加工制造的代制品和为外单位加工修理的代修品,制造和修理完成验收入库后,应视同企业的产成品。

⑤商品

商品或叫产品、产成品,指商品流通企业外购或委托加工完成验收入库等待销售的各种商品。

⑥周转材料

周转材料是指企业能够多次使用但不符合固定资产定义的材料,如为了包装本企业商品而储备的各种包装物,各种工具、管理用具、玻璃器皿、劳动保护用品,以及在经营过程中周转使用的容器等低值易耗品和建造承包商的钢模板、木模板、脚手架等其他周转材料。

⑦委托加工物资

委托加工物资也称委托加工材料,是指企业委托外单位加工的各种材料、商品等物资。

⑧消耗性生物资产

消耗性生物资产是指农业企业种植生长在田里的作物、蔬菜;林业企业种植生长在山上的树木;牧业企业饲养存栏待售的牲畜;渔业企业饲养、培育待售的海产品等。

(3)存货的确认

存货必须在符合定义的前提下,同时满足下列两个条件,才能予以确认。

①与该存货有关的经济利益很可能流入企业

企业在确认存货时,需要判断与该项存货相关的经济利益是否很可能流入企业。在实务中,主要通过判断与该项存货所有权相关的风险和报酬是否转移到了企业来确定。其中,与存货所有权相关的风险,是指由于经营情况发生变化造成的相关收益的变动,以及由于存货滞销、毁损等原因造成的损失;与存货所有权相关的报酬,是指在最初取得该项存货或其经过进一步加工取得的其他存货时获得的收入,以及处置该项存货实现的利润等。

通常情况下,取得存货的所有权是与存货相关的经济利益很可能流入本企业的一个重要标志。例如,根据销售合同已经售出(取得现金或收取现金的权利)的存货,其所有权已经转移,与其相关的经济利益已不能再流入本企业,此时,即使该项存货尚未运离本企业,也不能再确认为本企业的存货。又如,委托代销商品,由于其所有权并未转移至受托方,因而委托代销的商品仍应当确认为委托企业存货的一部分。总之,企业在判断与存货相关的经济利益能否流入企业时,主要结合该项存货所有权的归属情况进行分析确定。

②该存货的成本能够可靠地计量

存货作为企业资产的组成部分,要确认存货,企业必须能够对其成本进行可靠计量。存货的成本计量必须以取得确凿、可靠的证据为依据,并且具有可验证性。如果存货成本不能可靠地计量,则不能确认为一项存货。例如,企业承诺的订货合同,由于并未实际发生,不能可靠确定其成本,因此不能确认为购买企业的存货。又如,企业预计发生的制造费用,由于并未实际发生,不能可靠地确定其成本,因此不能计入产品成本。

(4)认识采购

采购是指个人或单位在一定的条件下从供应市场获取产品或服务作为自己的资源,为满足自身需要或保证生产、经营活动正常开展的一项经营活动。采购是一个商业性质的有机体为维持正常运转而寻求从体外摄入的过程,分为战略采购和日常采购两部分。

日常采购是采购人员根据确定的供应协议和条款,以及企业的物料需求时间计划,以采购订单的形式向供应方发出需求信息,并安排和跟踪整个物流过程,确保物料按时到达企业,以支持企业的正常运营的过程。

采购员须承担的责任:采购计划与需求确认、供应商选择与管理、采购数量控制、采购品质控制、采购价格控制、交货期控制、采购成本控制、采购合同管理和采购记录管理。

(5)采购所要考虑的要素

①品质

采购品质控制的内容包括:对供应物料品质的控制,包括物料的生产过程、设备、环境等内容;进货检验,包括物料的数量、规格、质量等内容;对采购物流过程中品质的控制,包括交货时间、地点、方式等内容。

②价格

采购价格分析为将来的议价提供参考,采购时须明确影响采购价格的各种因素,制定合理的采购价格。影响采购价格的因素包括五个方面:物料成本、供需关系、季节变化、市场环境和交货条件。

③交货期

在所有条件相同的前提下,企业会考虑将能及时响应、及时发货的企业作为采购合作伙伴。这样可以保证企业的生产需要。

④服务、配合度

供应商的服务也是十分重要的,企业都希望所有合作伙伴能够具备完善的售后服务体系,实现对他们所生产产品的维护。

（6）采购流程

采购流程包括收集信息、询价、比价、议价、评估、索样、决定、请购、订购、协调与沟通、催交、进货检收和付款。

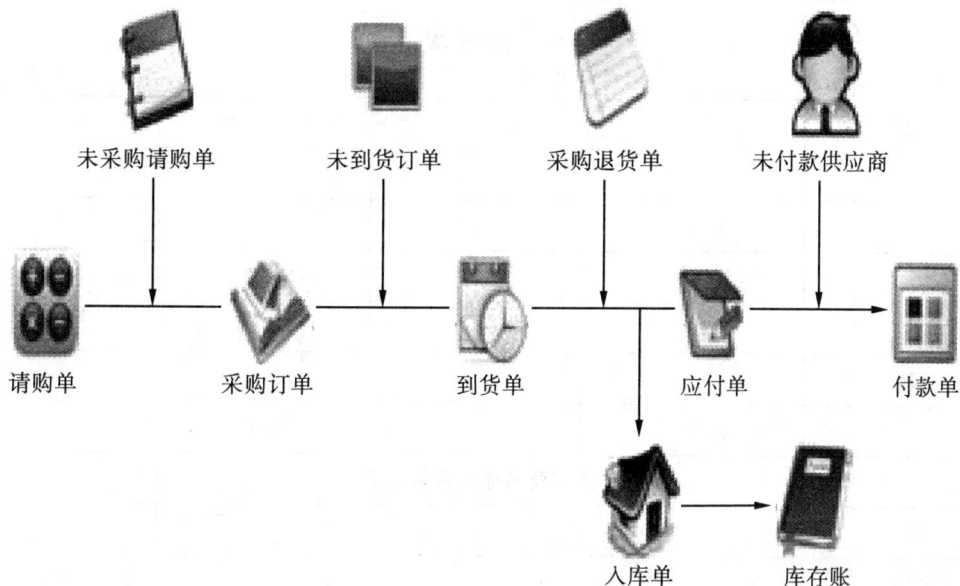

图 4-2 采购流程简图

①采购数量计算

本期应采购数量＝本期生产需用量＋本期末预定库存量－前期预估库存量－前期已购未入库数量

②寻找并确定供应商

通过利用现有的资料、公开征求、同业介绍、阅读专业刊物、咨询协会或采购专业顾问公司和参加产品展示会等方式寻找。供应商分类：原材料供应商、小额服务性供应商和临时性供应商。合格供应商的标准：优秀的企业领导人、高素质的管理人员、稳定的员工群体、良好的机器设备、良好的技术和良好的管理制度。

③采购价格构成

采购价格的考虑因素：供应商成本的高低、规格与品质、采购物料的供需关系、生产季节和采购时机、交货条件，以及付款条件。合适的价格：采购价格应以达到适当价格为最高目标，采购员必须按照采购要求，根据市场行情，分析物料的质量状况和价格变动情况，选择物美价廉的物料进行购买。判断采购价格是否合理的办法：进行成本分析、价格分析、市场调研，分析多家厂商报价。

(7)请购单

采购之前,需要有企业关于所采购物品的信息,这个信息由使用人提供。制造业企业将根据生产订单或生产计划、仓库库存量等来提出对原材料的采购申请;采购部门根据请购要求进行询价、比价、议价、评估、索样,决定供应单位,进行协调与沟通,签订采购合同,催促交货。

表 4-2　请 购 单

请购部门：　　　　　　　　　　年　月　日　　　　　　　　　　编号：

项目	品名	数量	单位价格	总金额
1				
2				
3				
4				
5				
总金额		RMB：		
供应商名称及联系电话				报价
1				
2				
3				
4				
到货时间及付款条件				
备注				
审批(所有申请)(部门经理)		审批(人民币 5 000 元以下)(总监)		

续表

审核(所有申请)财务经理	审批(人民币 5 000 元以上)(总经理)	
最终审批(人民币 15 万元以上)(总裁/首席执行官)		
总监	总裁	人力资源部

表 4-3　采 购 单

请购部门：　　　　　　　　　　　　年　　月　　日　　　　　　　　　　编号：

序号	客户订单号	批号	品名	规格	数量	单位	总价	交货日	备注
其他事项：									
采购员/日期：　　　　　　　　采购主管/日期：									
(必要时)供方确认(请在日内确认,将此单传回)：									
签名(盖章)：　　　　　　　　日期：									

　　存货管理是企业资产管理的重要部分,意义重大。许多私营企业老板对现金和银行存款管理十分重视,可是他们对存货管理不以为然,许多企业没有设存货仓库,产成品被带出工厂也不知道。其实,存货在总资产中所占的比重是很大的,应该引起重视,加大管理力度。同理,存货采购大有文章可做,如何在节约采购成本,提高工作效率的同时,以尽量低的价格采购到优质的原材料是一个需要认真思考的问题。

◎ 励志小故事

龙虾与寄居蟹

　　有一天,龙虾与寄居蟹在深海中相遇。寄居蟹看见龙虾正把自己的硬壳脱掉,露出娇嫩的身躯,就紧张地说:"你怎么可以把唯一能保护自己身躯的硬壳也放弃呢? 难道你不怕有大鱼一口把你吃掉吗? 以你现在的情况来看,连急流也会把你冲到岩石去,到时你不死才怪呢!"龙虾气定神闲地回答:"谢谢你的关心! 但是你不了解,我们龙虾每次成长都必须先脱掉旧壳,才能生长出更坚固的外壳,现在面对危险,是为了将来能发展得更好做准备。"

寄居蟹细心思量一下,自己整天只找可以避居的地方,而没有想过如何令自己成长得更强壮,整天只活在别人的护荫之下,难怪发展空间被制约。

温馨提示:如果您想超越自己目前的成就,请不要画地自限,勇于接受挑战、充实自我,您一定会发展得比想象中更好。

◎ 参考资料推荐

http://www.chinabidding.com.cn 中国采购与招标网

http://www.ccgp.gov.cn 中国政府采购网

◎ 网中网软件训练

请熟悉厦门网中网软件有限公司"会计分岗位核算"模块——存货核算岗位出题思路

存货会计岗位职责介绍及实务操作

课件

模拟学生实训

下载 打印

存货会计岗位常用单证介绍及演示

课件

模拟学生实训

下载 打印

◎ 课后自我提高再训练

请完成实训岗位任务 4.1

项目任务二　存货采购成本核算

奋斗的过程中,常会遭受到挫折,唯有坚持到底,才能获得最后的成功。

——(美国)舒勒

任务背景

如果您所在的企业从事服装业,当企业要为订单安排生产时,需要采购原材料,需要花费前期的费用,需要对存货采购进行管理。采购管理最基本的目标是在确保适当质量下,能够以适当的价格,在适当的时期,从适当的供应商那里采购到适当数量的物资。

采购时必须完成一系列的活动用以满足制造业生产经营需求,这也是企业采购部门最基本的功能之一;以最小的成本完成采购任务是在保证采购质量的前提条件下贯穿于物资采购始终的准绳。在采购的每个环节都会发生各种各样的费用,包括购买费用、进货费用、检验费用、入库费用、搬运费用、装卸费用和保管费用等。因此,在物资采购的全过程中,要运用各种科学合理的采购策略,在保证质量的前提下使总的采购成本最小;物资采购要实现企业和资源市场的纽带作用,就要建立与资源市场友好和有效的关系,对供应商进行选择、开发和维护。采购部门只有掌握供应市场的最新发展状况,才能了解当前的供应商是否具有竞争性,只有和外部供应商建立更好的合作关系,才能建立可靠、高质量的供应源。

采购成本可以直接影响整个企业的经济效益。

📑 素质目标

❶认同企业文化,具有足够的忠诚度
❷具备爱岗敬业、实事求是的科学态度
❸具有良好的执行力
❹具有良好团队合作、沟通协作能力
❺具有一丝不苟、耐心细致的工作作风

📑 能力目标

❶能够正确认识采购与供应过程
❷能够正确认识存货成本构成
❸能够对采购成本明细项目进行正确归类
❹能够按规定存货采购成本进行正确核算

📑 知识目标

❶熟悉采购与供应过程的特点
❷熟悉存货成本构成专业知识
❸熟悉采购成本明细项目分类知识

④掌握存货采购成本核算方法专业知识

2.1 任务描述

(1)上各大银行网站了解制造业采购与供应过程、存货成本构成、存货采购成本核算相关知识

(2)撰写一份关于存货采购相关知识的介绍

(3)实训课内完成厦门网中网软件有限公司的相关实训任务

(4)撰写本次任务的实训小结

2.2 工作成果要求

在本学习与工作任务中,您应该完成以下工作:

(1)根据任务书要求,完成一份存货采购相关知识的介绍,字数在 500～1 000 字之间,并按要求时间及途径上交任务成果

(2)实训课内按操作规范在规定时间内完成厦门网中网软件有限公司《分岗位实训》存货相关实训任务

(3)实训课内或课外完成本教材项目任务

(4)完成本次任务的成果报告,对本项目任务实施过程及结果进行自我评价和思考,字数在 300～800 个字之间

2.3 实施建议

(1)认真阅读本教材中关于存货成本构成相关专业知识

(2)上网或到图书馆查找阅读收集关于存货成本构成相关知识

(3)通过对相关网站制造业采购与供应过程、存货成本构成、存货采购成本核算相关知识的调查,收集相关知识,为更好完成存货采购成本核算打好基础

(4)对比所收集的信息,可以与同学进行讨论分析,提出制造业存货成本管理的思考

(5)利用课余时间到就近企业了解存货成本管理情况

(6)请保持诚实守信的会计职业道德,所有任务敬请自主完成,可以参考资料,可以向同学请教,同学间可以进行讨论,互相学习,取长补短

2.4 学习专业知识

(1)认识采购成本

采购与供应作为企业生产经营的起始环节,是企业生产和销售的基础,也是企业经营中最大的成本占用领域。采购成本包括购买价款和价外费用两部分。

购买价款是指购买的存货不含税的买价,这里所说的不含税,即不含增值税进项税,但含

消费税。

价外费用是指运输费、装卸费、保险费、运输过程当中的仓储费、运输途中的合理损耗(合理损耗的残值收入要从存货成本当中扣除)、包装费、入库前的挑选整理费和相关税费(包括进口的关税、消费税、资源税、城市建设维护税、教育附加费、不得抵扣的进项税)。

(2)采购成本明细项目

表 4-4　采购成本明细一览表

采购成本明细项目		相关说明
订购成本	请购手续费用	指因请购活动发生的人工费、办公用品费,以及存货检查和请购审查等活动所发生的费用
	采购询议价费用	指因供应商调查、询价、比价、议价、谈判等活动所发生的通信费、办公用品费、电话费、交通费、差旅费和人工费等
	其他订购成本	指发生在订购阶段的其他费用,如结算采购款项所发生的费用
采购价外费用	运输费用	指因采购存货,从供应商仓库发货到企业所在地发生的长途运输费用
	装卸费	指因采购存货,从供应商仓库到企业仓库所发生的装卸人工费用、消耗材料和搬运设备费等
	保险费	指支付采购存货途中的保险费用
	仓储保管费用	指因采购存货运输过程中所发生的堆存、仓库租金、仓库内配套设施费用,以及因仓库日常管理、盘点等活动发生的人工费等
	合理损耗	指因采购存货,从采购地到企业仓库所发生的自然、合理范围内的损耗
	包装费	指因采购存货运输过程中所发生的包装材料费、人工费等
	入库前的挑选整理费	指因采购存货,根据质量要求聘请人工进行挑选整理的费用及必要的损耗损失等
	相关税费	相关税费包括与采购存货有关的进口关税、消费税、资源税、城市建设维护税、教育附加费,以及不能抵扣的进项税
	采购验收费用	指负责采购事项的采购专员参与物料(或货物)验收所花的人工费、差旅费、通信费,检验仪器、计量器具等所花的费用,以及采购结算发生的费用等
	存货资金成本	指因存货占用了资金而使这笔资金丧失使用机会所产生的成本
	存货折旧与陈腐成本	指存货在维持保管过程中因发生质量变异、破损、报废等情形而发生的费用

续表

采购成本明细项目		相关说明
缺料成本	安全库存及其成本	指企业因预防需求或提前期方面的不确定性而保持一定数量的安全库存所发生的费用
	延期交货及其损失	指因缺料(或缺货)而延期交货所发生的特殊订单处理费、额外的装卸搬运费、运输费及相应的人工费等
	失销损失	指因缺货致使客户转向购买其他产品而导致企业遭受的直接损失
	失去客户的损失	指因缺货而失去客户,也就是说,客户永久地转向另一家企业

(3)存货采购存在的问题

在企业采购活动中,主要涉及价格、质量、批量问题

①企业采购只注重价格

企业采购通常将重点放在与供应商之间的价格谈判以及争取更大的价格折扣等方面,而对产品质量、交货期等问题通常采取事后把关的方法加以控制,采购企业很难也很少参与供应商的生产组织过程及相关的质量控制活动和售后响应。这种通常以价格作为供应商选择标准的做法,无论从眼前还是长远来看,都不能给采购企业带来最大的利益。企业转变思路,以全面意识来确定供货商才能使企业科学发展。

②价格信息获取渠道单一,反馈不及时

企业主要通过报纸、杂志、广告、市场调研等途径来获取采购价格信息,而这些信息往往会过时。这样就将一定程度上影响了企业的战略决策,特别是在新产品的研发、旧产品的改造、新市场的开辟等方面。多渠道获取存货供应信息、电子化采购、联合采购是解决这一问题的办法。

③采购质量问题

企业采购方与供应方之间信息不是透明的,采购方很难参与供应商的生产组织过程和有关质量控制活动,只能通过相关的标准进行检查验收。而供应商为了在采购招标中获取优势,会通过各种手段简化程序,降低成本,结果就是产品质量大大下降而影响采购的利益,为避免这种情况,要求供应商与采购部门之间建立长期合作关系。比如,牛奶制品企业要长期跟踪奶牛养殖场的生产状况。

④采购批量问题

对企业来说,需要确定一个最佳订货批量,以使有关的采购成本最小。而订货成本和储存成本与采购批量和采购次数相关。采购次数越多,所需的订货费用、采购人员的费用等订货成本也就越多,因为这些费用主要与采购次数相关而与采购批量的关联度不大。而储存成本则与每次采购的批量有显著的联系,每次采购的批量越多,所需的储存成本也就越大。因此,采购次数与采购批量之间存在一种反向变动关系,从而导致订货成本和存储成本之间反向变化。

　　企业在面对各种物资的采购时,为了降低成本、增加利润、提高核心竞争力,必须及时调整和制定正确、行之有效的采购策略。

　　(4)降低采购成本的途径和方法

　　降低采购成本,可以提高资金使用效率,降低完工产品成本,实现利润的最大化。降低采购成本是企业管理的一项重要工作,降低采购成本的途径和方法如下:

　　①通过付款条款的选择降低采购成本

　　如果企业资金充裕,或者银行利润较低,可采用现金交易或货到付款的方式,这样往往能带来较大的价格折扣。此外,对进口材料、外汇币种的选择和汇率走势也要格外注意,采购的资金成本也是一项十分重要的指标。

　　②把握价格变动的时机

　　有些存货价格会经常随着季节、市场供求情况而变动,因此,采购人员应注意价格变动的规律,把握好采购时机。如果企业能适时组织资金,把握好采购时机和采购数量,将会给企业带来很大的经济效益。

　　③以竞争招标的方式来牵制供应商

　　对于大宗物料采购,一个有效的方法是实行竞争招标,往往能通过供应商的相互比价,最终得到底线的价格。此外,对同种材料,应多找几个供应商,通过对不同供应商的选择和比较使其互相牵制,从而使公司在谈判中处于有利地位。集团公司可以集中采购,根据各分公司对存货的需求要求供应商直接发货给分公司,这样也可以节约采购成本。

　　④向生产厂家直接采购

　　向生产厂家直接采购,可以减少中间环节,降低采购成本,同时生产厂家的技术服务、售后服务会更好。另外,有条件的几个同类厂家可结成同盟联合订购,以克服单个厂家订购数量小而得不到更多优惠的矛盾。

　　⑤不断开发供货商,营造竞争局面

　　供货商的开发与管理应该是动态的,不断开发新的、更有威胁的供货商,在供货商之间营造彼此竞争的氛围。发展供货商的方式可以先初选,在众多的供货商中根据其硬件设施、技术力量、环境标准等指标,排除肯定不合格的供货商。通过初选的供货商可以参加企业的正式招标,中标者并不总是报价最低的,主要标准是报价的可行性。供货商中标后,按照企业的要求进行供货。在每次的招标中都要有新的供货商出现。企业主要原辅材料的供货商应有 3 家以上,而且每年应根据企业的实际经营状况至少再发展一家。

　　⑥了解供应商的成本,争取与供货商双赢

　　"知己知彼,百战不殆",企业要做到对采购成本的全面控制,仅靠自己内部的努力是不够的,还应对供应商的成本状况有所了解。采购人员在与供货商谈判时了解供应方的合理成本水平是一种有效的武器,只有这样,才能在价格谈判中占主动地位。在估计供货商成本并了解哪些材料占成本比重较大之后,即可将供货商的利润率压在一个较低水平上。为了与供货商建立长期的合作关系,物资供应部门可与供货商一起研究降低大宗材料成本的途径,朝着更高品质、更低成本的目标共同努力。

⑦加强采购人员的管理,提高采购人员的素质

一名合格的采购员必须德才兼备,技能与经验共存,具有较强的市场信息采集与处理能力,才能更好地进行采购作业。为了杜绝采购人员拿"回扣"现象,首先,企业要加强内部监督,使采购人员的一言一行、一举一动均在组织和广大员工的监督之中。其次,制定合理的激励制度,激励机制的直接目的是调动采购人员的积极性,谋求个人利益和企业利益的一致,最终实现企业的期望目标。

⑧选择信誉佳的供货商并与其签订长期合同

与一个有能力、守信用的供货商合作,不仅能保证供货的质量、及时交货和整体的服务水平,还可以得到其付款及价格的关照,特别是与其签订长期的合同,往往能得到更多的优惠。

(5)存货采购成本核算

存货采购成本应当按照初始成本进行计量。企业自行加工的存货成本包括买价、加工成本和其他成本。企业外购的存货成本包括买价、订购成本和采购价外费用等。

外购存货除买价外其他采购成本按采购存货品种,以会计实质重于形式原则分配到相关存货成本中。

企业自行生产的存货将在本教材关于成本核算项目任务中详细说明,这里不涉及此内容。根据企业存货取得方式不同,大致应设置如表 4-5 所示账户进行会计核算。

表 4-5 存货采购核算应设置的账户

会计科目	在本项目中的应用说明
在途物资	核算企业采用实际成本(或进价)进行材料、商品等物资的日常核算、货款已付尚未验收入库的尚在运输途中的采购物资成本
原材料	核算企业库存的各种材料,包括原料及主要材料、辅助材料、外购半成品、修理用备件、包装材料和燃料等
应付票据	核算企业购买材料、商品和接受劳务供应等而开出、承兑的商业汇票,包括银行承兑汇票和商业承兑汇票
应付账款	核算企业因购买材料、商品和接受劳务等经营活动产生应付而未付的款项
预付账款	核算企业按照购货合同或协议规定预付给供应单位的款项
银行存款	核算存放在银行或其他金融机构的各种款项(包括私营企业的个人银行卡里的存款)
营业外收入	核算企业在接受存货捐赠时,取得的相关存货商量价或评估价值;核算企业进行存货清查时,发现的自然溢余
营业外支出	核算企业因不可抗力灾害而发生的损失
其他应收款	核算企业进行存货清查时,发现存货短少是企业内部员工或保险公司责任,在尚未取得赔偿时,挂在本科目核算

①"原材料"账户

该账户属于资产类账户,是用来核算企业库存原材料的收、发、存情况的账户。其借方登记验收入库的原材料实际采购成本,贷方登记发出材料的实际成本,余额在借方,表示期末库存材料的实际成本。为了反映每种库存材料的增减变化情况,应根据材料的品种、规格等设置明细分类账户。

"原材料"账户结构:

借方	原材料	贷方
核算采购验收入库材料的实际成本	核算发出材料的实际成本	
反映库存材料的实际成本		

②"在途物资"账户

"在途物资"账户属于资产类账户,用来核算企业购入材料物资的采购成本。借方登记购入材料物资的买价和采购费用,贷方登记已完成采购手续、验收入库材料物资的采购成本,期末借方余额表示尚未验收入库的在途物资成本。该账户应按材料物资的种类设置明细分类账户,进行明细分类核算。

"在途物资"账户的结构:

借方	在途物资	贷方
核算材料买价及采购费用	核算已验收入库材料的实际采购成本	
反映尚未验收入库材料的采购成本		

③"应付账款"账户

"应付账款"账户属于负债类账户,是用来核算企业因采购材料物资和接受劳务等而发生的结算债务,以及这些债务清偿情况的账户。其贷方登记应付给供应单位的款项,借方登记已实际归还的款项,贷方余额表示尚未偿还的款项。为了具体反映与各个供应单位的债务结算情况,"应付账款"账户应按供应单位名称设置明细分类账户。

"应付账款"账户的结构:

借方	应付账款	贷方
核算已偿还的款项	核算应付的款项	
	反映尚未偿还的款项	

④"应交税费——应交增值税"账户

该账户属于负债类账户,用来核算企业应交纳的增值税。增值税属于价外税,分为增值税进项税额和增值税销项税额等。其中进项税额是指纳税人购进货物或接受应税劳务所支付或负担的增值税额;而销项税额是指纳税人销售货物或提供应税劳务,按照销售额和规定的税率向买方收取的增值税额。

为了核算应交纳的增值税,企业需设置"应交税费——应交增值税"账户,该账户的借方用来登记企业在采购原材料时支付给供货方的进项税额及本月上缴的应纳税额,贷方用来登记销售产品时应向购买方收取的销项税额。余额一般在贷方,表示企业应交而尚未交纳的增值税。

"应交税费——应交增值税"账户的结构可用"T"字型账户列示如下:

借方	应交税费——应交增值税	贷方
核算增值税的进项税额 实际交纳的增值税税额	核算增值税的销项税额	
	反映应交而尚未交纳的增值税税额	

(6)原材料购进成本核算

在计算原材料购进成本时,凡是能直接归属的采购费用,应直接计入相关原材料的采购成本;几种原材料共同发生的采购费用,应采用适当的分配标准分配计入各种原材料的采购成本。不能计入采购成本的项目包括:增值税进项税额、采购人员的差旅费、入库后的仓储费。一般纳税人企业采购原材料时发生的增值税进项税额在应缴税金科目核算,可以进行抵扣;采购人员的差旅费、入库后的仓储费归到管理费用科目。

特别说明:根据企业会计岗位工作实际常用存货核算方法,本项目任务中关于原材料购进成本按实际成本核算。

企业一般采用原材料的重量或买价作为分配标准。分配采购费用时,应先计算采购费用分配率,再根据分配率计算各种材料应负担的采购费用。分配计算公式如下:

采购费用分配率=采购费用总额÷各种原材料的重量(或买价)之和
某种材料应负担的采购费用=该种原材料的重量(或买价)×采购费用分配率

比如,企业采购三种毛线,纯羊毛线 10 000 公斤、腈纶羊毛混纺线 4 000 公斤、腈纶线 6 000 公斤,它们同一时间从同一供应商采购,发生长途运费 15 000 元,装卸人工费用 2 000 元、保险费 3 000 元,共发生采购费用 20 000 元。

采购费用分配率=采购费用总额÷各种原材料的重量(或买价)之和
　　　　　　　=20 000÷(10 000 公斤+4 000 公斤+6 000 公斤)=1(元/公斤)
某种材料应负担的采购费用=该种原材料的重量(或买价)×采购费用分配率
纯羊毛线应负担的采购费用=10 000 公斤×1=10 000 元

腈纶羊毛混纺线应负担的采购费用＝4 000千克×1＝4 000元

腈纶线应负担的采购费用＝6 000千克×1＝6 000元

某种材料应负担的采购成本＝该种原材料的买价＋某种材料应负担的采购费用

[例4-2-1]假设企业是小规模纳税人,购入原材料,取得普通销售发票

漳州兴达羊毛衫厂2012年12月12日向江苏吴江三峡纺织厂采购羊毛线、兔毛线原材料,货款共30 000元,所有款项从银行电汇支付。

借:原材料　　　　　　　　　　　　　　　　　　　　　　30 000

　贷:银行存款　　　　　　　　　　　　　　　　　　　　　　　　　30 000

[例4-2-2]假设企业是小规模纳税人,购入原材料,发生可以认定的采购费用

漳州兴达羊毛衫厂2012年12月12日向江苏吴江三峡纺织厂采购羊毛线,货款共30 000元,采购兔毛线原材料,货款共50 000元,其中羊毛线支付搬运费3 000元,兔毛线支付搬运费1 000元,所有款项及搬运费从银行电汇支付。

借:原材料——羊毛线　　　　　　　　　　　　　　　　　　33 000

　原材料——兔毛线　　　　　　　　　　　　　　　　　　51 000

　贷:银行存款　　　　　　　　　　　　　　　　　　　　　　　　84 000

以上两种原材料的采购成本计算:

羊毛线原材料的采购成本包括买价30 000元加上支付的搬运费3 000元

兔毛线原材料的采购成本包括买价50 000元加上支付的搬运费1 000元

[例4-2-3]假设企业是小规模纳税人,购入原材料,发生可以认定的采购费用

漳州兴达羊毛衫厂2012年12月12日向江苏吴江三峡纺织厂采购羊毛线,货款共30 000元;采购兔毛线原材料,货款共50 000元;支付共同性长途运费2 000元、装卸费1 000元、保险费1 000元,所有款项及采购费从银行电汇支付。

以上两种原材料的采购成本假设按买价分担采购费用,计算如下:

采购费用分配率＝采购费用总额÷各种原材料的重量(或买价)之和

　　　　　　　＝(2 000＋1 000＋1 000)÷(30 000＋50 000)＝0.05

某种材料应负担的采购费用＝该种原材料的重量(或买价)×采购费用分配率

羊毛线应负担的采购费用＝30 000元×0.05＝1 500元

兔毛线应负担的采购费用＝50 000元×0.05＝2 500元

某种材料应负担的采购成本＝该种材料的买价＋某种材料应负担的采购费用

羊毛线原材料的采购成本＝30 000元＋1 500元＝31 500元

兔毛线原材料的采购成本＝50 000元＋2 500元＝52 500元

借:原材料——羊毛线　　　　　　　　　　　　　　　　　　31 500

　原材料——兔毛线　　　　　　　　　　　　　　　　　　52 500

　贷:银行存款　　　　　　　　　　　　　　　　　　　　　　　　84 000

[例4-2-4]一般纳税人购入原材料,取得增值税专用发票

漳州兴达羊毛衫厂 2012 年 12 月 15 日向江苏吴江三峡纺织厂采购羊毛线、兔毛线原材料,货款共 60 000 元,增值税 10 200 元,所有款项从银行电汇支付。

借:原材料   60 000

  应交税费——应交增值税(进项)   10 200

    贷:银行存款   70 200

一般纳税人企业采购原材料,支付采购费用核算方法同上。

[例 4-2-5]支付采购费用

漳州兴达羊毛衫厂 2012 年 12 月 20 日以现金支付采购员报销的差旅费 5 000 元、打印资料费 100 元、招待费 500 元。

借:管理费用——差旅费   5 000

  管理费用——办公费   100

  管理费用——招待费   500

    贷:库存现金   5 600

[例 4-2-6]一般纳税人购入原材料,取得增值税专用发票,部分款项暂欠

漳州兴达羊毛衫厂 2012 年 12 月 16 日向江苏吴江三峡纺织厂采购羊毛线、兔毛线原材料,货款共 20 000 元,增值税 3 400 元,从银行电汇支付 13 400 元,其余款项暂欠。

借:原材料   20 000

  应交税费——应交增值税(进项)   3 400

    贷:银行存款   13 400

      应付账款——江苏吴江三峡纺织厂   10 000

[例 4-2-7]一般纳税人购入原材料,取得增值税专用发票,赊欠所有货款

漳州兴达羊毛衫厂 2012 年 12 月 20 日向江苏吴江三峡纺织厂采购羊毛线、兔毛线原材料,货款共 40 000 元,增值税 6 800 元,因资金紧张,这笔原材料款项暂欠。

借:原材料   40 000

  应交税费——应交增值税(进项)   6 800

    贷:应付账款——江苏吴江三峡纺织厂   46 800

[例 4-2-8]一般纳税人购入原材料,开出商业汇票,6 个月后支付

漳州兴达羊毛衫厂 2012 年 12 月 26 日向江苏吴江三峡纺织厂采购兔毛线原材料,货款共 60 000 元,增值税 10 200 元,因资金紧张,开出商业汇票,承诺 6 个月后支付。

借:原材料——兔毛线   60 000

  应交税费——应交增值税(进项)   10 200

    贷:应付票据——江苏吴江三峡纺织厂   70 200

[例 4-2-9]预先支付部分或分部货款

漳州兴达羊毛衫厂 2012 年 12 月 22 日向山东合肥得明纺织厂从银行预付原材料采购款 70 000 元。

借:预付账款——山东合肥得明纺织厂   70 000

    贷:银行存款   70 000

[例4-2-10]支付前欠货款

漳州兴达羊毛衫厂2012年12月25日从银行支付前欠江苏吴江三峡纺织厂的原材料款60 000元。

借:应付账款——江苏吴江三峡纺织厂　　　　　　　　　　　60 000
　贷:银行存款　　　　　　　　　　　　　　　　　　　　　　　　　60 000

(7)委托加工材料购进成本核算

委托加工材料是指由企业委托方提供原料和主要材料,受托方按照委托方的要求加工货物并收取加工费的经济活动。

委托加工材料成本由所委托材料的发出成本和加工费、因加工发生的运输费组成。

[例4-2-11]发出委托加工材料

漳州兴达羊毛衫厂2012年12月6日发出兔毛线,委托江苏吴江立荣纺织厂加工,原材料成本共60 000元。

借:委托加工材料——兔毛线　　　　　　　　　　　　　　　60 000
　贷:原材料——兔毛线　　　　　　　　　　　　　　　　　　　　60 000

[例4-2-12]收回委托加工完成的材料

漳州兴达羊毛衫厂2012年12月26日收到本月6日委托江苏吴江立荣纺织厂加工的兔毛线,支付委托加工费6 000元,运输费用1 000元,相关费用已从银行支付。

借:原材料——兔毛线　　　　　67 000(60 000+6 000+1 000)
　贷:委托加工材料——兔毛线　　　　　　　　　　　　　　　　60 000
　　银行存款　　　　　　　　　　　　　　　　　　　　　　　　　7 000

说明:如果是单批委托加工费用,可以直接认定的,就直接归集到加工后的原材料成本;如果是一次同时多品种委托加工材料一起发生的加工费和长途运输等,可以参照原材料采购费用的分配方法进行分配。具体采用什么基数进行分配,需要会计岗位人员根据实质重于形式及重要性原则考虑后确定。

(8)商品采购成本核算

制造业主要生产产品进行销售,但有时会因为来不及完成订单任务而需要向外单位购买成品来包装,当成自己的产品出售。

[例4-2-13]购入成品,包装成自己企业自行生产的产品准备销售

漳州兴达羊毛衫厂2012年12月3日因完成合同任务时间问题,需要向上海第三毛衫厂采购其女开羊毛衫1 000件,单价50元,不含税总金额50 000元,进项税8 500元,同时包装完成,验收入库,货款全部从银行支付。

借:库存商品——女开羊毛衫　　　　　　　　　　　　　　　50 000
　应交税费——应交增值税(进项)　　　　　　　　　　　　8 500
　贷:银行存款　　　　　　　　　　　　　　　　　　　　　　　58 500

(9)接受存货投资核算

根据企业合作协议或投资协议,可能接受外单位或个人以存货方式给予的投资,比如,原材料作价投资,库存产品、劳动保护用品作价投资,因并购而存在生产车间各工序的在产品估价投资等,这时,所发生的经济业务将涉及"实收资本"、"资本公积"等科目。

[例4-2-14]接受投资单位原材料投资

漳州兴达羊毛衫厂2012年12月1日根据投资协议,接受上海第五纺织厂以原材料方式的投资羊毛线一批,总价值180 000元,到货并验收入库。

借:原材料——羊毛线   180 000

 贷:实收资本   180 000

[例4-2-15]接受投资单位商品投资

漳州兴达羊毛衫厂2012年12月3日根据投资协议,接受上海第五羊毛衫厂以库存商品方式的投资男圆领羊毛衫1 000件,单价80元,总价值80 000元,所有商品到货并验收入库。

借:库存商品——男圆领羊毛衫   80 000

 贷:实收资本   80 000

(10)存货接受捐赠核算

根据企业合作协议或协议,可能接受外单位或个人以存货方式给予的捐赠,比如,原材料捐赠、产品捐赠和劳动保护用品捐赠等。这时,所发生的经济业务将涉及"营业外收入"等科目。

[例4-2-16]接受原材料捐赠

漳州兴达羊毛衫厂2012年12月1日根据捐赠协议,接受上海第五纺织厂捐赠羊毛线一批,总价值90 000元,到货并验收入库。

借:原材料——羊毛线   90 000

 贷:营业外收入——捐赠收入   90 000

[例4-2-17]接受商品捐赠

漳州兴达羊毛衫厂2012年12月5日根据捐赠协议,接受上海第五羊毛衫厂捐赠女童羊毛衫1 000件,单价60元,总价值60 000元,所有商品到货并验收入库。

借:库存商品——女童羊毛衫   60 000

 贷:营业外收入——捐赠收入   60 000

(11)存货清查核算

企业按规定进行定期或不定期的清查盘点,发现的存货溢余或短少,按照会计账实相符的核算原则,均应及时进行会计处理,在查明原因前先调整相关账簿记录,等查明原因时再根据具体情况和有关领导的审批意见进行会计处理。这种情形所发生的经济业务将涉及"营业外收入"、"营业外支出"和"其他应收款"等科目。

[例4-2-18]存货清查,发现盘亏

漳州兴达羊毛衫厂2012年12月30日进行存货清查,发现羊毛线仓库实际数量比账上少,经计算减少的羊毛线原材料成本为 6 000 元,原因尚未查明,先根据存货会计和仓库管理签名的盘点表调整账簿记录。

借:待处理财产损溢——待处理羊毛线损失　　　　　　　　　　6 000

　　贷:原材料——羊毛线　　　　　　　　　　　　　　　　　　　　　　6 000

[例 4-2-19] 存货清查,发现盘亏,查明相关责任

漳州兴达羊毛衫厂 2013 年 1 月 3 日进行存货清查,发现羊毛线仓库实际数量比账上少,经计算减少的羊毛线原材料成本为 6 000 元,经查明,是下大雨引起仓库进水,仓库员自行扔掉了。由于企业有买财产保险,可以取得保险公司赔偿 4 000 元,其余 1 000 元应由仓库管理员杨昆承担责任,1 000 元应由企业支出,根据存货清查情况认定书及领导审批,调整账簿记录。

①清查发现问题,根据仓库员及会计员签名的盘点表先调整账上记录

借:待处理财产损溢——待处理羊毛线损失　　　　　　　　　6 000

　　贷:原材料——羊毛线　　　　　　　　　　　　　　　　　　　　　　6 000

②经批准再调账

借:其他应收款——应收××保险公司羊毛线损失赔款　　　　4 000

　　其他应收款——应收杨昆羊毛线损失赔款　　　　　　　　1 000

　　管理费用——其他　　　　　　　　　　　　　　　　　　1 000

　　贷:待处理财产损溢——待处理羊毛线损失　　　　　　　　　　　　6 000

[例 4-2-20] 存货清查,发现盘亏,收到理赔款

漳州兴达羊毛衫厂 2013 年 2 月 3 日从银行收到保险公司赔偿 4 000 元,收到仓库管理员杨昆赔偿款现金 1 000 元。

借:银行存款　　　　　　　　　　　　　　　　　　　　　　4 000

　　库存现金　　　　　　　　　　　　　　　　　　　　　　1 000

　　贷:其他应收款——应收××保险公司羊毛线损失赔款　　　　　　　4 000

　　　　其他应收款——应收杨昆羊毛线损失赔款　　　　　　　　　　　1 000

[例 4-2-21] 存货清查,发现盘盈

漳州兴达羊毛衫厂 2012 年 12 月 30 日进行存货清查,发现腈纶线仓库实际数量比账上多,经计算增加的腈纶线原材料成本为 2 000 元,原因尚未查明,先根据存货会计和仓库管理签名的盘点表调整账簿记录。

借:原材料——腈纶线　　　　　　　　　　　　　　　　　　2 000

　　贷:待处理财产损溢——待处理腈纶线盘盈　　　　　　　　　　　　2 000

[例 4-2-22] 存货清查结果处理

漳州兴达羊毛衫厂 2013 年 1 月 3 日进行存货清查,发现腈纶线仓库实际数量比账上多,经计算增加的腈纶线原材料成本为 2 000 元,原因查明,属于上个月一直下雨,毛线吸收水汽增加重量,经领导审批,冲减管理费用。

借:待处理财产损溢——待处产腈纶线盘盈　　　　　　　　　　　　　　　2 000
　贷:管理费用——其他　　　　　　　　　　　　　　　　　　　　　　　　　　2 000

　　存货采购成本核算在会计核算中占有十分重要地位,存货日常管理及定期或不定期清查十分重要。许多私营企业老板没有设审计科或审计部,有些会计人员没有按规定进行原材料及产成品的盘点,他们的盘点方式是将会计的明细账和仓库的明细账进行核对,这样等于没有盘点。这种为省力气的所谓"盘点"不能发现东西是否少了,账实相等更不知道。所以,存货清查应该引起重视。

◎ 励志小故事

永远的坐票

　　有个人经常出差,因为时常是临时决定的派遣,时间紧,他经常买不到有座位的车票。

　　可是无论长途短途,无论车上多挤,他总能找到座位。

　　他的办法其实很简单,就是每次一上车,就耐心地一节车厢一节车厢找过去。这个办法听上去似乎并不高明,但却很管用。每次,他都做好了从第一节车厢走到最后一节车厢的准备,可是每次他都用不着走到最后那节车厢就会找到空位。他说这是因为像他这样锲而不舍找座位的乘客实在不多。经常是在他落座的车厢里尚余若干座位,而在其他车厢的过道和车厢接头处居然人满为患。

　　他说,大多数乘客轻易就被一两节车厢拥挤的表面现象迷惑了,不大细想在数十次停靠之中,从火车十几个车门上上下下的流动中蕴藏着不少提供座位的机遇;即使想到了,他们也没有那一份寻找的耐心。眼前一方小小立足之地很容易让大多数人满足,为了一两个座位背负着行囊挤来挤去有些人也觉得不值。他们还担心万一找不到座位,回头连个好好站着的地方也没有了。

　　温馨提示:

　　就像生活中那些安于现状、不思进取、害怕失败的人,永远只能滞留在没有成功的起点上一样,那些不愿主动找座位的乘客大多只能在上车时最初的落脚之处一直站到下车。如果您只接受最好的,您经常会得到更好的。自信、执着、富有远见、勤于实践,会让您握有一张人生之旅永远的坐票。

◎ 参考资料推荐

　　周云:《采购成本控制与供应商管理》,机械工业出版社,2009

　　刘宝红:《采购与供应链管理:一个实践者的角度》,机械工业出版社,2012

◎ 网中网软件训练

　　请熟悉厦门网中网软件有限公司"会计分岗位核算"模块——存货核算岗位实训任务2.1

存货会计岗位实训1 存货取
得核算（实际成本法）

实训

模拟学生实训
下载 打印

存货会计岗位实训3 存货取
得核算（计划成本法）

实训

模拟学生实训
下载 打印

◎ **课后自我提高再训练**

请完成实训岗位任务 4.2

项目任务三　存货发出成本核算

困难要靠自己克服，障碍要靠自己冲破，在我的字典里是没有"难"字的。

——（法国）拿破仑

📄 **任务背景**

　　如果您所在的企业是个服装企业，当企业要为订单安排生产时，需要根据生产计划来领用原材料，可是原材料多次购入的价格不一，到底要采用哪个批次的单价作为本次领用的单位成本呢？当企业实现销售时，其库存商品的存货成本又将如何核算？这些将影响企业的当月利润，进而影响企业当月应交的企业所得税。

📄 **素质目标**

❶忠诚守信，热爱企业

❷爱岗敬业、实事求是的工作作风

❸一丝不苟、耐心细致的工作态度

❹良好的团队合作能力

❺良好的执行力

能力目标

❶能够正确认识采购与供应过程
❷能够正确认识存货成本构成
❸能够对采购成本明细项目进行正确归类
❹能够按规定存货采购成本进行正确核算

知识目标

❶熟悉采购与供应过程的特点
❷熟悉存货成本构成专业知识
❸熟悉采购成本明细项目分类知识
❹掌握存货采购成本核算方法专业知识

3.1 任务描述

(1)上各大银行网站了解制造业采购与供应过程、存货成本构成、存货采购成本核算相关知识

(2)撰写一份关于存货采购相关知识的介绍

(3)实训课内完成厦门网中网软件有限公司的实训任务

(4)实训课内或课外完成本教材项目任务

(5)撰写本次任务的实训小结

3.2 工作成果要求

在本学习与工作任务中,您与您的小组应该完成以下工作:

(1)根据任务书要求,完成一份与存货采购相关知识的介绍,字数在 500～1 000 字之间,并按要求时间及途径上交任务成果

(2)实训课内按操作规范在规定时间内完成厦门网中网软件有限公司《分岗位实训》存货相关实训任务

(3)完成本次任务的成果报告,对本项目任务实施过程及结果进行自我评价和思考,字数在 300～800 字之间

3.3 实施建议

(1)认真阅读本教材中关于存货发出成本相关专业知识

(2)上网或到图书馆查找关于存货发出成本相关知识

(3)上网或到图书馆查找关于存货发出成本的会计制度及规定

(4)利用课余时间到就近企业了解存货发出成本核算方法

（5）通过对相关网站中关于制造业采购与供应过程、存货成本构成、存货采购成本核算相关知识的调查，收集相关知识，为更好完成存货采购成本核算打好基础

（6）请保持诚实守信的会计职业道德，所有任务敬请自主完成，可以参考资料，可以向同学请教，同学间可以进行讨论，互相学习，取长补短

3.4 学习专业知识

（1）存货发出成本的种类

企业的存货作为一项重要的流动资产，它的管理利用如何，直接关系到企业的资金占用水平以及资产运作效率。因而存货计价方法的选择问题对企业的生存与发展至关重要，选择不同的存货计价方法将会产生不同的报告利润和存货估价，从而最终影响企业的经济效益。然而，不少企业由于对这个问题认识不全面，对企业存货计价方法做了不切合企业实际的选择，从而对企业的存货管理、财务状况和经营成果造成不利影响。对于性质和用途相似的存货，应当采用相同的成本计算方法确定发出存货的成本。总之，在进货价格呈上升趋势时，企业计算的销售利润由低到高依次是：加权平均法、移动平均法、先进先出法。物价呈下降趋势时，最佳方案是采用先进先出法，如电子产品，由于产品更新换代快，价格逐渐下降，选择先进先出法对企业有利。

（2）选择存货计价方法的标准

存货计价方法的不同是由于存货成本流转与实物流转不一致和同质的存货实际取得的成本不同而产生的。存货流转包括实物流转和成本流转两方面。在通常情况下，外购存货或自制存货与出售商品的成本流转是不一致的，因此产生了存货成本在库存与销售之间的分配问题。为了恰当反映存货流转，在确定存货计价的方法时，要坚持以下标准：①以历史成本为基础；②坚持客观性原则，如实反映销售成本与期末存货价值；③坚持谨慎性原则，保证企业所有者和潜在投资者在作出决策时，尽可能规避风险，使风险收益最大化。同时，存货计价方法的选择还受客观经济环境的影响，在选择存货计价方法时必须综合考虑，统筹安排，科学决策。

（3）发出存货成本的计量方法

企业可以采用个别计价法、先进先出法、月末一次加权平均法和移动加权平均法等确定原材料发出成本和库存商品销售的实际成本。

①存货发出成本"个别计价法"

个别计价法，又称个别认定法、具体辨认法、分批实际法。采用这种方法是指按各种存货，逐一辨认清各批发出存货和期末存货所属的购进批别或生产批别，分别以入库时确定的单位成本作为计算确定各批发出存货和期末库存存货的实际成本的一种方法。

对于不能替代使用的存货、为特定项目专门购入或制造的存货以及提供的劳务，通常采用个别计价法确定发出存货的成本。采用这种发出成本核算方法也可能造成人为地调整当期利润。

②存货发出成本"先进先出法"

先进先出法是假设先收到的货物先发出,并据此对发出存货和期末存货计价的一种方法。在每次发出存货时都是假定发出的是库存最久的存货,期末存货则是最近入库的存货。

采用这种方法,企业期末存货成本接近于市价,在物价上涨的背景下,采用这种方法发出成本将比市场现价低,造成高估企业当期利润和库存存货价值。

在物价持续上涨情况下,采用先进先出法使存货发生成本降至最低,从而使账面利润虚增,导致资本分派过度,对企业的长期经营不利。经营活动受存货形态影响较大或存货容易腐烂变质的企业,一般采用此法。但因商品的售价是按市价计算,因而收入较多,销售收入和销售成本不符合配比原则,以此计算出来的利润就偏高,形成虚增利润,实质为"存货利润"。因为虚增了利润,就会加重企业所得税负担,以及增加了向投资人的分红,从而导致企业现金流出量增加。但是从筹资角度来看,较多的利润、较高的存货价值、较高的流动比率意味着企业财务状况良好,这有利于博取社会公众对企业的信任,增强投资人的投资信心,而且利润的大小往往是评价一个企业负责人业绩的重要标尺。不少企业按利润水平的高低来评价企业管理人员的业绩,并根据评价结果来奖励管理人员。此时,管理人员往往乐于采用先进先出法,因为,这样做可以高估任职期间的利润水平,从而多得眼前利益。

③存货发出成本"加权平均法"

加权平均法又称"综合加权平均法"、"全月一次加权平均法",是指以期初结存存货数量和本期收入存货数量之和为权数,来确定本月发出存货的加权平均单价,并据以计算存货的发出成本和期末结存成本的一种方法。计算公式如下:

存货单位成本＝全月收入存货总成本/全月收入存货总数量

本月发出存货成本＝本月发出存货数量×存货单位成本

本月结存存货成本＝本月结存存货数量×存货单位成本

④存货发出成本"移动加权平均法"

移动加权平均法,是指在每次收入存货后,立即根据库存存货的数量和总成本,计算出新的平均单位成本,并作为下一次发出存货的单价的一种方法。计算公式如下:

$$存货单位成本＝\frac{原有库存存货的实际成本＋本次进货的实际成本}{原有库存存货数量＋本次进货数量}$$

本次发出存货的成本＝本次发出存货数量×本次发货前存货的单位成本

本月月末库存存货成本＝月末库存存货的数量×本月月末存货单位成本

(4)企业存货发出成本计价方法比较

企业存货计价方法各有利弊,企业应根据其自身的生产经营特点选用,企业存货计价方法一经采用,一个会计年度内不得改变,若需要更换计价方法,要等次年方可变更。

表 4-6 企业存货发出成本计价方法比较分析表

序号	存货计价方法	适用范围	优缺点
1	个别计价法	此法适用珠宝、名画等贵重物品的发出成本计算	优点:采用个别计价法计算发出存货的成本和期末存货的成本比较合理、准确。缺点:实务操作的工作量繁重,困难较大。适用于容易识别、存货品种数量不多、单位成本较高的存货计价
2	先进先出法	此法适用经营活动受存货形态影响较大或存货容易腐烂变质的企业	在物价持续上涨情况下,采用先进先出法使存货发生成本降至最低,从而使账面利润虚增,导致资本分派过度,对企业的长期经营不利
3	加权平均法	这种方法适用于前后进价相差幅度不大且月末定期计算和结转销售成本的商品及原材料发出	优点:只在月末一次计算加权平均单价,比较简单,而且在市场价格上涨或下跌时所计算出来的单位成本平均化,对存货成本的分摊较为折中。缺点:不利于核算的及时性;在物价变动幅度较大的情况下,按加权平均单价计算的期末存货价值与现行成本有较大的差异,平时无法从账上提供发出和结存存货的单价及金额,不利于加强对存货的管理
4	移动加权平均法	对于储存在同一地点性能相同的大量存货,一般采用加权平均法或移动平均法	移动平均法的优点在于能使管理人员及时了解存货的结存情况,并且每次购入存货的单位成本和购入前库存存货的单位成本对发出存货成本的影响,分别与购入数量加购入前库存数量的多少成正比,因而成本计算较为客观可信,但与市价仍有一定差距,而且频繁地计算移动单位平均成本,使存货核算相当烦琐

(5)原材料发出成本核算流程

企业在正常生产经营过程中,领料的工作每天都会发生,有时候每天会发生多笔业务。因为所涉及业务的单据数量较多,所以,需要按核算的便利,每天或每周或每旬汇总一次,并及时将发出单据从仓库管理员手上移交到财务部的存货会计手中,以保证会计核算的及时性。原材料发出成本工作核算流程大致如下:

①生产部门根据生产计划提出领料申请,填写领料审批单

②原材料仓库管理员根据领料审批单,填写领料单(发料单、出库单)

③仓库管理员整理相关原材料数量交付领料人

④仓库管理员、领料人在"领料单"上签名

⑤仓库管理员按月(或按旬)将"领料单"汇总后交给财务部存货会计

⑥财务部存货会计接收并审核仓库管理员交来的"领料单",填写"领料单移交表"

⑦财务部存货会计、仓库管理员在"领料单移交表"上签名

⑧财务部存货会计根据"领料汇总表"编制会计分录

⑨财务部存货会计根据"领料汇总表"编制的会计分录登记相关明细账

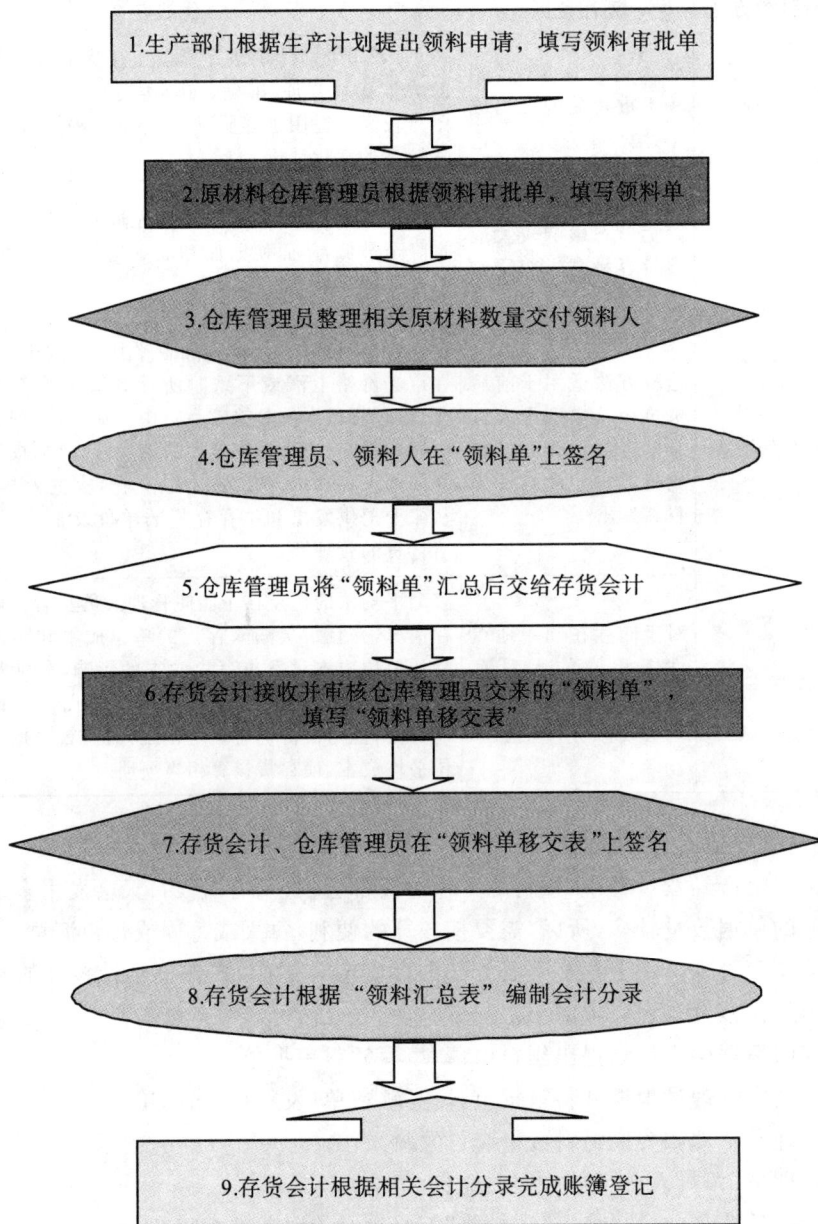

1.生产部门根据生产计划提出领料申请，填写领料审批单

2.原材料仓库管理员根据领料审批单，填写领料单

3.仓库管理员整理相关原材料数量交付领料人

4.仓库管理员、领料人在"领料单"上签名

5.仓库管理员将"领料单"汇总后交给存货会计

6.存货会计接收并审核仓库管理员交来的"领料单"，填写"领料单移交表"

7.存货会计、仓库管理员在"领料单移交表"上签名

8.存货会计根据"领料汇总表"编制会计分录

9.存货会计根据相关会计分录完成账簿登记

图4-3 原材料发出成本核算流程图

(6)认识存货发出成本单据

①原材料领料申请单参考格式

领 料 申 请 单

领料部门：					领料日期：	
序号	物料名称	规格/型号	单位	申请领取数量	拟生产产品	生产计划单号
1						
2						
3						
4						
5						
6						
7						
8						
9						
10						
车间主任审核：				车间统计（或班组）：		
仓库管理部门经理审核：						

图 4-4　原材料领料申请单参考格式（一）

②原材料领料单参考格式

领 料 单

单据编码：NO：120011

领料部门：			领料日期：			
序号	物料名称	规格/型号	单位	实发数量	单位成本	金额
1						
2						
3						
4						
5						
6						
7						
8						
9						
10						
领料：		审核：			仓库管理员：	

图 4-5　原材料领料申请单参考格式（二）

③领料单汇总表参考格式

领料凭证汇总表

年   月   单位: 元

金额\部门 材料名称	基本生产车间		辅助生产车间		管理部门		合 计
	产品用	一般耗用	修理车间	运输车间			
A材料							
B材料							
C材料							
D材料							
E材料							
F材料							
合　计							

图 4-6　原材料领料申请单参考格式（三）

④领料单移交表参考格式

领 料 移 交 表

领料单填写日期：20　年　　月　　日至　　日			
序号	领料单编号	领料单张数	备注
1			
2			
3			
4			
5			
仓库管理员：		存货会计：	

领料单移交日期：20　　年　月　日

图 4-7　领料单移交表参考格式

⑤销售产品出库通知单参考格式

销售产品出库通知单

销售部门：							
拟销售客户名称：					拟销售客户编码：		
序号	产成品名称	规格	型号	单位	数量	单位成本	金额
1							
2							
3							
4							
5							
6							
7							
8							
9							
10							
销售业务员：		销售部经理审核：			存货会计审核：		
		填写日期：20　　年　　月　　日					

图 4-8　销售产品出库通知单参考格式

⑥销售产品发出单参考格式

销售产品发出单

单据编码：NO：121212

客户名称：					客户编码：		
序号	产成品名称	规格	型号	单位	数量	销售单价	金额
1							
2							
3							
4							
5							
6							
7							
接收客户签章：		存货会计审核：			仓库管理员：		
		填写日期：20　　年　　月　　日					

图 4-9　销售产品发出单参考格式

⑦销售产品发出汇总表参考格式

销售产品发出汇总表

客户单位名称：　　　　　　　　　　　　　　客户编码：

单位：元

序号	发出单据编号	产成品名称	规格	型号	数量	单价	金额
1							
2							
3							
4							
5							
6							
合计							

存货会计：　　　　　　　　　　　　　　仓库管理员：

　　　　　　　　　　　　　　　　　　填写日期：20　　年　　月　　日

图 4-10　销售产品发出汇总表参考格式

(7)原材料发出成本核算

原材料数量金额式明细账

品名：羊毛线　　规格：　　　　存放地点：　　　　计量单位：公斤

单位：元

2012年		凭证号	摘要	收 入			发 出			结 存		
月	日			数量	单位	金额	数量	单价	金额	数量	单价	金额
12	3	1	购入	1000	50	50000						
	5	3	购入	500	60	30000						
	6	4	发出				1200					
	10	5	购入	800	40	32000						
	11	9	购入	2000	50	100000						
	15	10	购入	3000	60	180000						
	16	18	发出				800					
	20	25	购入	700	65	45500						
	22	40	发出				1200					
	25	50	购入	1000	66	66000	800					
合计				9000	55.94	503500	4000					

图 4-11　原材料明细账格式

前面我们学习过原材料发出成本计算方法,现在,我们来做个练习吧。

①原材料发出成本采用"月末一次加权平均法"计算

发出羊毛线单位成本＝全月购入羊毛线总成本/全月购入羊毛线总数量

＝503 500/9 000＝55.94(元/公斤)

本月发出羊毛线成本＝本月发出羊毛线的数量×羊毛线单位成本

＝4 000×55.94＝223 777.78(元)

本月结存羊毛线成本＝本月结存羊毛线的数量×羊毛线单位成本

＝(本月总收入羊毛线数量－本月总发出羊毛线数量)×羊毛线单位成本

＝(9 000－4 000)×55.94＝279 722.22(元)

根据以上对本月发出羊毛线成本计算结果,编制会计分录如下:

借:生产成本——原材料 223 777.78

贷:原材料——羊毛线 223 777.78

对羊毛线进行明细账记录如下:

原材料数量金额式明细账

品名:羊毛线　规格:　　存放地点:　　计量单位:公斤

单位:元

2012年		凭证号	摘要	收　入			发　出			结　存		
月	日			数量	单位	金额	数量	单价	金额	数量	单价	金额
12	3	1	购入	1000	50	50000				1000		
	5	3	购入	500	60	30000				1500		
	6	4	发出				1200	55.94	67133.33	300		
	10	5	购入	800	40	32000				1100		
	11	9	购入	2000	50	100000				3100		
	15	10	购入	3000	60	180000				6100		
	16	18	发出				800	55.94	44755.56	5300		
	20	25	购入	700	65	45500				6000		
	22	40	发出				1200	55.94	67133.33	4800		
	25	50	购入	1000	66	66000	800	55.94	44755.56	5000		
合计				9000	55.94	503500	4000	55.94	223777.78	5000	55.94	279722.22

图4-12　原材料明细账

②原材料发出成本采用"先进先出法"计算

我们还是以上述例子来做计算。

采用"先进先出法"计算羊毛线发出成本

2012 年 12 月 6 日发出羊毛线 1 200 公斤。

2012 年 12 月 3 日购入羊毛线 1 000 公斤，单价 50 元；

2012 年 12 月 5 日购入羊毛线 500 公斤，单价 60 元；

2012 年 12 月 6 日发出羊毛线单位成本＝1 000 公斤×50 元＋200 公斤×60 元

＝50 000 元＋12 000 元＝62 000 元

让我们再做一次计算：

2012 年 12 月 16 日发出羊毛线 800 公斤。

2012 年 12 月 3 日购入羊毛线 1 000 公斤，单价 50 元，全部被领用了。

2012 年 12 月 5 日购入羊毛线 500 公斤，单价 60 元，在 12 月 6 日被领用了 200 公斤，还有 300 公斤，单价 60 元；2012 年 12 月 10 日购入羊毛线 800 公斤，单价 40 元。

2012 年 12 月 16 日发出羊毛线单位成本＝300 公斤×60 元＋500 公斤×40 元

＝18 000 元＋20 000 元＝38 000 元

进行羊毛线明细账记录如下：

原材料数量金额式明细账

品名：羊毛线　　规格：　　存放地点：　　计量单位：公斤

单位：元

2012年		凭证号	摘要	收 入			发 出			结 存		
月	日			数量	单位	金额	数量	单价	金额	数量	单价	金额
12	3	1	购入	1000	50	50000				1000		
	5	3	购入	500	60	30000				1500	53.33	80000
	6	4	发出				1200	51.67	62000	300	60.00	18000
	10	5	购入	800	40	32000				1100		50000
	11	9	购入	2000	50	100000				3100		150000
	15	10	购入	3000	60	180000				6100		330000
	16	18	发出				800	47.5	38000	5300		292000
	20	25	购入	700	65	45500				6000		337500
	22	40	发出				1200	47.5	57000	4800		280500
	25	50	购入	1000	66	66000	800	50	40000	5000		306500
合计				9000	55.94	503500	4000	49.25	197000	5000	49.25	306500

采用"先进先出法"计算羊毛线发出成本计算出的月末结存数

图 4-13　原材料明细账

③计算商品发出成本

　　企业销售完工产品的发出成本计算方法与原材料发出计算方法一样,可以采用个别计价法、先进先出法、月末一次加权平均法和移动加权平均法等确定库存商品销售成本。

　　根据当月发出商品成本计算结果,编制会计分录如下:

借:主营业务成本——儿童圆领羊毛衫

　贷:库存商品——儿童圆领羊毛衫

　　存货发出成本的核算直接影响销售成本,从而反方向影响利润。因此,根据企业长远利益考量,选择适合企业发展规划的存货发出成本核算方法十分重要。在原材料成本价格上涨或下降的背景下,如何选用存货发出成本计算方法显得尤为重要。

◎ 励志小故事

飞翔的蜘蛛

　　一天清晨,我发现一只黑蜘蛛在后院的两檐之间结了一张很大的网。两檐之间的距离有10米,难道蜘蛛会飞? 要不,从这个檐头到那个檐头,第一根线是怎么拉过去的? 经过几天的观察,我发现蜘蛛走了许多弯路:它从一个檐头起,打结,顺墙而下,一步一步向前爬,小心翼翼,不让蛛丝粘到地面的沙石或别的物体,走过空地,再爬上对面的檐头,看到高度差不多了,再把丝收紧,这样一直反复,直到结成一个大网。

　　温馨提示:信念是一种坚不可摧的力量,当您坚信自己能成功时,您必能成功。蜘蛛不会飞翔,但却它能够把网织结在半空中。它是勤奋、敏感、沉默而坚韧的昆虫,它的网制得精巧而规矩,八卦形地张开,似乎有图纸来规划,仿佛得到神助。这样的成绩,使人不由得想起那些在职场默默努力工作的人和那些深藏不露的智者。奇迹是执着者创造的。

◎ 参考资料推荐

　　徐来明、吴雯雯:《成本会计》,北京大学出版社,2011

◎ 网中网软件训练

　　请熟悉厦门网中网软件有限公司"会计分岗位核算"模块——存货核算岗位实训任务2.1、2.2

◎ 课后自我提高再训练

　　请完成实训岗位任务4.3

存货会计岗位实训2 存货发
出核算（实际成本法）

实训

模拟学生实训
下载 打印

存货会计岗位实训4 存货发
出核算（计划成本法）

实训

模拟学生实训
下载 打印

存货会计岗位实训6 存货的
清查核算

实训

模拟学生实训
下载 打印

存货会计岗位实训7 存货的
期末计量与核算

实训

模拟学生实训
下载 打印

岗位任务五

期间费用核算会计岗位工作任务

如果不想在世界上虚度一生，那就要学习一辈子。

——高尔基

📋 会计行话："坐支"

这里所说的会计行话"坐支"并不是指一个老板坐着开支，而是指企业将自己收到的业务收入现金直接用于支付业务支出。比如，今天，出纳员收到了客户交来的现金 9 000 元，支付本公司的货款；因为公司离银行比较远，销售部经理来报销差旅费 9 000 元，出纳员又把这些现金直接支付给销售部经理，没有把钱存入银行，也没有做现金的账务处理。也可能有这样一种情形，出纳从刚收到的 9 000 元中支付这笔款，销售部经理来报销差旅费 5 000 元，出纳员将扣除了 5 000 元的差旅费后所剩的 4 000 元作为货款收入记账，这也是坐支的一种。根据会计制度规定，企业应如实反映经济业务的来龙去脉，不得有坐支行为。因为这样容易造成内部控制上的漏洞。

在介绍本岗位工作与学习任务之前，让我们先来了解期间费用核算会计岗位工作职责。

表 5-1　期间费用核算会计岗位工作描述

职业岗位工作	期间费用核算会计岗位
典型岗位称谓	期间费用核算会计(助理会计)
所属部门	财务部(科、处、室)
常关联部门	采购部、销售部、生产车间
直属上级	财务主管
常关联人员	采购部业务员、销售部业务员、车间统计员、出纳员
岗位概述	负责根据单位相关规定,对本企业的所有费用进行分类、归集、正确核算、分析和报告
岗位职责	1.根据有关规定会同有关部门及领导制定企业内部费用管理制度 2.根据有关规定会同有关部门及领导拟订费用开支细则 3.负责会同有关部门及领导制订费用计划 4.负责费用开支审核 5.负责核算期间费用,登记期间费用明细账 6.负责编制期间费用计划,编制开支分析表 7.熟悉本单位的经营和业务管理情况,运用掌握的会计信息和会计方法,为改善费用预算与管理、为降低费用、提高经济效益提出意见建议 8.办理领导交办的其他事务
岗位职业素养要求	1.遵守职业道德,忠于职守,廉洁奉公,热爱本职工作,努力钻研业务,树立良好的职业品质、严谨的工作作风,严守工作纪律,保守本单位的商业秘密,努力提高工作效率和工作质量 2.熟悉财经法律、法规、规章和国家统一会计制度,并结合会计工作进行广泛宣传 3.按照会计法律、法规和国家统一会计制度规定的程序和要求进行会计工作,保证所提供的会计信息合法、真实、准确、及时、完整 4.正确运用自己所掌握的知识和技能适应所从事工作的要求 5.具有良好的社交能力和沟通能力、团队合作能力 6.具有良好的服务意识和严谨的工作态度
岗位知识要求	1.熟悉会计基础知识、会计基础工作规范 2.熟悉期间费用分类及核算相关知识 3.熟悉期间费用开支审批程序及支出前审核专业知识 4.熟悉企业营业税及附加费有关规定
岗位技能要求	1.熟练运用数码字书写规范进行会计核算 2.熟练操作计算机、办公软件、财务软件 3.能够制定期间费用预算 4.能够配合有关部门制定期间费用开支管理办法 5.能够进行原始凭证审核 6.能够进行期间费用账簿登记 7.能够编制期间费用计划并进行实际开支分析

　　期间费用核算会计岗位负责公司管理费用、销售费用和财务费用的核算,编制出与客观实际发生的经济业务相符的会计凭证,进行合理的账务处理,并登记相关明细账,编制费用报表,根据费用实际开支明细账与上一年度同期费用进行分析,并把分析情况及时反馈给管理决策层。

　　为对接岗位期间费用核算会计岗位工作,在本项目任务设计中安排了以下任务,需要学生通过自我训练达到培养相关岗位能力的目的,以便尽快融入岗位,很好地胜任岗位工作,为企业管理者提供优质的会计信息。

　　需要特别说明的是,营业税金及附加并不在期间费用范畴。因为要与厦门网中网相关软件知识对接,所以,在这里作为项目任务来学习。

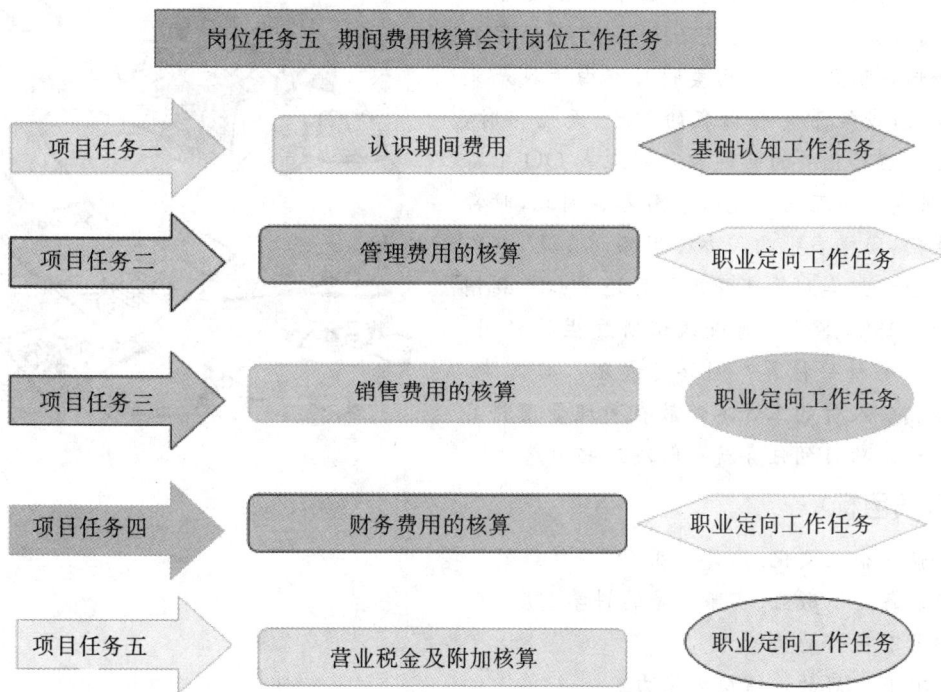

图 5-1　期间费用核算岗位任务一览表

项目任务一　认识期间费用

人的一生可能燃烧也可能腐朽,我不能腐朽,我愿意燃烧起来!

——奥斯特洛夫斯基

任务背景

所有企业在正常经营过程中都会发生一些费用,可是,这些费用是否与生产经营有关联? 如何归集到相关费用类科目? 由于我是义工的缘故,我经常会告诉我的学生,无论何时,有与会计核算相关的问题都可以在我QQ中留言,如果我会处理的一定给予解答。因此,时常有学生问:同样多张购买办公用品的发票,它们到底是应该归集到管理费用科目还是归集到销售费用科目? 公司注册或认证所发生的费用,要放在哪个科目核算? 同样是管理人员工资,为什么销售人员的工资不能放在管理费用科目核算……本项目的任务就是解决这些困惑。

素质目标

① 认同企业文化,热爱企业
② 具备爱岗敬业、实事求是的科学态度
③ 具有良好的执行力
④ 具有良好的沟通协调能力
⑤ 具有一丝不苟、耐心细致的工作作风

能力目标

① 能够正确解读广义的费用内涵
② 能够正确对各种期间费用进行分类
③ 能够正确分析相关经济业务所归集的期间费用科目

知识目标

① 熟悉广义的费用内涵

❷掌握各种期间费用分类方法与原理
❸掌握归集期间费用的方法与原理

1.1 任务描述

(1)上网或到图书馆查找资料,了解制造业企业的费用开支种类
(2)对所提供的经济业务进行认真分析,并完成其在各项费用类科目中的归集

1.2 工作成果要求

在本学习与工作任务中,您需要完成以下工作:
(1)完成管理费用经济业务的认定,并将正确答案填写到表格中
(2)完成本教材所提供的期间费用相关经济业务的会计核算,填写记账凭证
(3)按规定时间完成任务并与其他同学互相审核修改完善

1.3 实施建议

(1)认真阅读本教材中关于期间费用的专业知识
(2)上网或到图书馆查找关于制造业企业期间费用的更多介绍
(3)对收集的资料进行分类、分析,与同学讨论交流,得到更加清晰的认识
(4)对制造业企业期间费用的分类意义进行思考

1.4 学习专业知识

期间费用是广义成本中的一个重要要素,是一项广义的费用,它由以下几部分组成。

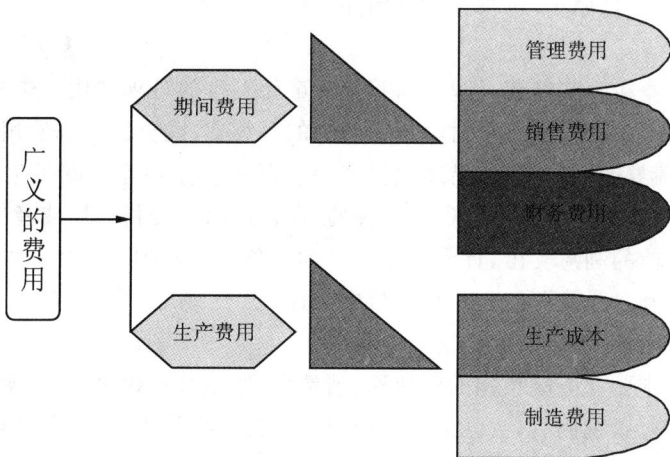

图 5-2　期间费用结构图

（1）认识期间费用

期间费用是指不能直接归属于某个特定产品成本的费用。它随着时间推移而发生，与当期产品的管理、服务和产品销售直接相关，而与产品的产量、产品的制造过程无直接关系。此项开支不能直接认定所应归属的产品，因而不能列入产品制造成本，得另外归集，单独核算，根据权责发生制原则，在受益当期从损益中直接扣除。

（2）期间费用的种类

期间费用包括管理费用、销售费用、财务费用、营业税金及附加。

①管理费用

管理费用是指企业行政管理部门为组织和管理生产经营活动而发生的各项费用。管理费用属于期间费用，在发生的当期就计入当期的损益，当然，如果是跨期费用，则应根据权责发生制原则进行分摊，以便达到收入与支出的配比。管理费用核算内容主要包括：管理人员工资及福利费、为管理人员支付的五险一金、差旅费、办公费、电话费、网络费、董事会会费、折旧费、修理费、物料消耗、低值易耗品摊销、工会经费、职工教育经费、业务招待费、税金、技术转让费、无形资产摊销、咨询费、诉讼费、开办费摊销、公司经费、上缴上级管理费、劳动保险费、待业保险费，以及其他管理费用等。

②销售费用

销售费用是指企业在销售产品、自制半成品和提供劳务等过程中发生的费用，包括由企业负担的包装费、运输费、广告费、装卸费、保险费、委托代销手续费、展览费、租赁费（不含融资租赁费）和销售服务费、销售部门人员工资、职工福利费、差旅费、办公费、折旧费、修理费、物料消耗、低值易耗品摊销以及其他经费等。设有独立销售机构（如门市部、经销部）的企业，其独立销售机构所发生的一切费用均列入销售费用；未设立独立销售机构且销售费用很少的工业企业，按会计核算的重要性原则，可将销售费用并入管理费用。

③财务费用

财务费用指企业在生产经营过程中为筹集资金而发生的各项费用。包括企业生产经营期间发生的利息支出、汇兑净损失、支付给金融机构的手续费、购支票凭证费用，以及筹资发生的其他财务费用，如债券印刷费、国外借款担保费等。但在企业筹建期间发生的利息支出，应计入开办费；与购建固定资产或者无形资产有关的，在资产尚未交付使用或者虽已交付使用但尚未办理竣工决算之前的利息支出，计入购建资产的价值；清算期间发生的利息支出，计入清算损益。企业的存款利息收入可以在这个科目中减掉。

④营业税金及附加

反映企业经营主要业务应负担的营业税、消费税、城市维护建设税、资源税、土地增值税和教育费附加等。实行新税制后，会计上规定应交增值税不再计入"主营业务税金及附加"项，无论是一般纳税企业还是小规模纳税企业均应在"应交增值税明细表"中单独反映。

（3）降低期间费用的意义

在优胜劣汰的当今社会,每个企业都想提高自身在市场上的竞争力。企业在市场中占据一定的地位,才能适应社会经济发展的需要。所以企业老板们想方设法,努力提高企业经济效益,不被社会淘汰。但有些企业收入虽然有所提高,成本费用降低不了,一些企业内部的财务管理制度不健全,责任分工不明确,导致利润仍然不见增长。因此,降低费用具有十分重要的意义。

①降低期间费用可以体现企业的财务管理水平

期间费用的节约,可以增加盈利,提升企业竞争力,加快企业的发展步伐。

②降低期间费用,是提高利润率的重要指标

节约期间费用,可以用较少的人力和物力支出创造出较多的产品,提升企业经济效益。

③降低期间费用是降低产品价格的重要条件

期间费用总额绝对值的降低,可以节约成本,而成本是制定价格的重要依据,要想不断降低价格而不亏本,就应不断降低成本,为降价提供更大的空间。

(4)降低期间费用的方法

管理费用是期间费用的重要组成部分,要降低管理费用,首先应完善内部制度,控制"投入"与"产出",根据本行业及主要竞争对手的销售费用比例、本企业的竞争实力和营销策略合理确定本企业管理费用开支比例,规范预算,建立预算审批制度,强化监督机制,明确报销流程规范开支细则,杜绝业务费用使用时的随意性,努力降低成本费用开支。

销售费用是在产品营销方面十分重要的支出,占期间费用的支出比重较大。如何寻找优质广告推广方式、合理签约代言人、选择适合的媒介推销产品等都是营销学的关键。节约销售费用有巨大的空间,需要靠企业和相关员工发挥聪明才智去探索。

财务费用主要来源于筹集资金过程中发生的各种利息和手续费,所以要想降低企业的财务费用,可以通过对银行业务收费制度的分析对比,选择服务优质且在手续费上有优惠的银行作为合作伙伴,节约财务费用支出。在向银行贷款的过程中,也可以考虑灵活采用长贷和短贷相结合的融资方式,减少筹资费用。

◎ 励志小故事

选对人生的舞台

有些科学家连音阶都抓不准,有些画家连一封信都写不好,可是他们把自己放在对的位置,所以成就非凡。斯蒂芬·斯皮尔伯格就是个例子。他的高中成绩非常差,所以没有任何电影科系准许他入学。后来,他走进电影工作室,认真学到了他所需的技能。今天,他制作了许多评价极高的影片,成为家喻户晓的大导演。毕加索刚出道时原本想当诗人,结果他的诗被极具鉴识能力的丝泰茵夫人评为一文不值,他只好放弃最初的打算,转向发展绘画,因此世界上才有了这么一位了不起的大画家。

温馨提示:其实,所有的人和事物原本都是美好的,只是所处的地方适不适合而已。如美味的汤汁滴到衬衫上即变"肮脏";原本含在口中的食物,只要吐出来就变得恶心,把它吞下去反而有营养。世界上没有任何一个人或物是没用或卑贱的,只要放对了地方,都会成为可造之材。我们应该珍惜学校与社会资源,趁着年轻,主动学习,以积极的态度寻找到最适合自己的人生舞台,展现自己的最明亮的一面。

◎ 参考资料推荐

财政部:《小企业会计准则》,财会〔2011〕17 号

于天鹏:《降低成本的 34 个细节》,中国纺织出版社,2008

◎ 网中网软件训练

请完成厦门网中网软件有限公司"会计分岗位核算"模块——费用会计岗位实训出题思路

费用会计岗位职责介绍及实务操作

费用岗位常用单证介绍及演示

课件

课件

模拟学生实训

下载 打印

模拟学生实训

下载 打印

◎ 课后自我提高再训练

请完成实训岗位任务 5.1

项目任务二　管理费用的核算

天生我才必有用。

——李白

任务背景

在企业日常管理中,经常会发生一些费用支出,它们不能够被直接认定应由哪个产品来承担,这些费用发生的金额又不是特别大,比如,快递文件资料的费用、总经理办公室用的办公

用品、管理机构以及管理人员所在办公室的水电费、电话费等等。这些项目费用根据重要性原则，按规定归集到"管理费用"账户进行核算。如何设置明细科目,如何进行归集和数据收集呢? 本项目任务就是要解决这些困惑。

素质目标

① 认同企业文化,热爱企业
② 具备爱岗敬业、实事求是的科学态度
③ 具有良好的执行力
④ 具有良好的沟通协调能力
⑤ 具有一丝不苟、耐心细致的工作作风

能力目标

① 能够正确对管理费用进行分类
② 能够正确对管理费用进行开支前审核
③ 能够进行管理费用的会计核算
④ 能够正确设置管理费用二级或三级会计科目
⑤ 能够配合有关部门制定企业内部管理费用的相关规定

知识目标

① 熟悉管理费用的种类及特点
② 熟悉管理费用的会计科目设置原理
③ 掌握管理费用的审核原理和方法
④ 掌握管理费用的会计核算理论与方法
⑤ 熟悉管理费用的内部控制制度

2.1 任务描述

(1)完成对所提供的经济业务的分析,完成管理费用经济业务的认定
(2)按规定根据所提供的资料完成管理费用的会计核算

2.2 工作成果要求

在本学习与工作任务中,您应该完成以下工作:
(1)完成管理费用经济业务的认定,并将正确答案填写到表格中
(2)完成本教材所提供的管理费用相关经济业务的会计核算,填写记账凭证

（3）按规定时间完成任务并与其他同学互相审核修改完善

（4）根据厦门网中网软件所提供的软件平台完成管理费用会计核算

2.3 实施建议

（1）认真阅读本教材中关于管理费用的专业知识

（2）上网或到图书馆查找管理费用的种类、关于管理费用的管理制度及规定、管理费用核算方法

（3）利用课余时间到就近企业了解管理费用管理现状

（4）完成管理费用经济业务的认定

（5）进行管理费用的会计核算

（6）请保持诚实守信的会计职业道德，所有任务敬请自主完成

（7）对完成任务的过程及结果的收获与不足进行思考与总结

2.4 学习专业知识

（1）认识管理费用

管理费用是指企业行政管理部门为组织和管理生产经营活动而发生的各项费用。管理费用属于期间费用，在发生的当期就计入当期的损益。当然，如果是跨期费用，则应根据权责发生制原则进行分摊，以便达到收入与支出的配比。

企业设置"管理费用"一级科目进行会计核算，借方核算实际支出的管理费用，贷方核算月末结转到本年利润科目的借方所有金额。本科目月末应无余额。

借方	管理费用	贷方
核算本月实际支出的管理费用总金额	核算月末结转到本年利润的管理费用	
本科目月末应无余额		

（2）管理费用明细科目的设置与应用

管理费用明细科目设置的原则是根据企业实际情况，考虑企业内部会计信息使用者的要求，坚持重要性原则、效率性原则、观测性原则进行灵活设置。

①管理费用明细科目

通常，初进入会计岗位的新手，常常为如何把一张费用单据归到正确的明细科目，如何进行管理费用明细科目的设置等问题烦恼。实际上，这项工作并没有那么难。我们只要遵循会计核算的重要性原则来考虑就可以了。比如，您所在的企业，管理人员每个月发生的交通费用

很多,那么,您就在管理费用总账下面设置一个"交通费"的明细科目就可以了,或者,您的老板特别想要了解每月的交通费用支出情况,那么,您就根据他的要求,在管理费用总账下面设置一个"交通费"的明细科目进行日常核算,这样就不会因为老板时常要询问而手忙脚乱。也就是说,如果您是一位称职的会计,请在制度和规范许可的范围内主动迎合企业会计信息的使用者的要求,灵活设置明细科目或明细账户。

②管理费用明细科目的内容

"管理费用"科目主要包括管理人员工资及福利费、为管理人员支付的五险一金、差旅费、办公费、电话费、网络费、董事会会费、折旧费、修理费、物料消耗、低值易耗品摊销、工会经费、职工教育经费、业务招待费、税金、技术转让费、无形资产摊销、咨询费、诉讼费、开办费摊销、公司经费、上缴上级管理费、劳动保险费以及其他管理费用。

"工资及福利费"是指公司各部门发生的工资及福利费用。根据企业所得税法规定,福利费用如实列支,不超过应付职工薪酬14%的准予扣除,超出部分应进行税务调整。

"工会经费"是指公司按应付工资的2%计提的工会活动经费。

"职工教育经费"是指按应付工资的2.5%计提用于职工教育方面的费用。职工教育经费开支范围主要有培训教材费、师资费、外委培训费、培训教师和外委培训人员的差旅费、交通费等,以及培训领用的消耗品和零配件等。

"住房公积金"是指公司为职工缴纳的住房公积金,计提基数是岗位技能工资,计提比例公司为10%,个人为10%(其中个人部分从个人工资扣除)。

"养老保险费"是指公司为职工缴纳的养老保险费用,计提比例公司为20%,个人为8%(其中个人部分从个人工资扣除)。

"失业保险费"是指公司为职工缴纳的失业保险费用。

"医疗保险费"是指公司为职工缴纳的医疗保险费用,其中个人部分从个人工资扣除。

"折旧费"是指公司当月非生产、管理经营用各类固定资产(含房屋、围墙、道路和设备)、办公设施和运输工具计提的折旧费用。

"办公费"是指公司各部门因办公需要发生的费用开支及材料消耗,主要指办公用品、办公耗材、标牌、刻印章、设计用图纸费、对内业务宣传(如横幅及各种活动宣传用品)等。

"差旅费"是指公司各部门发生的出差费用,含车船飞机费、住宿费、过路过桥费、会务费、补助、出差打的费、带车出差的发生费用、出国人员的出差费用、按合同规定的探亲费以及配偶来公司探亲的费用等。管理人员的出差费用不在本科目核算。

"交通费"是指公司各部门发生的市内交通费用,含加班、晨会交通费和班车费等。

"修理费"是指公司部门各类固定资产(含房屋、围墙、道路和设备)、办公设施和运输工具(不含各部门工作用车)等发生备件、工具、辅助材料和外包维修费等各项修理费用支出。车间修机器的费用在"制造费用"科目核算。

"水电费"是指公司各管理部门发生的电费、水费。

"车辆费用"是指公司领导用车和部门工作用车发生的汽油费、养路费、车辆维修费以及公司所有车辆(含运输车辆)的年检费、养路费。车辆保险属于财产保险费,不在本明细科目核算。

"业务招待费"是指公司用于非管理业务招待方面的费用开支,如茶叶、招待餐费等。

"试验检验费"是指食品企业或其他企业在生产、质检、质量改进过程中发生的破坏性试验、化验、道路试验以及其他试验发生的材料消耗。生产工序内试验消耗的费用在制造费用科目核算。

"低值易耗品"是指公司生产经营所需要的,不符合固定资产核算标准(价值在2 000元以下或使用时间不超过一年)的办公用具,如办公桌椅、工具柜和自行车等。

"劳动保护费"是指公司各部门发生用于劳动保护方面的费用,如劳保手套、安全帽和防暑降温用品等。

"图书资料费"是指公司发生的用于购买图书资料、杂志、报纸等方面的费用。设计用图纸费纳入办公费核算。

"清洁卫生费"是指公司清洁工作消耗的材料和外委清洁公司发生的费用支出。

"保安消防费"是指公司外委保安公司发生的费用支出以及购置消防耗材发生的费用。

"技术开发费"是指公司发生的用于新产品、新材料、新零件技术研究开发方面发生的费用支出,包括服务于技术开发项目的人员发生的工资、差旅和办公等费用开支。

"财产保险费"是指公司对公司各类资产(包括汽车)投保发生的保险费用。

"咨询费"是指公司在审计及技术咨询、项目评审等方面发生的费用。如果这个科目费用发生少,可以归到"办公费"明细科目核算。

"印刷费"是指公司在生产经营中发生的各种内部单据印刷发生的费用。如表格、单据、信件和名片等。如果这个科目费用发生少,可以归到"办公费"明细科目核算。

"环境保护费"是指公司缴纳的排污费、评审费等。如果这个科目费用发生少,可以归到"办公费"明细科目核算。

"坏账损失"是指计提坏账准备时计入损益的费用。

"绿化费"是指公司发生的用于绿化方面的相关费用。

"无形资产及长期待摊费用摊销"是指公司摊销的无形资产及递延资产的费用。

"税金"是指应计入损益的税金费用,如印花税、地方水利基金和车船使用税等。

"招聘费"是指公司人力资源部在招聘员工过程中发生的费用。如场地使用费、应聘人员来公司路费、体检费和报纸杂志上的招聘广告费等。(不包括公司招聘人员发生的差旅费、电话费等)

"邮政费"是指公司生产经营发生的邮寄包裹、信件费用及EMS费用等。

"通讯费"是指公司的座式以及手提式电话(手机、小灵通、传真机)发生的电话、传真费用,以及供管理人员工作用而购买、修理上述器材发生的费用。

"诉讼费"是指公司因起诉或应诉而发生的费用。

"董事会费"是指董事会及其成员为执行职能而发生的费用,如差旅费、会议费等。

"劳动保险费"是指易地安家费、退职金、抚恤费和死亡丧葬费等,有的企业也把这些费用归到福利费明细科目。

"物业管理费"是指公司用于行政管理的物业交由内部、外委物业公司管理发生的费用支出。

"防寒保暖费"是指公司各部门用于防寒保暖的费用支出,大陆境内北方企业锅炉房等辅助单位为公司各部门用于照明、取暖等用途发生的费用。

"上级管理费"是指各分公司依公司章程、合同协议应上缴的管理费。

"租赁费"是指公司经营管理支付的设备、房屋租赁费用(含驻外办事处的房屋租赁费)。

"会务费"是指核算公司职能部门有关人员参加各类会议的费用支出。

"业务宣传费"是指公司经办的用于企业形象和产品宣传的不列入营业费用的费用支出。这项支出不列在管理费用科目核算。

"进出口费"是指进出口商品发生的运杂费用。

"医疗救助"是指公司为职工缴纳的医疗救助费用。如果这个科目费用发生少,可以归到"福利费"明细科目核算。

"工伤保险费"是指公司为正式签订劳动合同的员工购买的工伤保险费用支出。

"其他"是指公司各部门发生的除上述费用以外的费用。

企业费用核算岗位会计可以根据所在企业规模和费用开支数额对以上明细科目进行整合,一年才支出一两笔的开支,可以归在"其他"进行核算,不用设置那么多明细科目。如果考虑查询方便,那么在摘要里写清楚就可以了。

(3)管理费用的核算

管理费用的核算主要是根据所设置的明细科目来进行日常详细归集、记录、登记、分析、汇总和报告。

[例 5-2-1]2012 年 12 月 5 日,漳州兴达羊毛衫厂购买办公用品 328 元,以现金支付。

借:管理费用——办公费　　　　　　　　　　　　　　　　　　328

　贷:库存现金　　　　　　　　　　　　　　　　　　　　　　　　328

[例 5-2-2]2012 年 12 月 6 日,漳州兴达羊毛衫厂副厂长报销招待费 1 200 元,以现金支付。

借:管理费用——招待费　　　　　　　　　　　　　　　　　1 200

　贷:库存现金　　　　　　　　　　　　　　　　　　　　　　　1 200

[例 5-2-3]2012 年 12 月 10 日,漳州兴达羊毛衫厂人力资源部经理报销差旅费 2 400 元,以现金支付。

借:管理费用——差旅费 2 400
 贷:库存现金 2 400

[例5-2-4]2012年12月12日,漳州兴达羊毛衫厂预提本月应付而尚未支付的管理部门用电费用7 200元。

借:管理费用——水电费 7 200
 贷:其他应付款——水电费 7 200

[例5-2-5]2012年12月16日,漳州兴达羊毛衫厂核算管理部门固定资产应分摊的当月折旧费726元。

借:管理费用——折旧费 726
 贷:累计折旧 726

[例5-2-6]2012年12月18日,漳州兴达羊毛衫厂人力资源部报销招聘会餐费费3 200元,以现金支付。

借:管理费用——招待费 3 200
 贷:库存现金 3 200

[例5-2-7]2012年12月19日,漳州兴达羊毛衫厂以现金支付人力资源部在员工招聘过程中发生的费用2 500元,新员工体检费500元。

借:管理费用——招聘费 3 000
 贷:库存现金 3 000

[例5-2-8]2012年12月20日,漳州兴达羊毛衫厂办公室刘东出差回来,报销差旅费5 000元,原借6 000元,余款以现金方式交回财务部。

借:库存现金 1 000
 管理费用——差旅费 5 000
 贷:其他应收款——刘东 6 000

[例5-2-9]2012年12月22日,漳州兴达羊毛衫厂以现金支付电脑耗材费980元。

借:管理费用——办公费 980
 贷:库存现金 980

[例5-2-10]2012年12月25日,漳州兴达羊毛衫厂从银行支付本月物业管理费3 600元。

借:管理费用——物业管理费 3 600
 贷:银行存款 3 600

（4）管理费用账簿登记

明细账簿,简称明细账,是详细地反映会计要素增减变化及其结果的账户,是根据总分类科目设置,按其所属二级或明细科目开设账户,用来分类登记某一类经济业务,进行明细核算,提供明细核算资料的账簿。多栏式明细账适用于那些要求对金额进行分析的有关费用成本、收入成果类科目的明细分类核算。多栏式明细账是一种根据经营管理的需要,在明细账的账页中设置若干专栏,用以登记某一个会计科目增、减变动详细情况的明细账。它一般不按增、减、余三栏设立金额栏,而是按同一会计科目的二级科目或明细项目设立金额栏。金额栏栏次的多少,根据二级科目或明细项目的多少以及实际的需要而确定。这样就能将各明细项目的核算资料集中反映在同一张账页上,简化了核算手续,为及时编制会计报表提供了保证。管理费用因为其明细科目较多,应采用多栏式明细账进行登记。

　　管理费用明细账是将行政管理部门为组织和管理生产所发生的各项费用,反映到同一张账页上的账簿。账内按费用的明细项目设置专栏。记账时,根据各费用分配表登记各专栏,并计算出合计数,月终结转损益时,在"转出"栏用红笔登记应计入损益的金额,本账户月终应无余额。

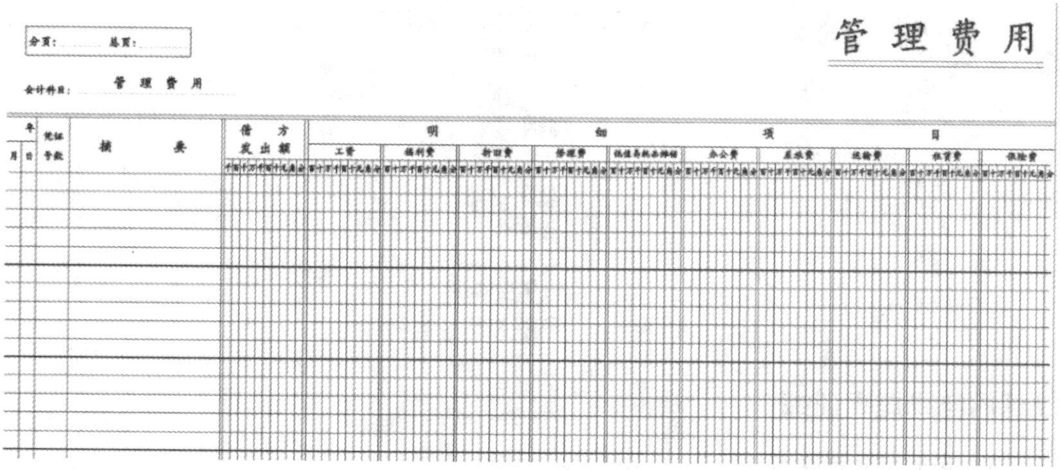

图 5-3　管理费用明细账格式

◎ 励志小故事

多一门技艺,多一条路

　　在一个漆黑的晚上,老鼠首领带领着小老鼠出外觅食。在一家人厨房的垃圾桶里,它们找到了很多剩饭剩菜,这对于老鼠来说就像是一个宝藏。

　　正当一大群老鼠在垃圾桶及附近范围大吃特吃之际,突然传来了一阵令它们肝胆俱裂的声音,那就是一头大花猫的叫声。老鼠们震惊之余,各自四处逃命。大花猫穷追不舍,终于有两只小老鼠走避不及,被捉住了。就在它们快要被大花猫吞食之际,突然传来一连串凶恶的狗吠声,令大花猫手足无措,狼狈逃命。

　　大花猫走后,老鼠首领从垃圾桶后面走出来说:"我早就对你们说,多学一种语言有利无害,这次我就因学狗吠声而救了你们一命。"

温馨提示:"多一门技艺,多一条路。"不断学习将使您有更多的出路,获得更多机会!

◎ 参考资料推荐

《中华人民共和国企业所得税法实施条例》,2007 年 3 月 16 日第十届全国人民代表大会第五次会议通过

◎ 网中网软件训练

请完成厦门网中网软件有限公司"会计分岗位核算"模块——费用会计岗位实训 7.1

费用会计岗位实训1 管理费
用核算

实训

模拟学生实训
下载 打印

◎ 课后自我提高训练

请完成实训岗位任务 5.2

项目任务三 销售费用核算

有很多良友,胜于有很多财富。

——莎士比亚

📄任务背景

2011 年的暑假,我有机会与其他两位老师到一家第三方物流企业担任内部审计。因为这个总公司没有对各分公司规定一个月的招待费用可以开支多少,在审计时发现,泉州分公司的费用账上,有一个月管理费总支出 87 000 元,其中,接待费用高达 53 620 元,接待费用中,接待客户吃饭喝酒用了 21 500 元、夜总会消费 15 890 元、泡温泉费用 6 013 元……一个月有 5

张票据背面所注明接待的客户其实是应收账款的大户。这样开支，难怪公司会亏损。

在所有企业销售过程中，都一定会发生一些费用。可是，这些销售费用如何管控，如何进行核算，如何做到销售量最大时销售费用开支相对较少，也就是费用与收入的比例尺度应掌握在什么样的标准以内，这是我们所要研究的课题。本项目任务也许能解决部分困惑。

素质目标

①认同企业文化，具有足够的忠诚度

②具备爱岗敬业、实事求是的科学态度

③具有良好的执行力、沟通协作能力

④具有好学谦逊、一丝不苟、耐心细致的工作作风

能力目标

①能够正确对销售费用进行分类

②能够正确对销售费用进行开支前审核

③能够进行销售费用的会计核算

④能够正确设置销售费用二级或三级会计科目

⑤能够配合有关部门制定企业内部销售费用管理的相关规定

知识目标

①熟悉销售费用的种类及特点

②熟悉销售费用会计科目设置原理

③掌握销售费用的审核原理和方法

④掌握销售费用的会计核算理论与方法

⑤熟悉销售费用管理的内部控制制度

3.1 任务描述

(1)根据相关资料进行销售费用业务的会计处理并填写记账凭证

(2)根据厦门网中网软件所提供的软件平台完成销售费用会计核算

3.2 工作成果要求

在本学习与工作任务中，您需要完成以下工作：

(1)通过上网或到图书馆查找资料，分析、讨论、归类后，每组写一份报告，介绍所了解到的

制造业企业5～10种销售费用

(2)完成本教材所提供的销售费用相关经济业务的会计核算

(3)在所提供的记账凭证中填写会计分录

(4)根据厦门网中网软件所提供的软件平台完成销售费用会计核算

3.3 实施建议

(1)认真阅读本教材中关于销售费用的专业知识

(2)上网或到图书馆查找关于销售费用的管理制度及规定

(3)上网或到图书馆查找关于销售费用的核算方法

(4)利用课余时间到就近企业了解销售费用管理现状

(5)通过对相关专业知识的学习,形成对销售费用相关业务的职业判断

(6)对收集到的信息进行分类、分析、归纳提升、与同学讨论,整理获得正确答案

(7)对完成本任务的过程及结果的收获与不足进行思考与总结

(8)请保持诚实守信的会计职业道德,所有任务敬请自主完成

3.4 认识专业知识

(1)认识销售费用

销售费用是指企业在销售产品、自制半成品和提供劳务等过程中发生的费用,包括由企业负担的包装费、运输费、广告费、明星代言费、装卸费、保险费、委托代销手续费、展览费、租赁费(不含融资租赁费)和销售服务费、销售部门人员工资、销售部门人员职工福利费、销售部门人员差旅费、办公费、折旧费、修理费、物料消耗、低值易耗品摊销以及其他经费等。

企业应设置销售费用总账科目进行会计核算。借方核算实际支出的销售费用,贷方核算月末结转到本年利润科目的借方所有金额。本科目月末应无余额。

借方	销售费用	贷方
核算本月实际支出的销售费用总金额		核算月末结转到本年利润的销售费用
本科目月末应无余额		

(2)销售费用的分类

销售费用可以分为变动性销售费用和固定性销售费用。变动性销售费用是指企业在销售产品过程中发生的与销售量成正比例变化的各项经费,如委托代销手续费(代理商佣金)、包装费、运输费和装卸费等。固定性销售费用是指企业在销售产品的过程中不随产品销售量的变化而变化的各项费用。这些费用是相对固定的,也可以分为约束性固定销售费用和酌量性固定销售费用。约束性固定销售费用具体包括租赁费、销售人员的工资、办公费和折旧费等;酌

量性固定销售费用具体包括销售促销费、销售人员的培训费等。

（3）销售费用明细科目

销售费用科目核算企业销售商品和材料、提供劳务的过程中发生的各种费用，包括与销售有关人员的工资及福利费、工会经费、职工教育经费、养老保险费、失业保险费、折旧费、办公费、差旅费、交通费、修理费、运输费、装卸费、保险费、包装费、商品维修费、产品质量保证损失、车辆费用、广告费、明星代言费、展销费、水电费、业务招待费、劳动保护费、物业费、清洁卫生费、保安消防费、印刷费、邮政费、通讯费、诉讼费、租赁费和其他费用等。本科目应当按照费用项目进行明细核算。本账户可以按部门进行二级或三级核算。比如，企业在广州和上海分设两个销售部，那么可以这样设置会计核算明细账户：

销售费用——广州销售部——租赁费

销售费用——上海销售部——办公费——电脑耗材

在会计电算化核算背景下，按部门设置费用核算是十分便利的，按部门核算可以方便企业会计信息使用与分析比较以及业绩考核。设置几级科目，设置什么明细科目可以根据管理者或老板要求、会计信息使用需要、会计的重要性原则进行灵活机动的调整，没有特别固定的模式。不过，按照会计的一致性原则要求，在一个会计年度内，不要变动科目设置，即使你是一位新接手的会计，你认为原先会计的设计不合理，如果需要作大的变动，请一定要在下一个会计年度的建账初来改变，会计制度规定不得在年度内随意改变。

（4）销售费用的核算

销售费用的核算主要是根据所设置的明细科目来进行日常详细归集、记录、登记、分析、汇总和报告。核算目的是为管理者提供真实准确的会计信息，为修正管理制度设计提供依据。

[**例5-3-1**]2012年12月2日，漳州兴达羊毛衫厂广州销售部购买办公用品520元，以现金支付。

借：销售费用——广州销售部——办公费　　　　　　　　　　　　520

贷：库存现金　　　　　　　　　　　　　　　　　　　　　　　　520

[**例5-3-2**]2012年12月3日，漳州兴达羊毛衫厂上海销售部报销招待费3 500元，以现金支付。

借：销售费用——上海销售部——招待费　　　　　　　　　　　3 500

贷：库存现金　　　　　　　　　　　　　　　　　　　　　　　3 500

[**例5-3-3**]2012年12月5日，漳州兴达羊毛衫厂广州销售部经理报销广告费24 000元，从银行支付。

借：销售费用——广州销售部——广告费　　　　　　　　　　　24 000

贷：银行存款　　　　　　　　　　　　　　　　　　　　　　　24 000

[**例5-3-4**]2012年12月8日，漳州兴达羊毛衫厂上海销售部报销水电费910元，以现金支付。

借:销售费用——上海销售部——水电费　　　　　　　　　　910

　　贷:库存现金　　　　　　　　　　　　　　　　　　　　　910

[例5-3-5]2012年12月10日,漳州兴达羊毛衫厂广州销售部固定资产应分摊的当月折旧费610元。

借:销售费用——广州销售部——累计折旧　　　　　　　　610

　　贷:累计折旧　　　　　　　　　　　　　　　　　　　　610

[例5-3-6]2012年12月11日,漳州兴达羊毛衫厂上海销售部经理报销招待费3 800元,以现金支付。

借:销售费用——上海销售部——招待费　　　　　　　　3 800

　　贷:库存现金　　　　　　　　　　　　　　　　　　　　3 800

[例5-3-7]2012年12月15日,漳州兴达羊毛衫厂广州销售部业务员出差回来,报销样品运输费500元,装卸费300元,商品维修费900元,以现金支付。

借:销售费用——广州销售部——运输费　　　　　　　　　500

　　　　　　　　　　　　　　——装卸费　　　　　　　　300

　　　　　　　　　　　　　　——商品维修费　　　　　　900

　　贷:库存现金　　　　　　　　　　　　　　　　　　　1 700

[例5-3-8]2012年12月20日,漳州兴达羊毛衫厂广州销售部以现金支付电脑耗材费1 280元。

借:销售费用——广州销售部——耗材费　　　　　　　　1280

　　贷:库存现金　　　　　　　　　　　　　　　　　　　1 280

[例5-3-9]2012年12月22日,漳州兴达羊毛衫厂广州销售部从银行支付当月明星代言费8 000元。

借:销售费用——明星代言费　　　　　　　　　　　　　8 000

　　贷:库存现金　　　　　　　　　　　　　　　　　　　8 000

[例5-3-10]2012年12月23日,漳州兴达羊毛衫厂广州销售部以现金支付个人折扣费600元。

借:销售费用——销售折扣　　　　　　　　　　　　　　　600

　　贷:库存现金　　　　　　　　　　　　　　　　　　　　600

(5)销售费用账簿登记

销售费用因为其明细科目较多,应采用多栏式明细账进行登记。

销售费用明细账是将销售部门因销售而发生的各项费用,反映到同一张账页上的账簿。账内按费用的明细项目设置专栏。本账户月终转入"本年利润"账户,应无余额。

分页：＿＿＿　总页：＿＿＿

科目：销售费用　　科目：＿＿＿

销售费用明细账

2007年 月 日	凭证号数	摘要	工资及福利费 十万千百十元角分	手续费 十万千百十元角分	广告费 十万千百十元角分	运输费 十万千百十元角分	包装费 十万千百十元角分	展览费 十万千百十元角分	其他 十万千百十元角分

图 5-4　销售费用明细账格式

当然，销售费用管理不仅仅是老板、总经理、销售部经理的事，销售部的介入也是管理的需要。销售费用管理制度包括销售人员报酬制度、差旅费用管理制度、培训费用管理制度、招待费用管理制度、广告费用管理制度、公关费用管理制度、折扣折让制度、应收账款管理制度、仓储费用管理制度和售后服务费用管理制度等。费用政策被称为销售人员的一大法宝，建立明晰的费用制度，就是要确保销售人员在使用这个法宝时不能走样，让大家有标准可以遵循。

（6）销售费用的内部控制

在现实的企业销售管理工作中，需要提升销售部门职能，会计人员不仅做账，而且要对销售数据也就是会计信息进行分析，逐渐健全销售制度。懂得销售不仅是销售部门的事，作为会计人员，同样要对下面几个销售指标特别敏感，重点监控：

①分析总体销售形势的指标。如销售利润率、销售增长率和市场占有率等。

②分析销售费用的指标。如销售费用率、销售费用增长率等。

③分析产品结构的指标。如新产品销售增长率、新产品销售额占总销售额的比例和主打产品销售增长率等。

④分析回款和存货情况的指标。如应收账款周转率、存货周转率等。

◎ 励志小故事

昂起头来真美

珍妮是个内向的小女孩，她一直觉得自己长得不够漂亮，总爱低着头。有一天，她到饰品店去买了个粉色蝴蝶结，导购员不断赞美她戴上蝴蝶结很漂亮。珍妮挺高兴，不由得昂起了头,急于让大家看看以至于出门时与来人撞了一下都没在意。

珍妮上学去了,走进教室,迎面碰上了她的老师。"珍妮,你昂起头来真美!"老师慈爱地拍了拍她的肩膀。

那一天,她得到了许多人的赞美。她想一定是蝴蝶结的功劳,可往镜前一照,头上根本就没有蝴蝶结,一定是出饰品店时与人一碰弄丢了。

自信原本就是一种美丽,而很多人却因为太在意自己的外表而失去了很多快乐。

温馨提示:无论您是贫穷还是富有;无论您是貌若天仙,还是相貌平平,您的素养和内涵是您挺直腰背的根基,只要您内心丰富,昂起头来,面带微笑,自信和快乐会使您变得阳光可爱——不论是在职场还是公园,人人都喜欢的那种可爱。

◎ 参考资料推荐

王本哲、王乐康:《会计制度设计》,中国财政经济出版社,2008

◎ 网中网软件训练

请完成厦门网中网软件有限公司"会计分岗位核算"模块——费用会计岗位实训 7.3

费用会计岗位实训3 销售费
用核算

实训

模拟学生实训

◎ 课后自我提高再训练

请完成实训任务 5.3

项目任务四　财务费用核算

　　能力强的人通常自尊心也很强,更有甚者,觉得什么都是自己对的,这就容易演变成傲慢。

——李东生(TCL 董事长、CEO)

📑 任务背景

　　2010 年寒假,新认识一个企业老板,他经营一家服务业性质的公司。他没有找到优秀的会计帮他筹集资金,在资金流发生断裂时,时常去借高利贷来弥补资金的不足。那时,这个公司高利贷借款 60 万元,而且已经借了近 2 年。

　　高利贷是指索取特别高额利息的贷款。高利贷一般年利率在 36% 以上,借款 100 元,一年要支出 36 元以上的利息。个别的利率可达 100%～200%。我国历史上高利贷年利一般都达 100%,而且贷款利率的计算是"利滚利",即借款 10 000 元一年后要还 20 000 元,如果到期不能归还,第二年要还 40 000 元,第三年就是 80 000 元。这样的高利贷是违法的。

　　在所有企业财务管理过程中,都一定会发生一些费用。可是,如何对这些财务费用进行管控、核算?如何做到在财务费用开支最小的情况下资金量最大?也就是费用与收入的比例尺度应掌握在什么样的标准以内等,都是我们要研究的课题。希望通过本项目的任务学习,解决部分困惑。

📖 素质目标

❶认同企业文化,具有足够的忠诚度

❷具备爱岗敬业、实事求是的态度

❸具有良好的执行力、沟通协作的能力

❹具有好学谦逊、一丝不苟、耐心细致的工作作风

📖 能力目标

❶能够正确对财务费用进行分类

❷能够正确对财务费用进行开支前审核

❸能够正确设置财务费用二级或三级会计科目

❹能够理解财务费用的会计核算

📖 知识目标

❶熟悉财务费用的种类及特点

❷熟悉财务费用会计科目设置原理

❸掌握财务费用的审核原理和方法

❹掌握财务费用的会计核算理论与方法

4.1 任务描述

(1)上网或到图书馆查找资料,了解财务费用的种类

(2)完成财务费用经济业务的认定

(3)进行财务费用的会计核算,以正确方法填写记账凭证

4.2 工作成果要求

在本学习与工作任务中,您需要完成以下工作:

(1)根据厦门网中网软件所提供的软件平台完成财务费用会计核算

(2)完成本教材所提供的财务费用相关经济业务的会计核算

(3)在所提供的记账凭证中正确填写会计分录

4.3 实施建议

(1)认真阅读学习本教材中关于财务费用的专业知识

(2)完成对财务费用相关业务的判断

(3)上网或到图书馆查找关于财务费用的核算方法,了解财务费用管理制度及规定

(4)利用课余时间到就近企业了解财务费用管理现状

(5)利用可能的途径访问在企业工作的朋友或家人,获取相关任务的实际工作经验介绍

(6)在所提供的空白记账凭证中正确填写反映相关经济业务的会计分录

4.4 学习专业知识

(1)认识财务费用

财务费用是企业为筹集生产经营所需资金,在经营过程中通过银行办理款项往来、外汇汇兑等而发生的费用。也包括支付给银行的所有费用,如办理汇款的手续费、贷款利息、现金支票购买费和汇兑损益等。收到的银行存款利息在本科目的贷方反映,也可以在借方以红字反映。

财务费用管理实际上也是资金成本的管理。如果一个企业,一方面向银行贷款 500 万元,同时又在银行一直保持有 600 万元的平均存款余额,那么,您是否认为,这个企业没有很好地调节资金,白白浪费了贷款利息? 因为从这样的账面资金情况可以了解到,这个企业应该是不差钱的,何必要贷款呢? 或者,决策层是否应考虑提前归还借款呢?

为节约财务费用,当资金暂时宽裕时,可以考虑将资金分笔办理"1 天通知存款"、"7 天通知存款"、"3 个月定期存款",以期提高存款利息,降低财务费用总额。

企业应设置财务费用总账科目进行会计核算。借方核算实际支出的财务费用,贷方核算月末结转到本年利润科目的借方所有金额。本科目月末应无余额。

借方　　　　　　　　　　　　　　　财务费用　　　　　　　　　　　　　　　贷方
核算本月实际支出的财务费用总金额　　　　|　核算月末结转到本年利润的财务费用
本科目月末应无余额

(2)财务费用明细科目的设置与应用

财务费用包括支付给银行的手续费、贷款利息、现金支票购买费和汇兑损益等。

利息支出是指企业短期借款利息、长期借款利息、应付票据利息、票据贴现利息、应付债券利息和长期应付引进国外设备款利息等利息支出。利息支出列支范围应合规:企业流动负债的应计利息支出计入财务费用;企业长期负债的应计利息支出,筹建期间的计入开办费,生产经营期间的计入财务费用,清算期间的计入清算损益;银行贷款与购建固定资产或无形资产有关的利息支出在其竣工之前应计入购建资产价值;企业因没有及时归还银行贷款而支付的罚款违约金不在财务费用列支,列入营业外支出科目。

汇兑损失是指企业因向银行结售或购入外汇而产生的银行买入、卖出价与记账所采用不同汇率之间的差额,以及月度(季度、年度)终了,各种外币账户的外币期末余额按照期末规定汇率折合的记账人民币金额与原账面人民币金额之间的差额等。

支付给银行的手续费,是指发行债券所需支付的手续费(需资本化的手续费除外)、开出汇

票的银行手续费和调剂外汇手续费等,但不包括发行股票所支付的手续费等。

其他财务费用,是指如融资租入固定资产发生的融资租赁费用等。

企业间的赊销业务日益频繁,时常出现买方延付货款的现象,为此,买方需支付违约金或延期付款利息。此项经济业务与企业间的资金拆借有所不同,其利息收入应视为主营业务的价外收入,列入主营业务收入。按现行税法规定,所谓价外费用,是指在价外向购买方收取的手续费、补贴、基金、集资款、返还利润、奖励费和延期付款利息违约金等。

财务费用账户的核算主要是根据实际发生的费用种类设置明细科目来进行日常详细归集、记录、登记、分析、汇总和报告。核算并反映的目的是为管理者提供真实准确的会计信息,为提升管理水平提供良好服务。

(3)财务费用主要经济业务会计核算

[例 5-4-1]2012 年 12 月 2 日,漳州兴达羊毛衫厂从银行支付购现金支票款 150 元。

借:财务费用——支票购买费　　　　　　　　　　　　　　　150
　　贷:银行存款　　　　　　　　　　　　　　　　　　　　　　　　150

[例 5-4-2]2012 年 12 月 3 日,漳州兴达羊毛衫厂从银行支付办理电汇 3 笔,手续费 90 元。

借:财务费用——手续费　　　　　　　　　　　　　　　　　90
　　贷:银行存款　　　　　　　　　　　　　　　　　　　　　　　　90

[例 5-4-3]2012 年 12 月 5 日,漳州兴达羊毛衫厂从银行支付购商业汇票款 200 元。

借:财务费用——手续费　　　　　　　　　　　　　　　　　200
　　贷:银行存款　　　　　　　　　　　　　　　　　　　　　　　　200

[例 5-4-4]2012 年 12 月 20 日,漳州兴达羊毛衫厂从银行支付当月贷款利息 5610 元。

借:财务费用——利息支出　　　　　　　　　　　　　　　5 610
　　贷:银行存款　　　　　　　　　　　　　　　　　　　　　　5 610

[例 5-4-5]2012 年 12 月 30 日,漳州兴达羊毛衫厂因提前支取商业承兑汇票 200 000 元,支付银行手续费 6 020 元。

借:应付票据　　　　　　　　　　　　　　　　　　　200 000
　　财务费用——手续费　　　　　　　　　　　　　　　6 020
　　贷:银行存款　　　　　　　　　　　　　　　　　　　　206 020

[例 5-4-6]假设 2012 年 11 月 30 日漳州兴达羊毛衫厂的银行美元户余额为 100 000 美元,应收账款(A 公司)美元户余额 10 000 美元,11 月 30 日人民币兑美元市场汇率中间价为 1:6.5。该公司以美元作为记账本位币,采用当日汇率作为折合率。12 月 31 日,企业收回 A 公司前欠款 10 000 美元存入银行。公司采用的汇率为期末即期人民币汇率中间价。中间价是银行买入价与卖出价的平均价,无论是买入价还是卖出价,均是立即交付的结算价格,都是即期汇率。2012 年 12 月 31 日当日人民币兑美元市场汇率中间价为 1:6.7。调整各外币账户的美元余额,计算汇兑损益。

借:银行存款——美元　　　　　　　　　　　　　　67 000(12月末中间价)

　　贷:应收账款——A公司美元　　　　　　　　　65 000(11月30日汇率计算的余额)

　　财务费用——汇兑差额　　　　　　　　　　　　　　　　　　　2 000

[例5-4-7]假设2012年11月30日漳州兴达羊毛衫厂的银行美元户余额为100 000美元,应付账款(E公司)美元户余额2 000美元,11月30日人民币兑美元市场汇率中间价为1∶6.5。该公司以美元作为记账本位币。12月31日,以美元存款偿还前欠E公司货款2 000美元,公司采用的汇率为期末即期人民币汇率中间价折算。中间价是银行买入价与卖出价的平均价,无论是买入价还是卖出价,均是立即交付的结算价格,都是即期汇率。2012年12月31日当日人民币兑美元市场汇率中间价为1∶6.7。调整各外币账户的美元余额,计算汇兑损益。

借:应付账款——E公司　　　　　　　　　　　　13 000(11月30日余额)

　　财务费用——汇兑差额　　　　　　　　　　　　　1 000

　　贷:银行存款——美元　　　　　　　　　　　　14 000(12月31日中间价)

(4)财务费用账簿登记

财务费用根据总分类科目设置,按其所设置二级或明细科目开设明细账户,进行明细核算,提供明细核算资料的账簿。财务费用因为其明细科目不多,采用多栏式明细账的栏次也不是很多。"财务费用明细账"的登记方法及账簿设置与销售费用的一样。

(5)财务费用的筹划与管理

从以上专业知识我们可以了解到,财务费用核算比较简单。财务费用在筹划与管理上主要是:

①寻找最优服务银行,节约银行手续费用支出

②寻找最优惠价格的银行结算办法,如通过网银来办理相关业务,实现手续费的零支付

③了解各银行的优惠政策,办理金卡,充分享受银行的优惠政策

④合理筹划资金,利用银行存款政策,对账户上的存款进行存款种类上的筹划

⑤寻找最优贷款支持银行,将基本户开在该银行,形成长期合作关系

⑥有进出口业务的企业应关注相关汇率的变动趋势,做好筹划,节约换汇成本

所有的筹划与管理,需要您的用心工作以及认真思考,所以,将企业当成自己创办的公司,您就会想方设法来考虑更优的方案了。相信您会做得更好的,加油!

◎ **励志小故事**

幽默是和世界沟通的桥梁

法国有一名总统名叫戈达,他以"急智"、"机智"出名。一天,一位英国太太问他:"法国女人是不是真的比其他国家的女人更迷人?"戈达毫不犹豫地说:"那当然啰!因为巴黎的女人20岁时,美如玫瑰;30岁时,也像情歌一样迷人;而40岁时,就更完美了。"

那位英国太太又问:"那么 40 岁以后呢?"戈达微笑着说:"太太,您知道吗? 一个巴黎女人,不论她几岁,看起来都不会像超过 40 岁的啊!"

西方哲人说:"愉快的性格,是成功的灵魂!"的确,幽默是开自己的玩笑,和别人共享欢乐;诙谐、妙答、自嘲、机智也都是幽默的表现,它能使人在充满压力的生活中享受欢愉。人际相处,天天抱持"喜乐之心",就会使"平淡蔬菜"变成"丰盛筵席",也会使"室内墙角"充满灿烂阳光。

温馨提示:幽默与微笑是世界共通的语言,《圣经》上说:"口善应对,自觉喜乐;话合其时,何等美好。"良言如蜂蜜,使人心觉甘甜,使人心生欢乐,因而能成为良药。下次试着在幽默中赞美别人,或是调侃自己,有效化解尴尬与尖锐的话题,相信您也会因为自己话语合宜而开心一整天。

◎ 参考资料推荐

周丽华:《出纳岗位操作实务训练》,厦门大学出版社,2012

◎ 网中网软件训练

请完成厦门网中网软件有限公司"会计分岗位核算"模块——费用会计岗位实训7.2

费用会计岗位实训2 财务费用核算

实训

模拟学生实训

下载 打印

◎ 课后自我提高再训练

请完成岗位实训任务 5.4

项目任务五　营业税金及附加核算

物竞天择,适者生存。

————赫胥黎

任务背景

在企业经营过程中,当销售产生时,主营业务收入增加,企业根据税法规定向国家缴纳各种税金,同时也向当地政府缴纳地方附加费。全国各地附加费不尽相同。这些费用如何进行会计核算,如何真实反映开支情况,是我们要学习和研究的主题。

在本岗位任务前面提到,"营业税金及附加"科目并不在期间费用范畴,为与厦门网中网软件对接,在本岗位中设计本项目任务。

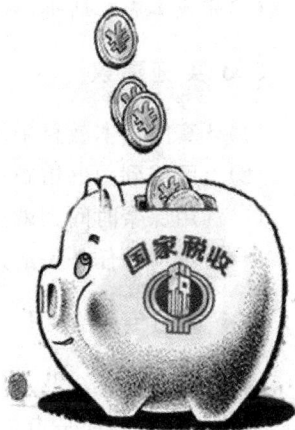

素质目标

①具备爱岗敬业、实事求是的科学态度
②认同企业文化,具有足够的忠诚度
③具有良好的执行力
④具有与相关部门沟通协作的能力
⑤具有一丝不苟、耐心细致的工作作风

能力目标

①能够正确认识营业税金及附加的种类
②能够正确解读营业税金及附加的相关政策规定
③能够正确对营业税金及附加进行会计核算

知识目标

①熟悉营业税金及附加的种类及特点
②熟悉营业税金及附加明细科目的设置原理
③掌握营业税金及附加的会计核算理论与方法

5.1 任务描述

(1)上网或到图书馆查找资料,了解营业税金及附加的种类
(2)完成营业税金及附加经济业务的认定
(3)进行营业税金及附加的会计核算

5.2 工作成果要求

在本学习与工作任务中,您应该完成以下工作:
(1)根据厦门网中网软件所提供的软件平台完成营业税金及附加会计核算
(2)完成本教材所提供的营业税金及附加相关经济业务的会计核算

5.3 实施建议

(1)认真阅读本教材中关于营业税金及附加的专业知识
(2)上网或到图书馆查找关于营业税金及附加的核算方法
(3)利用课余时间到就近地税营业厅了解税金缴交程序
(4)对本项目任务完成过程及结果的收获与不足进行思考与总结

5.4 学习专业知识

(1)认识营业税金及附加

营业税金及附加是指企业经营活动发生的营业税、消费税、城市维护建设税、资源税、土地增值税和教育费附加等相关税费。实行"营改增"新税制后,应交增值税不再计入"主营业务税金及附加"项,无论是一般纳税企业还是小规模纳税企业均应在"应交税费——应交增值税"科目中进行反映。

①营业税

营业税是国家对提供各种应税劳务、转让无形资产或者销售不动产的单位和个人征收的税种。营业税按照营业额或交易金额的大小乘以相应的税率计算。

②消费税

消费税是国家为了调节消费结构,正确引导消费方向,在普遍征收增值税的基础上,选择部分消费品再征收一道消费税。消费税实行价内征收,企业交纳的消费税计入销售税金,抵减产品销售收入。

③资源税

资源税是国家对在我国境内开采矿产品或者生产盐的单位和个人征收的税种。资源税按照应税产品的课税数量和规定的单位税额计算,计算公式为:

应纳税额=课税数量×单位税额

开采或者生产应税产品销售的，以销售数量为课税数量；开采或者生产应税产品自用的，以自用数量为课税数量。对外销售应税产品应交纳的资源税记入"营业税金及附加"科目；自产自用应税产品应交纳的资源税应记入"生产成本"、"制造费用"等科目。

④教育费附加

教育费附加是国家为了发展我国的教育事业，提高人民的文化素质而征收的费用。这项费用按照企业交纳流转税的一定比例计算，并与流转税一起交纳。

⑤城市维护建设税

城市维护建设税是国家为了加强城市的维护建设，扩大和稳定城市维护建设资金的来源而征收的税。

上述"主营业务税金及附加"的几个税种不包括所得税和增值税。

（2）主营业务税金账户设置

企业应设置主营业务税金及附加总账科目进行会计核算。借方核算实际支出的税金及附加费，贷方核算月末结转到本年利润科目的借方所有金额。本科目月末应无余额。

借方	主营业务税金及附加	贷方
核算本月实际支出的附加费金额	核算月末结转到本年利润的附加费	
本科目月末应无余额		

（3）主营业务税金及附加的会计核算

本科目核算企业经营活动发生的营业税、消费税、城市维护建设税、资源税和教育费附加等相关税费。房产税、车船使用税、土地使用税、印花税在"管理费用"等科目核算，不在本科目核算。

企业每个月末按规定计算当月应交税费，借记"主营业务税金及附加"科目，贷记"应交税费"等科目。期末，应将本科目余额转入"本年利润"科目，结转后本科目应无余额。

主营业务税金及附加主要是根据所设置的明细科目来进行日常详细归集、记录、登记、分析、汇总和报告。

[**例 5-5-1**]2012 年 12 月 31 日，漳州兴达羊毛衫厂计算本月应交增值税 2 000 元，税中费城建税率为 7%，应交城建税为 140 元。

借：主营业务税金及附加——应交城建税　　　　　　　　　　　　　140
　　贷：应交税费——应交城建税　　　　　　　　　　　　　　　　　　　　140

[**例 5-5-2**]2012 年 12 月 31 日，漳州兴达羊毛衫厂计算本月应交增值税 2 000 元，税中费教育费附加税率为 3%，应交教育费附加为 60 元。

借：主营业务税金及附加——教育费附加　　　　　　　　　　　　　60
　　贷：应交税费——教育费附加　　　　　　　　　　　　　　　　　　　　60

[例5-5-3]2012年12月5日,漳州兴达羊毛衫厂取得应纳消费税的销售商品收入30 000元,该产品适用的消费税税率为25％。

　　月末计算应交消费税额＝30 000元×25％＝7 500元

　　借:营业税金及附加——应交消费税　　　　　　　　　　　　　　7 500

　　　贷:应交税费——应交消费税　　　　　　　　　　　　　　　　　　　　7 500

[例5-5-4]2012年12月8日,漳州兴达羊毛衫厂月末计算应交消费税带征的城建税、教育费附加。

　　月末计算应交消费税带征的城建税:7 500元×7％＝525元

　　月末计算应交消费税带征的教育费附加:7 500元×3％＝225元

　　借:主营业务税金及附加——应交城建税　　　　　　　　　　　525

　　　　主营业务税金及附加——教育费附加　　　　　　　　　　　225

　　　贷:应交税费——应交城建税　　　　　　　　　　　　　　　　　　525

　　　　应交税费——教育费附加　　　　　　　　　　　　　　　　　　225

　　(4)主营业务税金及附加账簿登记

　　主营业务税金及附加明细账簿按其所有二级科目设置明细账户进行核算。因为其明细科目不多,采用三栏式明细账还是多栏式明细账进行会计核算均可。主营业务税金及附加明细账的登记方法及账簿设置与销售费用大致相同,这里就不再复述。

◎ 励志小故事

最高超的幽默术

　　在台湾的南部,有个婆婆,很会做人。她的儿子儿媳婚后就到美国攻读学位。有一天,她到美国探望儿媳,发现儿子胖了,媳妇却瘦了,心疼媳妇,说:"怎么会瘦成这样?"年轻的媳妇一时忍不住,对婆婆吐苦水,抱怨先生对内懒惰不会做家事,对外连认路都会出差错,做什么错什么。您也许会想象到,在世界上没有任何婆婆喜欢听媳妇抱怨儿子。大部分的婆婆都会忍不住替儿子说话。但是这位现代婆婆很聪明,她听完媳妇抱怨后,只微笑着说出一句话:"可是有一件事他做得最对。""什么事?"儿媳感觉讶异。婆婆微笑着说:"就是娶了你啊。"媳妇听了,哑口无言。

　　温馨提示:很多人误以为,当别人生气时,沉默与忍耐是唯一途径。但是高超的幽默术是在人们不高兴的时候,能够扭转气氛,并轻轻地把已经点燃的火药熄灭。

◎ 参考资料推荐

　　盖地:《税务会计学(第三版)》,中国人民大学出版社,2009

◎ 网中网软件训练

请完成厦门网中网软件有限公司"会计分岗位核算"模块——费用会计岗位实训7.4

费用会计岗位实训4 营业税

金及附加

模拟学生实训

下载 打印

◎ 课后自我提高再训练

请完成实训岗位任务 5.5

岗位任务六

原始凭证审核会计岗位工作任务

如果您希望成功,当以恒心为良友,以经验为参谋,以当心为兄弟,以希望为哨兵。

——爱迪生

会计行话:"结平"

根据会计制度规定,在每个会计期间,也就是每个自然月份末了,会计人员应当把收入、成本、费用类账户,包括:主营业务收入、其他业务收入、营业外收入、营业外支出、主营业务成本、其他业务成本、管理费用、销售费用、财务费用、所得税费用、营业税金及附加账户的余额转到本年利润账户,使这些损益类账户期末余额为零,这样的工作在会计核算上就叫"结平"。

在学习本岗位工作与学习任务之前,让我们一起来了解原始凭证审核会计岗位工作职责。

表 6-1　稽核会计员岗位工作描述

职业岗位工作	原始凭证审核岗位
典型岗位称谓	稽核(审核)会计(助理会计、主办会计、财务经理)
所属部门	财务部(科、处、室)
常关联部门	人力资源部、销售部、采购部、生产车间
直属上级	财务主管
常关联人员	出纳员、采购员、人力资源部经办人员
岗位概述	根据会计法规定和单位相关规定,负责对本企业的原始凭证的合法性、合理性、合规性、正确性进行审核。

续表

岗位职责	1.按有关规定会同有关领导拟订费用开支与结算制度 2.负责按规定在采购类原始凭证款项支付前进行审核 3.负责按规定在费用类原始凭证报销前进行审核 4.负责按规定对职工薪酬类支出原始凭证进行审核 5.负责按规定在实施对外投资性支出前对其原始凭证进行审核 6.负责按规定对个人借款、预付款业务原始凭证支付前进行审核 7.负责按规定进行原始凭证审核时,对发现的问题提出修改意见,情节严重的及时上报领导或老板、财务经理、总经理 8.办理领导交办的其他事务
岗位职业素养要求	1.遵守职业道德,忠于职守,廉洁奉公,热爱本职工作,努力钻研业务,树立良好的职业品质、严谨的工作作风,严守工作纪律,富有团队合作精神,努力提高工作效率和工作质量 2.熟悉财经法律、法规、规章和国家统一会计制度 3.按照会计法律、法规和国家统一会计制度规定的程序和要求进行会计工作,保证所提供的会计信息合法、真实、准确、及时、完整 4.正确运用自己所掌握的知识和技能适应所从事工作的要求 5.具有良好的社交能力和沟通能力、团队合作能力 6.具有良好的服务意识和严谨的工作态度,诚实守信,不谋私利,秉公办事 7.应当保守本单位的商业秘密,不能私自向外界提供或者泄露单位的会计信息
岗位知识要求	1.熟悉相关的法律法规、会计内部控制制度 2.熟悉会计基础知识 3.熟悉会计基础工作规范 4.熟悉《小企业会计准则》 5.熟悉原始凭证审核方法及相关理论 6.熟悉企业内部相关会计制度
岗位技能要求	1.能熟练操作计算机及办公软件 2.能熟练操作财务软件 3.能熟练进行原始凭证审核

　　在原始凭证审核岗位,您将与销售部、采购部有密切联系,从采购员借款、费用报销到货款支付等您都应熟悉;此外,您还会与人力资源部、生产车间有密切联系,从管理人员工资、车间生产工人计件工资核算、职工福利费的发放到职工个人困难补助等您都应认真了解,并及时规范地按规定完成相关审核业务,并主动注意防范财务风险,加强各项开支前审核与监督工作,制定相关内部控制制度等。为更好地完成本岗位工作任务,本项目设计了以下学习与工作任务,学习者通过自我训练达到培训并提高其相关岗位能力的目的,以便尽快融入岗位,很好地胜任岗位工作,为企业提高财务管理水平作出贡献。

岗位任务六　原始凭证审核岗位工作任务

项目任务一 →	认识原始凭证	基础认知工作任务
项目任务二 →	审核原始凭证	职业定向工作任务
项目任务三 →	制定原始凭证报销审批流程	综合性工作任务

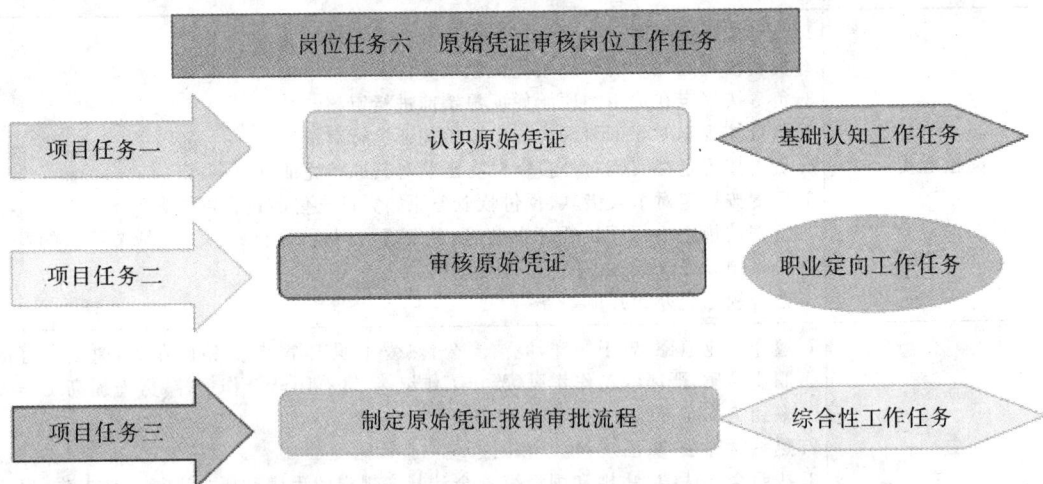

图 6-1　原始凭证审核会计岗位任务

项目任务一　认识原始凭证

社会犹如一条船,每个人都要有掌舵的准备。

——易卜生

岗位任务背景

2011 年春节前,我推荐一位会计电算化专业优秀学生到苏州一家物流公司当会计。次年春节,他回来休假,大家相聚时,他感慨地对我说:"老师,我去工作的第一天,很不顺利,那天工作不知道是怎么做的,一下子就蒙了。"我惊讶地问:"为什么呀?"(他原本是班上会计专业课学得比较好的)他说:"上班的第一天,财务经理一下子给我一大堆票据,要我整理和分类。我在学校从没有见过这样的票据,我不懂得如何分类,急出了满头汗。"

感谢这位同学和我分享他的经历,我从中

受到启发:是啊,不是说工学结合,理实一体,与岗位对接吗? 一个财会专业的学生,竟然没见过真实的票据,不知道什么是可以报销的原始凭证,也不知道什么是不合法不合规的原始凭证,这实在是个值得深思的问题呀。

为了不让这样的囧事再发生,为了培养优秀会计新人,我精心设计了这样一个与会计工作岗位对接的任务,相信您认真领会并完成后会受益匪浅的。加油吧,未来的财务精英们!

📋 素质目标

①具备爱岗敬业、实事求是的科学态度
②具有对相关财经法规和财务制度的解读能力
③具有敏锐的会计职业眼光
④具有一丝不苟、耐心细致的工作作风
⑤具有团队合作能力与沟通能力
⑥具有良好的执行力

📋 能力目标

①能够正确认识原始凭证
②能够正确对符合规范的原始凭证进行分类

📋 知识目标

①掌握正确填写主要原始凭证的方法与原理
②熟悉原始凭证的分类
③熟悉会计法规中关于原始凭证审核的相关知识
④熟悉原始凭证要素和规范

1.1 任务描述

每个工作任务小组组长向实习指导老师领取各 10～20 张真实原始凭证,进行辨认。说出它们代表的经济业务或事项,填写实训报告书。

1.2 工作成果要求

在本学习与工作环节中,您与您的小组应该完成以下工作:

(1)对所提供的真实原始凭证进行辨认,并写在实训报告中,对相关原始凭证反映的经济业务进行描述和介绍。

(2)与其他小组交换,对本组的成果进行审核。

1.3 实施建议

(1)实施步骤建议

①认真学习教材中关于原始凭证的专业知识

②上网查找原始凭证有关知识

③对各真实原始凭证进行辨认

④与同学讨论,取得共识

⑤与其他小组讨论,形成相关实训任务初稿

⑥在小组中进行讨论,对小组任务初稿进行审核修改,也可以请其他小组给予评价

⑦提出意见建议,最后定稿

(2)实施细节建议

①实训过程注意加强对相关专业知识的学习和领会

②由于本项目任务有一定难度,实训过程注意自主学习和主动讨论

③各小组间可以多次研讨修改,需要时请老师指导

④实训过程注意与同学讨论时轻声细语,不要影响其他同学工作

⑤对自己完成本次任务的速度及准确性进行反思,找出需要改进的地方,在笔记本上记录下来

⑥对本组或其他小组任务成果,特别优秀的成果要保存下来,将来带到企业工作岗位中参考应用

1.4 学习专业知识

(1)原始凭证的基本内容

①认识原始凭证

原始凭证又称单据,是企业在经济业务发生或完成时取得或填制的,用以记录或证明经济业务的发生或完成情况、明确经济责任的文字凭证,是会计核算的起点和基础,是记账的原始依据。它不仅能用来记录经济业务发生或完成情况,还可以明确经济责任,是进行会计核算工作的原始资料和重要依据,是会计资料中最具有法律效力的一种文件。原始凭证是企业会计核算的重要依据,具有法律效力,原始凭证的正确性、合法性、合规性、准确性在很大程度上决定了会计信息的真实性与可靠性。

②认识原始凭证种类

原始凭证是会计凭证的一种,是会计核算的基础。由于原始凭证的内容不同,格式多样,种类繁多,它可以按其来源、按表达的经济内容、按用途和格式等进行分类。

A.原始凭证按其取得的来源划分,可分为外来原始凭证和自制原始凭证

原始凭证最重要的分类是按来源分。企业经办人员到公司以外办理经济业务时取得的原

始凭证，称为外来原始凭证。比如企业购买商品、采购原材料时取得的销售发票；员工出差取得的往返电子机票、车票、住宿费发票等。而企业内部员工为反映内部经济事项而自行填制的原始凭证，是自制原始凭证。比如原材料验收入库时填写的“入库单”、“领料单”、“工资结算单”、“成本计算单”等。

B. 自制原始凭证按填制手续不同，又可分为一次凭证、累计凭证和汇总原始凭证

一次凭证是指只反映一项经济业务或同时记录若干项同类性质经济业务的原始凭证，其填制手续是一次完成的，如购进材料验收入库时填写的“入库单”(或称进仓单)、领用材料的“领料单”(或称出库单、出仓单)、职工“借款单”等。累计凭证是指在一定时期内连续发生的同类经济业务的自制原始凭证，其填制是随着经济业务事项的发生而分次进行的，如“限额领料单”。汇总原始凭证是指根据一定时期内反映相同经济业务的多张原始凭证，汇总编制而成的自制原始凭证，以集中反映某项经济业务发生情况。比如：工资汇总表、现金收入汇总表、费用报销汇总表、发料凭证汇总表、差旅费报销单等。

C. 原始凭证按照印制格式与用途不同，又可分为通用凭证和专用凭证

通用凭证是由有关部门统一印制、在一定范围内使用的具有统一格式和使用方法的原始凭证。比如：全国通用的增值税发票、某个银行转账结算凭证等。专用凭证是由单位自行印制、仅在本单位内部使用的原始凭证。比如：收料单、领料单、工资费用分配单、折旧计算表等。

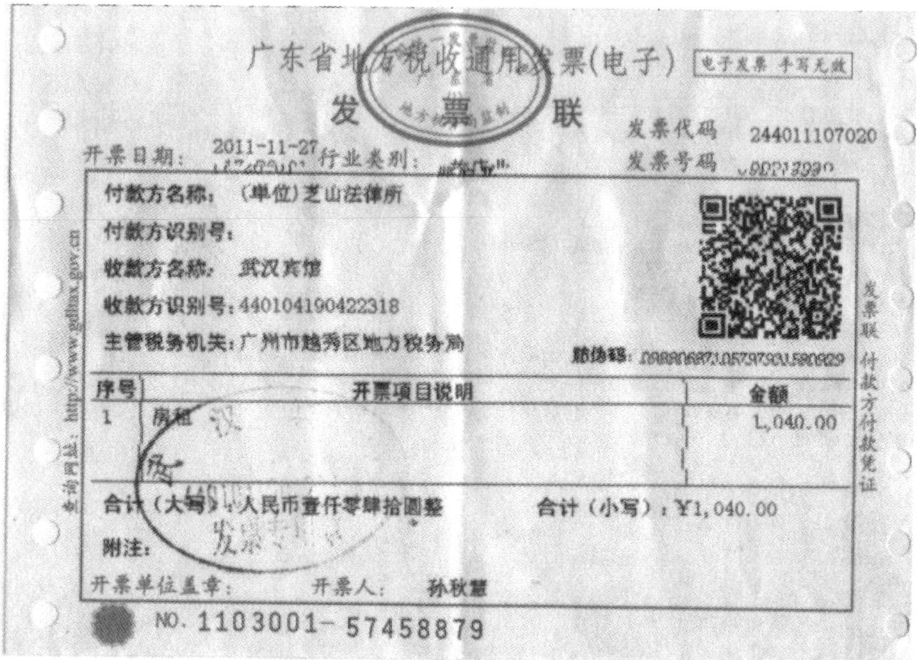
广东省地方税收通用发票(电子) 电子发票 手写无效
发票联
发票代码 244011107020
开票日期：2011-11-27 行业类别：
发票号码
付款方名称：(单位)芝山法律所
付款方识别号：
收款方名称：武汉宾馆
收款方识别号：440104190422318
主管税务机关：广州市越秀区地方税务局
防伪码：

序号	开票项目说明	金额
1	房租	1,040.00

合计(大写)：人民币壹仟零肆拾圆整 合计(小写)：¥1,040.00
附注：
开票单位盖章： 开票人：孙秋慧
NO. 1103001-57458879
查询网址：http://www.gdltax.gov.cn
发票联 付款方付款凭证

图 6-2 外来原始凭证(一)

厦门增值税普通发票

3502102620 № 00211423

开票日期: 2010年08月08日

校验码 43863 63414 35105 82067

购货单位	名 称:	漳州宏达信息发展公司					密码区	>-<9</-8/-/4-05<-*+23 3<<7>>49>-12>510+**09 9>//-505+*2>-3162>*61 /27*200-6542*+6-5>>56	加密版本:01 3502102620 00211423
	纳税人识别号:								
	地址、电话:								
	开户行及账号:								

货物或应税劳务名称	规格型号	单位	数量	单价	金额	税率	税额
优盘		个	3	39.316239316	117.95	17%	20.05
优盘		个	5	52.136752137	260.66	17%	44.32
优盘		个	1	80.341880342	80.34	17%	13.66
优盘		个	2	76.923076923	153.85	17%	26.15
优盘		个	1	83.760683761	83.76	17%	14.24
打印机	2900	台	1	940.17094017	940.17	17%	159.83
墨盒	T057	个	5	35.897435897	179.49	17%	30.51
墨盒	T058	个	1	56.41025641	56.41	17%	9.59
合 计					￥1872.65		￥318.35

价税合计 (大写) ⊗ 贰仟壹佰玖拾壹圆整 ￥2191.00

销货单位	名 称:	厦门市恒塑数码科技有限公司	备注	转账
	纳税人识别号:	35020379808058X		
	地址、电话:	厦门市天湖路24-26号8商场C23 0592-2385086		
	开户行及账号:	中国民生银行厦门分行 2901014170010613		

收款人: 复核: 开票人: 杨美霞 销货单位: (章)

图 6-3 外来原始凭证(二)

(09288-B29D0020)

汇兑来账凭证(回单)

收报日期: 2011/11/10	业务编号: CMTI2850711032906	交易种类: HVPS 贷记
交易流水号: 293513332396	优先级: 0 普通	记录状态: D 直入帐

发起行行号: 103393037909
发起行名称: 中国农业银行股份有限公司厦门市分行
接收行行号: 104399050006
接收行名称: 中国银行漳州分行

收款人账号: 418258369816   收款人开户行行号: 104399050006
收款人名称: 漳州市芗城区芝山法律服务所
付款人账号: 332001040009687   付款人开户行行号: 103393037909
付款人名称: 厦门源乾电子科技有限公司

货币符号、金额: CNY 4,000.00
大写金额: 人民币肆仟元整

附言: 代理费

此联为客户回单   银行盖章

图 6-4 外来原始凭证(三)

收 料 单

2009 年 2 月 16 日

领料单位：第一车间
用途：生产 A 产品

凭证编号：0010
发料仓库：2 号

材料类别	材料编号	材料名称	规格	计量单位	数量		单价	数量
					请领	实领		
型钢	0345	圆钢	25mm	公斤	1500	1500	4.40	6600
型钢	0348	圆钢	10mm	公斤	1000	1000	4.40	4400
合计								11000

发料：　　　　　领料：　　　　　领料单位负责人：　　　　　记账：

图 6-5　自制原始凭证（一）

（支出项目：　　　　　　　　　　）外聘人员劳务费发放表						
姓　名	单　位	身份证号	应发金额	个人所得税（应发金额-800）20%	实发金额	银行帐（卡）号
合　计						

注：为了便捷银行转账，请尽可能提供建设银行的帐号（卡号）。

领导审批：　　　财务主管：　　　财务审核：　　　主管部门：　　　制表：

图 6-6　自制原始凭证（二）

折旧计算表（年数总和法）　　单位：元

年份	原值-预计净残值	年折旧率	各年折旧额	累计折旧额	期末账面净值
1	300000	5 / 15	100000	100000	220000
2	300000	4 / 15	80000	180000	140000
3	300000	3 / 15	60000	240000	80000
4	300000	2 / 15	40000	280000	40000
5	300000	1 / 15	20000	300000	20000

图 6-7　自制原始凭证（三）

零星工作经费支出汇总单

单位：元　　　　　　　　　　　　　　　　　　　年　　　月　　　日

序号	支出金额	支出月份	支出凭证号	凭证张数	备注
1					
2					
3					
4					
合计					

审批人：　　　　财务主管：　　　　部门主管：　　　　经办人：

图6-8　汇总原始凭证——费用报销汇总单（一）

《交通费报销明细汇总表》

去程时间	去程交通费	目的地	返程时间	返程交通费	是否住宿（是、否）	备注

图6-9　汇总原始凭证——费用报销汇总表（二）

D. 原始凭证按经济业务的类别划分

按这个标准对原始凭证进行分类，对原始凭证在编制记账凭证前的整理具有十分重要的意义。会计人员要能够按这个标准进行分类后，同类汇总编制记账凭证，提高工作效率。如，发料（领料）汇总表、入库凭证汇总表、工资汇总表、现金收入汇总表、费用报销汇总表等。

a. 反映现金收入业务的原始凭证

记录现金增加的现金收入凭证，既有外来的，也有自制的，但多为一次性的凭证，比如：现金收款收据、银行现金支票、销售产品的销售发票等。

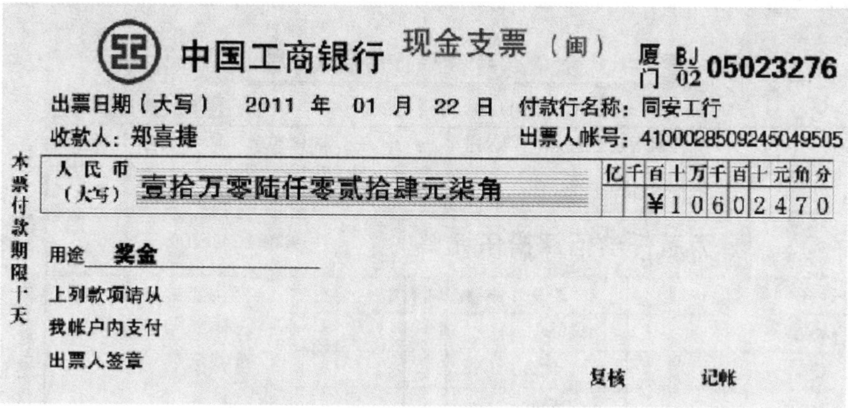

中国工商银行　现金支票（闽）　厦门 BJ 02 05023276

出票日期（大写）　2011 年 01 月 22 日　付款行名称：同安工行

收款人：郑喜捷　出票人帐号：4100028509245049505

本票付款期限十天

人民币（大写）	壹拾万零陆仟零贰拾肆元柒角

亿	千	百	十	万	千	百	十	元	角	分
		¥	1	0	6	0	2	4	7	0

用途　奖金

上列款项请从

我帐户内支付

出票人签章

复核　记帐

图 6-10　现金收入凭证——现金支票

b. 反映现金支出业务的原始凭证

记录现金减少的现金支出凭证，既有外来的，也有自制的，但多为一次性的凭证，这类的票据量比较大，比如现金借款单、领款单、采购原材料的发票、出差车船机票、员工医药费报销单据等。

借　款　单

所属部门		借款人		年　月　日
借款金额	（大写）　拾　万　仟　佰　拾　元　角　分			十 万 千 百 十 元 角 分
用途：				
单位主管：	财务审核：		部门主管：	借款人：
备注：此借款期限原则上最长不超过三个月，业务结束后请尽快办理报销冲账。				

图 6-11　现金支出凭证——借款单

c. 反映银行存款收入业务的原始凭证

记录银行存款增加的银行存款收入凭证，大部分是外来的，并多为一次性的凭证，比如银行贷款到账通知单、电汇到账通知单、收款的银行转账支票进账单、银行汇票等。现金解款单反映银行存款增加，属于自制原始凭证。

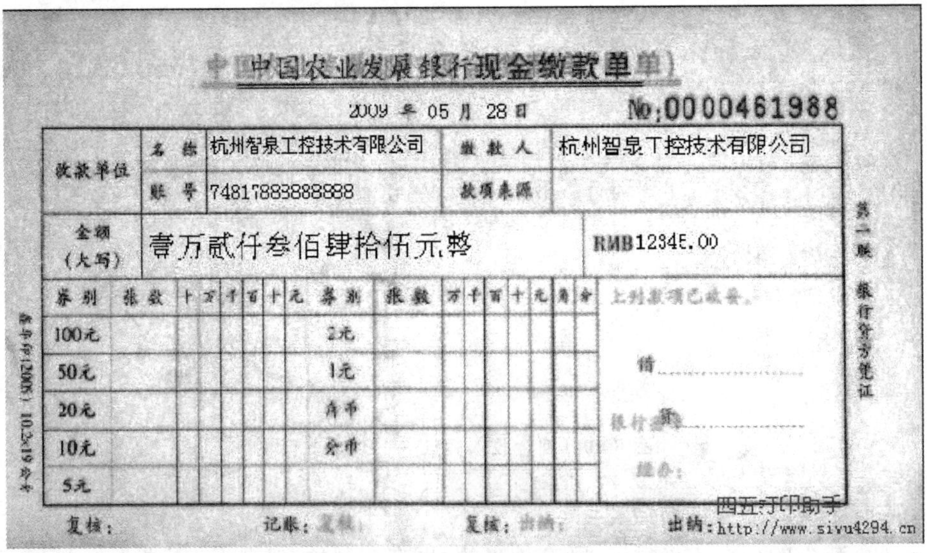

中国农业发展银行现金缴款单

2009 年 05 月 28 日 No:0000461988

收款单位	名称	杭州智泉工控技术有限公司	缴款人	杭州智泉工控技术有限公司
	账号	74817883888888	款项来源	
金额（大写）	壹万贰仟叁佰肆拾伍元整		RMB12345.00	

券别	张数	十	万	千	百	十	元	券别	张数	万	千	百	十	元	角	分
100元								2元								
50元								1元								
20元								角币								
10元								分币								
5元																

上列款项已收妥。

银行盖章

经办：

复核： 记账： 复核： 出纳：

第二联 银行贷方凭证

图 6-12 银行存款收入凭证——现金解款单

d. 反映银行存款支出业务的原始凭证

记录银行存款减少的银行存款支出凭证，有外来的也有自制的，多为一次性凭证，比如银行汇票、银行现金支票、银行转账支票、银行汇票、商业汇票等。

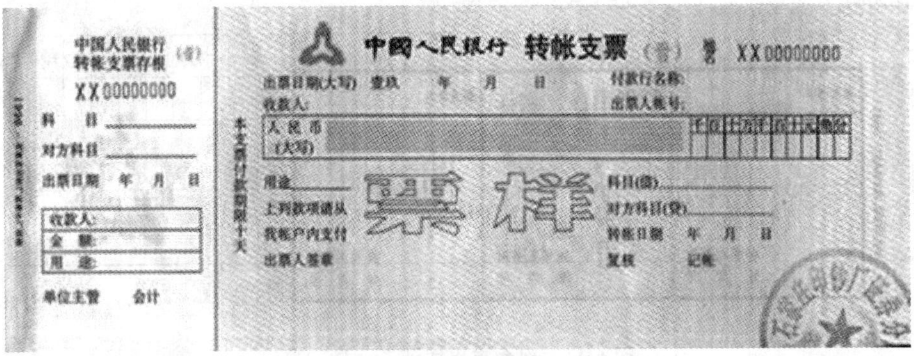

中国人民银行 转帐支票存根

XX00000000

科目

对方科目

出票日期 年 月 日

收款人：

金额：

用途：

单位主管 会计

中国人民银行 转帐支票 号码 XX00000000

出票日期(大写) 壹玖 年 月 日 付款行名称：

收款人： 出票人账号：

人民币（大写） 千 百 十 万 千 百 十 元 角 分

用途

上列款项请从

我帐户内支付

出票人签章

科目(借)

对方科目(贷)

转帐日期 年 月 日

复核 记帐

本支票付款期限十天

票样

图 6-13 银行存款支出凭证——转账支票

e. 反映原材料采购业务的原始凭证

这里所说的原材料是指广义的原材料，它还可以根据原材料大类进行分类，比如，反映采购包装物的原始凭证、反映采购劳保用品的原始凭证、反映采购辅助材料的原始凭证等。

反映原材料采购业务的原始凭证是记录企业采购原材料、物品或接受劳务所取得的外来原始凭证。它大都是企业以外取得的，也大都需要有验收手续才能报账，有的更需要有采购合同或协议书。

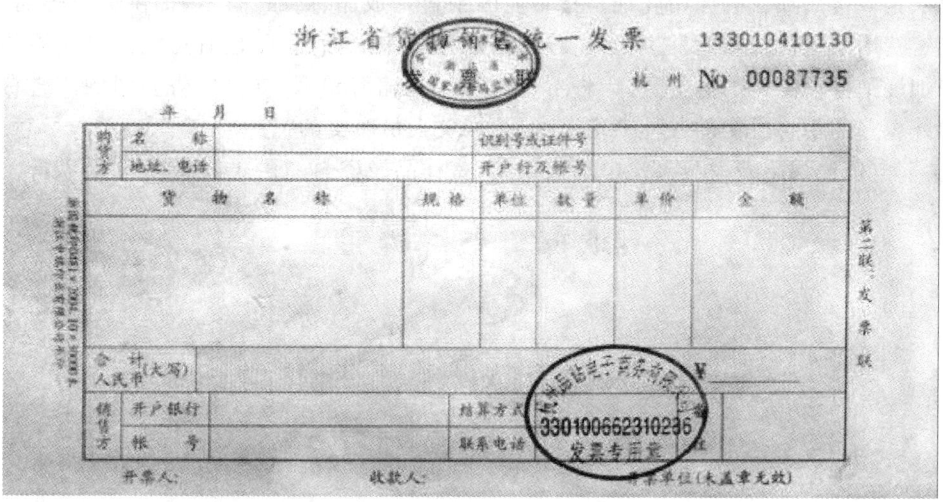
浙江省货物销售统一发票　133010410130

发票联　杭州 No 00087735

年　月　日

购货方	名称		识别号或证件号		
	地址、电话		开户行及帐号		

货物名称	规格	单位	数量	单价	金额
合计人民币(大写)					¥

销售方	开户银行		结算方式	
	帐号		联系电话	

开票人：　收款人：　开票单位(未盖章无效)

第二联：发票联

330100662310236 发票专用章

图 6-14　反映原材料采购业务的原始凭证——货物发票

f. 反映固定资产业务的原始凭证

当企业向其他单位购入固定资产时，取得销售单位开具的销售发票、购销合同、验收单或固定资产交付使用单等资料一起反映固定资产采购业务。此外，还有记录固定资产购置、调拨、报废和盘盈、盘亏等业务的凭证，如固定资产调拨单、固定资产移交清册、固定资产报废单、盘盈报告单和盘亏报告单等。

固定资产盘点表

使用部门：　年　月　日

财产编号	固定资产			单位	登记卡	盘点	盘盈		盘亏		备注
	名称	规格	厂牌		数量	数量	数量	金额	数量	金额	

使用部门负责人：　会点人：　盘点人：　制单：

图 6-15　固定资产盘点表

g. 反映销售费用项目的原始凭证

反映销售费用项目的原始凭证是指企业因销售产成品、商品、材料、提供劳务等而产生的各种销售费用票据。当企业发生销售费用时,取得外来原始凭证,也有可能是自制原始凭证。包括参加展销会而支付的展览费、广告费、摊位费、运输费票据;支付广告公司的广告费票据;企业内外设置的销售机构的各种工资薪酬、为相关人员缴交的"五险一金"、相关人员意外保险费、相关固定资产保险费、招待费、电话通讯费、寄样品及资料的快递包裹费、包装费等。

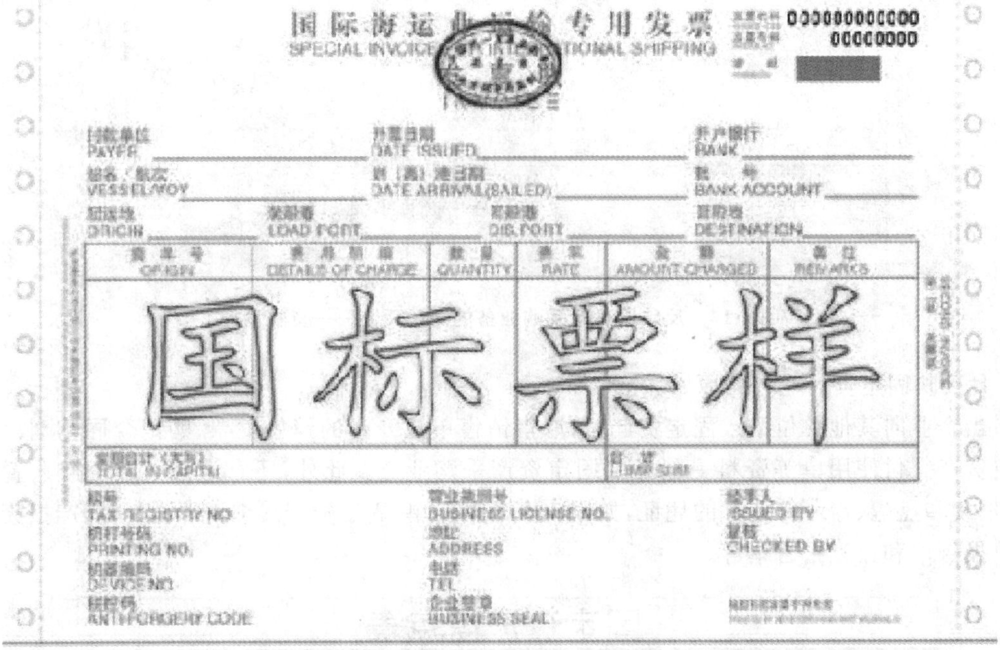

图 6-16　海运发票

h. 反映财务费用项目的原始凭证

反映财务费用项目的原始凭证是指企业为筹集生产经营所需资金等而发生的费用、支付给银行的所有费用、汇兑损益等而产生的票据,它们多是外来的一次性原始凭证。比如:支付给银行的现金支票购买费用单据、支付给银行的贷款利息单等。

i. 反映管理费用项目的原始凭证

反映管理费用项目的原始凭证是指企业为组织和管理企业而设置厂部管理部门及人员而发生的各种原始凭证。通常有外来原始凭证也有自制原始凭证;有一次性原始凭证也有汇总原始凭证。比如,自制的工资薪酬发放表(自制)、支付的招待费餐票(外来)、电话通讯费收据(外来)、购买办公用品的发票(外来)、折旧费计算表(自制)、固定资产修理费用(外来)、水电费发票(外来)、办公场所租金发票(外来)等。

图 6-17　支付银行的手续费原始凭证

图 6-18　电脑耗材发票

j. 反映销售业务的原始凭证

反映销售业务的原始凭证是指企业对外销售产成品(商品)或提供劳务的凭证。有外来的原始凭证,也有自制的原始凭证。如出库单(自制)、销售发票(自制)、运费单据(外来)、购销合同、银行收款单据等。

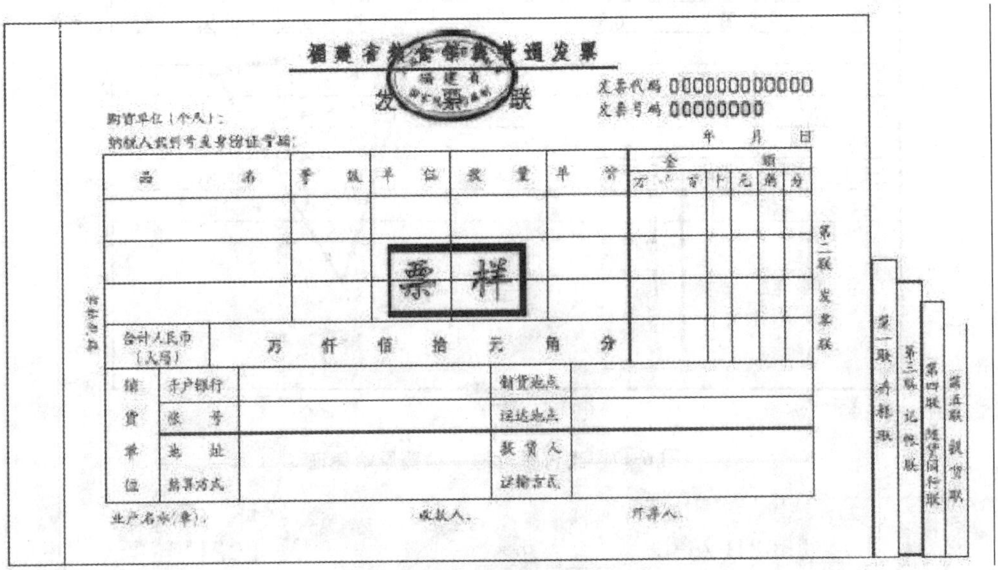

图 6-19　货物销售普通发票

除此之外,还有反映出入库业务的原始凭证、反映成本费用的原始凭证、反映转账业务的原始凭证等。

③了解原始凭证基本内容

规范的原始凭证正面应该包括以下基本内容:原始凭证名称、填制凭证的日期和编号、填制凭证单位名称或者填制人姓名、对外凭证要有接受凭证单位的名称、经济业务所涉及的数量、计量单位、单价和金额、经济业务的内容摘要、经办业务部门或人员的签章。

规范的原始凭证背面应该包括以下基本内容:经办人签名、有数量的销售发票还要有证明人签名或附验收单、部门领导审核签名、财务经理审核签名、总经理审批签名。

(2)原始凭证填写规范

①原始凭证基本内容

A. 原始凭证的名称

B. 原始凭证的编号

C. 原始凭证填制的日期

D. 原始凭证填制单位的名称

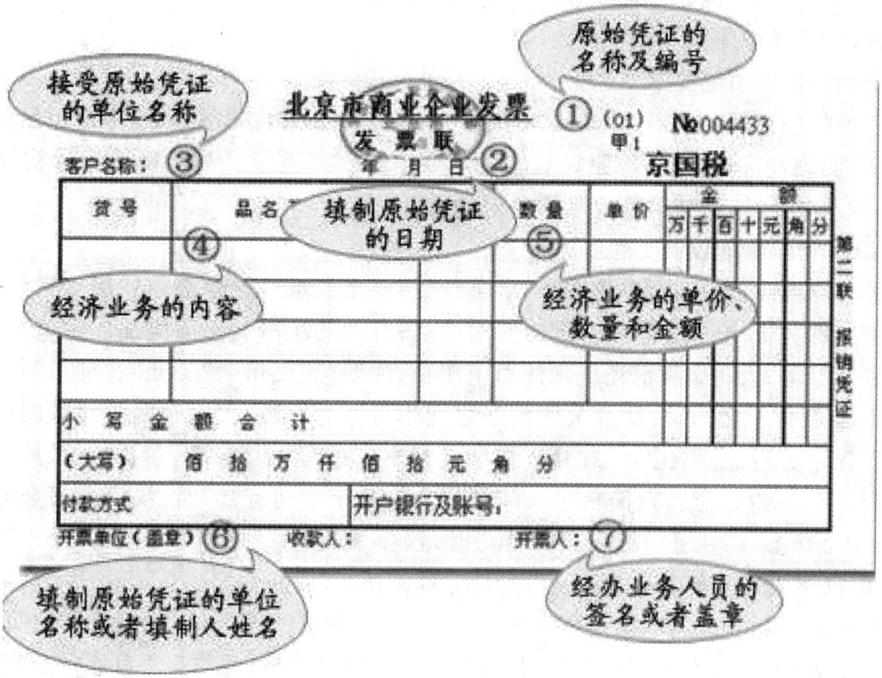

图 6-20　原始凭证正面

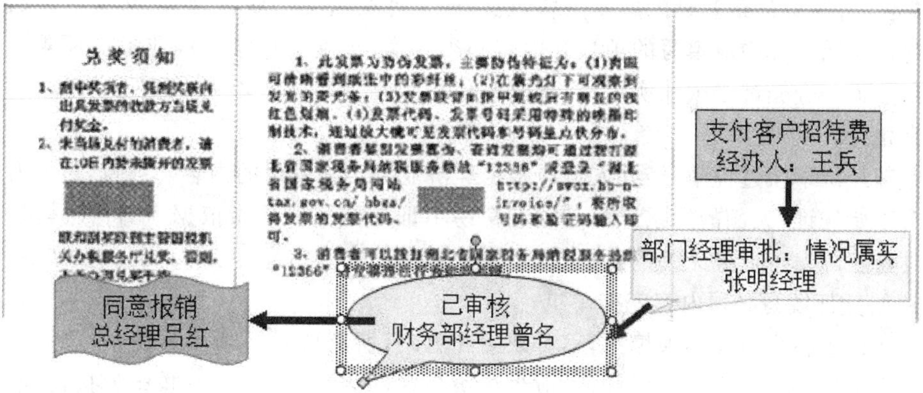

图 6-21　原始凭证背面

E. 接受原始凭证单位名称

F. 经济业务的内容摘要

G. 经济业务的实物数量、单价和金额

H. 原始凭证填制单位及经办人员的签名或盖章

I. 原始凭证的附件

②原始凭证的填制要求

由于原始凭证的种类不同,其具体填制方法和填制要求也不尽一致,但就原始凭证应反映经济业务、明确经济责任而言,原始凭证的填制有其一般要求。为了确保会计核算资料的真实、正确并及时反映,应按下列要求填制原始凭证。

A. 原始凭证填写必须规范正确

原始凭证要用蓝色或黑色笔书写,字迹清楚、规范。填写支票必须使用碳素笔;属于需用复写纸套写的凭证,必须多联一次同时套写清楚;合计的小写金额前应加注币值符号,如代表人民币的"¥"等;大写金额前还应加注币值单位,注明"人民币"、"美元"、"港币"等字样,且币值单位与金额数字之间,以及各金额数字之间不得留有空隙;大写金额为整数的应在末尾加"整"字。汉字大写金额数字,一律用正楷字或行书字书写,如壹、贰、叁、肆、伍、陆、柒、捌、玖、拾、佰、仟、万,不得任意自造简化字。阿拉伯金额数字中间有"0"时,汉字大写金额要写"零"字,阿拉伯金额数字中间连续有几个"0"时,汉字大写金额中可以只写一个"零"字,如¥3 004.56,汉字大写金额应写成人民币叁仟零肆圆伍角陆分。

填写各种原始凭证均不得随意涂改、刮擦、挖补,若填写错误,应作废重新填写;对于预先印有编号的各种凭证,在填写出现错误后,要加盖"作废"戳记,并与存根联系一起保管备查。

B. 原始凭证填写必须真实

原始凭证是用以记录或证明经济业务的发生或完成情况,用于明确经济责任的一种原始凭据,它是会计核算的最基础的原始资料,要保证会计核算工作质量,必须从保证原始凭证的质量做起。原始凭证中应填写的项目和内容必须真实、正确地反映经济业务的原貌。无论日期、内容、数量和金额都必须如实填写,不能以估算和匡算的数字填列,更不能弄虚作假,改变事实的真相。

在办理经济事项过程中,经办人员应根据经济业务实际发生的内容和数量,按照有关规定填制相关原始凭证,大额的发票开具必须有交易单证或结算清单做依据,不得开具虚假发票,不得开具与实际发生业务无关的发票,也不得开具本单位营业范围项目以外的发票。

C. 原始凭证填写必须内容完整

原始凭证中各项目应逐项填写,不可缺漏和省略,所有要素必须填写完整,经办人及相关印鉴必须齐全。一式几联的原始凭证,应当注明各联的用途,只能以一联作为报销凭证,作废时应当加盖"作废"戳记,连同存根一起保存,不得撕毁。

购买实物的原始凭证,必须有实物验收证明;支付款项的原始凭证,必须有收款单位和收款人的收款证明;自制原始凭证(如入库单、领料单等)必须有经办单位负责人(或其指定的人员)和经办人签名或者盖章;开具增值税专用发票,须由客户提供增值税一般纳税人证明资料,并严格按有关规定开具。

D. 原始凭证使用印章应当正确得当

办理银行存取款、转账的银行票据应按银行相关规定加盖单位预留印鉴;所有发票或收据均应按规定在发票联加盖发票专用章;增值税专用发票须在发票联和抵扣联同时加盖单位发票专用章;从外单位取得的原始凭证,必须盖有填制单位的公章或专用印章;发票或收据等原始凭证上加盖公章时应使用红色印泥。

(3)原始凭证其他事项

①原始凭证整理要点

每个月,会计核算员将从出纳员手中接过来一大堆的原始凭证,怎么样对它们进行分类,然后来据以填写记账凭证呢?请按以下步骤来分类整理后,同类凭证可以汇总在一起填制一份会计凭证,不必要每一张单据做一笔会计分录,这样可以节约纸张成本,也可以在会计凭证装订时更加方便一些。

A. 涉及现金、银行存款收支业务的单据按支付或收讫的时间进行分类,以前月份的原始凭证可以在本月报销。

B. 按票据所反映的内容、用途分类,比如,反映销售业务的单据找出来放在一起;在所有销售收入单据中,如果是全额收到货款的,可以将销售发票与银行收款单据放在一起编制会计分录,这样说明一笔经济事项已经完成,不必将它们人为地分开,有的会计将银行存款收入单据单独做收入,再将销售发票单独做"应收账款",这样不能完整反映此项经济业务的真实全貌,也不直观,不方便与客户对账。

C. 按票据所涉及部门分类,比如,销售部,他们所开支的费用都是归集到"销售费用"科目,所以,您可以将这个部门的所有支出找出来归在一起做会计处理。

D. 按票据所涉及会计科目分类,比如,纳税的凭证,可以找出来,一起编制会计分录;再比如,一个月当中,支付的出差费用共有30笔,您可以将出差费用有关的单据找出来,然后再根据是现金支付还是银行支付再次分类,汇总后据以编制会计分录,这样工作效率会更高。(需要提醒的是:在汇总时请一定用电子表格汇总,并保存草稿件,以便核对或查错时用。)

②原始凭证的查阅

经审核无误并已办理了收付款业务等原始凭证,体现经济业务发生实际情况的原始凭证可以作为记账依据登记入账,经装订成册后成为会计档案。已入账的原始凭证不得外借。单位或个人因特殊原因,需要查阅或使用原始凭证时,经本单位领导或财务主管批准,可以复印,但复印时,须有财务人员在场。向外单位提供的原始凭证复制件,应在专设的登记簿上登记,并由提供人员和收取人共同签名或盖章。

凭证查询申请单

查询日期:200 年 月 日

项目	内容
查询凭证事由	
相关凭证时间范围	
对方单位名称	
金额(元)	

申请人:　　　　部门领导:　　　　财务审批:　　　　单位领导审批:

图 6-22　原始凭证查询申请单格式

③外来原始凭证遗失的处理

有时候,出差人员或者采购人员因故找不到已经办理好业务的原始凭证,但是,经办人确实已经支付款项了,总得有个办法来解决这个问题。外来原始凭证遗失时可按以下方法办理,取得代替原有原始凭证的证明资料。

A. 根据原票据存根复印,注明"按原件复印"并加盖填制单位公章,经办人应在此复印的票据背面注明"原件遗失"。

B. 无法根据原票据复印的,应取得原填制单位盖章证明,并注明原始凭证编号、金额和内容等,经单位领导批准后,才能代作原始凭证。比如,出差回来,不小心把飞机票连同衣服洗掉了,那您可以带身份证到相关机场的售票点去打一张行程证明单,加盖公章后代替原来的飞机票。

C. 如确实无法取得证明的如外地火车、汽车、轮船、飞机票等,由当事人写出详细情况,同时附上网上截取的车票价格佐证材料,经相关人员、部门领导证明后,由单位领导批准,代作原始凭证。

④原始凭证分割单

有时候,多个公司或单位一同出差或一同支付某一项费用,对方只开具一张原始凭证,而那张原始单据所列支出金额需要几个单位共同负担的,应当将其他单位负担的部分,开给对方原始凭证分割单,进行结算。

原始凭证分割单必须具备原始凭证的七大基本内容:凭证名称、填制凭证日期、填制凭证单位名称或者填制人姓名、经办人的签名或者盖章、接受凭证单位名称、经济业务内容、应分担的数量、单价、金额和费用分摊事由等。

手续完备的原始凭证分割单可代作原始凭证办理付款。

⑤原始凭证的粘贴

当您所持有的原始单据面积比较小时,怕在会计凭证装订时被订上,不方便查账,这种情

原始凭证分割单

年　　月　　日

接受单位			地址										
原始凭证	单位名称		地址										
	凭证名称		日期		编号								
总金额	人民币 （大写）					十	万	千	百	十	元	角	分
分割金额	人民币 （大写）					十	万	千	百	十	元	角	分
原始凭证主要 内容、分割原因													
备注	该原始凭证附在单位　年　月　日第　号记账凭证内												

分割单位（盖章有效）　　　　　　　　　　　　　　　　填制人

图 6-23　原始凭证分割单格式

况下，原始单据在报销前需要进行整理、粘贴。原始凭证应按照下列要求进行粘贴、整理，不得随意、无序粘贴。

　　A.原始凭证进行粘贴时，必须使用统一提供的单据粘贴单、差旅费报销单等相关单据。单据粘贴单的反面不得用于粘贴原始凭证。

　　B.所有原始凭证必须在粘贴单上由上而下、自左至右、均匀排列粘贴。将胶水涂抹在票据左侧背面，从装订线（粘贴单左侧 2 厘米位置）开始粘贴，将票据向右边均匀排开横向粘贴，注意不要将票据集中在粘贴纸中间，以免造成中间厚四周薄、凭证装订起来不整齐的现象。

　　C.每张发票均应直接粘贴在单据粘贴单上，而不能发票粘在发票上，以免日后全部脱落丢失。

　　D.粘贴的原始凭证必须在粘贴单的装订线内，上方及右方不得超出粘贴线，个别规格参差不齐的凭证，可先裁边整理后再行粘贴，但必须保证原始凭证内容的完整性。

　　E.原始凭证应按照报销的经费项目进行分类整理，如办公费、招待费、差旅费、教学业务费、实验教学维持费等等，应按照类别分别粘贴，把相同经费项目的原始凭证粘贴在一起。

　　F.如果同类票据大小不一样，可以在同一张粘贴纸上按照下面大、上面小的顺序粘贴；票据比较多时可使用多张粘贴纸；对于比粘贴纸大的票据或其他附件不用粘贴。

　　G.出差报销凭证（如住宿费、过桥过路费、车船票等），均应使用差旅费报销单做封面。粘贴时，应先将原始凭证粘贴在单据粘贴单上，然后加贴差旅费报销单，不得直接在差旅费报销单的背面粘贴报销凭证。

票据粘贴完整后,经办人在票据上签名,汇总票据金额,注明票据的张数,由经办人、证明人、会计与审批人签字(审批人应写清同意报销多少金额,最好为大写),后到计财处报销。出纳员在支付完成相关款项时,应在这些粘贴票据上印上"现金付讫"或"银行付讫"的印章,以上印章不能只印在报销汇总表上,这样可以防范单据被撕下再次来报销。

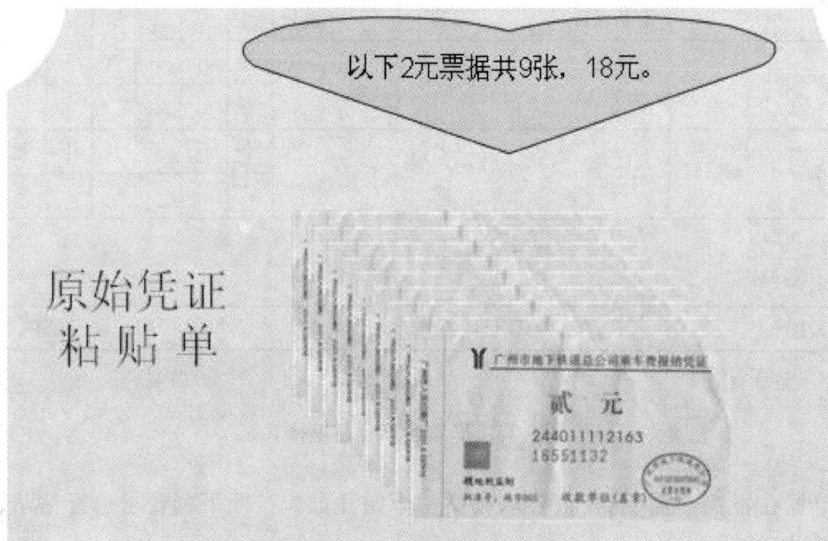

图 6-24　原始凭证粘贴(一)

图 6-25　原始凭证粘贴(二)

◎ 励志小故事

拔出你心中的钉子

在台湾的一个小山村,有一个男孩子脾气很坏,当他生气时,就乱骂人、乱扔东西。他父亲为了帮他改掉爱乱发脾气的毛病,给他一袋钉子,告诉他,每当要发脾气时,就钉一根钉子在后院的围篱上。

第一天,男孩钉下了 37 根钉子。可是,在接下来的每一天中,男孩钉下钉子的数量一天天减少。他发现,控制自己的脾气其实不难。

终于有一天,男孩发现自己再也不乱发脾气了。父亲对他说,那么,当你能控制自己,克制自己不发脾气时,你就拔下一根钉子吧。

一天天过去了。终于有一天,男孩终于满心欢喜地告诉父亲,终于把所有钉子都拔出来了。

父亲开心、赞赏地对他说:"孩子你是好样的! 但是,你会在以后的日子里一直见到围篱上被你钉上钉子的小洞,这些围篱将永远不会恢复到原来的状态。当你生气对别人说话时,就好像这些钉子,在别人的心里留下伤痕。你因无法控制自己而对别人做出过火的行为、对别人说出伤人的话语都会给别人留下永远的伤痛。"

温馨提示:言语也能伤害人。学会控制自己的情绪,谨慎言辞,多点耐心,宽容待人,定能减少许多不必要的伤害,在职场建立和谐关系。

◎ 参考资料推荐

1. 1999 年 10 月 31 日第九届全国人民代表大会常务委员会第十二次会议修订《中华人民共和国会计法》

2. 罗伊·J. 列维奇、布鲁斯·巴里、戴维·M. 桑德斯:《谈判学》,中国人民大学出版社,2008

◎ 网中网软件训练

请完成厦门网中网软件有限公司"会计分岗位核算"模块,熟悉相关单据并了解其所代表的经济业务。

◎ 课后自我提高再训练

请完成实训任务 6.1

项目任务二　原始凭证审核

懒于思索,不愿意钻研和深入理解,自满或满足于微不足道的知识,都是智力贫乏的原因。这种贫乏用一个词来称呼,就是"愚蠢"。

——高尔基

📋任务背景

在 1985 年,我担任一个制造业企业主办会计,在执行原始凭证审核工作时,经常为了与有关人员沟通、向他们介绍财务管理制度而花去许多时间,也因坚持原则而得罪了同事。一次,有一位销售部业务员出差到东北三省推销产品,在报销的差旅费单据中,我发现,他从锦州去北京住了 3 天,然后才从北京回到公司。经审核他出差审批单,没有去北京的行程计划。在审核时,我就不让他报销在北京 3 天住宿费用、交通费,以及出差伙食补贴。他十分生气,找到厂长来论理。

原始凭证审核是会计核算工作的一个重要内容,是会计监督的重要手段,根据《会计法》规定,它是会计机构、会计人员结合日常财务工作进行会计监督的基本形式。财务人员对原始凭证的审核是财会部门的一道重要监督关口,为保护集体利益,规范内部管理,一定要把好凭证复核关。会计人员在凭证审核时,一定要严肃认真、坚持原则、严格执行制度、履行职责。

这个项目任务是与会计工作岗位十分贴近的任务,应该也是许多老师也没接触过的,所以这部分将尽量写得详尽一些,同时配有教学指导资料。社会上的读者可以发邮箱索取正确答案和资料。

📋素质目标

① 培养实事求是的科学态度
② 树立爱岗敬业的精神
③ 培养敏锐的会计职业眼光与会计专业思考方式
④ 培养一丝不苟、耐心细致的工作作风
⑤ 培养良好政策解读能力和良好执行力

能力目标

1 能够按规定对原始凭证合法性进行审核
2 能够按规定对原始凭证合理性进行审核
3 能够按规定对原始凭证正确性进行审核
4 能够根据原始凭证审核结果提出改进及处理意见

知识目标

1 熟悉会计法中关于原始凭证审核的规定
2 熟悉原始凭证合法性、合理性、正确性审核要点
3 掌握原始凭证审核结果处理的有关规定

2.1 任务描述

每个工作任务小组组长向实习指导老师领取各10～20张真实原始凭证,或根据本教材提供的原始凭证按规定进行审核,经过讨论,写出审核报告,说明该原始凭证是否合法、合规、正确,对有问题的原始凭证进行说明并提出处理意见,填写实训报告书。

2.2 工作成果要求

在本学习与工作环节中,您与您的小组应该完成以下工作:
(1)根据《会计法》及公司内部制度规定对所提供的原始凭证进行合法性审核
(2)根据《会计法》及公司内部制度规定对所提供的原始凭证进行合规性审核
(3)根据《会计法》及公司内部制度规定对所提供的原始凭证进行正确性审核
(4)以上任务完成形式为手写纸质材料。根据原始凭证审核结果,填写本次实训任务报告,在实训课内完成,下课前上交任课教师。
(5)本次学生个人任务的实训小结应该包括:本次任务所担任的角色与工作、个人工作过程描述、收获与不足、意见与建议等。字数不少于500字。审核工作流程可以佐以流程图形式。

2.3 实施建议

(1)认真阅读《会计法》和本教材中关于原始凭证审核的专业知识
(2)对所提供的真实或仿真原始凭证,根据《会计法》及公司内部会计制度规定,进行认真细致的审核,具体审核步骤:审核原始凭证的合法性、合规性、合理性、正确性。
(3)对有问题的原始凭证进行说明并提出处理意见
(4)个人先独立思考,对原始凭证审核、分析、判断,然后与小组其他同学讨论,取得正确答案
(5)与另外一个工作与学习小组讨论,取得共识,修改审核结果
(6)总结并填写本次项目工作任务《原始凭证实训任务报告》,完成实训小结

(7)在规定时间内完成并及时上交工作成果。

2.4 学习专业知识

原始凭证审核是会计核算工作的一个重要内容,是会计监督的重要手段,根据《会计法》规定,它是会计机构、会计人员结合日常财务工作进行会计监督的基本形式,财务人员对原始凭证的审核是财会部门的一道关口,一定要把好凭证复核关,在凭证审核中一定要严肃认真、坚持原则、严格执行制度、履行职责。

(1)原始凭证审核

原始凭证是反映经济业务真实事项发生情况的重要会计核算依据,具有法律效力,它的质量决定了会计信息的真实与可靠。对内容不完整、手续不齐全、书写不清楚、计算不准确的原始凭证,应退还有关部门和人员,及时补办手续或进行更正;对违法收、支坚决制止和纠正。会计人员既不制止和纠正,也不向单位领导人提出书面意见的,要承担相应的经济和法律责任;对严重违法及损害国家和社会公众利益的收支,应及时向主管单位或财政、税务、审计、监察机关报告,接到报告的机关应及时处理。

①原始凭证的真实性审核

所谓真实,就是说原始凭证上反映的应当是经济业务的本来面目,不得掩盖、歪曲和颠倒事实,财务人员在审核凭证过程中首先以口头询问的方式通过职业判断进行审核。

A.审核原始凭证票据本身是否真实有效,是不是伪造、变造的假发票。

B.经济业务双方当事单位和当事人必须是真实的。开出和接受原始凭证的单位,填制和取得原始凭证的责任人都要据实填写。

C.经济业务发生的时间、地点、填制凭证的日期必须是真实的。不得把经济业务发生的真实时间及填制原始凭证的真实日期改变为以前或以后的时间;不得把在甲地发生的经济业务改变成在乙地发生。

D.经济业务的内容必须是真实的。如果是购货的业务,必须标明货物的名称、规格、型号、数量、单价、金额等;是住宿业务,就要标明住宿的日期;乘坐交通工具,就得标明交通工具种类和起止地点;是就餐业务,必须标明就餐,不得把购物写成就餐,把就餐写成住宿;是劳动报酬支付,就应该附有考勤记录和工资标准或相关用工合同等。

E.经济业务的"量"必须是真实的。购买货物的业务,要标明货物的重量、长度、体积、数量,并附入库单或验收人签字;其他经济业务也要标明计价所使用的量,如住宿1天、参观展览3次、住院治疗10天等。

F.还有关键的一点就是单价、金额必须是真实的。不得在原始凭证填写时抬高或压低单价,多开或少开金额。

G.审核经济业务的双方当事单位和当事人签章是否真实有效。

②原始凭证的合法性审核

所谓的合法,是在审核原始凭证的真实性的前提下,审核该项开支是否符合企业的规章制度。具体审核要求主要有以下几个方面:

A. 审核原始凭证是否有税务局或财政局监制印章。

B. 审核原始凭证所列的支出是否按合同协议书执行,是否超过合同或协议书的约定付款。

C. 审核原始凭证所列的支出有无按招投标规定进行政府采购(特别是行政事业单位)或单位集体采购。

D. 审核原始凭证是否为伪造、变造的假票据,有些原始凭证印制粗糙、印章不规范,也可以看出是假的,这种不真实的票据是不合法的。

③原始凭证的合理性审核

审核本项开支是否有计划或经费预算。

A. 审核原始凭证所列的支出有无违反国家法律法规,有无不符合规定或超标准开支。如:凡私人购置和私人使用的物品,都不能用公款报销;个人非因公外出发生的各种费用都不能用公款报销。

B. 审核原始凭证的支出比例或金额有否超标准,超过比例和限额的不能报销。

例如,职工因公出差乘坐火车飞机、到旅馆住宿,对等级、金额都有限定,超过部分应自理;医药费报销,不同工龄的职工享受公费的比例不同,报销时要按其公费比例报销,如果超过比例报销,超出部分就是不合理的。

C. 审核原始凭证所记录的经济业务是否符合企业经济活动的需要,是否为合理开支。

④原始凭证的完整性审核

A. 审核原始凭证所有要素是否齐全,接受凭证单位的名称是否为本单位的全称,有无写错或不规范表达,比如:一个公司去购商品,发票不能写成二级部门名称,如:××公司销售部或直接写"铸造车间",这样均是不规范的。

B. 审核原始凭证中是否清楚地注明经济业务的内容,有无表达不完整的地方。

C. 审核原始凭证审批手续是否完整。查阅票据背面是否有经办人、证明人或验收人、部门负责人签名。

D. 审核附件是否齐全,是否将批准文件、采购合同或协议书、入库单或其他验收证明等佐证材料作为原始凭证附件。

E. 经上级有关部门批准的经济业务,应当将批准文件作为原始凭证附件。如果批准文件需要单独归档的,可以将复印件作为原始凭证附件或在凭证上注明批准机关名称、日期和文件字号。

⑤原始凭证的正确性审核

审核销售发票中反映的商品名称、规格、数量、单价、总额计算和书写是否正确。

A. 审核发票上是否有税务机关的发票专用章,是否为正版发票。

B. 审核行政事业票据上是否有财政局监制专用章,是否为正版收费票据。

C. 审核外来原始凭证中有无填制凭证单位名称,是否按规定加盖填制凭证单位的发票专用章或收费专用章。

D. 审核检查数量乘以单价是否等于该项目金额。

E. 审核检查发票中各项目合计是否正确。

F. 审核检查大写与小写金额书写是否相符,书写是否规范。

G. 审核劳务发票中反映的劳务的名称、数量、单价和总额是否正确,检查各项计算是否准确无误。

H. 审核填制人(开票人、制表人)姓名是否填列齐全。

I. 审核报销联次正确与否。一式几联的原始凭证,只能以"发票联"或"客户联"作为报销凭证,不得用"存根联"来报销。

⑥原始凭证的及时性审核

A. 审核原始凭证的填制日期是否过期,是否超过支付时限。特别是办理银行业务的原始凭证时效性强,应仔细审核其签发日期。不得用过去的原始凭证来反映现在的经济业务。比如:2012 年 12 月 20 日,销售人员送来去年的交通或住宿票据要报销,这样就不及时啦。

当然,有一种情况比较特殊,这位销售人员去年出差后,交通或住宿票据一直找不到,到现在才找到,所以,现在才来报销,并有出差审批单为据。当您遇到这样情况时,根据实事求是的原则,请他写一份情况说明,并请部门经理证明签名后,可以进行审核。

B. 有经费预算的支出,应在规定期限内报支,如果超过时限,就应拒绝报销。会计人员认真对原始凭证审核后,应在凭证背面签上自己的名字,并注明"已审核",以示已经过审核,同时注明审核时间,会计人员对其审核签字的凭证负有相关责任。经过审核无误的原始凭证可办理付款和记账业务。出纳人员在办理完款项收付业务后,应及时在原始凭证上加盖"银行收讫"、"银行付讫"、"现金收讫"、"现金付讫"专用章。

(2)对审核有问题的原始凭证应如何处理

《会计法》第 14 条规定:会计机构、会计人员必须按照国家统一的会计制度的规定对原始凭证进行审核,对不真实、不合法的原始凭证有权不予接受,并向单位负责人报告;对记载不准确、不完整的原始凭证予以退回,并要求按照国家统一的会计制度的规定更正、补充。原始凭证记载的各项内容均不得涂改;原始凭证有错误的,应当由出具单位重开或者更正,更正处应当加盖出具单位印章。原始凭证金额有错误的,应当由出具单位重开,不得在原始凭证上更正。记账凭证应当根据经过审核的原始凭证及有关资料编制。

①审核中出现下列情况的原始凭证应拒绝受理

A. 未经税务或行政机关监制的发票、收据,如自制内部收款收据或白条。

B. 弄虚作假、营私舞弊、伪造、假冒的原始凭证。

C. 不符合规定的发票。

D. 经过涂改、挖补的原始凭证。

E. 内容不真实、字迹不清楚的原始凭证。

F. 数字计算错误的原始凭证。

G. 作废以及其他不符合税务机关规定的发票。

②原始凭证发现下列情况的应退回填制单位或填制人员补填或更正

A. 错误或无法辨认的原始凭证应退回重新开具。

B. 项目不齐全的原始凭证应退回补充完整。

C. 没有加盖出票单位财务印章或者发票（收费）专用章的发票或行政事业性收据，退回补盖相关印章。

D. 没有经办人签名或签名不规范、不齐全的要求退回重新签署。

E. 计算错误的自制原始凭证应退回重填。

F. 发票或收据联次使用错误的应退回换正确联次。

如果是有前几个月已经入账的原始凭证，凭证已经装订了，不能把错的凭证抽出，应另外以正确原始凭证进行更正，并加以说明，将补充的资料粘贴或装订到相关凭证后面。

表 6-2　原始凭证审核发现问题后的处理方法

原始凭证审核结果	原始凭证审核结果的处理
原始凭证不真实	对不真实不合法的原始凭证，不予接受，并向单位负责人报告
原始凭证不合法	
原始凭证不合理	对记载不合理的原始凭证予以退回，金额多出的，应在原始凭证正面上写明实际报销金额
原始凭证不完整	对记载不准确、不完整的原始凭证予以退回，要求按规定更正、补充；也可以退回由出具单位重开或者更正，更正处应当加盖出具单位印章
原始凭证不正确	由出具单位重开，不得在原始凭证上更正
原始凭证不及时	原则上不给报销，如果情况特殊，经批准后给予报销

（3）原始凭证审核实务

我们知道，会计有两大职能，一个是核算的职能，一个是监督的职能。原始凭证审核就是会计监督职能中一项十分重要的工作。一位称职的会计人员，要完成原始凭证审核工作任务，需要有全面的财务管理意识，很好的会计制度解读能力，优秀的执行力。下面，让我们一起来试试完成这项难度较高的财务监督工作吧。

表 6-3 公司管理人员岗位情况表

公司管理人员及岗位情况

姓名	所在部门	职务	职能说明
郭明宏	总经办	总经理	审批费用
李兴过	销售部	经理	
吕 斌	采购部	经理	
王力去	办公室	经理	
邹 洁	财务部	经理	审核费用
江迈河	车 间	主任	
林 莉	财务部	出纳	办理支付
洪东海	销售部	科员	
孔兴明	采购部	科员	
张林达	办公室	科员	

[例 6-2-1] 电信费用支出凭证审核

北 京 市电信局电信使用费收款收据

使用费 （本收据须盖章及收款员私章方可生效）		发票号： 1987457	
电话号码：55000011	信息费：	长途电话、非话费用：	
市话、移动电话费：		国际长途：	
月租费：		国内长途：	
通话费： 5035.00	98168：	直 拨：	
市政附加费：	新 太：	人 工：	
新业务月租费：	利 尼：	半 自 动：	
话机代理费：		电 报：	
无委费：		电子信箱：	
		ChInenet：	
		传真存储转发：	
小 计：	小 计：	小 计：	
合 计： ￥5035.00	其中：		
大写： 伍仟零叁拾伍元整			
168.96168查询电话：	备注	收款员：陈丽	
新太查询电话：			
利尼查询电话：		2008 年 12 月 05 日	

图 6-26 电信使用费收款收据正面

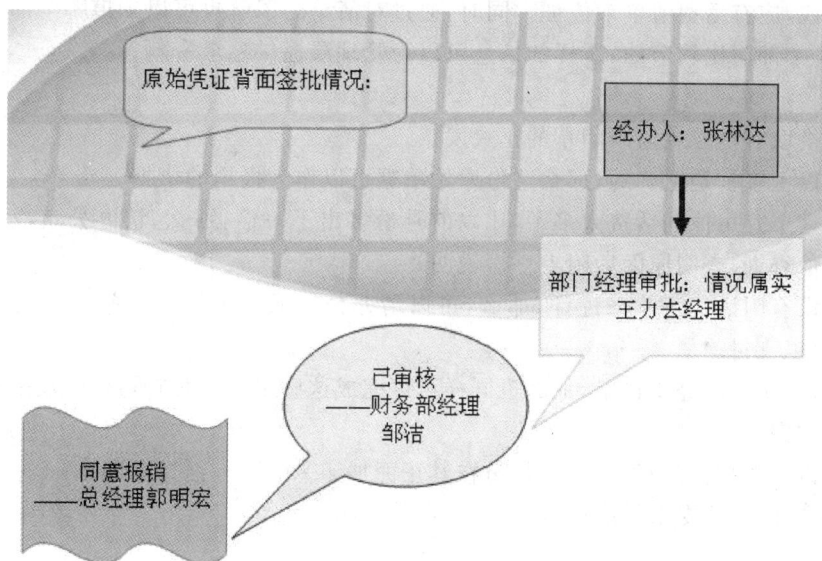

图6-27　电信使用费收款收据背面

解读：

这种电话费用和电费、水费一样，一般都是采用和约的形式支付，也就是企业与这些垄断部门签订协议，采用直接从银行账户以托收无承付的形式付款，每月初提供服务的电信、电力、自来水公司通过对采集来的客户消费信息，开出银行托收单，委托企业所在银行在不需要征得企业同意的情况下，就可以直接从企业账上划款支付。当然，在签订协议时，您可以要求他们提供费用清单，若对托收的费用有异议，也可以提出查询。

经认真审核，可以从这张原始单据中获得以下信息：

①对凭证正面审核后可以知道，此电话费的收款收据是一张专用原始凭证，只在北京市用，不在全国通用。但是这种票据没有税务局监制印章，属于不合法的原始凭证。

②这是一张支付电话号码为55000011的电话费的收款收据。

③话费时间应该是2008年11月。

④对凭证背面审核后可以知道，经办人是办公室科员张林达，审核是办公室经理王力去，财务部经理邹洁也审核了，总经理审批了这项费用。

审核思路：

①核对以上电信收款收据里写的这个电话号码是不是本单位所有。

②从电信收款收据里了解到，这个电话号码一个月用了5 035元的话费，是不是正常？您可以通过查询上月或前几个月的电话费支出情况来进行对比。

③此电话费收款收据后是否附有清单。一般单位有1个以上电话号码，所以，每个电话号

码用了多少钱,应有话费清单来佐证。同时,通过对清单的了解也可以知道哪个部门的电话费用比较多,哪个部门比较节约,这样的信息可以为管理层提供参考资料。

建议:

①退回换取有税务局监制印章的正式发票。

②如果以上审核是正确的,那么这份原始单据可以作为报销的依据。

③如果这个月用掉的话费太多了,比以前月份多出了一倍,那么,请办公室或相关管理部门人员去电信查询,查明原因后附上一份说明。

④如果没有附话费清单来佐证,那么,可以请办公室或相关管理部门人员向电信部门索要,补上后可以支付。

⑤当然,如果是已经支付了,那么也同样可以完成这些工作来弥补,这样,反映电信业务的原始凭证更加完整。

⑥如果以上单据已经付款,请出纳员在其正面加印一个"银行付讫"印章。

[例 6-2-2]广告费支出凭证审核

北京 服务业发票
发票联
地 税 监
440170043

查询电话: 01012366
顾客名称: 万达国际股份有限公司
查询号码 20363015
2009年12月06日

收费项目	数量	单价	金额							备注
			万	千	百	十	元	角	分	
广告费			3	0	0	0	0	0	0	
合计人民币(大写)	叁万 零仟 零佰 零拾 零元 零角 零分									

开票人:王昊　　收款人:张田　　开票单位(盖章)

图 6-28　广告费支出凭证正面

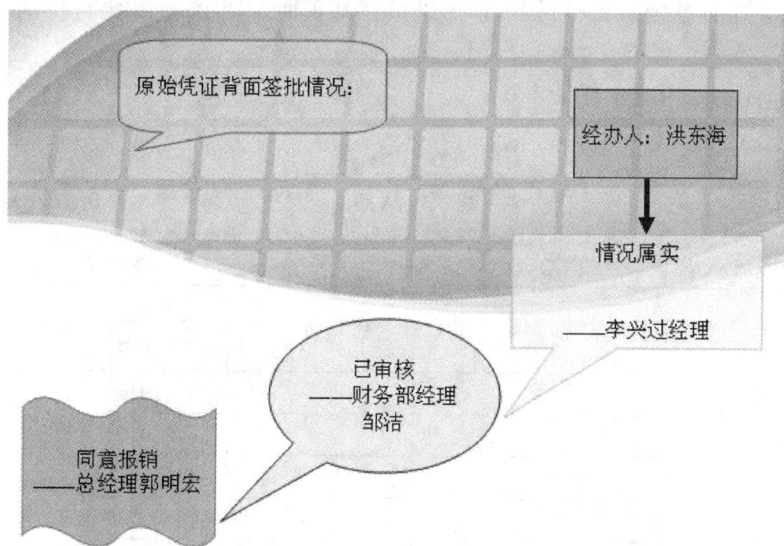

图 6-29　广告费支出凭证背面

解读：

经认真审核，可以从这张原始单据中获得以下信息：这是一张由广告公司开出的，向企业收取广告费用的发票。

①对凭证正面审核后可以知道，此广告费服务业发票是合法的规范的。

②这张原始凭证印章要素齐全。

审核思路：

①支付广告费金额还是比较大的，应该要有签订协议书，约定是平面广告还是多媒体广告等。

②原始凭证表达的内容不完整，它只是写了应付的广告费 30 000 元，没有具体写明是什么广告和相关内容。

③发票小写合计前空格没有按规定划线注销。

④对凭证背面审核后可以知道，经办人是销售部科员洪东海，审核是销售部经理李兴过，财务部经理邹洁也审核了，总经理审批了这项费用。

建议：

①如果以上两项补充资料到齐，经审核该项支付与协议书、清单一致，那么这份原始单据可以作为报销的依据。

②如果没有协议书，应当要求有关部门，以后要在支付费用前签订相关协议，以便审核和执行。

③如果没有清单，可以请相关部门人员向广告公司索要，补上后可以支付。

④如果以上单据款项从银行付款,请出纳员在其正面加印上一个"银行付讫"印章,以防重复支付。

[例 6-2-3]住宿费用支出凭证审核

上海 服务业发票

发票联

地税监
440170043

查询电话：02112366

查询号码 87652341

顾客名称：万达国际股份有限公司

2009年12月07日

收费项目	数 量	单 价	金 额								备 注
			万	千	百	十	元	角	分		
住宿费				3	0	0	0	0		
餐费				2	7	2	0	0		
合计人民币(大写)	零万 零仟 伍佰 柒拾 贰元 零角 零分			¥	5	7	2	0	0	

开票人：李美玲　　收款人：　　开票单位(盖章)

发票专用章

图 6-30　住宿费用支出凭证正面

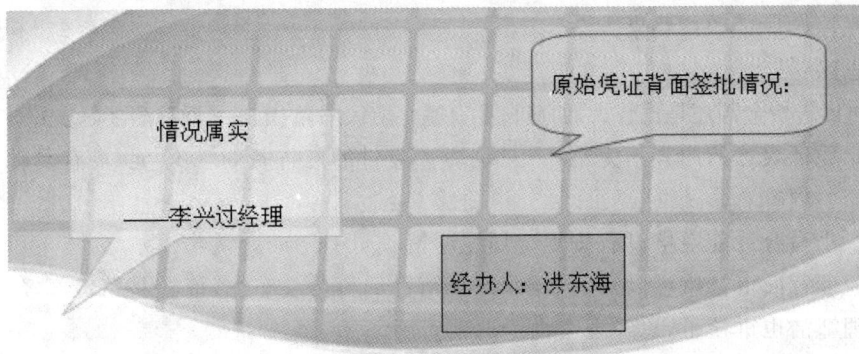

原始凭证背面签批情况：

情况属实

——李兴过经理

经办人：洪东海

图 6-31　住宿费用支出凭证背面

解读：

经认真审核,可以从这张原始单据中获得以下信息:这是一张由酒店开出的住宿费和餐饮费发票。假定时间没有超过可报销期限。

①从凭证正面审核后可以知道,此服务业发票有地方税务局印章,是合法的发票。

②这张原始凭证印章要素齐全。

③这张原始凭证表达的内容不完整,它只是写住宿费300元,没有具体写明是什么人前往住宿、具体入住时间也没有写明;发票小写合计前空格没有按规定划线注销。

④从凭证背面审核后可以知道,经办人是销售部科员洪东海,审核是销售部经理李兴过,财务部经理和总经理都没有审核、审批。

审核思路:

①支付住宿费应与出差的车票一起前来报销,并附上出差审批单。

②根据出差审批单、出差人员职称或职务情况审核其住宿的金额是否超过标准。

③根据公司出差用餐管理有关规定,审核出差用餐的餐费是否可以报销,或者在报销了餐费后是不是有出差日伙食补贴费。

④原始凭证顾客名称书写不规范,"顾客名称"应写入住人姓名,不应写单位名称。(因为,一个单位有多名员工,如果住宿费票据写单位名称就不知道是哪位职员出差了。)

建议:

①以上住宿费用支出凭证内容不完整,要求退回补充完整或作废重新开具。

②根据企业内部出差有关规定,如果符合规定,补充完整后可以通过审核,给予报销。

③根据企业内部出差有关规定,如果用餐不符合规定,可以只给报销住宿费,不给报销餐费;如果公司规定,报餐费不得补贴伙食费,那么就要扣下伙食补贴。

④如果审核通过,财务经理应在以上单据背面签批。

⑤经总经理审批后方可报销。

⑥如果以上单据出纳员以现金支付,应在其正面加盖一个"现金付讫"印章。

[例6-2-4]医药费用报销凭证审核

解读:

经认真审核,可以从这张原始单据中获得以下信息:这是一张由医院开出的自付药费发票,是一张专用票据。

①对凭证正面审核后可以知道,此医疗门诊收费票据没有财政局或税务局监督印制的印章,属于不规范的票据。

②这项业务由2张票据组成,主要票据应当是第一张"门诊专用票据";第2张是"报销单",是自制原始凭证,是对"门诊专用票据"的汇总,并有经办人员签名。

③"报销单"上加印了"现金付讫"章,而"门诊专用票据"没有加"现金付讫"章。

④报销人及会计出纳均有签名。

审核思路:

①通过口头查询,了解这位员工报销医药费的原因。因为现在都有医疗保险,一般的话,门诊费是不给报销的。当然,工伤除外。

②如果确实是工伤引起的门诊医疗费用也有两种处理方法:一是先以个人借款的方式先

应写出差人姓名

上海 服务业发票

发票联

地税监
440170043

查询电话：02112366
顾客名称：万达国际股份有限公司

查询号码 87652341
2009年12月07日

收费项目	数 量	单 价	金 额								备注
			万	千	百	十	元	角	分	
住宿费					3	0	0	0	0	
餐费					2	7	2	0	0	

应写明具体入住时间
每天收费标准（单价）

按规定
划线注销

合计人民币
（大写） 零万 零仟 伍佰 柒拾 贰元 零角 零分 ￥ 5 7 2 0 0

开票人：李美玲　　收款人：　　开票单位（盖章）

发票专用章

图 6-32　住宿费用支出凭证修改说明

北京 市医疗机构门诊收费专用票据

注册号码：2345-123

No: 00336688

门诊号：　025　　　流水号：003355　　保险号：0292912-11　　票据类型：

姓名：李海　　　　　　2009 年 12 月 08 日　　　　　　数字指纹：

项目	金额	项目	金额	项目	金额	个人医疗账户支付：
西药费	150.00	治疗费		输氧费		统筹基金支付：
中成药	50.00	放射费		诊察费		目　　　付：￥240.00
中草药		手术费		观察费		付款方式　　现金：￥240.00
检查费	40.00	化验费		其它		转账：
合计金额人民币（大写）：　贰佰肆拾元整						￥：240.00

收费专用章

医疗单位收费章：(未经盖章无效)　　　　　　　　收费员：张红

图 6-33　医药费用报销凭证正面

报　销　单

填报日期　2009 年 12 月 09 日

姓名	李海	所属部门	办公室	报销形式：	现金
				支票号码	

报销项目	金　额	报销项目	金　额
医疗费	240.00	现金付讫	
		以上单据共 1　张 金额小计 ￥240.00	

总金额（大写）	零拾零　万　零　仟贰佰肆拾零　元零角零分	预支备用金额		应缴备用金额	

主管　林玲　　　　会计　张翔　　　　出纳　李明　　　　报销人　李海

图 6-34　医药费用报销凭证汇总单

注：医药费用报销凭证背面（空白）。假定票据时间没有超过可报销期限。

给借款，事后申请工伤认定后，由有关机构给予报销相关费用。

二是如果这个员工出的工伤，没有办理工伤保险，那么，公司应该给予报销相关医疗费用。但这种情况下，该员工所在部门应写一份员工工伤情况说明，经部门经理签名确认，报总经理审批后可以报销。

建议：

①以上医疗费用支出凭证内容不规范，要求退回，重新开具规范的单据

②根据企业内部有关规定，如果符合规定，补充相关说明后可以通过审核，给予报销

③重新开具回来的规范单据背面应有经办人签名、部门经理证明

④如果审核通过，财务经理应在以上单据背面签审核

⑤经总经理审批后方可报销

⑥"门诊专用票据"应加"现金付讫"章，以防重复报销

需要特别说明的是：当报销人持有一张单据来报销时，不需要填写"报销单"或"报销汇总表"，因为，"报销单"或"报销汇总表"是为了方便总经理签批而设计的，比如，如果一位采购业务员带回来 20 张费用单据，如果没有"报销汇总表"进行相关汇总，那么所有应审核审批人员都得在 20 张单据背面签名。为提高工作效率，将这 20 张同类费用单据通过"报销汇总表"进行汇总，部门经理、财务经理、总经理就可以在"报销汇总表"上审批就行了，不用签 20 次。但是，经办人员应在这 20 张单据后均签名，出纳员在支付了该款项时，也一定要在这 20＋1 张单据上印"现金付讫"章或"银行付讫"章，以防被重复报销。

这时还有个风险管理理念要和大家分享。现在企业一般都为员工办理工伤保险，建议企业同时为员工办理商业保险中的"人身意外伤害保险"、"交通安全保险"，特别是经常出差的管理人员、电工、出纳员、汽车司机等比较危险工种员工，这两种保险每人一年只花 100 元左右，费用化就可以了，能有效降低企业风险。

[例 6-2-5]保险费用报销凭证审核

中国人民保险公司
THE PEOPLE'S INSURANCE OF CHINA　　　NO：JU03681
保险费收据
DEBIT NOTE　　　　　　　　　　　日期：2009年12月13日
　　　　　　　　　　　　　　　　　　DATE：2009年12月13日

应支付本公司

单位：万达国际股份有限公司　　　　　　　Please be notified of the payable at
金　　额　人民币 伍万元整
The sum of
系　付No：公共责任险　　　　　　　保险单/批单项下之保险费
Being due premium uder Policy/End No. 财产保险（ 营业楼、厂房 ）
　批　单　号：79455566　　　　　　合同/发票号：03555
　收　据　号：RMC: 002553　　　　Coutrac/Invoice NO.
保险金额：¥12500000.00
SUM INSURED: 壹仟贰佰伍拾万元整　　　中国人民保险公司北京分公司
保险费：¥50000.00　　　　　　　　THE PEOPLE'S INSURANCE COMPANY OF CHINA
PREMIUM: 伍万元整　　　　　　　　　　　　BRANCH
　　　　　　　　　　　　　　　　保险有效期：2009年12月01日至 2011年06月30日

审核：张立　　　　　　　　　　制单：王红　　　　　@BWRPOJX@

图 6-35　保险费用报销凭证正面

中国工商 银行　（京）
转账支票存根
00480866

附加信息

出票日期2009 年12 月13 日

收款人	中国人民保险公司:
金　额	¥50000.00
用　途	保险费
单位主管林玲	会计张翔

图 6-36　保险费用报销凭证支付银行转账支票存根

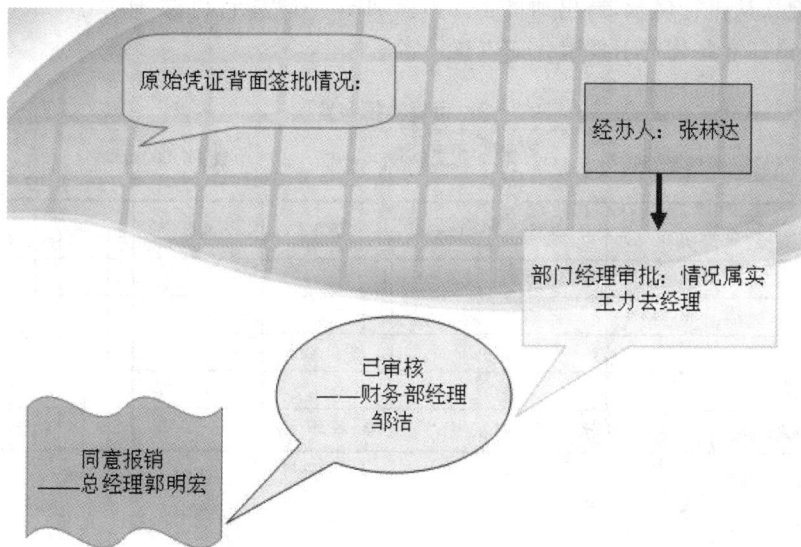

图 6-37　保险费用报销凭证背面

解读：

经认真审核，可以从这张原始单据中获得以下信息：这是一张由保险公司开出的，向企业收取保险费的票据，是一张专用票据，没有税务局监督印制的印章，属于不规范的票据。

①对凭证正面审核后可以知道，此保险费服务业发票是不规范的。

②这张保险费票据有收费单位收费专用印章。

③这张保险费票据表达的内容完整。

④保险费用报销凭证支付银行转账支票存根内容填写完整。

⑤对凭证背面审核后可以知道，经办人是办公室科员张林达，审核是办公室经理王力去，财务部经理邹洁也审核了，总经理审批了这项费用。

审核思路：

①这张保险票据没有税务局监制的印章，属于不规范的票据。

②以上单据反映支付保险费 50 000 元，金额还是比较大的，应该要有签订保险合同书，明确对什么资产进行保险，保险期限及保险条款是怎么样的。

建议：

①这张保险票据没有税务局监制的印章，应退回重新取得正式规范票据。

②请有关部门经办人员提供保险合同及条款，作为这张保险单据的附件。

③如果以上两项补充资料到齐，并已审核该项支付与协议书，那么这份原始单据可以作为报销的依据。

④该保险款从银行付款,请出纳员在其正面加印一个"银行付讫"印章。

[例6-2-6]日常办公费用报销凭证审核

图 6-38　日常办公费用报销凭证正面

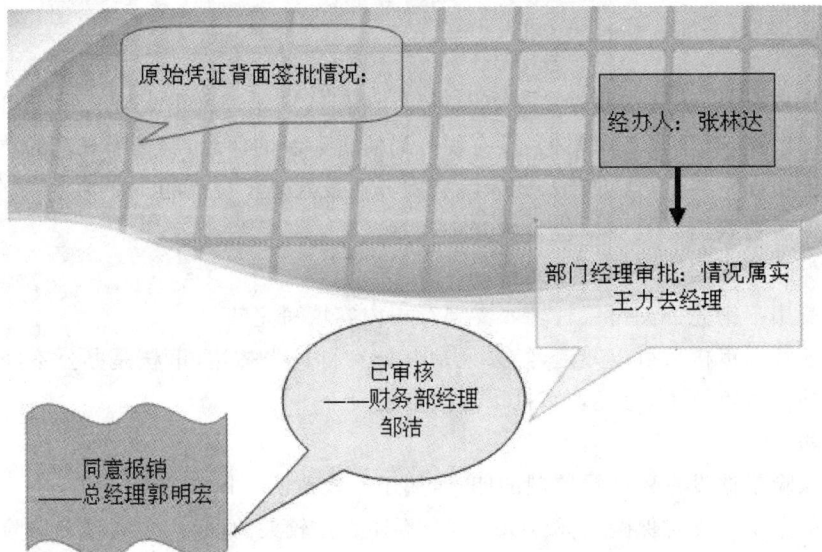

图 6-39　日常办公费用报销凭证背面

解读:

经认真审核,可以从这张原始单据中获得以下信息:这是一张由文具店开出的,反映企业购买办公用品的票据,是一张普通销售发票,是一张通用票据,有税务局监督印制的印章,属于规范票据。

①这张发票印章齐全。

②这张原始凭证表达的内容大致完整，但发票小写合计前空格没有按规定划线注销，大写合计没有顶格书写。

③从凭证背面审核后可以知道，经办人、审核、审批要素齐全。

审核思路：

①票据规范

②填写上略有点不规范，但按照会计重要性原则，可以忽略不计。

建议：

①针对不规范填写情况，向经办人宣传，以后在取得发票时要会审核，减少不必要的麻烦。

②此发票可报销。

需要特别说明的是：采购办公用品或电脑耗材，如果每月用量比较大，建议采用集中采购，寻找一家批发商或直接从厂家订货，以节约采购成本和费用；除此之外，为加强管理，办公用品或电脑耗材采购到货时，尽可能办理入库手续，列为"低值易耗品"加强资产管理，在各部门领用时，办理领用手续，这样也可以方便对各部门消耗材料的考核与监督。

对以上不完整发票，可以按规定做如下修改：

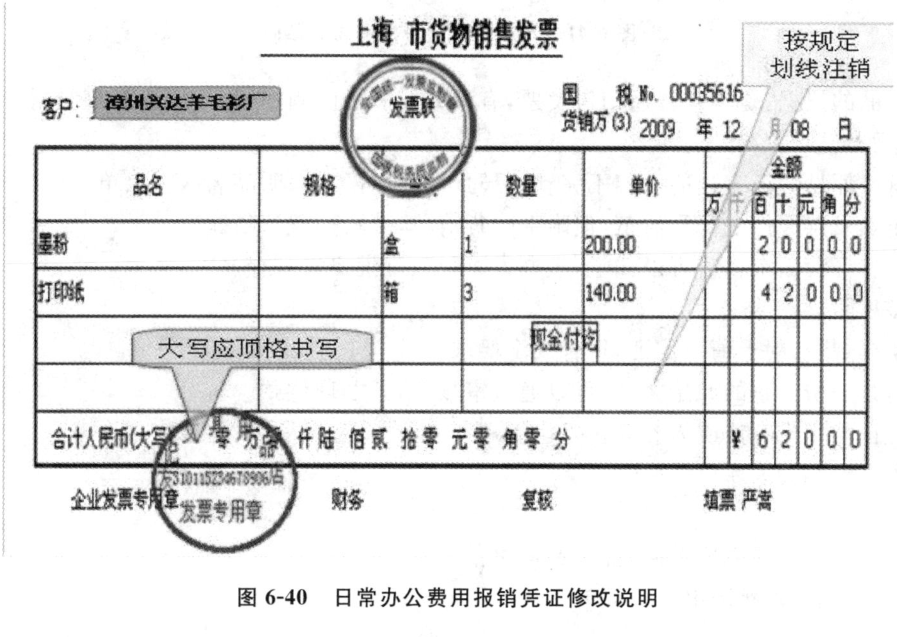
上海 市货物销售发票

客户：漳州兴达羊毛衫厂　　发票联

国 税 No. 00035616

货销万(3) 2009 年 12 月 08 日

品名	规格	单位	数量	单价	万	千	百	十	元	角	分
墨粉		盒	1	200.00			2	0	0	0	0
打印纸		箱	3	140.00			4	2	0	0	0
			现金付讫								
合计人民币(大写) 零 万 零 仟陆 佰贰 拾零 元零 角零 分						¥	6	2	0	0	0

企业发票专用章　　财务　　复核　　填票 严嵩

图 6-40　日常办公费用报销凭证修改说明

[**例 6-2-7**]日常办公费用报销凭证审核

解读：

经认真审核，可以从这张原始单据中获得以下信息：这是一张由商场开出的，反映企业购

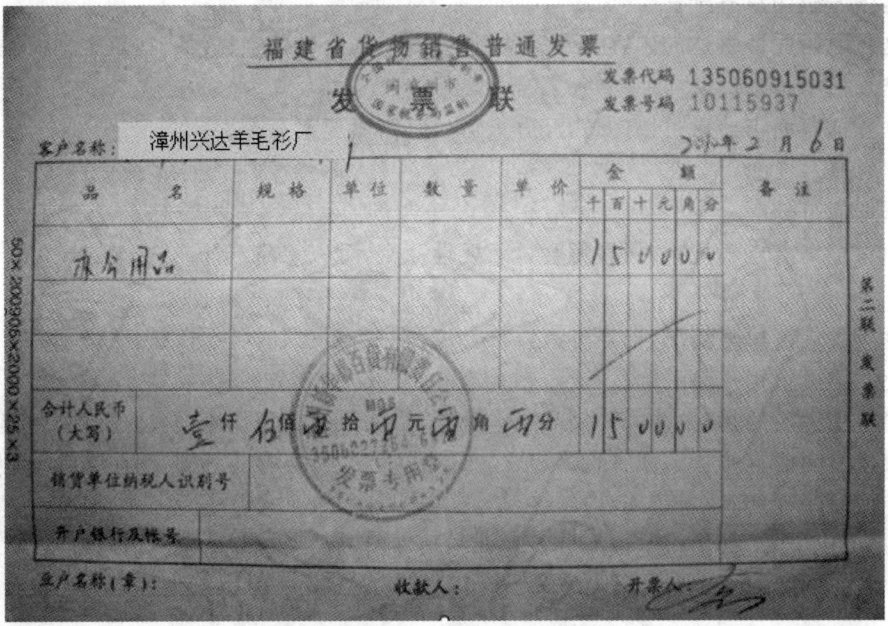
福建省货物销售普通发票

发票联

发票代码 135060915031

发票号码 10115937

客户名称：漳州兴达羊毛衫厂

品名	规格	单位	数量	单价	金额（千百十元角分）	备注
办公用品					15000	
合计人民币（大写）	壹仟 佰 拾 元 角 分				15000	
销货单位纳税人识别号						
开户银行及帐号						

单户名称（章）： 收款人： 开票人：

第二联 发票联

50×200905×2000×25×3

图 6-41 日常办公费用报销凭证正面

买办公用品的票据，是一张普通销售发票，有税务局监督印制的印章，属于规范票据。

①这张发票印章齐全。

②这张原始凭证表达的内容不完整，只写了金额，没有写明品名、数量、单价。

③虽然发票原件上没写清楚，但附上购货清单，填写完整清晰。

④对凭证背面审核后可以知道，经办人、审核、审批要素齐全。

审核思路：

①票据规范，附上清单佐证，符合规定要求。

②这是一份完整的原始凭证，可以通过审核，给予办理付款。

③凭证背面没有证明人签名。

④没有附相关入库单。

建议：

补证明人签名或入库单后，此发票可报销。

[**例 6-2-8**]广告费用报销凭证审核

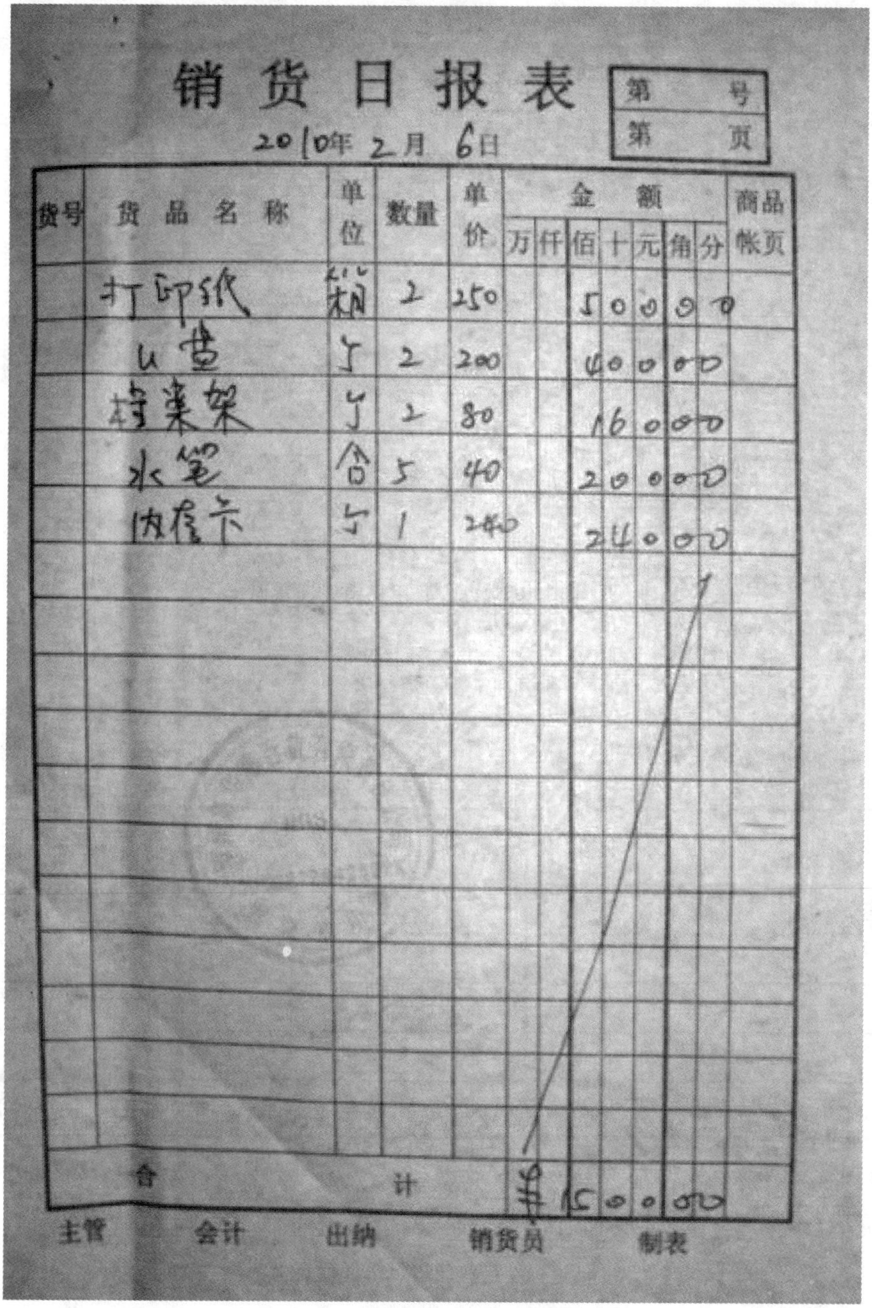

销 货 日 报 表

第　号
第　页

2010年 2月 6日

货号	货品名称	单位	数量	单价	金额								商品帐页
					万	仟	佰	十	元	角	分		
	打印纸	箱	2	250			5	0	0	0	0		
	山盘	个	2	200			4	0	0	0	0		
	桥架	个	2	80			1	6	0	0	0		
	水笔	盒	5	40			2	0	0	0	0		
	内存卡	个	1	240			2	4	0	0	0		
合	计					￥	1	5	0	0	0	0	

主管	会计	出纳	销货员	制表

图 6-42　日常办公费用报销凭证清单

原始凭证背面签批情况:

经办人:张林达

部门经理审批:情况属实
王力去经理

已审核
——财务部经理
邹洁

同意报销
——总经理郭明宏

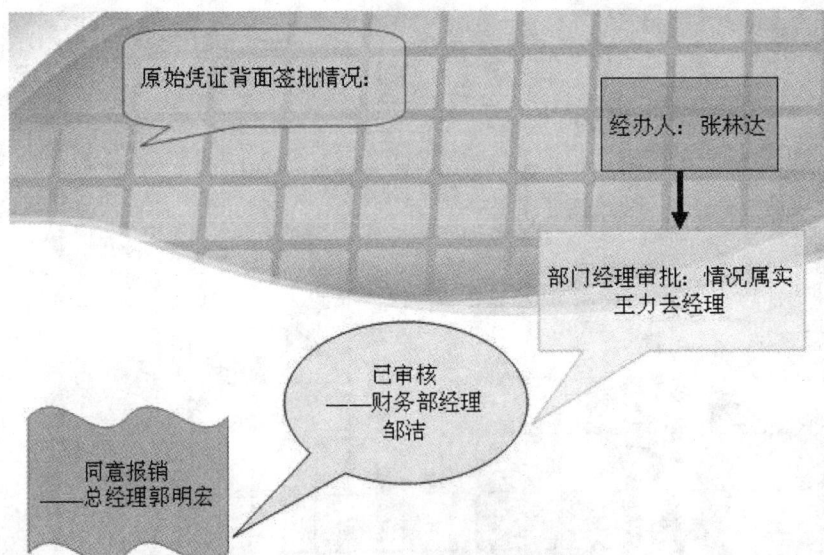

图 6-43　日常办公费用报销凭证背面

上海 市货物销售发票

发票联

客户: 漳州兴达羊毛衫厂

国　税 No. 02365231
货销万 (3) 2009 年 12 月 02 日

品名	规格	数量	单价	金额						
				万	千	百	十	元	角	分
广告展览板	个	3	240.00			7	2	0	0	0
		现金付讫								
合计人民币(大写) 零 万 零 仟柒 佰贰 拾零 元零 角零 分						¥	7	2	0	0	0

存根联

企业发票专用章　发票专用章　　财务　　　复核　　　填票 王宏

图 6-44　广告费用报销凭证正面

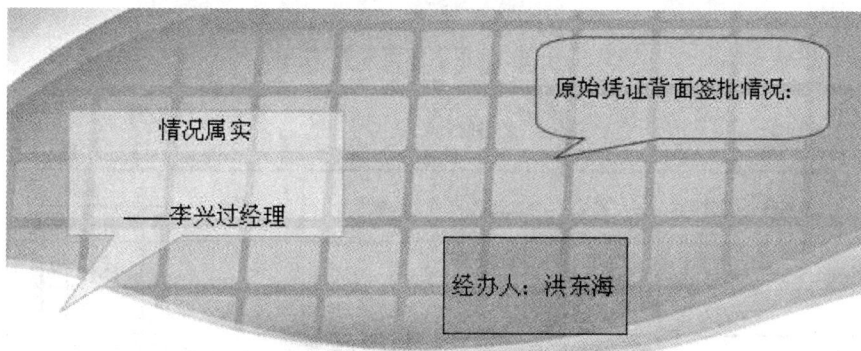

图 6-45　广告费用报销凭证背面

解读：

经认真审核，可以从这张原始单据中获得以下信息：这是一张由会展服务公司开出的展位费发票。假定时间没有超过可报销期限。

①从凭证正面审核后可以知道，此服务业发票有地方税务局印章，是合法的发票。

②对凭证背面审核后可以知道，经办人是销售部科员洪东海，审核是销售部经理李兴过，财务部经理和总经理都没有审核、审批。

审核思路：

①本发票是合法的票据。

②费用应该具有合理性。

③发票小写合计空格没有按规定划线注销，印章要素齐全。

④按规定，这种展位费应附有协议书，说明展位规格、租用时间等，由于金额不大，根据会计的重要性原则，就不强调了。

⑤这是一张"存根联"，用来报销的发票应是"客户联"。

建议：

①这是一张不符合规定的票据，要求退回重新换取"客户联"方可报销。

②该发票的"客户联"带回来后，经办人、部门经理、财务经理、总经理审核审批后方可报销。

③如果以上单据出纳员以现金支付，应在其正面加印一个"现金付讫"印章。

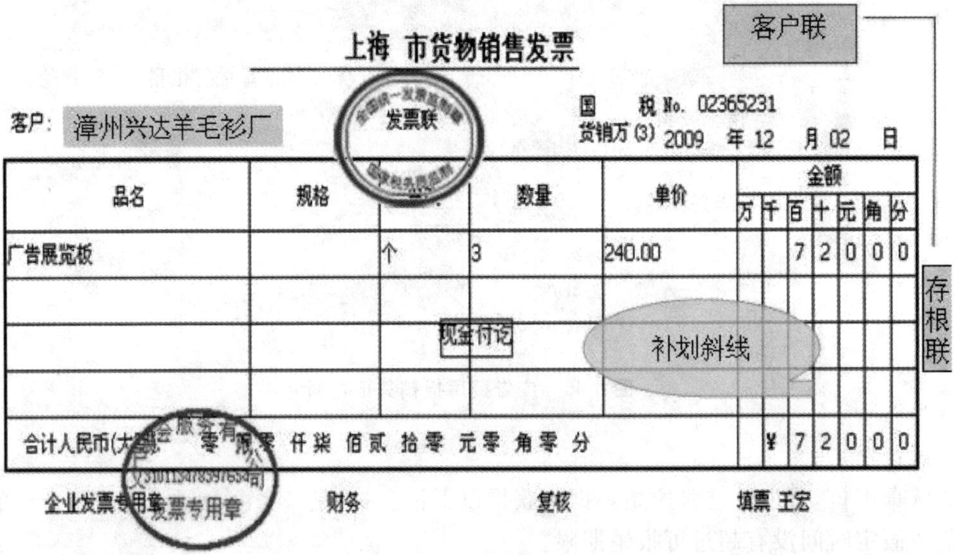

品名	规格	单位	数量	单价	万	千	百	十	元	角	分
广告展览板		个	3	240.00			7	2	0	0	0
合计人民币(大写) 零 万零 仟柒 佰贰 拾零 元零 角零 分						¥	7	2	0	0	0

图 6-46 广告费用支出凭证修改说明

[例 6-2-9]付款申请书审核

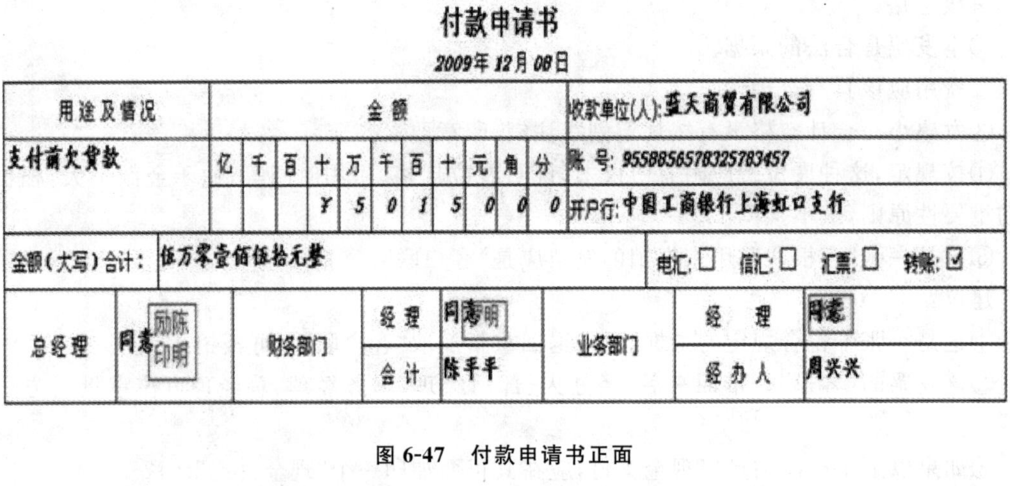

付款申请书

2009年12月08日

用途及情况	金额											收款单位(人):蓝天商贸有限公司
支付前欠货款	亿	千	百	十	万	千	百	十	元	角	分	账号: 9558856578325783457
				¥	5	0	1	5	0	0	0	开户行:中国工商银行上海虹口支行

金额(大写)合计:	伍万零壹佰伍拾元整	电汇:☐ 信汇:☐ 汇票:☐ 转账:☑

总经理	同意 励陈印明	财务部门	经理	同意 周明	业务部门	经理	同意
			会计	陈平平		经办人	周兴兴

图 6-47 付款申请书正面

解读:

经审核,可以从这付款申请书中获得以下信息:这是一张由业务部周兴兴填写的付款申请,请求支付 50 150 元给蓝天商贸有限公司。这是一张自制原始凭证。

审核思路:

①在审核这样的凭证时,应该查询至上日为止,本公司所欠蓝天商贸有限公司货款余额是

多少,最好能打印一份应付款明细账作为附件,说明确实有欠蓝天商贸有限公司货款。

②如果记账日只记录到上月末,本月账没记,那么,审核会计应询问出纳员,截至审核当天,之前的那几天是否有支付蓝天商贸有限公司货款。一定谨慎审核,不要出现重复支付的情况。

③如果查询后情况属实,附上佐证资料,符合规定要求,财务经理可以签名,表示审核通过。

④出纳员接到审核、审批完整的付款申请书,可以给予办理付款。

建议:

谨慎审核后签名确认。

[例6-2-10]日用品购买发票审核

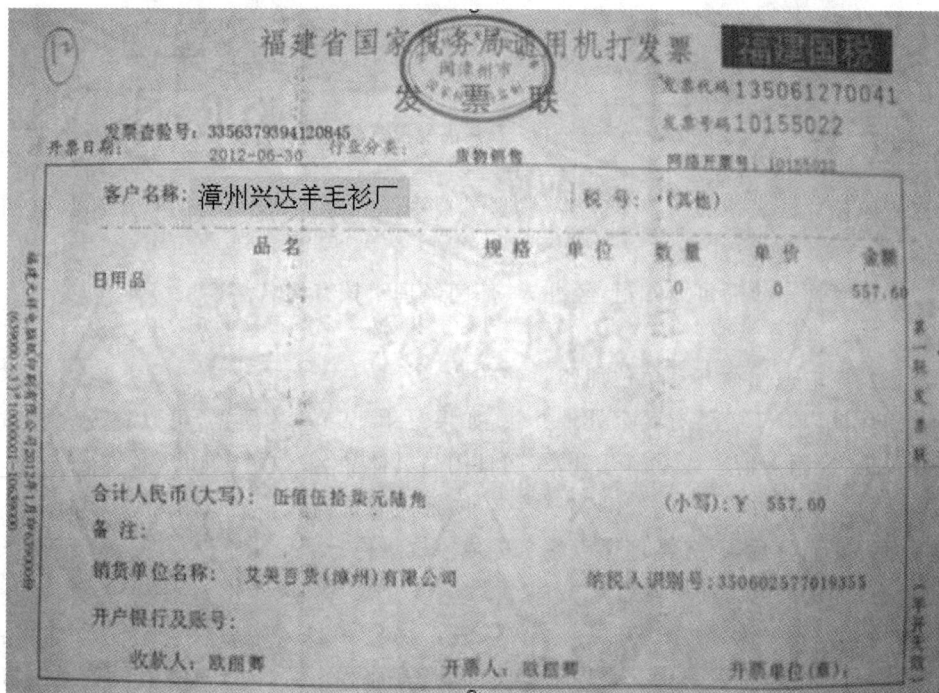

图6-48　日用品发票正面

解读:

经审核,可以从这付款申请书中获得以下信息:这是一张商超开出的商品零售销售发票,是一张外来原始凭证。

审核思路:

①这张发票右下角似乎有印章,但十分模糊。

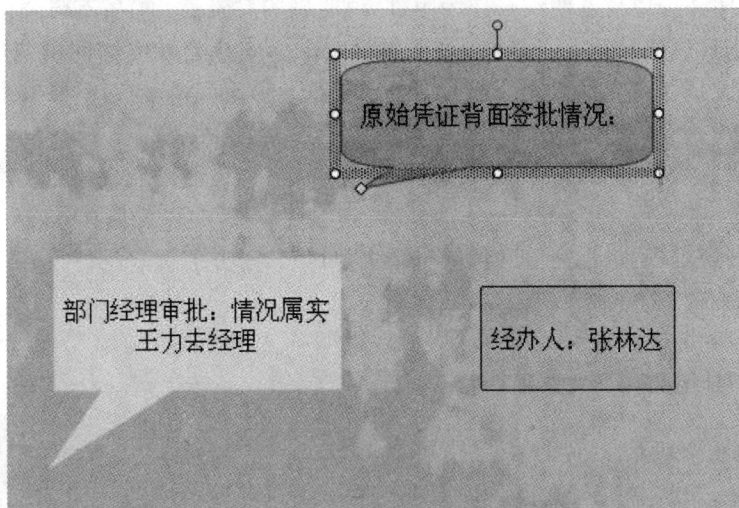

图 6-49　日用品发票背面

②这张原始凭证表达的内容不完整,只写了日用品和金额,没有写明日用品具体品名、数量、单价。

③对凭证背面审核后可以知道,经办人、部门经理审核有签名。

建议:

①这张发票应退回原开具单位加印收费印章。

②原始凭证内容不完整有两个处理办法:如果是手工填写的票据,可以补充完整;这张是电脑机开票据,应附上清单或重新开具,写明日用品具体品名、数量、单价。

③凭证背面除经办人、部门经理审核签名外,还应有证明人签名或附上入库单。

④以上补充完整后,财务经理可以签名完成审核工作。

[例 6-2-11]购买电脑耗材发票审核

解读:

经审核,可以从以上发票中获得以下信息:这是一张税务局印制的增值税普通销售发票,是一张外来原始凭证。

审核思路:

①这张发票印章齐全。

②从凭证背面审核后可以知道,经办人、部门经理审核有签名。

③这张发票购货发票采用简单写法,没有书写购货单位全称,不符合规定要求。

建议:

①这张发票应退回原开具单位补充填写购货单位全称。

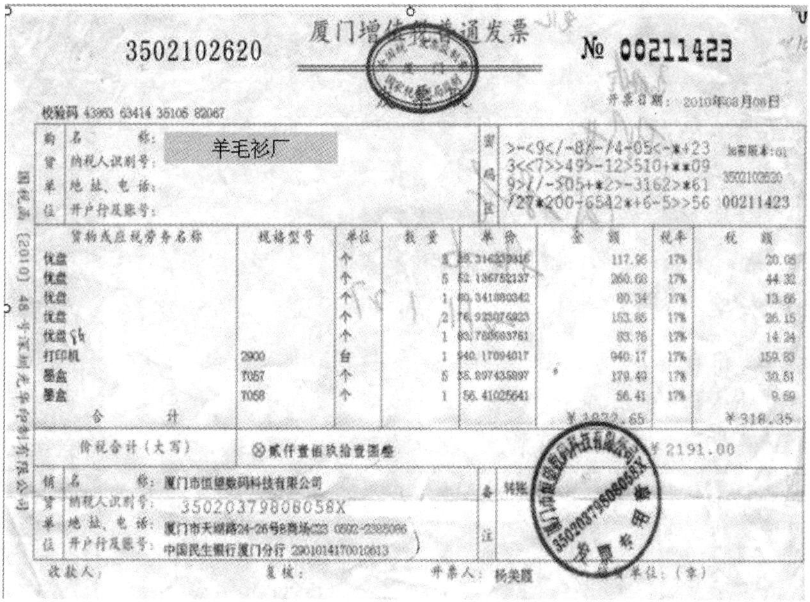

厦门增值税普通发票

3502102620　　№ 00211423

开票日期：2010年08月08日

校验码 43963 63414 35106 82067

购货单位		密码区	
名称：	羊毛衫厂		>-<9</-8/-/4-05<-*+23 加密版本：01
纳税人识别号：			3<<7>>49>-12>510+**09 3502102620
地址、电话：			9>//->05+*2>-3162>*61
开户行及账号：			/27*200-6542*+6-5>>56 00211423

货物或应税劳务名称	规格型号	单位	数量	单价	金额	税率	税额
优盘		个	[illegible]	[illegible]316239316	117.95	17%	20.05
优盘		个	5	52.136752137	260.68	17%	44.32
优盘		个	1	80.341880342	80.34	17%	13.66
优盘		个	2	76.923076923	153.85	17%	26.15
优盘		个	1	83.760683761	83.76	17%	14.24
打印机	2900	台	1	940.17094017	940.17	17%	159.83
墨盒	T057	个	5	35.897435897	179.49	17%	30.51
墨盒	T058	个	1	56.41025641	56.41	17%	9.59
合计					¥1872.65		¥318.35
价税合计（大写）	⊗贰仟壹佰玖拾壹圆整				¥2191.00		

销货单位		备注
名称：	厦门市恒望数码科技有限公司	转账
纳税人识别号：	35020379808058X	
地址、电话：	厦门市天湖路24-26号B商场C23 0592-2385086	
开户行及账号：	中国民生银行厦门分行 2901014170010613	

收款人：　　复核：　　开票人：杨美霞　　销货单位：（章）

国税函〔2010〕48号深圳光华印制有限公司

图 6-50　电脑耗材发票正面

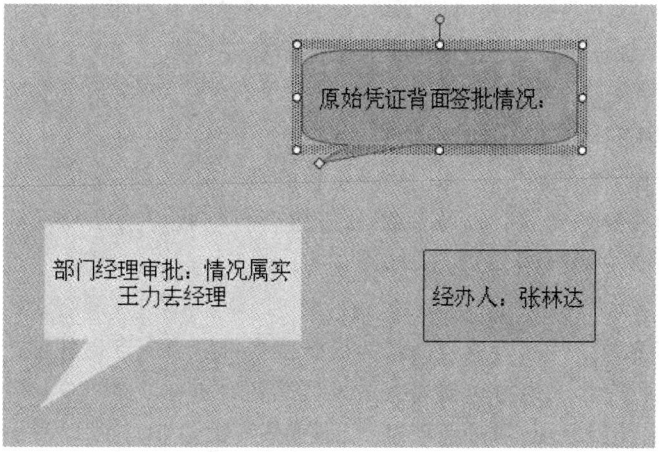

图 6-51　电脑耗材发票背面

②如果无法补充填写，应作废重新开具。

③凭证背面除经办人、部门经理审核签名外，还应有证明人签名或附上入库单。

④以上补充完整后，财务经理可以签名审核完成。

[**例 6-2-12**]银行支付票据审核

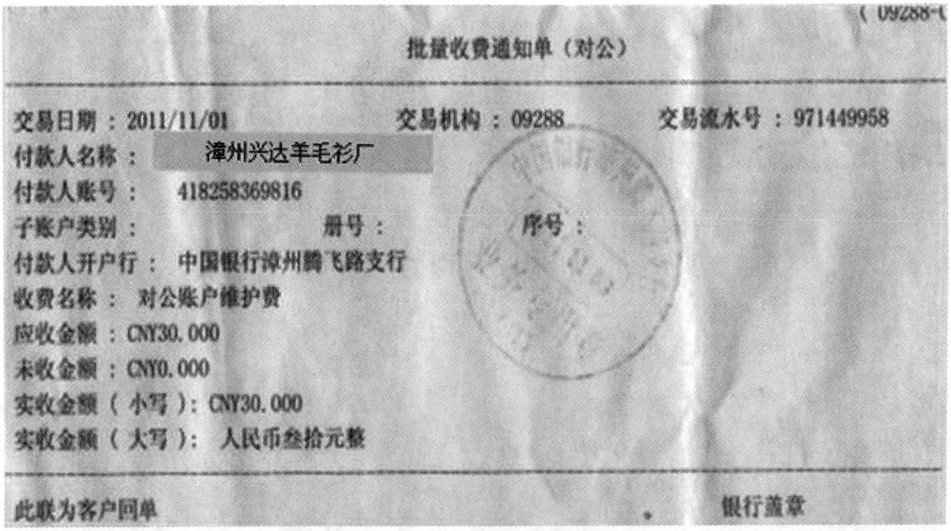

(09288-(

批量收费通知单（对公）

交易日期：2011/11/01　交易机构：09288　交易流水号：971449958

付款人名称：漳州兴达羊毛衫厂

付款人账号：418258369816

子账户类别：　册号：　序号：

付款人开户行：中国银行漳州腾飞路支行

收费名称：对公账户维护费

应收金额：CNY30.000

未收金额：CNY0.000

实收金额（小写）：CNY30.000

实收金额（大写）：人民币叁拾元整

此联为客户回单　银行盖章

图 6-52　银行支付票据正面

注：以上银行支付票据背面空白

解读：

经审核，可以从以上票据中获得以下信息：这是一张由开户银行开出的，账户维护费用支付单据，表示银行存款支出 30 元。是一张外来原始凭证。

审核思路：

①这张发票有银行业务专用印章、内容完整。

②凭证背面空白，没有经办人、部门经理审核签名。

③这张票据没有税务局或财政局印章，属于银行自制收费票据，严格地讲，是不符合规定要求的。

建议：

①由于银行作为一个特殊行业，按习惯，这张票据可以当成支出凭证。

②大部分企业没有要求银行单据要有关人员签名后才可以做账，但严格地讲，所有支出票据都应该有经办人、部门经理、财务经理、总经理审核审批。

③可以补充完整后做账，也可以直接做账。

需要特别说明的是，会计人员在审核原始凭证时，因为企业性质不同处理方法有所不同，比如前面所说的任务背景中，那个出差的销售部业务员，在北京停留三天的费用，如果是国有企业，他一定报销不了；如果是私营企业，只要老板同意，补充一份出差审批单就行了。会计人员应根据企业内部规定和企业老板的意思综合考虑。在执行中在不违反会计法规的前提下，满足决策层的要求。

◎ 励志小故事

成功与习惯

在一次讲座中,许多人问一位世界级推销大师:成功的秘诀是什么? 大师笑而未答,而是径直走到会场的讲台上。讲台上有一个铁架,其上悬挂着一个大铁球。大师用小铁锤向大铁球敲去,铁球只是发出轻轻的响声,却丝毫不动。众人窃窃私语,莫名其妙。只见大师锲而不舍,每间隔 5 秒钟就用小铁锤向大铁球敲一下,这样一直重复了 30 分钟,终于,大铁球开始慢慢晃动了起来。人们惊叹声四起。经过 40 分钟不停地敲击,大铁球开始以比较快的速度晃动了起来,而且晃动越来越快,任何人也没办法让它停下来。这时,这位世界级推销大师说:"简单的事情重复做,以这种持续的毅力,每天进步一点点,当成功来临时,你挡都挡不住。"

温馨提示:这个故事告诉我们,将简单的事情持之以恒地做好,每天就向成功靠近一点点。也就是说,先培养成功的习惯,成功就很容易。这就是成功的秘诀。

◎ 参考资料推荐

1. 财政部:财会(2001)41 号《内部会计控制规范——基本规范》
2. 大前研一著、裴立杰译:《专业主义》,中信出版社,2006

◎ 网中网软件训练

请完成厦门网中网软件有限公司"会计分岗位核算"模块,熟悉相关单据并了解其所代表的经济业务

◎ 课后自我提高再训练

请完成实训任务 6.2

实训岗位任务

一、实训企业基本情况

创建于 2009 年的福建省漳州兴达羊毛衫厂是服装制造业企业，2011 年被漳州市工商行政管理局评定为"重合同守信用"单位。该厂注册资金 500 万元，主要生产以羊毛、兔毛、羊绒、丝羊绒、仿羊绒、绢丝、天丝、莫代尔、竹纤维、牛奶纤维及全棉、腈棉、麻棉和人造棉等为原料的羊毛衫等针织服装，每年推出 100 多个新款针织毛衣，年产量近 100 万件。企业成立伊始就把提高产品质量放在第一位，以优质的产品赢得广大客户的赞誉。产品主要销往国内各大城市。

漳州兴达羊毛衫厂注重企业文化建设，奉行：质量是企业的生命之原则。公司坚持"客户至上，服务至上，质量第一，信誉第一"的原则，严格按照 ISO9000 国际质量认证标准，规范企业的管理运作，每道工序严格把关。该厂拥有优秀的专业技术人员，建立一套现代化的营销体系，能够向客户提供优质产品和快捷的供货体系，在省内外许多市、县均设有一定数量的合作商，形成了广泛的销售网络，是一家资金雄厚，信誉良好的私营制造业企业。

厂部管理部门包括：总经理办公室、人力资源部、财务部和销售部等，下设两个生产车间，现有员工 126 人，厂房面积为 6 000 平方米，拥有 3 针到 16 针针织横机 100 台、套口缝合车 60

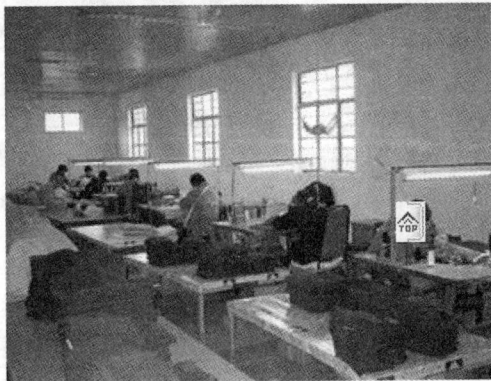

台以及缩毛、烘房、整烫、检品和包装等配套的后处理流水线。

二、实训企业账户信息

单位全称	漳州兴达羊毛衫厂
公司地址	漳州市芗城区水仙大街 236 号
开户行	中国建设银行漳州分行营业部
账号	3506001122006688
纳税人识别号	350602112277
电话号码	05968262996
实收资本	500 万元

三、实训企业员工信息

为方便实训,本教材只采用部分员工信息来设计实训任务。

3.1 漳州兴达羊毛衫厂部分管理人员信息

序号	姓名	所在部门	职务
1	郭明宏	总经办	总经理
2	李兴过	销售部	经理
3	吕 斌	采购部	经理
4	王力去	办公室	经理
5	邹 洁	财务部	经理
6	江迈河	车 间	主任
7	林 莉	财务部	出纳
8	洪东海	销售部	科员
9	孔兴明	采购部	科员
10	张林达	办公室	科员

3.2 漳州兴达羊毛衫厂部分生产工人信息

序号	姓名	所在部门	职务
1	林 岚	车间	工人
2	林倩倩	车间	工人
3	黄立斌	车间	工人
4	黄日华	车间	工人
5	张宝成	车间	工人
6	张立昌	车间	工人
7	吕 斌	车间	工人
8	曾万达	车间	工人

四、实训企业主要往来客户信息

单位全称	山东合肥得明纺织厂
公司地址	山东合肥南通工业区 200 号
开户行	工商银行山东合肥支行营业部
账号	7065006002300531
纳税人识别号	706519995663

单位全称	江苏吴江三峡纺织厂
公司地址	江苏吴江新民开发区 120 号
开户行	中国银行吴江市支行新民开发区分行
账号	200551133268
纳税人识别号	309706635956

单位全称	上海第三百货公司
公司地址	上海万达路 3008 号
开户行	中信银行上海支行营业部
账号	2400230600531
纳税人识别号	532101010927

单位全称	广州白马丽丽服装批发公司
公司地址	广州市站南路 8 号
开户行	中国招商银行广州市支行白马营业部
账号	2331245006005
纳税人识别号	233600132107755

单位全称	广东佛山永泰纺织公司
公司地址	广东佛山中山路 860 号
开户行	工商银行佛山市支行营业部
账号	500600230053124
纳税人识别号	73600132885521

单位全称	广东中山三极服装批发公司
公司地址	广东中山台湾路 233 号
开户行	中国建设银行中山市支行营业部
账号	9102300125005
纳税人识别号	3708020660788

五、实训企业其他信息

5.1 漳州兴达羊毛衫厂应缴纳"五险一金"比率及计算基数

序号	项目	计提基数	最低缴交基数	计提比例		缴交期
				单位应缴	个人应缴	
1	养老保险	本月工资总额	1 000	18%	8%	按年缴交
2	失业保险	本月工资总额	1 000	2%	1%	
3	医疗保险	本月工资总额	1 500	9%	2%	
4	工伤保险	本月工资总额	1 000	0.80%		
5	生育保险	本月工资总额	1 000	1%		
6	住房公积金	本月工资总额	1 000	8%	8%	
7	工会经费	本月工资总额	1 000	2%		
8	职工教育经费	本月工资总额	1 000	1.50%		
9	残疾人保障金	全年工资总额				按月缴交

5.2 漳州兴达羊毛衫厂会计制度

漳州兴达羊毛衫厂采用《小企业会计准则》进行会计核算。

六、实训岗位任务

实训岗位任务1.1(认识企业往来款项)

任务描述

根据所提供的经济业务分析所属会计要素,并进一步判断、确定该业务所反映往来款项相关会计科目。

往来款项会计科目归集训练

序号	经济业务内容	所属会计要素及增减变动	涉及往来款科目
1	企业在销售产品时根据合同或协议约定预先收取货款		
2	企业在提供劳务之前按合同或协议约定预先收取的报酬		
3	企业在采购原材料时按合同或协议约定预先支付的货款		
4	企业在销售产品时尚未收到的货款		
5	企业在采购原材料过程时尚未支付的货款		
6	企业在销售产品时根据合同或协议约定收到客户通过银行开出的"商业承兑汇票"		
7	企业在采购原材料过程中,根据合同或协议约定通过银行开出给供货单位的"银行承兑汇票"		
8	计提应由本月承担的但尚未支付的贷款利息		
9	企业忘记代扣而先垫付职工个人"五险一金"		
10	企业从职工工资中代扣准备下个月上交的个人应支付的"五险一金"		
11	企业收到其他公司或个人交来的包装物保证金		
12	提前支付下一个会计年度的仓库租金		

工作成果要求

(1)将分析判断后得出的正确结果填写到所提供的表格中

(2)书写清晰,字体工整

实训任务资料

无

实训岗位任务 1.2(采购过程往来款项核算)

任务描述

(1)根据所提供资料对采购过程往来款项进行核算

(2)对所提供的信息进行分析后编制会计分录

工作成果要求

(1)根据所提供的经济业务分析规范、正确填写记账凭证

(2)记账凭证书写清晰、要素完整、内容正确

实训任务资料

漳州兴达羊毛衫厂 2012 年 11 月发生以下经济业务:

(1)漳州兴达羊毛衫厂 11 月 2 日从银行预付江苏吴江三峡纺织厂原材料采购款 80 000 元。

(2)漳州兴达羊毛衫厂 11 月 7 日向江苏吴江三峡纺织厂采购原材料兔毛线,货款共 60 000 元,增值税 10 200 元,所有款项从银行电汇支付。

(3)漳州兴达羊毛衫厂 11 月 12 日向江苏吴江三峡纺织厂采购羊毛线 1 000 公斤,每公斤单价 25 元;兔毛线 2 000 公斤,每公斤单价 50 元;增值税率为 17%,所有款项已从银行电汇支付。

(4)漳州兴达羊毛衫厂 11 月 12 日向江苏吴江三峡纺织厂采购羊毛线 1 000 公斤,每公斤单价 25 元,兔毛线 2 000 公斤,每公斤单价 50 元,增值税率为 17%,长途运费 1 000 元,50%货款 13 日已从银行支付,其余款项暂欠。

(5)漳州兴达羊毛衫厂 11 月 16 日向江苏吴江三峡纺织厂采购兔毛线,货款共 100 000 元,增值税 17 000 元,从银行电汇支付 57 000 元,其余款项暂欠。

(6)漳州兴达羊毛衫厂 11 月 18 日向江苏吴江三峡纺织厂采购羊毛线、兔毛线原材料,货款共 80 000 元,增值税 12 600 元,因资金紧张,这笔原材料款项暂欠。

(7)漳州兴达羊毛衫厂 11 月 20 日从银行向山东合肥得明纺织厂预付原材料采购款 50 000 元。

(8)漳州兴达羊毛衫厂 11 月 22 日从银行支付前欠江苏吴江三峡纺织厂的原材料款 92 600元。

(9)漳州兴达羊毛衫厂 11 月 23 日向江苏吴江三峡纺织厂采购羊毛线,货款共 600 000 元,增值税 102 000 元,因资金紧张,开出商业汇票,承诺 6 个月后支付。

(10)上述 11 月 23 日的商业汇票 702 000 元到期支付。

实训材料

记账凭证 12 张

实训岗位任务 1.3(销售过程往来款项核算)

任务描述

(1)根据所提供资料对销售过程往来款项进行核算

(2)对提供的信息进行分析后编制会计分录

工作成果要求

(1)规范、正确填写记账凭证,要素齐全

(2)记账凭证书写清晰,内容正确

实训任务资料

漳州兴达羊毛衫厂 2012 年 11 月发生以下经济业务:

(1)漳州兴达羊毛衫厂 11 月 1 日收到上海第三百货公司从银行汇来的预付款 200 000 元。

(2)漳州兴达羊毛衫厂 11 月 10 日向上海第三百货公司销售羊毛衫,货款共 40 000 元,增值税 6 800 元,购货单位从银行电汇支付 30 000 元,其余款项尚未收到。

(3)漳州兴达羊毛衫厂 11 月 13 日销售给上海第三百货公司一批羊毛衫,货款共 40 000 元,增值税 6 800 元,因购货单位资金紧张,这笔款项全部暂欠。

(4)漳州兴达羊毛衫厂 11 月 10 日销售给上海第三百货公司一批兔毛衫,货款共 100 000 元,增值税 17 000 元,购货单位从银行电汇支付 30 000 元。

(5)漳州兴达羊毛衫厂 11 月 20 日从银行收到上海第三百货公司上个月所欠货款 60 000 元。

(6)漳州兴达羊毛衫厂 11 月 26 日向广州白马丽丽服装批发公司销售一批羊毛衫、兔毛衫,货款共 60 000 元,增值税 10 200 元,因购货单位资金紧张,开出商业汇票,承诺 9 个月后支付。

(7)漳州兴达羊毛衫厂 11 月 26 日从银行收到广州白马丽丽服装批发公司 6 个月前开出到期的商业汇票 50 000 元。

(8)漳州兴达羊毛衫厂 11 月 26 日从银行收到东北秋林公司预付商品款 260 000 元。

(9)漳州兴达羊毛衫厂 11 月 27 日让售一批羊毛线给东北秋林公司,货款 200 000 元,增值税 34 000 元。

(10)漳州兴达羊毛衫厂 11 月 27 日从银行汇款,退回东北秋林公司多预付的货款。

实训材料

记账凭证 12 张

实训岗位任务 1.4(往来款项其他会计事项)

任务描述

(1)根据所提供资料对往来款项进行核算

(2)对提供的信息进行分析后编制会计分录

工作成果要求

(1)规范、正确填写记账凭证,要素完整

(2)记账凭证书写清晰,内容正确

实训任务资料

漳州兴达羊毛衫厂 2012 年 11 月发生以下经济业务:

(1)漳州兴达羊毛衫厂 11 月 29 日清查发现,5 年前尚未支付的广东佛山永泰纺织公司货款 2 000 元,因对方公司倒闭,无法归还,经书面报告总经理审批后,同意核销,请进行相关会计处理。

(2)漳州兴达羊毛衫厂 11 月 29 日清查发现,6 年前广东佛山永泰纺织公司暂存放在本企业的保证金 800 元,因对方公司倒闭,无法归还,经书面报告总经理审批后,同意核销,请进行相关会计处理。

(3)漳州兴达羊毛衫厂 11 月 30 日得知,6 年前有业务往来的客户单位广东中山三极服装批发公司宣告破产,原欠货款 8 000 元无法收回。经上网下载相关文件说明,报总经理批准后,做相关会计处理。

(4)漳州兴达羊毛衫厂 11 月 30 日得知,7 年前有业务往来的客户广东中山三极服装批发公司宣告破产,原欠代垫付的运杂费 900 元无法收回。经报总经理批准后,做相关会计处理。

实训材料

记账凭证 6 张

实训岗位任务 2.1(认识职工薪酬核算方式)

任务描述

了解企业职工薪酬核算方式,把它们写出来,形成一份"职工薪酬核算方式及员工考勤系统种类调查报告"

工作成果要求

(1)写一份介绍企业 5~10 种职工薪酬核算的方式、员工考勤系统种类的报告,字数在 500~1 000 字之间

(2)书写清晰,语句顺畅,内容正确

(3)也可以将报告内容做成 PPT,组织各组在课堂上交流

实训任务资料

无

实训材料

自备作业纸数张

实训岗位任务 2.2("五险一金"代扣代缴会计处理)

任务描述

利用信息渠道了解包括学校所在地的 3~5 个城市"五险一金"相关规定,分类整理,形成书面报告,并制作上台介绍的 PPT。

工作成果要求

(1)写一份介绍学校所在地及附近 3~5 个城市"五险一金"的缴交基数、计算方法等相关政策报告,字数在 500~1 000 字之间

(2)在报告中,应写明本次任务的小组成员以及分工,对本次任务的工作过程进行介绍,总结完成本次任务过程的收获与不足

(3)书写清晰,语句顺畅,内容正确

(4)也可以将报告内容做成 PPT,组织各组在课堂上交流

实训任务资料

报告参考目录

(1)工作任务描述

(2)完成实训任务时间

(3)实训任务实施地点、方法、途径介绍

(4)介绍所收集到的关于学校所在地及附近 3～5 个城市"五险一金"缴交政策

(5)总结思考对相关知识的获取与实训不足

(6)对本项目任务设计作出评价、批判、建议

(7)今日亮点(收获与成果)

(8)快乐指数

(9)自我评价,或满分 100 分,请您自己打个分

(10)"五险一金"缴交一览表参考格式

序号	项目	最低缴交基数	计提比例		缴交期
			单位应缴	个人应缴	
1	养老保险				
2	失业保险				
3	医疗保险				
4	工伤保险				
5	生育保险				
6	住房公积金				
7	工会经费				
8	职工教育经费				
9	残疾人保障金				
10					
11					

实训材料

自备作业纸数张

实训岗位任务 2.3(个人所得税代扣代缴的会计处理)

任务描述

(1)根据所提供资料分析是否缴纳个人所得税

(2)根据所提供资料计算应缴个人所得税

(3)根据相关资料进行个人所得税代扣代缴会计处理

工作成果要求

(1)详细书写应缴个人所得税计算过程

(2)正确填写个人所得税申报表

(3)规范、正确填写记账凭证,要素齐全

(4)记账凭证书写清晰,内容正确

实训任务资料

漳州兴达羊毛衫厂2012年11月发生以下经济业务,请根据个人所得税法的相关规定进行会计处理。

(1)漳州兴达羊毛衫厂11月因采购原材料数量多,特聘请2位搬运工人,聘用期只有一个月。11月30日计算他们当月应发工资;根据税法规定计算代扣个人所得税,并编制会计分录、填写记账凭证。

搬运工人王吕民,搬运兔毛线150吨,每吨26元。

搬运工人邹家邱,搬运羊毛线180吨,每吨25元。

(2)漳州兴达羊毛衫厂11月从北京聘请一位技术专家,年薪15万元,请帮他填写一份个人所得税申报表。并编制代扣个人所得税的会计分录、填写记账凭证。

实训材料

工资表2张

个人所得税申报表2张

记账凭证4张

实训岗位任务 2.4(职工薪酬核算)

任务描述

(1)根据所提供的资料选用空白职工薪酬发放表

(2)根据所提供的资料编制职工薪酬发放表

(3)正确填制职工薪酬核算相关记账凭证

(4)撰写本次任务实训总结

工作成果要求

(1)正确选用职工薪酬发放表,并准确、完整、清晰计算填写

(2)根据职工薪酬发放表编制的记账凭证应清晰、准确、完整

(3)工资分配表计算规范、准确

(4)实训总结全面、细致,分析透彻

实训任务资料

(1)漳州兴达羊毛衫厂2012年11月管理人员考勤资料如下:

漳州兴达羊毛衫厂 2012 年 11 月管理人员考勤情况

单位:元

序号	姓名	所在部门	职务	标准					本月加班(日)	日加班费标准
				基本工资	满勤奖	岗位津贴	职务津贴	电话费补贴		
1	郭明宏	总经办	总经理	4 500	120	400	400			
2	李兴过	销售部	经理	3 000	120	200	200		12	100
3	吕 斌	采购部	经理	3 000	120	200	200			
4	王力去	办公室	经理	3 000	120	200	200		9	100
5	邹 洁	财务部	经理	3 000	120	200	200			
6	江迈河	车间	主任	2 800	120	200	300		6	100
7	林 莉	财务部	出纳	2 000	120		100		5	60
8	洪东海	销售部	科员	2 000	120		100		5	60
9	孔兴明	采购部	科员	2 000	120		100			60
10	张林达	办公室	科员	2 000	120		100		5	60

工资计算及发放方式:按月计提,次月 10 日发放。

(2)漳州兴达羊毛衫厂 2012 年 11 月生产工人完成生产任务资料如下:

漳州兴达羊毛衫厂 2012 年 11 月生产工人产量记录表

单位:元

姓名	所在部门	职务	标准						
			基本工资	满勤奖	质量奖	加工羊毛衫(件)	加工单位工资	加工兔毛衫(件)	加工单位工资
林 岚	采购部	工人	1 000	120	100	450	5	200	6
林倩倩	车间	工人	1 000	120	100	460	5	200	6
黄立斌	车间	工人	1 000	120	100	480	5	200	6
黄日华	车间	工人	1 000	120	100	500	5	220	6
张宝成	车间	工人	1 000	120	100	430	5	220	5
张立昌	车间	工人	1 000	120	100	440	5	200	4
吕 斌	车间	工人	1 000	120	100	450	5	100	3
增万达	车间	工人	1 000	120	100	800	5	50	6

工资计算方式:基本工资+计件工资+质量奖+满勤奖

(3)漳州兴达羊毛衫厂 2012 年 12 月 10 日从银行开出支票,发放以上管理人员、生产工人工资,请编制会计分录并填写记账凭证。

(4)漳州兴达羊毛衫厂 2012 年 12 月 10 日从银行缴纳应交的各种税费、"五险一金",请根据以上计算结果分析相关数据,编制会计分录并填写记账凭证。

实训材料

工资表 3 张

实训总结 1 张

记账凭证 14 张

实训岗位任务 3.1(认识资金筹集)

任务描述

请根据以下表格中提供的经济业务,完成对资金筹集经济业务的认定。

工作成果要求

(1)将所分析出的正确答案填写在所提供的训练表中

(2)书写清晰,表达准确,内容完整

实训任务资料

企业资金筹集分类与归集训练

序号	经济业务
1	新股东加盟投资 200 万元
2	向上海一家公司借款 20 万元用于企业经营周转
3	将企业上年度实现的净利润 100 万元转为企业实收资本
4	发行债券收到资金 1 000 万元
5	向银行贷取流动资金借款 100 万元
6	将上海客户欠本公司的应收款 500 万元转换成资本金
7	向老板个人借款 20 万元,拟用于发放上月工资
8	应付而尚未支付的原材料采购款 10 万元
9	向个人借取高利贷 30 万元,期限 90 天
10	收到 A 公司运达机器设备一批,价值 250 万元,作为对本公司的投资

实训材料

企业资金筹集分类与归集训练用表 1 张

实训岗位任务 3.2(银行贷款申请)

任务描述

(1)上各大商业银行网站了解 5～10 项银行贷款种类

(2)撰写一份个人贷款申请书

(3)为一个小企业撰写一份短期流动资金贷款申请书

工作成果要求

(1)完成一份向特定银行申请个人贷款的贷款申请书,字数在 300～600 之间

(2)完成一份小企业短期流动资金贷款申请书,字数在 400～800 之间

(3)规范、正确撰写,书写清晰,要素完整

实训任务资料

无

实训材料

自备空白作业纸 2～6 张

实训岗位任务 3.3(融资业务核算)

任务描述

(1)根据所提供资料对融资业务进行核算

(2)对所提供的信息进行分析后编制会计分录

工作成果要求

(1)规范、正确填写记账凭证,要素完整

(2)记账凭证书写清晰,内容正确

实训任务资料

漳州兴达羊毛衫厂 2012 年 11 月发生以下经济业务:

(1)11 月 3 日,漳州兴达羊毛衫厂与深圳隆盛有限公司签订合作协议,取得新机器设备 10 台,价值 160 万元,作为入股投资,设备已收到并验收调试交付使用。

(2)11 月 5 日,漳州兴达羊毛衫厂与合肥纺织公司签订合作协议,取得货币资金投资 500 万元,款项已从银行收到。

(3)11 月 20 日,漳州兴达羊毛衫厂股东大会决议,将未分配利润 30 万元转增资本金,根据会计纪要编制会计分录。

(4)11 月 25 日,漳州兴达羊毛衫厂与北京胜鑫有限公司签订合作协议,取得专利权一项,账面价值 20 万元,评估现值 22 万元,作为入股投资,本项专利已交付使用。

(5)11 月 26 日,漳州兴达羊毛衫厂经与对方公司协商,应付广州万荣有限公司的债务 60 万元以 40 万元转为股本。

(6)11 月 30 日,漳州兴达羊毛衫厂发生财务困难,经与对方公司协商,应付成都三峡纺织品有限公司的债务 30 万元以 16 万元转为股本。

实训材料

记账凭证 8 张

实训岗位任务 3.4(银行贷款业务办理)

任务描述

(1)根据所提供银行贷款业务进行会计核算

(2)对所提供的信息进行分析后编制会计分录

工作成果要求

(1)规范、正确填写记账凭证,要素完整

(2)记账凭证书写清晰,内容正确

实训任务资料

(1)漳州兴达羊毛衫厂 11 月 2 日归还中国建设银行漳州分行到期的长期借款 600 000 元,从银行转讫。

(2)漳州兴达羊毛衫厂 11 月 3 日向中国建设银行漳州分行办理一笔还款期限在一年内的短期借款 150 000 元,该借款已从银行收到。

(3)漳州兴达羊毛衫厂 11 月 15 日向中国建设银行漳州分行办理一笔还款期限在两年的长期借款 20 000 000 元,该借款已从银行收到。

(4)漳州兴达羊毛衫厂 11 月 30 日计算应付而尚未支付的银行短期贷款利息 12 000 元。

(5)漳州兴达羊毛衫厂 11 月 20 日归还中国建设银行漳州分行到期的短期借款 20 000 元,从银行转讫。

(6)漳州兴达羊毛衫厂 11 月 21 日支付第四季度(10、11、12 月)的银行短期贷款利息 18 000元(其中 10、11 月每月均已预先计提了 6 000 元的贷款利息)。

(7)漳州兴达羊毛衫厂 11 月 21 日计算并支付用于新厂房建设的 30 000 000 元贷款的当月贷款利息 180 000 元。

(8)漳州兴达羊毛衫厂 11 月 21 日支付当月贷款利息 50 000 元,贷款用于新产品研发。

实训材料

记账凭证 10 张

实训岗位任务 4.1(存货与采购相关知识)

任务描述

(1)上网或到图书馆查找资料,了解 2～3 个不同制造业企业存货的种类,撰写一份关于存货的报告,字数在 300～800 字之间。(您可以选择服装厂、食品厂、机械制造厂等您比较熟悉

的行业）

（2）为以上 2～3 个不同制造业企业中的任一个制定采购审批流程。

工作成果要求

（1）写一份介绍 2～3 个不同制造业企业存货 5～10 种的报告，以文档的形式体现，字数在 300～800 字之间

（2）制定采购审批流程图，以文档的形式体现，字数在 300～600 字之间

（3）在 201×年×月×日 21 时前完成并上交学习委员 QQ 邮箱，学习委员收集压缩后在 201×年×月×日 23 时前发教师 QQ 邮箱

实训任务资料

无

实训材料

自备空白作业纸 6 张

实训岗位任务 4.2（存货采购成本核算）

任务描述

根据所提供资料对原材料采购成本进行核算

工作成果要求

（1）规范、正确填写记账凭证，要素完整

（2）记账凭证书写清晰，内容正确

实训任务资料

为方便采用多种纳税形式进行实务训练，请根据题目假设来进行会计核算。

（1）小规模纳税人漳州兴达羊毛衫厂 11 月 12 日向江苏吴江三峡纺织厂采购羊毛线、兔毛线原材料，货款共 90 000 元，所有款项从银行电汇支付。

（2）小规模纳税人漳州兴达羊毛衫厂 11 月 12 日向江苏吴江三峡纺织厂采购羊毛线，货款共 60 000 元；采购兔毛线原材料，货款共 70 000 元。其中羊毛线支付搬运费 2 000 元，兔毛线支付搬运费 1 000 元，所有款项及搬运费从银行电汇支付。

（3）一般纳税人漳州兴达羊毛衫厂 11 月 15 日向江苏吴江三峡纺织厂采购羊毛线、兔毛线原材料，货款共 100 000 元，增值税 17 000 元，所有款项从银行电汇支付。

（4）小规模纳税人漳州兴达羊毛衫厂 11 月 12 日向江苏吴江三峡纺织厂采购羊毛线，货款共 50 000 元；采购兔毛线原材料，货款共 50 000 元；支付共同性长途运费 3 000 元、装卸费 1 000 元，保险费 1 000 元，所有款项及采购费从银行电汇支付。

（5）一般纳税人漳州兴达羊毛衫厂 11 月 16 日向江苏吴江三峡纺织厂采购羊毛线、兔毛线原材料，货款共 40 000 元，增值税 6 800 元，从银行电汇支付 10 000 元，其余款项暂欠。

（6）漳州兴达羊毛衫厂 11 月 22 日向山东合肥得明纺织厂从银行预付原材料采购款

90 000元。

（7）一般纳税人漳州兴达羊毛衫厂11月20日向江苏吴江三峡纺织厂采购羊毛线、兔毛线原材料，货款共 80 000元，增值税 13 600元，因资金紧张，这笔原材料款项暂欠。

（8）一般纳税人漳州兴达羊毛衫厂11月26日向江苏吴江三峡纺织厂采购兔毛线原材料，货款共 600 000元，增值税 102 000元，因资金紧张，开出商业汇票，承诺6个月后支付。

（9）漳州兴达羊毛衫厂11月6日发出兔毛线，委托江苏吴江立荣纺织厂加工，原材料成本共 160 000元。

（10）漳州兴达羊毛衫厂11月25日从银行支付前欠江苏吴江三峡纺织厂的原材料款 100 000元。

（11）漳州兴达羊毛衫厂11月26日收到本月6日委托江苏吴江立荣纺织厂加工的兔毛线，支付委托加工费 20 000元，运输费用 2 000元，相关费用已从银行支付。

（12）漳州兴达羊毛衫厂11月3日因完成合同任务时间问题，需要向上海第三毛衫厂采购其女开羊毛衫 1 000件，单价 100元，不含税总金额 100 000元，进项税 17 000元，同时包装完成，验收入库，货款全部从银行支付。

（13）漳州兴达羊毛衫厂11月1日根据捐赠协议，接受上海第五纺织厂捐赠羊毛线一批，总价值 200 000元，到货并验收入库。

（14）漳州兴达羊毛衫厂11月5日根据捐赠协议，接受上海第五羊毛衫厂捐赠女童羊毛衫 10 000件，单价 30元，总价值 30 000元，所有商品到货并验收入库。

（15）漳州兴达羊毛衫厂11月1日根据投资协议，接受上海第五纺织厂以原材料方式的投资，羊毛线一批，总价值 800 000元，货到并验收入库。

（16）漳州兴达羊毛衫厂11月3日根据投资协议，接受上海第五羊毛衫厂以库存商品方式的投资男圆领羊毛衫 1 000件，单价 160元，总价值 160 000元，所有商品到货并验收入库。

（17）漳州兴达羊毛衫厂8月30日进行存货清查，发现腈纶线仓库实际数量比账上多，经计算增加的腈纶线原材料成本为 12 000元，盘盈原因尚未查明，先根据存货会计和仓库管理签名的盘点表调整账簿记录。

（18）漳州兴达羊毛衫厂9月30日存货清查腈纶线盘盈，盘盈原因查明，属于上个月一直下雨，毛线吸收水汽增加重量，经领导审批，冲减管理费用。

（19）漳州兴达羊毛衫厂11月30日进行存货清查，发现羊毛线仓库实际数量比账上少，经计算减少的羊毛线原材料成本为 7 500元，原因尚未查明，先根据存货会计和仓库管理员签名的盘点表调整账簿记录。

（20）漳州兴达羊毛衫厂11月30日进行存货清查，发现羊毛线仓库实际数量比账上少，经计算减少的羊毛线原材料成本为 20 000元，经查明，是下大雨引起仓库进水，仓库员自行扔掉了。由于企业有买财产保险，可以取得保险公司赔偿 10 000元，其余 2 000元应由仓库管理员杨昆承担责任，8 000元损失属于企业管理不善，根据存货清查情况认定书及领导审批调整账簿记录。

(21)漳州兴达羊毛衫厂于 12 月 23 日从银行收到保险公司羊毛线损失赔偿款 10 000 元，以现金收到仓库管理员杨昆赔偿款 2 000 元。

实训材料

记账凭证 24 张

实训岗位任务 4.3(存货发出成本核算)

任务描述

(1)根据所提供的资料,分别采用月末一次加权平均法、先进先出法、移动加权平均法计算原材料发出成本,并编制会计分录,填写记账凭证

(2)一种原材料发出成本计算结果做一笔会计分录

工作成果要求

(1)采用不同原材料发出成本计算方法分别计算,计算过程全面体现

(2)将计算结果登记在原材料数量金额式明细账,并结出余额

(3)记账凭证填写规范,书写清晰,内容正确

实训任务资料

假设漳州兴达羊毛衫厂 11 月购入羊毛线情况如下:

原材料数量金额式明细账

品名:羊毛线　　规格:　　　　存放地点:　　　　计量单位:公斤

单位:元

2012年 月	日	凭证号	摘要	收入 数量	单位	金额	发出 数量	单价	金额	结存 数量	单价	金额
11	2	1	购入	1000	60	60000						
	3	3	购入	500	55	27500						
	7	4	发出									
	9	5	购入	800	50	40000						
	10	9	购入	2000	40	80000						
	11	10	购入	3000	50	150000						
	15	18	发出									
	18	25	购入	700	60	42000						
	22	40	发出									
	26	50	购入	1000	70	70000						
			合计	9000	52.17	469500	0	52.17	0.00	9000	52.17	469500.00

实训材料

原材料数量金额式明细账 4 张

记账凭证 4 张

实训岗位任务 5.1(认识期间费用)

任务描述

根据所提供的资料对所提供的经济业务进行认真分析,并完成其在各项费用类科目中的归集。

工作成果要求

(1)将正确答案填入"期间费用分类与归集训练表"

(2)书写清晰,表达准确

实训任务资料

期间费用分类与归集训练表

序号	经济业务	所应归集的期间费用类科目(打√)			
		管理费用	销售费用	财务费用	营业税及附加
1	财务部报销购买办公用品				
2	销售部报销购买办公用品				
3	人力资源部经理报销差旅费				
4	销售部经理报销招待费				
5	收到银行存款利息				
6	计提当月销售部固定资产折旧费				
7	计提当月厂部用固定资产折旧费				
8	支付银行贷款利息				
9	本企业的无形资产进行摊销				
10	办公室刘东行出差回来报销差旅费				
11	支付土地使用税				
12	支付管理部门电话费				
13	支付销售部门电话费				
14	支付银行电汇手续费				
15	支付印花税				

续表

序号	经济业务	所应归集的期间费用类科目(打√)			
		管理费用	销售费用	财务费用	营业税及附加
16	支付城建税				
17	支付银行购现金支票费用				
18	支付公司验资审验费用				
19	支付报关税费				
20	支付外地销售机构物业费				

实训材料

请直接将答案填写在以上"期间费用分类与归集训练表",不另行附表格

实训岗位任务 5.2(管理费用的核算)

任务描述

(1)对所提供的经济业务进行分析,完成管理费用经济业务的认定

(2)按规定根据所提供的资料完成管理费用会计核算

工作成果要求

(1)规范、正确填写记账凭证,要素完整

(2)记账凭证书写清晰,内容正确

实训任务资料

假设 2012 年 11 月漳州兴达羊毛衫厂发生以下经济业务:

(1)11 月 8 日,漳州兴达羊毛衫厂人力资源部经理报销差旅费 5 200 元,以现金支付。

(2)11 月 10 日,漳州兴达羊毛衫厂副厂长报销招待费 12 000 元,以现金支付。

(3)11 月 15 日,漳州兴达羊毛衫厂购买办公用品 2 308 元,以现金支付。

(4)11 月 16 日,漳州兴达羊毛衫厂预提本月应付而尚未支付的管理部门用电费用 12 500 元。

(5)11 月 19 日,漳州兴达羊毛衫厂以现金支付人事资源部在员工招聘过程中发生的费用 6 500元,新员工体检费 500 元。

(6)11 月 20 日,漳州兴达羊毛衫厂核算管理部门固定资产应分摊的当月折旧费 3 700 元。

(7)11 月 22 日,漳州兴达羊毛衫厂以现金支付电脑耗材费 1 050 元。

(8)11 月 25 日,漳州兴达羊毛衫厂从银行支付本月物业管理费 7 600 元。

(9)11 月 20 日,漳州兴达羊毛衫厂办公室刘东出差回来,报销差旅费 35 000 元,原借 40 000元,余款以现金方式交回财务部。

(10)11 月 25 日,漳州兴达羊毛衫厂从银行支付下一年度财产保险费 36 000 元。

实训材料

记账凭证 12 张

实训岗位任务 5.3(销售费用核算)

任务描述

根据相关资料进行销售费用业务的会计处理并填写记账凭证。

工作成果要求

(1)规范、正确填写记账凭证,要素完整

(2)记账凭证书写清晰,内容正确

实训任务资料

假设 2012 年 11 月漳州兴达羊毛衫厂发生以下经济业务:

(1)11 月 3 日,漳州兴达羊毛衫厂上海销售部报销招待费 23 500 元,以现金支付。

(2)11 月 4 日,漳州兴达羊毛衫厂上海销售部报销水电费 2 350 元,以现金支付。

(3)11 月 5 日,漳州兴达羊毛衫厂广州销售部经理报销广告费 63 000 元,从银行支付。

(4)11 月 12 日,漳州兴达羊毛衫厂广州销售部购买办公用品 2 036 元,以现金支付。

(5)11 月 13 日,漳州兴达羊毛衫厂广州销售部固定资产应分摊当月折旧费 6 010 元。

(6)11 月 15 日,漳州兴达羊毛衫厂上海销售部经理报销广告费 53 800 元,从银行支付。

(7)11 月 15 日,漳州兴达羊毛衫厂广州销售部业务员出差回来,报销样品运输费 900 元,装卸费 800 元,商品维修费 1 200 元,以现金支付。

(8)11 月 20 日,漳州兴达羊毛衫厂广州销售部从银行支付当月明星代言费 12 000 元。

(9)11 月 22 日,漳州兴达羊毛衫厂广州销售部以现金支付电脑耗材费 3 120 元。

(10)11 月 23 日,漳州兴达羊毛衫厂广州销售部以现金支付个人折扣费 6 700 元。

实训材料

记账凭证 12 张

实训岗位任务 5.4(财务费用核算)

任务描述

根据相关资料进行财务费用业务的会计处理并填写记账凭证。

工作成果要求

(1)规范、正确填写记账凭证,要素完整

(2)记账凭证书写清晰,内容正确

实训任务资料

假设 2012 年 11 月漳州兴达羊毛衫厂发生以下经济业务:

(1)2012 年 12 月 3 日,漳州兴达羊毛衫厂从银行支付办理电汇手续费 250 元。

(2)2012 年 12 月 18 日,漳州兴达羊毛衫厂从银行支付贷款利息 5 610 元。

(3)2012 年 12 月 20 日,漳州兴达羊毛衫厂从银行支付购现金支票款 120 元。

(4)2012 年 12 月 20 日,漳州兴达羊毛衫厂因提前支取商业承兑汇票 200 000 元,支付银行手续费 6 020 元。

(5)2012 年 12 月 26 日,漳州兴达羊毛衫厂从银行支付购商业汇票手续费 200 元。

(6)2012 年 12 月 28 日,漳州兴达羊毛衫厂当月发生美元汇兑损失 2 500 元。

(7)2012 年 12 月 29 日,漳州兴达羊毛衫厂当月发生日元汇兑收益 500 元。

(8)2012 年 12 月 30 日,漳州兴达羊毛衫厂当月发生商业折扣支出 7 500 元,以现金支付。

(9)2012 年 12 月 30 日,漳州兴达羊毛衫厂从银行收到存款利息 9 820 元。

实训材料

记账凭证 10 张

实训岗位任务 5.5(营业税金及附加核算)

任务描述

根据相关资料进行营业税金及附加相关经济业务会计处理并填写记账凭证。

工作成果要求

(1)规范、正确填写记账凭证,要素完整

(2)记账凭证书写清晰,内容正确

实训任务资料

假设 2012 年 11 月漳州兴达羊毛衫厂发生以下经济业务:

(1)11 月 30 日,漳州兴达羊毛衫厂计算本月应交增值税 30 000 元,城建税率为 7%。

(2)11 月 30 日,漳州兴达羊毛衫厂计算本月应交增值税 30 000 元,教育费附加税率为 5%。

(3)11 月 30 日,漳州兴达羊毛衫厂取得应纳消费税的销售商品收入 100 000 元,该产品适用的消费税税率为 25%。

(4)11 月 30 日,漳州兴达羊毛衫厂月末计算应交消费税带征的城建税 7%、教育费附加税率 5%。

实训材料

记账凭证 6 张

实训岗位任务 6.1(认识原始凭证)

任务描述

每个工作任务小组组长向指导老师领取各 10～20 张真实原始凭证,进行辨认。说出它们代表的经济业务或事项,填写实训报告书。

工作成果要求

对所提供的真实原始凭证辨认结果写在实训报告中,对相关原始凭证反映的经济业务进行描述和介绍。

实训任务资料

福建省化利普体普通发票

发票代码 135060916031
发票号码 12834739

2010 年 9 月 24 日

客户名称: 漳州兴达羊毛衫厂

品 名	规 格	单位	数量	单价	金 额						备 注
电脑计机件						9	9	5			

合计人民币(大写) 玖佰玖拾伍元零角零分 995 00

销货单位的税人识别号

漳州市罗湖区兴业维码作件
发票专用章

开户银行及帐号

业产名称(章):　　　收款人:　　　开票人:

原始凭证1

中国工商银行 现金支票〔闽〕 厦 BJ 门 02 05023276

出票日期(大写) 2011 年 01 月 22 日　付款行名称: 同安工行
收款人: 郑喜捷　　　出票人帐号: 4100028509245049505

人民币(大写) 壹拾万零陆仟零贰拾肆元柒角

亿	千	百	十	万	千	百	十	元	角	分
	¥	1	0	6	0	2	4	7	0	

用途 奖金

本票付款期限十天

上列款项请从
我帐户内支付
出票人签章

复核　　记帐

原始凭证2

中国农业发展银行现金缴款单（单）

2009 年 05 月 28 日   No:0000461988

收款单位	名称	杭州智泉工控技术有限公司	缴款人	杭州智泉工控技术有限公司
	账号	74817883888888	款项来源	

| 金额（大写） | 壹万贰仟叁佰肆拾伍元整 | | | RMB12345.00 | | |

券别	张数	十万	千	百	十	元	券别	张数	万	千	百	十	元	角	分	上列款项已收妥
100元							2元									
50元							1元									借_____
20元							角币									银行贷_____
10元							分币									总分_____
5元																

复核：   记账：   复核：出纳：   出纳：

原始凭证 3

中国建设银行 China Construction Bank   业 务 收 费 凭 证

币别：人民币   2011 年01 月28 日   流水号:50662433003000119

付款：滕州□□□发展公司   账号3500166243305014070

项目名称	工本费	手续费	电子汇划费	金 额
	0.00	0.50	5.00	RMB5.50

金额（大写）人民币伍元伍角   RMB5.50

付款方式 转账

业务类型:电汇

会计主管   授权   复核 杨瑞   录入 谢子华

原始凭证 4

厦门增值税普通发票

3502102620　　　№ 00211423

开票日期：2010年08月08日

校验码 43863 63414 35105 82067

| 购货单位 | 名　称：漳州宏达信息发展公司
纳税人识别号：
地　址、电话：
开户行及账号： | 密码区 | >-<9</-8/-/4-05<-*+23
3<<7>>493-12>510+**09
9>//->05**2>-3162>*61
/27*200-6542*+6-5>>56 | 加密版本:01
3502102620
00211423 |

货物或应税劳务名称	规格型号	单位	数量	单价	金额	税率	税额
优盘		个	3	39.316239816	117.95	17%	20.05
优盘		个	5	52.136752137	260.68	17%	44.32
优盘		个	1	80.341880342	80.34	17%	13.66
优盘		个	2	76.925076923	153.85	17%	26.15
打印机	2900	台	1	83.760683761	83.76	17%	14.24
墨盒	T057	个	1	940.17094017	940.17	17%	159.83
墨盒	T057	个	5	35.897435897	179.49	17%	30.51
墨盒	T058	个	1	56.41025641	56.41	17%	9.59
合　计					￥1872.65		￥318.35

价税合计（大写）　⊗贰仟壹佰玖拾壹圆整　￥2191.00

| 销货单位 | 名　称：厦门市恒塑数码科技有限公司
纳税人识别号：35020379808058X
地　址、电话：厦门市天湖路24-26号B商场C23 0592-2385086
开户行及账号：中国民生银行厦门分行 2901014170010613 | 备注 | 转账 |

收款人：　　复核：　　开票人：杨美霞　　销货单位：（章）

原始凭证 5

0241098

北京市 电子缴税回单

隶属关系——市级　　　　　　　　　　　　　　　　电子缴税号——12300167

注册类型——有限公司　　填发日期——2009年12月05日　　征收机关——北京市国税局

缴税单位	代　码	110101893746520	收款国库	北京市金库
	全　称	万达国际股份有限公司	国库账号	101010103
	账　号	4100982356487219763	预算级次	中央75%，地方25%
	开户银行	中国工商银行北京东城支行	国库开户行	中国银行北京朝阳支行
	税款所属期	2009年11月01日至11月30日	税款限缴日期	2009年12月15日

预算科目	税种税目	计税金额、销售收入或课税数量	税率或单位税额	已缴或扣除额	实缴税额
101010106	增值税	1273529.41	17%		216500.00
				中国工商银行 北京东城支行 2009.12.05 转讫 (3)	
金额合计 贰拾壹万陆仟伍佰元整					￥216500.00

申报方式	征收方式	打印次数	上列款项已核收记入收款单位账户。 扣款日期 银行盖章	备注
一般申报	查账征收	1		

未加盖银行印章无效

第一联：纳税人留存联

原始凭证 6

收 料 单

领料单位：第一车间		2009 年 2 月 16 日						凭证编号：0010	
用途：生产 A 产品								发料仓库：2 号	

材料类别	材料编号	材料名称	规格	计量单位	数量		单价	数量
					请领	实领		
型钢	0345	圆钢	25mm	公斤	1500	1500	4.40	6600
型钢	0348	圆钢	10mm	公斤	1000	1000	4.40	4400
合计								11000

发料：　　　　　领料：　　　　　领料单位负责人：　　　　　记账：

原始凭证 7

2011年2月固定资产折旧计算表

设备名称	设备原值	使用年限	年折旧额	月折旧额
办公大楼	351200	26	13345.56	1112.13
文件柜	2780	5	556	46.33
热水器	880	5	176	14.67
合计	353980		13901.56	1173.13

原始凭证 8

北京服务业发票
发 票 联

地 税 监
440170043

查询电话：01012366
顾客名称：万达国际股份有限公司

查询号码 20363015
2009年12月06日

收费项目	数 量	单 价	金 额							备注
			万	千	百	十	元	角	分	
广告费			3	0	0	0	0	0	0	
合计人民币（大写）	叁万 零仟 零佰 零拾 零元 零角 零分									

第二联：发票联

开票人：王吴　　　收款人：张田　　　开票单位（盖章）

原始凭证 9

2012年7月份猪结存情况表一览表

品　名		单位	期初结存 数　量	转入 数　量	转出 数　量	出售 数　量	死亡 数　量	结存 数　量
仔猪		头	537	536	566		79	428
保育猪		头	728	566	232	54	25	983
中大猪	后备公猪	头	9	4	1			12
	后备母猪	头	7	10				17
	商品猪	头	48		4	1	2	41
公猪		头	7	1				8
母猪		头	320	3	1	15.33		307
商品猪		头	1485	236	16	377	12	1316
合　　计			3141			447	118	3112

原始凭证 10

北京 服务业发票
记 账 联

地 税 监
440170043

查询电话：01012366
顾客名称：北京市机床经销公司

查询号码 20394250
2009年12月07日

收费项目	数　量	单　价	金　额							备注
			万	千	百	十	元	角	分	
仓库租金				8	4	0	0	0	0	

第三联：记账联

合计人民币（大写） 零万 捌仟 肆佰 零拾 零元 零角 零分

开票人：马玉　　收款人：　　开票单位(盖章)　　发票专用章

原始凭证 11

差旅费报销单

服务部门	采购部		姓名	刘海		出差天数	自 12 月 03 日至 12 月 07 日共 4 天			
出事差由	采购材料					借旅支费	日期 11月28日 金额¥ 2000.00 结算金额：¥660.00			
出发		到达		起地点	交通费	行李费	旅馆费	住勤费	途中伙食费	出差补贴	电话	

出发			到达			起 地 点	交通费	行李费	旅馆费	住勤费	途中伙食费	出差补贴	电话	
月	日	时分	月	日	时分									
12	03		12	03		北京---上海	384.00			300.00	272.00			
12	07		12	07		上海---北京	384.00							
												现金付讫		
合计				零 万壹 仟叁 佰肆 拾零 元零 角零 分 ¥ 1340.00										
主管	林玲		会计	张翔		出纳	李明			报销人 刘海				

原始凭证 12

福建省漳州兴达羊毛衫厂2012年12月管理人员工资计算表

单位：元

姓名	所在部门	职务	标		准			本月加班/日	日加班费标准	本月应发工资	代扣个人社保金					个税计算基数	代扣个人所得税	实发工资
			基本工资	满勤奖	岗位津贴	职务津贴	电话费补贴				缴交基数	养老保险	失业保险	医疗保险	公积金			
2	3	4	5	6	7	8	9	10	11	12	13	14	15	16	17	18	19	20
郭明宏	总经办	总经理	4500	100	400	400	100			5500	1000	80	10	20	80	5310	54.30	5255.70
吕 斌	采购部	经理	3000	100	200	200	50			3550	1000	80	10	20	80	3360	0	3360.00
王力去	办公室	经理	3000	100	200	200	50	10	100	4550	1000	80	10	20	80	4360	25.8	4334.20
邹 洁	财务部	经理	3000	100	200	200	50			3550	1000	80	10	20	80	3360	0	3360.00
林 莉	财务部	出纳	2000	100			100	8	50	2600	1000	80	10	20	80	2410	0	2410.00
孔兴明	采购部	科员	2000	100			100			2200	1000	80	10	20	80	2010	0	2010.00
张林达	办公室	科员	2000	100			100	8	50	2600	1000	80	10	20	80	2410	0	2410.00
小计										24550						23220		23139.90

原始凭证 13

3200063170　　　　北京 增值税专用发票　　　　No 94535694

发票联

开票日期：2009 年 12 月 29 日

购货单位	名　称：万达国际股份有限公司
	纳税人识别号：110101893746520
	地址、电话：北京市东城区湖滨南路27号01087326520
	开户行及账号：中国工商银行北京东城支行41009823564872

密码区：
*·*5436*6+76>22126690 加密版本：01
/073-68-<9-/+5172599　3100083620
8796>2017<226<-13--8/　01454880
77>+79*<*76479+9<>>//

货物或应税劳务名称	规格型号	单位	数量	单价	金额	税率	税额
电费		度	106000	0.50	53000.00	17%	9010.00
合　计					￥53000.00		￥9010.00

价税合计（大写）：陆万贰仟零壹拾圆整　　　（小写）￥62010.00

销售单位	名　称：北京市电业局
	纳税人识别号：110102153453458
	地址、电话：北京市西城区临河路657号01087826758
	开户行及账号：中国工商银行北京西城支行 4100872364519

备注

北京市电业局
1101021534535
发票专用章

收款人：　　　复核：　　　开票：李平　　　销货单位（章）

第三联：发票联 购货方记账凭证

原始凭证 14

领 料 单

领料部门：铸造车间

（三联式）

领　字第 001　号

0204109

用　途：H-1铣床　　　2009 年 12 月 09 日

材料			单位	数量		成本									材料账页
编号	名称	规格		请领	实发	单价	百	十	万	千	百	十	元	角	分
15407	生铁		吨	8	8	2400.00		1	9	2	0	0	0	0	
15408	焦炭		吨	10	10	500.00			5	0	0	0	0	0	
15406	煤		吨	5	5	160.00				8	0	0	0	0	
合计							￥	2	5	0	0	0	0	0	

第二联：会计部门记账

主管：林玲　　　会计：张翔　　　记账：林娟　　　保管：刘军　　　发料：郝蕾　　　领料：张强

原始凭证 15

固定资产验收单

2009 年 12 月 10 日　　　　　　　　编号00020

名　称	规格型号	来源	数量	购（造）价	使用年限	预计残值
电脑		外购	2	￥15000.00	5年	￥750.00
安装费	月折旧率	建造单位		交工日期		附件
				2009 年12月10日		
验收部门	财务部	验收人员	邱霞	管理部门 财务部	管理人员	邱霞
备注						

原始凭证 16

上海 市货物销售发票

客户：凯丰商务咨询有限公·　　　　　记账联　　　　国　税 No. 31035616

货销万(3) 2009　年　12　月　11　日

品名	规格	单位	数量	单价	金额 万 千 百 十 元 角 分
英晨牌钢笔		支	620	30.00	1 8 6 0 0 0 0
合计人民币(大写)：　壹 万 捌仟陆佰零拾零元零角零分					1 8 6 0 0 0 0

企业发票专用章　　　　财务　　　　　复核　　　　　填票 邱霞

原始凭证 17

2012年03月康和食品有限公司成本计算表

序号	本月完工产品			原材料成本		辅助材料成本		包装物成本		生产工人工资		水电费		制造费用		合计
	品名	单位	数量	分配率	金额	分配率	金额	分配率	金额	分配率	金额	分配率	金额	分配率	金额	金额

原始凭证 18

漳州文化传播有限公司费用现金报销汇总表

专项开支: 经办人（领款人）:

开支内容	附单据张数	金额（元）	说明
合计（小写）			
合计（大写）		拾 万 仟 佰 拾 元 角 分	

经理审批: 财务审核: 部门主管:

填写时间: 2010年 月 日

原始凭证 19

公司公车行驶记录表

月初公里数: 月末公里数: 月份:

日期	起始地点	到达地点	初始公里数	到达公里数	行程费用 票据（张）	行程费用 金额（元）	出车事由	申请出车人	车辆情况	加油日期	加油数量	司机签字

原始凭证 20

实训材料

原始凭证分类说明表 2 张

实训岗位任务 6.2(原始凭证审核)

任务描述

对所提供的真实原始凭证进行辨认、审核。写出对它们的审核结果,填写实训报告书。

工作成果要求

(1)根据对真实原始凭证审核的结果,在所提供的"审核说明表"中填写原始凭证审核情况说明、原始凭证审核结果及处理意见。

（2）填写"原始凭证审核实训小结"，思考细致用心，尽量提出意见建议。

（3）书写清晰、表达准确、有说服力。

实训任务资料

相关岗位人员情况

公司管理人员及岗位情况			
姓名	所在部门	职务	职能说明
郭明宏	总经办	总经理	审批费用
李兴过	销售部	经理	
吕斌	采购部	经理	
王力去	办公室	经理	
邹洁	财务部	经理	审核费用
江迈河	车间	主任	
林莉	财务部	出纳	办理支付
洪东海	销售部	科员	
孔兴明	采购部	科员	
张林达	办公室	科员	

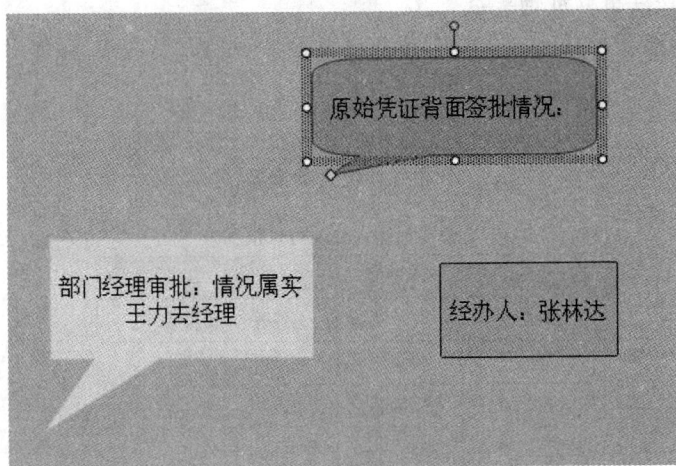

原始凭证 1

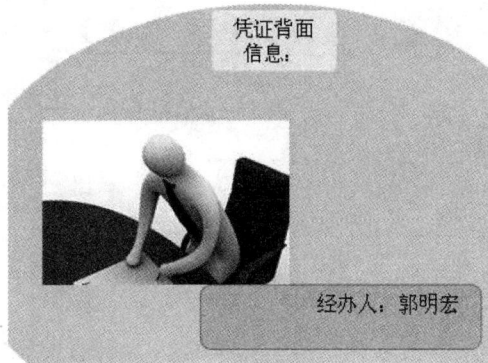

原始凭证 2

原始凭证 3

福建省货物销售普通发票

发票代码 135060815031
发票号码 10040217

发 票 联

客户名称 漳州兴达羊毛衫厂　　　　　　　　　　年　月　日

品　名	规　格	单位	数量	单价	金　额									备　注
					千	百	十	元	角	分				
茶叶		盒	6	245	1	4	7	0	0	0				

合计人民币
（大写）　　壹仟肆佰肆拾柒元角分　　　147000

销货单位纳税人识别号

开户银行及帐号

开户名称（章）：　　　　　收款人：　　　　　开票人：

第二联 发票联

经办人：洪东海

原始凭证 4

福建省普通发票

发票代码 135060916031
发票号码 12893741

2012 年 10 月 30 日

客户名称 漳州兴达羊毛衫厂

品 名	规 格	单位	数量	单价	金 额								备 注
					百	十	元	角	分			
			1	149		1	4	9	0	0		

合计人民币（大写）　壹佰肆拾玖元零角零分　　149.00

销货单位纳税人识别号

开户银行及账号

生产名称（章）：　　　收款人：　　　开票人：萍

第二联 发票联

原始凭证 5

情况背
签名面
况

经办人：洪东海

情况属实
——李兴过

原始凭证 5

福建省货物销售普通发票

发票代码 135060916031
发票号码 10547249

2010 年 2 月 26 日

漳州兴达羊毛衫厂

客户名称

品 名	规格	单位	数量	单价	金 额						备注
------	------	------	------	------	千	百	十	元	角	分	
服装		件	1	150			1	5	0	0	0	

合计人民币（大写）　壹佰伍拾零元零角零分　　　150 00

销货单位纳税人识别

漳州市芗城区服务单营所
发票专用章
3534122197206260316

开户银行及账号

生产名称（章）：　　　　　收款人：　　　　　开票人：

第一联 发票联

50×2C0902×10000×25×3

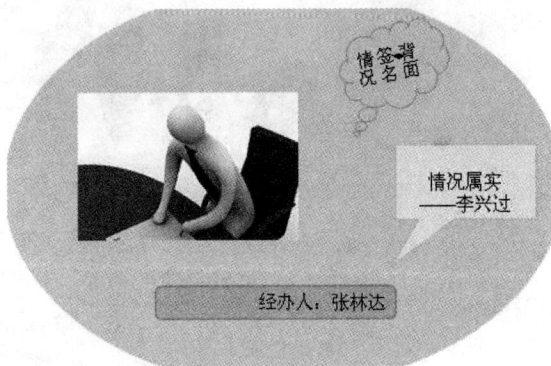

情况属实
——李兴过

经办人：张林达

原始凭证 6

北京 服务业发票

发票联

地 税 监
440170043

查询电话：
顾客名称： 漳州兴达羊毛衫厂

查询号码 20363015

2012年12月06日

收费项目	数 量	单 价	金 额								备注
			万	千	百	十	元	角	分	
广告费			3	0	0	0	0	0	0	
合计人民币 （大写）	叁万 零仟 零佰 零拾 零元 零角 零分		3	0	0	0	0	0	0	

开票人：王昊　　　收款人：张田　　　开票单位(盖章)

第二联：发票联

背面签名
情况

经办人：洪东海

原始凭证 7

福建省⬜⬜⬜⬜⬜⬜

发票代码 135060315031
发票号码 10876894

2012 年 7 月 31 日

品 名	规 格	单价	数 量	单位	金 额							备注
					千	百	十	元	角	分	
茶叶		4	2	m²	2	0	1	1			

合计人民币（大写）⬜ 佰 贰 拾 贰 佰 贰 佰 元 贰 分 ¥2022.00

收款人：   开票人：

经办人：洪东海

情况属实
——李兴过

原始凭证 8

北京 服务业发票
记 账 联

地 税 监
440170043

查询电话：
顾客名称： 漳州兴达羊毛衫厂

查询号码 20394250

2012 年 12 月 07 日

收费项目	数 量	单 价	金 额							备注
			万	千	百	十	元	角	分	
仓库租金				8	4	0	0	0	0	

合计人民币（大写） 零万 捌仟 肆佰 零拾 零元 零角 零分

开票人：马玉　　收款人：　　开票单位(盖章)

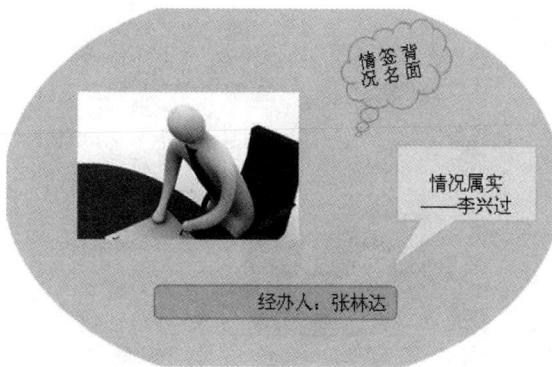

第三联：记账联

经办人：张林达

情况属实 ——李兴过

原始凭证 9

福建省漳州市文化体育业统一发票

（漳州广播电视网络中心）

发　票　联

开票日期 2010-01-21

客户名称：漳州兴达羊毛衫厂　　001001052022

发票代码 235060952039

发票号码 00012141

项　　　　目	单　位	数　量	单　价	金　额
收视费（数字基本）	2010-01-21至2011-01-20			216.00
贰佰壹拾陆元零角零分整				216.00
			¥	

发票专用章　　　　　　　　收款人：　　　　　　开票人：林蒨蒨

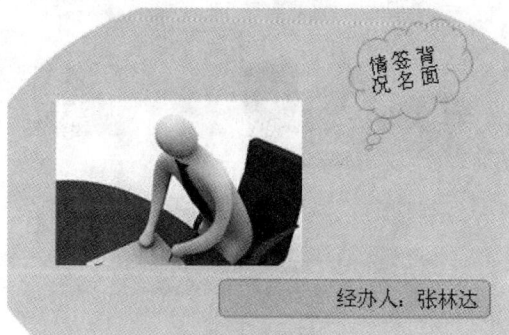

情　签　背
况　名　面

经办人：张林达

原始凭证 10

福建省 ____ 普通发票

发票代码 135050916031
发票号码 12802962

2012 年 8 月 30 日

客户名称：漳州兴达羊毛衫厂

品　名	规格	单位	数量	单价	金额 千百十元角分	备注
食品		批	1		2 3 8 4 0	

合计人民币（大写）：贰佰叁拾捌元肆角零分　　2 3 8 4 0

销货单位经机人证
开户银行及帐号

生产名称（章）　　　　　收款人：52-101128　　开票人：

经办人：洪东海
情况属实——李兴过

原始凭证 11

贵州省贵阳市国家税务局通用手工发票 ①

发票代码 152011103231

发票号码 00210024

2011 年 8 月 12 日

付款单位：贵州兴达汽配厂

货 物 名 称		金 额	备 注

合计人民币（大写）：

收款单位（发票专用章）：

收款单位银行：

经办人：张林达

原始凭证 12

福建省货物销售普通发票

发票联

发票代码 135060715031
发票号码 10267618

漳州兴达羊毛衫厂

品名	规格	单位	数量	单价	金额							备注
					千	百	十	元	角	分		
加工费												

合计人民币（大写） 壹仟零佰零拾零元零角零分 ¥10000.00

销货单位纳税人识别号

开户银行及账号

客户名称（章）：   收款人：   开票人：

第二联 发票联

原始凭证 13

原始凭证 14

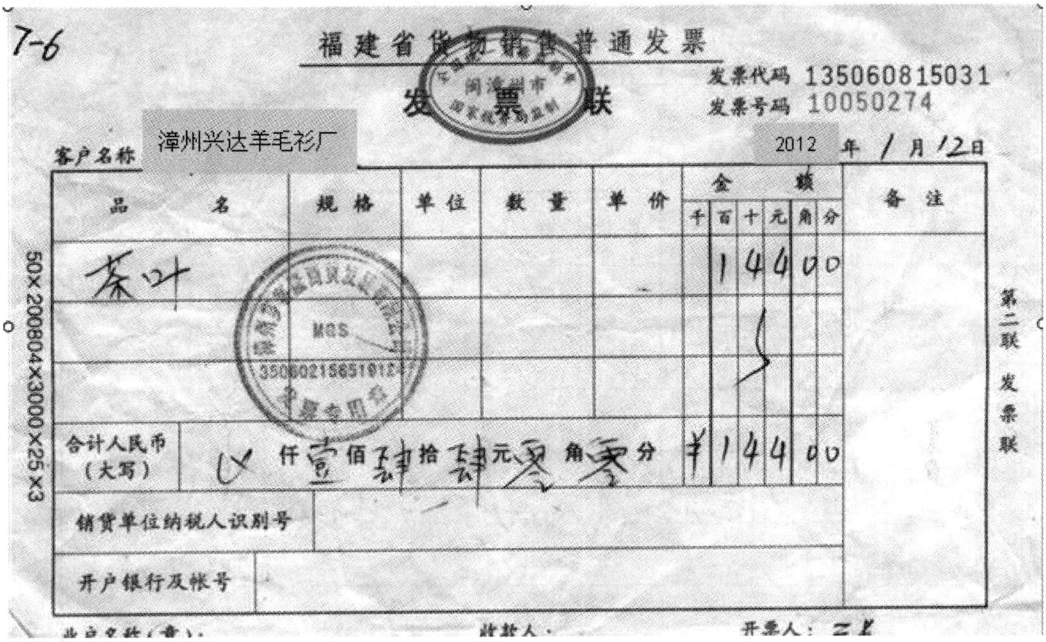

7-6

福建省货物销售普通发票

发票联

发票代码 135060815031

发票号码 10050274

客户名称 漳州兴达羊毛衫厂　　2012年1月12日

品名	规格	单位	数量	单价	金额（千百十元角分）	备注
茶叶					144.00	
合计人民币（大写）	⊗仟壹佰肆拾肆元零角零分				¥144.00	
销货单位纳税人识别号						
开户银行及帐号						

第二联 发票联

50×200804×3000×25×3

350602156519124 发票专用章

收款人：　　开票人：

原始凭证 15

福建省化妆磷酸普通发票

发票代码 135060915031
发票号码 10602923

发票联

客户名称 漳州兴达羊毛衫厂

2012 年 元 月 23 日

第二联 发票联

品　　名	规格	单位	数量	单价	金额							备注
					千	百	十	元	角	分		
文具					2152- 2552.00							

合计人民币（大写）	青 仟 佰 佰 贰 元 两 角 两 分 2552.00
销货单位纳税人识别号	
开户银行及帐号	

业户名称(章)：　　　　　收款人：　　　　　开票人：杨

情况 签名 背面

经办人：张林达

原始凭证 16

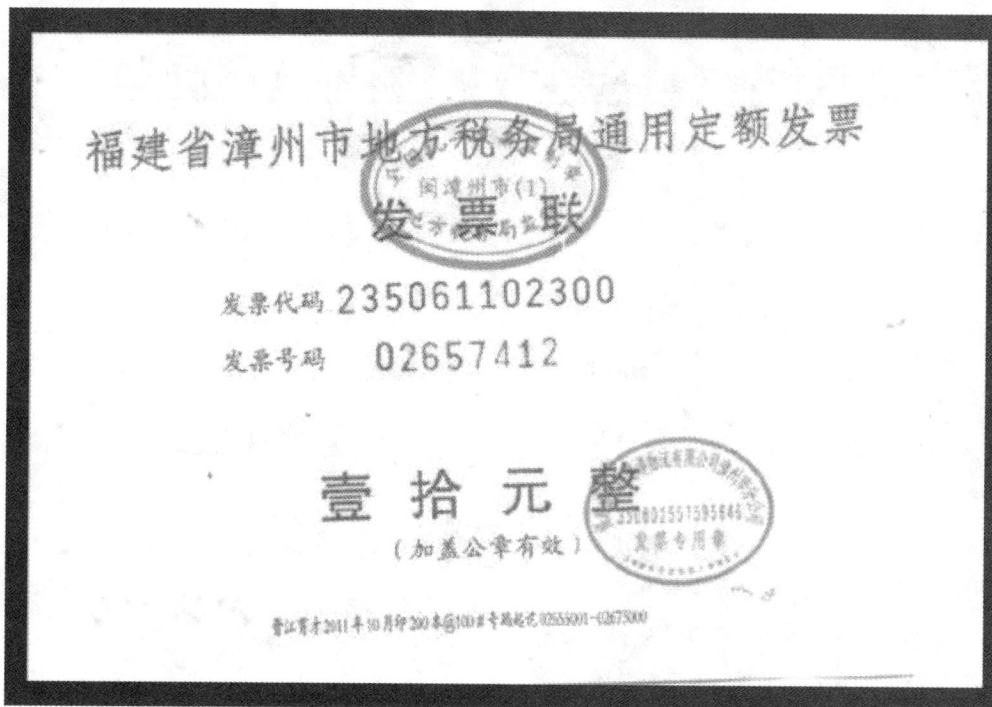

福建省漳州市地方税务局通用定额发票

发票联

发票代码 235061102300

发票号码 02657412

壹 拾 元 整

（加盖公章有效）

原始凭证 17

1-3

福建省移动通信有限责任公司漳州分公司电信业务定额发票

发 票 联

年　　月　　日

地税 No 0149343

0000×200008×4000

客户名称＿＿＿＿＿＿＿＿＿＿　项目＿＿＿＿＿

金 额：贰 佰 元 整

企业发票专用章：　　　填票人：

（注：本票由纳税人填写，加盖发票专用章后方可生效）

客服热线：1861　1860

原始凭证 18

福建省饮服 销售普通发票

发票代码 135060916031
发票号码 12834739

客户名称： 漳州兴达羊毛衫厂

2010年9月24日

品 名	规格	单位	数量	单价	金 额							备注
					百	十	元	角	分			
电脑配件		批	1			9	9	5	0	0		

合计人民币（大写）： 玖佰玖拾伍元零角零分   995.00

销货单位纳税人识别号：

开户银行及帐号：

业户名称(章)：   收款人：   开票人：

清单

商品名称	单位	数量	单价	金额
3米插座	个	3	18	54
10米网络线	条	2	7.2	14.4
20米网络线	条	1	32	32
8口交换机	台	2	68	136
TP5口交换机	台	3	52	156
DVD光盘	片	100	1.4	140
USB一分	个	1	16	16
VGA线	个	1	14	14
3米公牛插座	个	3	36	108
3米USB打印线	条	3	6.5	19.5
鼠标	个	5	18	90
鼠标	个	2	24	48
键盘	个	1	31.7	31.7
小音箱	对	1	44	44
SATA线	条	4	1.6	6.4
SONY DVD光盘	片	50	1.7	85
				995

原始凭证 19

福建省货物销售普通发票

发票代码 135060815031
发票号码 10040217

发票联

客户名称 漳州兴达羊毛衫厂　　　　　　　　　　年　月　日

品　名	规　格	单位	数量	单价	金　额								备　注
					十	百	十	元	角	分			
茶叶		盒	6			1	4	7	0	0	0		
合计人民币（大写）　壹仟肆佰柒拾贰元两角两分						1	4	7	0	0	0		
销货单位纳税人识别号													
开户银行及帐号													

第二联 发票联

过户名称（章）：　　　　　收款人：　　　　　开票人：引诗

原始凭证 20

实训材料

原始凭证审核说明表 3 张

原始凭证审核实训小结 2 张

参考资料

1. 中华人民共和国财政部:《小企业会计准则》,2011 年 10 月 18 日

2. 中华人民共和国国务院令第 631 号:《征信业管理条例》,2012 年 12 月 26 日

3. 国务院第二十次常务会通过《中华人民共和国外汇管理条例》,2008 年 8 月 1 日

4. 中华会计网校:《小企业会计准则实务操作指南》,人民出版社,2011

5. 全国人大常委会:《中华人民共和国劳动法》

6. 劳动和社会保障部劳社部发[2008]3 号《关于职工全年月平均工作时间和工资折算问题的通知》

7. 2007 年 12 月国务院令《国务院关于修改〈全国年节及纪念日放假办法〉的决定》

8. 徐来明、吴雯雯:《成本会计》,北京大学出版社,2011

9. http://news. cnstock. com/中国证券网

10. http://www. mof. gov. cn/中华人民共和国财政部

11. http://www. moj. gov. cn/中华人民共和国司法部

12. http://www. pbc. gov. cn/中国人民银行

13. http://www. ccgp. gov. cn/中国政府采购网

14. http://www. ccgp. gov. cn/中国物流采购网

15. http://www. mohrss. gov. cn/中华人民共和国人力资源和社会保障部

图书在版编目(CIP)数据

会计分岗位综合实务训练(含实训材料)/周丽华、游婉瑜主编. —厦门:厦门大学出版社,2013.9
(高职高专财会专业工学结合实训教材)
ISBN 978-7-5615-4671-0

Ⅰ.①会…　Ⅱ.①周…②游…　Ⅲ.①会计学-高等职业教育-教材　Ⅳ.①F230

中国版本图书馆 CIP 数据核字(2013)第 128243 号

厦门大学出版社出版发行

(地址:厦门市软件园二期望海路 39 号　邮编:361008)

http://www.xmupress.com

xmup @ xmupress.com

厦门集大印刷厂印刷

2013 年 9 月第 1 版　2013 年 9 月第 1 次印刷

开本:787×1092　1/16　印张:32.75

字数:560 千字

总定价:55.00 元(含配套实训材料)

如有印装质量问题请与承印厂调换

高职高专财会专业工学结合实训教材

《会计分岗位综合实务训练》
实训材料

主　编　周丽华　游婉瑜
副主编　朱健齐（台湾）　朱晓帆　胡劭颖

厦门大学出版社
XIAMEN UNIVERSITY PRESS
国家一级出版社
全国百佳图书出版单位

目　　录

实训岗位任务 1.2(采购过程往来款项核算)实训材料

记 账 凭 证

年　　月　　日

总号_____

分号_____

摘　要	总账科目	明细科目	√	借方金额								贷方金额							
				十	万	千	百	十	元	角	分	十	万	千	百	十	元	角	分
合　计																			

会计主管　　　　　记账　　　　　审核　　　　　　　出纳　　　　　　　　制单

附件　张

记 账 凭 证

年　　月　　日

总号_____

分号_____

摘　要	总账科目	明细科目	√	借方金额								贷方金额							
				十	万	千	百	十	元	角	分	十	万	千	百	十	元	角	分
合　计																			

会计主管　　　　　记账　　　　　审核　　　　　　　出纳　　　　　　　　制单

附件　张

记 账 凭 证

总号_____

年　　月　　日　　　　　　　　　分号_____

摘　要	总账科目	明细科目	√	借方金额								贷方金额								
				十	万	千	百	十	元	角	分	十	万	千	百	十	元	角	分
	合　计																		

会计主管　　　　　记账　　　　　审核　　　　　出纳　　　　　制单

附件　张

记 账 凭 证

总号_____

年　　月　　日　　　　　　　　　分号_____

摘　要	总账科目	明细科目	√	借方金额								贷方金额								
				十	万	千	百	十	元	角	分	十	万	千	百	十	元	角	分
	合　计																		

会计主管　　　　　记账　　　　　审核　　　　　出纳　　　　　制单

附件　张

记 账 凭 证

年　　月　　日

总号_____

分号_____

摘　要	总账科目	明细科目	√	借方金额								贷方金额							
				十	万	千	百	十	元	角	分	十	万	千	百	十	元	角	分
合　计																			

会计主管　　　　　记账　　　　　审核　　　　　　出纳　　　　　　　制单

附件　张

记 账 凭 证

年　　月　　日

总号_____

分号_____

摘　要	总账科目	明细科目	√	借方金额								贷方金额							
				十	万	千	百	十	元	角	分	十	万	千	百	十	元	角	分
合　计																			

会计主管　　　　　记账　　　　　审核　　　　　　出纳　　　　　　　制单

附件　张

记 账 凭 证

年　　月　　日

总号＿＿＿＿＿＿

分号＿＿＿＿＿＿

摘　要	总账科目	明细科目	√	借方金额								贷方金额							
				十	万	千	百	十	元	角	分	十	万	千	百	十	元	角	分
合　计																			

会计主管　　　　记账　　　　审核　　　　　出纳　　　　　　制单

附件　张

记 账 凭 证

年　　月　　日

总号＿＿＿＿＿＿

分号＿＿＿＿＿＿

摘　要	总账科目	明细科目	√	借方金额								贷方金额							
				十	万	千	百	十	元	角	分	十	万	千	百	十	元	角	分
合　计																			

会计主管　　　　记账　　　　审核　　　　　出纳　　　　　　制单

附件　张

记 账 凭 证

年　月　日

总号_____

分号_____

摘　要	总账科目	明细科目	√	借方金额								贷方金额							
				十	万	千	百	十	元	角	分	十	万	千	百	十	元	角	分
合　计																			

会计主管　　　　记账　　　　审核　　　　　出纳　　　　　制单

附件　张

记 账 凭 证

年　月　日

总号_____

分号_____

摘　要	总账科目	明细科目	√	借方金额								贷方金额							
				十	万	千	百	十	元	角	分	十	万	千	百	十	元	角	分
合　计																			

会计主管　　　　记账　　　　审核　　　　　出纳　　　　　制单

附件　张

实训岗位任务 1.3(销售过程往来款项核算)实训材料

记 账 凭 证

总号＿＿＿＿＿＿
分号＿＿＿＿＿＿

年　　月　　日

摘　要	总账科目	明细科目	√	借方金额									贷方金额									
				十	万	千	百	十	元	角	分	十	万	千	百	十	元	角	分		
合　计																					

会计主管　　　　　记账　　　　审核　　　　　出纳　　　　　　制单

附件　张

记 账 凭 证

总号＿＿＿＿＿＿
分号＿＿＿＿＿＿

年　　月　　日

摘　要	总账科目	明细科目	√	借方金额									贷方金额									
				十	万	千	百	十	元	角	分	十	万	千	百	十	元	角	分		
合　计																					

会计主管　　　　　记账　　　　审核　　　　　出纳　　　　　　制单

附件　张

记 账 凭 证

总号_____

年　　月　　日

分号_____

摘　要	总账科目	明细科目	√	借方金额								贷方金额								
				十	万	千	百	十	元	角	分	十	万	千	百	十	元	角	分
合　计																			

附件　张

会计主管　　　　　记账　　　　审核　　　　　出纳　　　　　　　制单

记 账 凭 证

总号_____

年　　月　　日

分号_____

摘　要	总账科目	明细科目	√	借方金额								贷方金额								
				十	万	千	百	十	元	角	分	十	万	千	百	十	元	角	分
合　计																			

附件　张

会计主管　　　　　记账　　　　审核　　　　　出纳　　　　　　　制单

记 账 凭 证

年　　月　　日

总号＿＿＿＿＿＿

分号＿＿＿＿＿＿

摘　要	总账科目	明细科目	√	借方金额								贷方金额							
				十	万	千	百	十	元	角	分	十	万	千	百	十	元	角	分
合　计																			

附件　　张

会计主管　　　　　　记账　　　　　审核　　　　　　　出纳　　　　　　　　制单

记 账 凭 证

年　　月　　日

总号＿＿＿＿＿＿

分号＿＿＿＿＿＿

摘　要	总账科目	明细科目	√	借方金额								贷方金额							
				十	万	千	百	十	元	角	分	十	万	千	百	十	元	角	分
合　计																			

附件　　张

会计主管　　　　　　记账　　　　　审核　　　　　　　出纳　　　　　　　　制单

记 账 凭 证

年　　月　　日

总号_____
分号_____

摘　要	总账科目	明细科目	√	借方金额								贷方金额							
				十	万	千	百	十	元	角	分	十	万	千	百	十	元	角	分
合　计																			

会计主管　　　　记账　　　　审核　　　　　　出纳　　　　　　　制单

附件　张

记 账 凭 证

年　　月　　日

总号_____
分号_____

摘　要	总账科目	明细科目	√	借方金额								贷方金额							
				十	万	千	百	十	元	角	分	十	万	千	百	十	元	角	分
合　计																			

会计主管　　　　记账　　　　审核　　　　　　出纳　　　　　　　制单

附件　张

记 账 凭 证

年　月　日

总号＿＿＿＿＿＿＿
分号＿＿＿＿＿＿＿

摘　要	总账科目	明细科目	√	借方金额								贷方金额							
				十	万	千	百	十	元	角	分	十	万	千	百	十	元	角	分
合　计																			

会计主管　　　　　记账　　　　　审核　　　　　　出纳　　　　　　　制单

附
件

张

记 账 凭 证

年　月　日

总号＿＿＿＿＿＿＿
分号＿＿＿＿＿＿＿

摘　要	总账科目	明细科目	√	借方金额								贷方金额							
				十	万	千	百	十	元	角	分	十	万	千	百	十	元	角	分
合　计																			

会计主管　　　　　记账　　　　　审核　　　　　　出纳　　　　　　　制单

附
件

张

记 账 凭 证

年　　月　　日

总号_____

分号_____

摘　要	总账科目	明细科目	√	借方金额								贷方金额							
				十	万	千	百	十	元	角	分	十	万	千	百	十	元	角	分
合　计																			

会计主管　　　　　记账　　　　　审核　　　　　出纳　　　　　制单

附件　　张

记 账 凭 证

年　　月　　日

总号_____

分号_____

摘　要	总账科目	明细科目	√	借方金额								贷方金额							
				十	万	千	百	十	元	角	分	十	万	千	百	十	元	角	分
合　计																			

会计主管　　　　　记账　　　　　审核　　　　　出纳　　　　　制单

附件　　张

实训岗位任务 1.4(往来款项其他会计事项)实训材料

记 账 凭 证

年　月　日

总号_____
分号_____

摘　要	总账科目	明细科目	√	借方金额								贷方金额							
				十	万	千	百	十	元	角	分	十	万	千	百	十	元	角	分
合　计																			

附件　张

会计主管　　　　记账　　　　审核　　　　出纳　　　　制单

记 账 凭 证

年　月　日

总号_____
分号_____

摘　要	总账科目	明细科目	√	借方金额								贷方金额							
				十	万	千	百	十	元	角	分	十	万	千	百	十	元	角	分
合　计																			

附件　张

会计主管　　　　记账　　　　审核　　　　出纳　　　　制单

记 账 凭 证

年　　月　　日

总号 _____

分号 _____

摘　要	总账科目	明细科目	√	借方金额								贷方金额							
				十	万	千	百	十	元	角	分	十	万	千	百	十	元	角	分
合　计																			

会计主管　　　　　记账　　　　　审核　　　　　　出纳　　　　　　制单

附件

张

记 账 凭 证

年　　月　　日

总号 _____

分号 _____

摘　要	总账科目	明细科目	√	借方金额								贷方金额							
				十	万	千	百	十	元	角	分	十	万	千	百	十	元	角	分
合　计																			

会计主管　　　　　记账　　　　　审核　　　　　　出纳　　　　　　制单

附件

张

记 账 凭 证

年　　月　　日

总号_____

分号_____

摘　要	总账科目	明细科目	√	借方金额								贷方金额							
				十	万	千	百	十	元	角	分	十	万	千	百	十	元	角	分
合　计																			

附件　张

会计主管　　　　记账　　　　审核　　　　出纳　　　　制单

记 账 凭 证

年　　月　　日

总号_____

分号_____

摘　要	总账科目	明细科目	√	借方金额								贷方金额							
				十	万	千	百	十	元	角	分	十	万	千	百	十	元	角	分
合　计																			

附件　张

会计主管　　　　记账　　　　审核　　　　出纳　　　　制单

实训岗位任务 2.3(个人所得税代扣代缴的会计处理)实训材料

_____年_____月单位工资表

单位:元

姓名	应发部分				应扣部分			实发金额（元）
	工资			应发合计	代扣个人所得税		应扣合计	
合计	0.00							

制表: 审核: 审批:

填表时间:201 年 月 日

_____年_____月工资发放计算表

单位名称   共 页第 页   单位:元

序号	姓名	岗位	基本工资	计件工资			计件工资				应发工资合计	代扣个人所得税	实发工资合计
				数量	标准	金额	数量	标准	金额				
	小计												

大写合计: 拾 万 仟 佰 拾 元 角 分

制表: 审核: 审批:

填表时间:201 年 月 日

个人所得税纳税申报表
（适用于年所得12万元以上的纳税人申报）

所得年份： 年　　　　　　　　　　　　　　　　　　　　　填表日期： 年 月 日

金额单位：人民币元（列至角分）

纳税人姓名		国籍（地区）	中国	身份证照类型	身份证	身份证照号码		职业	4
任职、受雇单位		任职受雇单位税务代码		任职受雇单位所属行业	其他制造业	职务		联系电话	
在华天数		境内有效联系地址				境内有效联系地址邮编			
此行由取得经营所得的纳税人填写	经营单位纳税人名称					经营单位纳税人识别号			

所得项目	年所得额			应纳税所得额	应纳税额	已缴（扣）税额	抵扣税额	减免税额	应补税额	应退税额	备注
	境内	境外	合计								
1. 工资、薪金所得			0.00	0.00	0.00				0.00		
2. 个体工商户的生产、经营所得			0.00								
3. 对企事业单位的承包经营、承租经营所得			0.00								
4. 劳务报酬所得			0.00						0.00		
5. 稿酬所得			0.00								
6. 特许权使用费所得			0.00						0.00		
7. 利息、股息、红利所得			0.00								
8. 财产租赁所得			0.00								
9. 财产转让所得			0.00								
其中：股票转让所得			0.00			—	—	—			
个人房屋转让所得			0.00								
10. 偶然所得			0.00								
11. 其他所得			0.00								
合　计	0.00		0.00	0.00	0.00	0.00			0.00		

我声明，此纳税申报表是根据《中华人民共和国个人所得税法》及有关法律、法规的规定填报的，我保证它是真实的、可靠的、完整的。

纳税人（签字）：

代理人（签章）：　　　　　　　　　　　　　　　　　　　　　　　　联系电话：

个人所得税纳税申报表

(适用于年所得12万元以上的纳税人申报)

所得年份: 年　　　　　　　　　　　　　　　　　　　　　　　　　　　填表日期: 年 月 日
金额单位: 人民币元 (列至角分)

纳税人姓名		国籍(地区)	中国	身份证照类型	身份证	身份证照号码	
任职、受雇单位		任职受雇单位所属税务代码		任职受雇单位所属行业	其他制造业	职务	职业
在华天数		境内有效联系地址		境内有效联系地址邮编		联系电话	
此行由取得经营所得的纳税人填写	经营单位纳税人识别号				经营单位纳税人名称		

所得项目	年所得额			应纳税所得额	应纳税额	已缴（扣）税额	抵扣税额	减免税额	应补税额	应退税额	备注
	境内	境外	合计								
1、工资、薪金所得			0.00	0.00	0.00				0.00		
2、个体工商户的生产、经营所得			0.00								
3、对企事业单位的承包经营、承租经营所得			0.00								
4、劳务报酬所得			0.00						0.00		
5、稿酬所得			0.00								
6、特许权使用费所得			0.00								
7、利息、股息、红利所得			0.00						0.00		
8、财产租赁所得			0.00								
9、财产转让所得			0.00								
其中：股票转让所得			0.00	—	—	—			—	—	
个人房屋转让所得			0.00								
10、偶然所得			0.00								
11、其他所得			0.00								
合 计	0.00		0.00	0.00	0.00				0.00		

我声明，此纳税申报表是根据《中华人民共和国个人所得税法》及有关法律、法规的规定填报的，我保证它是真实的、可靠的、完整的。

纳税人(签字):　　　　　　　　　　　　　　　　　　　　　　　　　　联系电话:

代理人(签字):

记 账 凭 证

年　月　日

总号＿＿＿＿＿＿＿
分号＿＿＿＿＿＿＿

摘　要	总账科目	明细科目	√	借方金额								贷方金额							
				十	万	千	百	十	元	角	分	十	万	千	百	十	元	角	分
合　计																			

会计主管　　　　记账　　　　审核　　　　　出纳　　　　　　制单

附件　张

记 账 凭 证

年　月　日

总号＿＿＿＿＿＿＿
分号＿＿＿＿＿＿＿

摘　要	总账科目	明细科目	√	借方金额								贷方金额							
				十	万	千	百	十	元	角	分	十	万	千	百	十	元	角	分
合　计																			

会计主管　　　　记账　　　　审核　　　　　出纳　　　　　　制单

附件　张

记 账 凭 证

年 月 日

总号_____

分号_____

摘 要	总账科目	明细科目	√	借方金额								贷方金额							
				十	万	千	百	十	元	角	分	十	万	千	百	十	元	角	分
合 计																			

会计主管　　　　记账　　　　审核　　　　　出纳　　　　　　制单

附件　张

记 账 凭 证

年 月 日

总号_____

分号_____

摘 要	总账科目	明细科目	√	借方金额								贷方金额							
				十	万	千	百	十	元	角	分	十	万	千	百	十	元	角	分
合 计																			

会计主管　　　　记账　　　　审核　　　　　出纳　　　　　　制单

附件　张

实训岗位任务 2.4(职工薪酬核算)实训材料

单位名称：

在职人员工资发放计算表

单位：元　　　　共 页 第 页

部门	个人编号	姓名	岗位与职务	基本工资	岗位津贴	职务津贴	考勤奖	加班工资 天数	加班工资 标准	加班工资 金额	应发工资合计	代扣款项 代扣社保	代扣款项 代扣医保	代扣款项 代扣个人所得税	代扣小计	实发工资合计
										拾 万 仟 佰 拾 元 角 分					
本页合计(小写)																
共 页 总计(大写)																

在职人员工资发放计算表

单位名称：　　　　　　　　　　　　　　　　　单位：元　　　　共 页 第 页

部门编号	个人编号	姓名	岗位	基本工资	计件工资			计件工资			计件工资			降温费	夜餐补贴	应发工资合计	代扣款项				实发工资合计
					数量	标准	金额	数量	标准	金额	数量	标准	金额				代扣社保	代扣医保	代扣个人所得税	代扣小计	
本页合计（小写）																					
共 页 总计（大写）			拾	万	仟	佰	拾	元	角	分											

单位名称：

在职人员工资发放计算表

单位：元　　共　页　第　页

部门	个人编号	姓名	岗位与职务	基本工资	岗位津贴	职务津贴	地区补贴	绩效工资	考勤奖	特殊岗位津贴	电话费补贴	交通费补贴	应发工资合计	代扣款项							代扣小计	实发工资合计
														代扣社保医保	代扣失业保险	代扣公积金	代扣水电费	代扣房租费	代扣工会费			
本页合计（小写）																						
共　页总计（大写）		拾	万	仟	佰	拾	元	角	分													

记 账 凭 证

年　　月　　日

总号_____

分号_____

摘　要	总账科目	明细科目	√	借方金额								贷方金额							
				十	万	千	百	十	元	角	分	十	万	千	百	十	元	角	分
合　计																			

会计主管　　　　　记账　　　　　审核　　　　　　出纳　　　　　　　制单

附件　　张

记 账 凭 证

年　　月　　日

总号_____

分号_____

摘　要	总账科目	明细科目	√	借方金额								贷方金额							
				十	万	千	百	十	元	角	分	十	万	千	百	十	元	角	分
合　计																			

会计主管　　　　　记账　　　　　审核　　　　　　出纳　　　　　　　制单

附件　　张

记 账 凭 证

年 月 日

总号_____
分号_____

摘 要	总账科目	明细科目	√	借方金额								贷方金额							
				十	万	千	百	十	元	角	分	十	万	千	百	十	元	角	分
合 计																			

会计主管　　　　记账　　　　审核　　　　　出纳　　　　　　制单

附件

张

记 账 凭 证

年 月 日

总号_____
分号_____

摘 要	总账科目	明细科目	√	借方金额								贷方金额							
				十	万	千	百	十	元	角	分	十	万	千	百	十	元	角	分
合 计																			

会计主管　　　　记账　　　　审核　　　　　出纳　　　　　　制单

附件

张

记 账 凭 证

年　　月　　日

总号_____

分号_____

摘　要	总账科目	明细科目	√	借方金额								贷方金额							
				十	万	千	百	十	元	角	分	十	万	千	百	十	元	角	分
合　计																			

会计主管　　　　　记账　　　　　审核　　　　　出纳　　　　　制单

附件　　张

记 账 凭 证

年　　月　　日

总号_____

分号_____

摘　要	总账科目	明细科目	√	借方金额								贷方金额							
				十	万	千	百	十	元	角	分	十	万	千	百	十	元	角	分
合　计																			

会计主管　　　　　记账　　　　　审核　　　　　出纳　　　　　制单

附件　　张

记 账 凭 证

年　　月　　日

总号_____

分号_____

摘　要	总账科目	明细科目	√	借方金额								贷方金额							
				十	万	千	百	十	元	角	分	十	万	千	百	十	元	角	分
合　计																			

会计主管　　　　　记账　　　　　审核　　　　　出纳　　　　　制单

附件　张

记 账 凭 证

年　　月　　日

总号_____

分号_____

摘　要	总账科目	明细科目	√	借方金额								贷方金额							
				十	万	千	百	十	元	角	分	十	万	千	百	十	元	角	分
合　计																			

会计主管　　　　　记账　　　　　审核　　　　　出纳　　　　　制单

附件　张

记 账 凭 证

年　　月　　日

总号_____
分号_____

摘　要	总账科目	明细科目	√	借方金额								贷方金额						
				十	万	千	百	十	元	角	分	十	万	千	百	十	元	角	分
合　计																			

附件　　张

会计主管　　　　　记账　　　　　审核　　　　　出纳　　　　　制单

记 账 凭 证

年　　月　　日

总号_____
分号_____

摘　要	总账科目	明细科目	√	借方金额								贷方金额						
				十	万	千	百	十	元	角	分	十	万	千	百	十	元	角	分
合　计																			

附件　　张

会计主管　　　　　记账　　　　　审核　　　　　出纳　　　　　制单

记 账 凭 证

总号_____

分号_____

年   月   日

摘 要	总账科目	明细科目	√	借方金额								贷方金额							
				十	万	千	百	十	元	角	分	十	万	千	百	十	元	角	分
合 计																			

会计主管   记账   审核   出纳   制单

附件 张

记 账 凭 证

总号_____

分号_____

年   月   日

摘 要	总账科目	明细科目	√	借方金额								贷方金额							
				十	万	千	百	十	元	角	分	十	万	千	百	十	元	角	分
合 计																			

会计主管   记账   审核   出纳   制单

附件 张

记 账 凭 证

年　月　日

总号_____

分号_____

摘　要	总账科目	明细科目	√	借方金额								贷方金额							
				十	万	千	百	十	元	角	分	十	万	千	百	十	元	角	分
合　计																			

会计主管　　　　记账　　　　审核　　　　出纳　　　　制单

附件

张

记 账 凭 证

年　月　日

总号_____

分号_____

摘　要	总账科目	明细科目	√	借方金额								贷方金额							
				十	万	千	百	十	元	角	分	十	万	千	百	十	元	角	分
合　计																			

会计主管　　　　记账　　　　审核　　　　出纳　　　　制单

附件

张

《会计分岗位实务训练》实训报告

班级与专业：　　　　　　　　姓名：　　　　　　　　学号：

评估分值	项目	内容
5%	实训时间	
5%	实训地点	
10%	工作任务描述	
10%	本项目任务岗位角色	
20%	工作过程描述	
10%	对任务评价、批判、建议	
15%	今日亮点（收获与成果）	
15%	知识需求与实训不足	
10%	快乐指数	

实训辅导老师：　　　　　　　　　　　　填写日期：201　年　　月　　日

实训岗位任务 3.1（认识资金筹集）实训材料

企业资金筹集分类与归集训练

序号	经济业务	所应归集大类（打✓）	
		资产类	负债类
1	新股东加盟投资 200 万元		
2	向上海一家公司借款 20 万元用于企业经营周转		
3	将企业上年度实现的净利润 100 万元转为企业实收资本		
4	发行债券收到资金 1 000 万元		
5	向银行贷取流动资金借款 100 万元		
6	将上海客户欠本公司的应收款 500 万元转换成资本金		
7	向老板个人借款 20 万元，拟用于发放上月工资		
8	应付而尚未支付的原材料采购款		
9	向个人借取高利贷 30 万元，期限 90 天		
10	收到 A 公司运达机器设备一批，价值 250 万元，作为对本公司的投资		

实训岗位任务3.3(融资业务核算)实训材料

记 账 凭 证

总号_____

年　月　日　　　　　　　　分号_____

摘　要	总账科目	明细科目	√	借方金额								贷方金额							
				十	万	千	百	十	元	角	分	十	万	千	百	十	元	角	分
合　计																			

会计主管　　　　记账　　　　审核　　　　出纳　　　　制单

附件　张

记 账 凭 证

总号_____

年　月　日　　　　　　　　分号_____

摘　要	总账科目	明细科目	√	借方金额								贷方金额							
				十	万	千	百	十	元	角	分	十	万	千	百	十	元	角	分
合　计																			

会计主管　　　　记账　　　　审核　　　　出纳　　　　制单

附件　张

记 账 凭 证

年　　月　　日

总号＿＿＿＿＿＿

分号＿＿＿＿＿＿

摘　要	总账科目	明细科目	√	借方金额								贷方金额							
				十	万	千	百	十	元	角	分	十	万	千	百	十	元	角	分
合　计																			

附件　张

会计主管　　　　记账　　　　审核　　　　出纳　　　　制单

记 账 凭 证

年　　月　　日

总号＿＿＿＿＿＿

分号＿＿＿＿＿＿

摘　要	总账科目	明细科目	√	借方金额								贷方金额							
				十	万	千	百	十	元	角	分	十	万	千	百	十	元	角	分
合　计																				

附件　张

会计主管　　　　记账　　　　审核　　　　出纳　　　　制单

记 账 凭 证

年　　月　　日

总号 _____

分号 _____

摘　要	总账科目	明细科目	√	借方金额								贷方金额							
				十	万	千	百	十	元	角	分	十	万	千	百	十	元	角	分
合　计																			

会计主管　　　　记账　　　　审核　　　　　出纳　　　　　　　制单

附件　张

记 账 凭 证

年　　月　　日

总号 _____

分号 _____

摘　要	总账科目	明细科目	√	借方金额								贷方金额							
				十	万	千	百	十	元	角	分	十	万	千	百	十	元	角	分
合　计																			

会计主管　　　　记账　　　　审核　　　　　出纳　　　　　　　制单

附件　张

记 账 凭 证

年　　月　　日

总号_____

分号_____

摘　要	总账科目	明细科目	√	借方金额								贷方金额							
				十	万	千	百	十	元	角	分	十	万	千	百	十	元	角	分
合　计																			

会计主管　　　　　记账　　　　　审核　　　　　出纳　　　　　制单

附件　张

记 账 凭 证

年　　月　　日

总号_____

分号_____

摘　要	总账科目	明细科目	√	借方金额								贷方金额							
				十	万	千	百	十	元	角	分	十	万	千	百	十	元	角	分
合　计																			

会计主管　　　　　记账　　　　　审核　　　　　出纳　　　　　制单

附件　张

实训岗位任务 3.4(银行贷款业务办理)实训材料

记 账 凭 证

总号_____

分号_____

年　　月　　日

摘　要	总账科目	明细科目	√	借方金额								贷方金额						
				十	万	千	百	十	元	角	分	十	万	千	百	十	元	角	分
	合　计																		

会计主管　　　　　记账　　　　　审核　　　　　　出纳　　　　　　　制单

附件　张

记 账 凭 证

总号_____

分号_____

年　　月　　日

摘　要	总账科目	明细科目	√	借方金额								贷方金额						
				十	万	千	百	十	元	角	分	十	万	千	百	十	元	角	分
	合　计																		

会计主管　　　　　记账　　　　　审核　　　　　　出纳　　　　　　　制单

附件　张

记 账 凭 证

年　月　日

总号_____

分号_____

摘　要	总账科目	明细科目	√	借方金额								贷方金额							
				十	万	千	百	十	元	角	分	十	万	千	百	十	元	角	分
合　计																			

会计主管　　　　记账　　　　审核　　　　　　出纳　　　　　　　制单

附件　张

记 账 凭 证

年　月　日

总号_____

分号_____

摘　要	总账科目	明细科目	√	借方金额								贷方金额							
				十	万	千	百	十	元	角	分	十	万	千	百	十	元	角	分
合　计																			

会计主管　　　　记账　　　　审核　　　　　　出纳　　　　　　　制单

附件　张

记 账 凭 证

总号＿＿＿＿＿

年　　月　　日　　　　　　　　　　分号＿＿＿＿＿

摘　要	总账科目	明细科目	√	借方金额								贷方金额							
				十	万	千	百	十	元	角	分	十	万	千	百	十	元	角	分
合　计																			

会计主管　　　　　记账　　　　　审核　　　　　　出纳　　　　　　制单

附件　张

记 账 凭 证

总号＿＿＿＿＿

年　　月　　日　　　　　　　　　　分号＿＿＿＿＿

摘　要	总账科目	明细科目	√	借方金额								贷方金额							
				十	万	千	百	十	元	角	分	十	万	千	百	十	元	角	分
合　计																			

会计主管　　　　　记账　　　　　审核　　　　　　出纳　　　　　　制单

附件　张

记 账 凭 证

年　　月　　日

总号＿＿＿＿＿＿

分号＿＿＿＿＿＿

摘　要	总账科目	明细科目	√	借方金额								贷方金额								
				十	万	千	百	十	元	角	分	十	万	千	百	十	元	角	分
合　计																			

会计主管　　　　记账　　　　审核　　　　　出纳　　　　　　制单

附件　张

记 账 凭 证

年　　月　　日

总号＿＿＿＿＿＿

分号＿＿＿＿＿＿

摘　要	总账科目	明细科目	√	借方金额								贷方金额								
				十	万	千	百	十	元	角	分	十	万	千	百	十	元	角	分
合　计																			

会计主管　　　　记账　　　　审核　　　　　出纳　　　　　　制单

附件　张

记 账 凭 证

总号_____
年　　月　　日　　　　分号_____

摘　要	总账科目	明细科目	√	借方金额								贷方金额							
				十	万	千	百	十	元	角	分	十	万	千	百	十	元	角	分
合　计																			

会计主管　　　　记账　　　　审核　　　　　出纳　　　　　制单

附件　张

记 账 凭 证

总号_____
年　　月　　日　　　　分号_____

摘　要	总账科目	明细科目	√	借方金额								贷方金额							
				十	万	千	百	十	元	角	分	十	万	千	百	十	元	角	分
合　计																			

会计主管　　　　记账　　　　审核　　　　　出纳　　　　　制单

附件　张

实训岗位任务 4.2(存货采购成本核算)实训材料

记 账 凭 证

年　月　日

总号_____

分号_____

摘　要	总账科目	明细科目	√	借方金额								贷方金额							
				十	万	千	百	十	元	角	分	十	万	千	百	十	元	角	分
合　计																			

会计主管　　　　　记账　　　　　审核　　　　　　出纳　　　　　　　　制单

附件　张

记 账 凭 证

年　月　日

总号_____

分号_____

摘　要	总账科目	明细科目	√	借方金额								贷方金额							
				十	万	千	百	十	元	角	分	十	万	千	百	十	元	角	分
合　计																			

会计主管　　　　　记账　　　　　审核　　　　　　出纳　　　　　　　　制单

附件　张

记 账 凭 证

总号_____
分号_____

年　月　日

摘　要	总账科目	明细科目	√	借方金额								贷方金额							
				十	万	千	百	十	元	角	分	十	万	千	百	十	元	角	分
合　计																			

会计主管　　　　　记账　　　　　审核　　　　　出纳　　　　　制单

附件　张

记 账 凭 证

总号_____
分号_____

年　月　日

摘　要	总账科目	明细科目	√	借方金额								贷方金额							
				十	万	千	百	十	元	角	分	十	万	千	百	十	元	角	分
合　计																			

会计主管　　　　　记账　　　　　审核　　　　　出纳　　　　　制单

附件　张

记 账 凭 证

年　　月　　日

总号_____

分号_____

摘　要	总账科目	明细科目	√	借方金额								贷方金额							
				十	万	千	百	十	元	角	分	十	万	千	百	十	元	角	分
合　计																			

附件　张

会计主管　　　　　记账　　　　审核　　　　　出纳　　　　　制单

记 账 凭 证

年　　月　　日

总号_____

分号_____

摘　要	总账科目	明细科目	√	借方金额								贷方金额							
				十	万	千	百	十	元	角	分	十	万	千	百	十	元	角	分
合　计																			

附件　张

会计主管　　　　　记账　　　　审核　　　　　出纳　　　　　制单

记 账 凭 证

年　月　日

总号_____

分号_____

摘　要	总账科目	明细科目	√	借方金额								贷方金额							
				十	万	千	百	十	元	角	分	十	万	千	百	十	元	角	分
合　计																			

附件　张

会计主管　　　　记账　　　　审核　　　　出纳　　　　制单

记 账 凭 证

年　月　日

总号_____

分号_____

摘　要	总账科目	明细科目	√	借方金额								贷方金额							
				十	万	千	百	十	元	角	分	十	万	千	百	十	元	角	分
合　计																			

附件　张

会计主管　　　　记账　　　　审核　　　　出纳　　　　制单

记 账 凭 证

年　　月　　日

总号_____

分号_____

摘　要	总账科目	明细科目	√	借方金额								贷方金额							
				十	万	千	百	十	元	角	分	十	万	千	百	十	元	角	分
合　计																			

会计主管　　　　　记账　　　　审核　　　　　　出纳　　　　　　　制单

附件　张

记 账 凭 证

年　　月　　日

总号_____

分号_____

摘　要	总账科目	明细科目	√	借方金额								贷方金额							
				十	万	千	百	十	元	角	分	十	万	千	百	十	元	角	分
合　计																			

会计主管　　　　　记账　　　　审核　　　　　　出纳　　　　　　　制单

附件　张

记 账 凭 证

年　月　日

总号 _____

分号 _____

摘　要	总账科目	明细科目	√	借方金额								贷方金额						
				十	万	千	百	十	元	角	分	十	万	千	百	十	元	角	分
合　计																			

附件　张

会计主管　　　　记账　　　　审核　　　　　出纳　　　　　　制单

记 账 凭 证

年　月　日

总号 _____

分号 _____

摘　要	总账科目	明细科目	√	借方金额								贷方金额						
				十	万	千	百	十	元	角	分	十	万	千	百	十	元	角	分
合　计																			

附件　张

会计主管　　　　记账　　　　审核　　　　　出纳　　　　　　制单

记 账 凭 证

年　　月　　日

总号＿＿＿＿＿＿
分号＿＿＿＿＿＿

摘　要	总账科目	明细科目	√	借方金额								贷方金额							
				十	万	千	百	十	元	角	分	十	万	千	百	十	元	角	分
合　计																			

会计主管　　　　记账　　　　审核　　　　出纳　　　　制单

附件　张

记 账 凭 证

年　　月　　日

总号＿＿＿＿＿＿
分号＿＿＿＿＿＿

摘　要	总账科目	明细科目	√	借方金额								贷方金额							
				十	万	千	百	十	元	角	分	十	万	千	百	十	元	角	分
合　计																			

会计主管　　　　记账　　　　审核　　　　出纳　　　　制单

附件　张

记 账 凭 证

年　月　日

总号 _____

分号 _____

摘　要	总账科目	明细科目	√	借方金额								贷方金额							
				十	万	千	百	十	元	角	分	十	万	千	百	十	元	角	分
合　计																			

会计主管　　　　　记账　　　　　审核　　　　　出纳　　　　　制单

附件

张

记 账 凭 证

年　月　日

总号 _____

分号 _____

摘　要	总账科目	明细科目	√	借方金额								贷方金额							
				十	万	千	百	十	元	角	分	十	万	千	百	十	元	角	分
合　计																			

会计主管　　　　　记账　　　　　审核　　　　　出纳　　　　　制单

附件

张

记 账 凭 证

总号＿＿＿＿＿

年　　月　　日　　　　　　　　　　　分号＿＿＿＿＿

摘　要	总账科目	明细科目	√	借方金额								贷方金额							
				十	万	千	百	十	元	角	分	十	万	千	百	十	元	角	分
合　计																			

会计主管　　　　记账　　　　审核　　　　　出纳　　　　　　制单

附件　张

记 账 凭 证

总号＿＿＿＿＿

年　　月　　日　　　　　　　　　　　分号＿＿＿＿＿

摘　要	总账科目	明细科目	√	借方金额								贷方金额							
				十	万	千	百	十	元	角	分	十	万	千	百	十	元	角	分
合　计																			

会计主管　　　　记账　　　　审核　　　　　出纳　　　　　　制单

附件　张

记 账 凭 证

总号_____

分号_____

年　　月　　日

摘　要	总账科目	明细科目	√	借方金额								贷方金额							
				十	万	千	百	十	元	角	分	十	万	千	百	十	元	角	分
合　计																			

会计主管　　　　记账　　　　审核　　　　　　出纳　　　　　　　制单

附件　　张

记 账 凭 证

总号_____

分号_____

年　　月　　日

摘　要	总账科目	明细科目	√	借方金额								贷方金额							
				十	万	千	百	十	元	角	分	十	万	千	百	十	元	角	分
合　计																			

会计主管　　　　记账　　　　审核　　　　　　出纳　　　　　　　制单

附件　　张

记 账 凭 证

总号_____
分号_____

年　　月　　日

摘　要	总账科目	明细科目	√	借方金额								贷方金额							
				十	万	千	百	十	元	角	分	十	万	千	百	十	元	角	分
合　计																			

附件　张

会计主管　　　　　记账　　　　　审核　　　　　　出纳　　　　　　　　制单

记 账 凭 证

总号_____
分号_____

年　　月　　日

摘　要	总账科目	明细科目	√	借方金额								贷方金额							
				十	万	千	百	十	元	角	分	十	万	千	百	十	元	角	分
合　计																			

附件　张

会计主管　　　　　记账　　　　　审核　　　　　　出纳　　　　　　　　制单

记 账 凭 证

年　月　日

总号＿＿＿＿＿＿

分号＿＿＿＿＿＿

摘　要	总账科目	明细科目	√	借方金额									贷方金额								
				十	万	千	百	十	元	角	分	十	万	千	百	十	元	角	分	
合　计																				

附件　张

会计主管　　　　记账　　　　审核　　　　　出纳　　　　　　制单

记 账 凭 证

年　月　日

总号＿＿＿＿＿＿

分号＿＿＿＿＿＿

摘　要	总账科目	明细科目	√	借方金额									贷方金额								
				十	万	千	百	十	元	角	分	十	万	千	百	十	元	角	分	
合　计																				

附件　张

会计主管　　　　记账　　　　审核　　　　　出纳　　　　　　制单

实训岗位任务 4.3(存货发出成本核算)实训材料

原材料数量金额式明细账

品名:羊毛线　　　　规格:　　　　存放地点:　　　　计量单位:公斤

单位:元

年		凭证号	摘要	收入			发出			结存		
月	日			数量	单位	金额	数量	单位	金额	数量	单位	金额
		合计										

原材料数量金额式明细账

品名:羊毛线　　　　　规格:　　　　　存放地点:　　　　　计量单位:公斤

单位:元

年		凭证号	摘要	收入			发出			结存		
月	日			数量	单位	金额	数量	单位	金额	数量	单位	金额
		合计										

原材料数量金额式明细账

品名:羊毛线　　　　规格:　　　　存放地点:　　　　计量单位:公斤

单位:元

年		凭证号	摘要	收入			发出			结存		
月	日			数量	单位	金额	数量	单位	金额	数量	单位	金额
		合计										

原材料数量金额式明细账

品名:兔毛线　　　　规格:　　　　存放地点:　　　　计量单位:公斤

单位:元

年		凭证号	摘要	收入			发出			结存		
月	日			数量	单位	金额	数量	单位	金额	数量	单位	金额
		合计										

记 账 凭 证

年　月　日

总号＿＿＿＿＿＿

分号＿＿＿＿＿＿

摘　要	总账科目	明细科目	√	借方金额								贷方金额							
				十	万	千	百	十	元	角	分	十	万	千	百	十	元	角	分
合　计																			

会计主管　　　　　记账　　　　　审核　　　　　　出纳　　　　　　　制单

附件　　张

记 账 凭 证

年　月　日

总号＿＿＿＿＿＿

分号＿＿＿＿＿＿

摘　要	总账科目	明细科目	√	借方金额								贷方金额							
				十	万	千	百	十	元	角	分	十	万	千	百	十	元	角	分
合　计																			

会计主管　　　　　记账　　　　　审核　　　　　　出纳　　　　　　　制单

附件　　张

记 账 凭 证

年　月　日

总号_____

分号_____

摘　要	总账科目	明细科目	√	借方金额								贷方金额							
				十万	千	百	十	元	角	分		十万	千	百	十	元	角	分	
合　计																			

会计主管　　　　　记账　　　　　审核　　　　　出纳　　　　　制单

附件　张

记 账 凭 证

年　月　日

总号_____

分号_____

摘　要	总账科目	明细科目	√	借方金额								贷方金额							
				十万	千	百	十	元	角	分		十万	千	百	十	元	角	分	
合　计																			

会计主管　　　　　记账　　　　　审核　　　　　出纳　　　　　制单

附件　张

实训岗位任务 5.2(管理费用的核算)实训材料

记 账 凭 证

年　月　日

总号_____
分号_____

摘　要	总账科目	明细科目	√	借方金额								贷方金额							
				十	万	千	百	十	元	角	分	十	万	千	百	十	元	角	分
合　计																			

附件　张

会计主管　　　　　记账　　　　审核　　　　　　出纳　　　　　　　　制单

记 账 凭 证

年　月　日

总号_____
分号_____

摘　要	总账科目	明细科目	√	借方金额								贷方金额							
				十	万	千	百	十	元	角	分	十	万	千	百	十	元	角	分
合　计																			

附件　张

会计主管　　　　　记账　　　　审核　　　　　　出纳　　　　　　　　制单

记 账 凭 证

年　月　日

总号＿＿＿＿＿＿

分号＿＿＿＿＿＿

摘　要	总账科目	明细科目	√	借方金额								贷方金额							
				十	万	千	百	十	元	角	分	十	万	千	百	十	元	角	分
合　计																			

会计主管　　　　　记账　　　　　审核　　　　　　出纳　　　　　　　制单

附件　张

记 账 凭 证

年　月　日

总号＿＿＿＿＿＿

分号＿＿＿＿＿＿

摘　要	总账科目	明细科目	√	借方金额								贷方金额							
				十	万	千	百	十	元	角	分	十	万	千	百	十	元	角	分
合　计																			

会计主管　　　　　记账　　　　　审核　　　　　　出纳　　　　　　　制单

附件　张

记 账 凭 证

总号 _____
分号 _____

年　月　日

摘　要	总账科目	明细科目	√	借方金额								贷方金额							
				十	万	千	百	十	元	角	分	十	万	千	百	十	元	角	分
合　计																			

会计主管　　　　记账　　　　审核　　　　　　出纳　　　　　　　　制单

附件　张

记 账 凭 证

总号 _____
分号 _____

年　月　日

摘　要	总账科目	明细科目	√	借方金额								贷方金额							
				十	万	千	百	十	元	角	分	十	万	千	百	十	元	角	分
合　计																			

会计主管　　　　记账　　　　审核　　　　　　出纳　　　　　　　　制单

附件　张

记 账 凭 证

年　　月　　日

总号＿＿＿＿＿＿＿

分号＿＿＿＿＿＿＿

摘　要	总账科目	明细科目	√	借方金额								贷方金额							
				十	万	千	百	十	元	角	分	十	万	千	百	十	元	角	分
合　计																			

附件

张

会计主管　　　　　记账　　　　　审核　　　　　　出纳　　　　　　　制单

记 账 凭 证

年　　月　　日

总号＿＿＿＿＿＿＿

分号＿＿＿＿＿＿＿

摘　要	总账科目	明细科目	√	借方金额								贷方金额							
				十	万	千	百	十	元	角	分	十	万	千	百	十	元	角	分
合　计																			

附件

张

会计主管　　　　　记账　　　　　审核　　　　　　出纳　　　　　　　制单

记 账 凭 证

总号_____
分号_____

年   月   日

摘 要	总账科目	明细科目	√	借方金额								贷方金额							
				十万	千	百	十	元	角	分		十万	千	百	十	元	角	分	
合 计																			

会计主管   记账   审核   出纳   制单

附件 张

记 账 凭 证

总号_____
分号_____

年   月   日

摘 要	总账科目	明细科目	√	借方金额								贷方金额							
				十万	千	百	十	元	角	分		十万	千	百	十	元	角	分	
合 计																			

会计主管   记账   审核   出纳   制单

附件 张

记 账 凭 证

年　　月　　日

总号_____

分号_____

摘　要	总账科目	明细科目	√	借方金额								贷方金额							
				十	万	千	百	十	元	角	分	十	万	千	百	十	元	角	分
合　计																			

会计主管　　　　　记账　　　　审核　　　　　　出纳　　　　　　　制单

附件　张

记 账 凭 证

年　　月　　日

总号_____

分号_____

摘　要	总账科目	明细科目	√	借方金额								贷方金额							
				十	万	千	百	十	元	角	分	十	万	千	百	十	元	角	分
合　计																			

会计主管　　　　　记账　　　　审核　　　　　　出纳　　　　　　　制单

附件　张

实训岗位任务5.3(销售费用核算)实训材料

记 账 凭 证

总号_____

年　　月　　日

分号_____

摘　要	总账科目	明细科目	√	借方金额								贷方金额							
				十	万	千	百	十	元	角	分	十	万	千	百	十	元	角	分
合　计																			

会计主管　　　　　记账　　　　　审核　　　　　　　出纳　　　　　　　制单

附件　张

记 账 凭 证

总号_____

年　　月　　日

分号_____

摘　要	总账科目	明细科目	√	借方金额								贷方金额							
				十	万	千	百	十	元	角	分	十	万	千	百	十	元	角	分
合　计																			

会计主管　　　　　记账　　　　　审核　　　　　　　出纳　　　　　　　制单

附件　张

记 账 凭 证

总号_____

年　　月　　日

分号_____

摘　要	总账科目	明细科目	√	借方金额								贷方金额							
				十	万	千	百	十	元	角	分	十	万	千	百	十	元	角	分
合　计																			

附件　张

会计主管　　　　　记账　　　　　审核　　　　　出纳　　　　　制单

记 账 凭 证

总号_____

年　　月　　日

分号_____

摘　要	总账科目	明细科目	√	借方金额								贷方金额							
				十	万	千	百	十	元	角	分	十	万	千	百	十	元	角	分
合　计																			

附件　张

会计主管　　　　　记账　　　　　审核　　　　　出纳　　　　　制单

记 账 凭 证

总号_____

分号_____

年　　月　　日

摘　要	总账科目	明细科目	√	借方金额								贷方金额							
				十	万	千	百	十	元	角	分	十	万	千	百	十	元	角	分
合　计																			

附件　张

会计主管　　　　记账　　　　审核　　　　出纳　　　　制单

记 账 凭 证

总号_____

分号_____

年　　月　　日

摘　要	总账科目	明细科目	√	借方金额								贷方金额							
				十	万	千	百	十	元	角	分	十	万	千	百	十	元	角	分
合　计																			

附件　张

会计主管　　　　记账　　　　审核　　　　出纳　　　　制单

记 账 凭 证

总号 _____
年　　月　　日　　　　　　　　　　分号 _____

摘　要	总账科目	明细科目	√	借方金额									贷方金额								
				十	万	千	百	十	元	角	分		十	万	千	百	十	元	角	分
合　计																				

附件　张

会计主管　　　　　记账　　　　审核　　　　　　出纳　　　　　　　制单

记 账 凭 证

总号 _____
年　　月　　日　　　　　　　　　　分号 _____

摘　要	总账科目	明细科目	√	借方金额									贷方金额								
				十	万	千	百	十	元	角	分		十	万	千	百	十	元	角	分
合　计																				

附件　张

会计主管　　　　　记账　　　　审核　　　　　　出纳　　　　　　　制单

记 账 凭 证

年　月　日

总号_____

分号_____

摘　要	总账科目	明细科目	√	借方金额								贷方金额							
				十	万	千	百	十	元	角	分	十	万	千	百	十	元	角	分
合　计																			

会计主管　　　　记账　　　　审核　　　　出纳　　　　制单

附件　张

记 账 凭 证

年　月　日

总号_____

分号_____

摘　要	总账科目	明细科目	√	借方金额								贷方金额							
				十	万	千	百	十	元	角	分	十	万	千	百	十	元	角	分
合　计																			

会计主管　　　　记账　　　　审核　　　　出纳　　　　制单

附件　张

记 账 凭 证

总号_____
年　　月　　日

分号_____

摘　要	总账科目	明细科目	√	借方金额								贷方金额							
				十	万	千	百	十	元	角	分	十	万	千	百	十	元	角	分
合　计																			

附件　张

会计主管　　　　记账　　　　审核　　　　　出纳　　　　　　制单

记 账 凭 证

总号_____
年　　月　　日

分号_____

摘　要	总账科目	明细科目	√	借方金额								贷方金额							
				十	万	千	百	十	元	角	分	十	万	千	百	十	元	角	分
合　计																			

附件　张

会计主管　　　　记账　　　　审核　　　　　出纳　　　　　　制单

实训岗位任务 5.4(财务费用核算)实训材料

记 账 凭 证

总号_____
分号_____

年　　月　　日

摘　要	总账科目	明细科目	√	借方金额								贷方金额							
				十	万	千	百	十	元	角	分	十	万	千	百	十	元	角	分
合　计																			

附件　张

会计主管　　　　记账　　　　审核　　　　出纳　　　　制单

记 账 凭 证

总号_____
分号_____

年　　月　　日

摘　要	总账科目	明细科目	√	借方金额								贷方金额							
				十	万	千	百	十	元	角	分	十	万	千	百	十	元	角	分
合　计																			

附件　张

会计主管　　　　记账　　　　审核　　　　出纳　　　　制单

记 账 凭 证

年　月　日

总号＿＿＿＿＿＿

分号＿＿＿＿＿＿

摘　要	总账科目	明细科目	√	借方金额								贷方金额							
				十	万	千	百	十	元	角	分	十	万	千	百	十	元	角	分
合　计																			

会计主管　　　　记账　　　　审核　　　　出纳　　　　制单

附件　张

记 账 凭 证

年　月　日

总号＿＿＿＿＿＿

分号＿＿＿＿＿＿

摘　要	总账科目	明细科目	√	借方金额								贷方金额							
				十	万	千	百	十	元	角	分	十	万	千	百	十	元	角	分
合　计																			

会计主管　　　　记账　　　　审核　　　　出纳　　　　制单

附件　张

记 账 凭 证

总号＿＿＿＿＿＿＿

分号＿＿＿＿＿＿＿

摘　要	总账科目	明细科目	√	借方金额									贷方金额								
				十	万	千	百	十	元	角	分	十	万	千	百	十	元	角	分
合　计																			

附件　　张

会计主管　　　　记账　　　　审核　　　　　出纳　　　　　　制单

记 账 凭 证

年　　月　　日

总号＿＿＿＿＿＿＿

分号＿＿＿＿＿＿＿

摘　要	总账科目	明细科目	√	借方金额									贷方金额								
				十	万	千	百	十	元	角	分	十	万	千	百	十	元	角	分
合　计																			

附件　　张

会计主管　　　　记账　　　　审核　　　　　出纳　　　　　　制单

记 账 凭 证

年　月　日

总号_____

分号_____

摘　要	总账科目	明细科目	√	借方金额								贷方金额							
				十	万	千	百	十	元	角	分	十	万	千	百	十	元	角	分
合　计																			

会计主管　　　　记账　　　　审核　　　　　出纳　　　　　　制单

附件　张

记 账 凭 证

年　月　日

总号_____

分号_____

摘　要	总账科目	明细科目	√	借方金额								贷方金额							
				十	万	千	百	十	元	角	分	十	万	千	百	十	元	角	分
合　计																			

会计主管　　　　记账　　　　审核　　　　　出纳　　　　　　制单

附件　张

记 账 凭 证

年 月 日

总号_____

分号_____

摘 要	总账科目	明细科目	√	借方金额								贷方金额							
				十	万	千	百	十	元	角	分	十	万	千	百	十	元	角	分
合 计																			

会计主管　　　　记账　　　　审核　　　　出纳　　　　制单

附件 张

记 账 凭 证

年 月 日

总号_____

分号_____

摘 要	总账科目	明细科目	√	借方金额								贷方金额							
				十	万	千	百	十	元	角	分	十	万	千	百	十	元	角	分
合 计																			

会计主管　　　　记账　　　　审核　　　　出纳　　　　制单

附件 张

实训岗位任务 5.5(营业税金及附加核算)实训材料

记 账 凭 证

年　　月　　日

总号 _____

分号 _____

摘　要	总账科目	明细科目	√	借方金额								贷方金额								
				十	万	千	百	十	元	角	分	十	万	千	百	十	元	角	分
合　计																			

会计主管　　　　　记账　　　　　审核　　　　　出纳　　　　　制单

附件　张

记 账 凭 证

年　　月　　日

总号 _____

分号 _____

摘　要	总账科目	明细科目	√	借方金额								贷方金额								
				十	万	千	百	十	元	角	分	十	万	千	百	十	元	角	分
合　计																			

会计主管　　　　　记账　　　　　审核　　　　　出纳　　　　　制单

附件　张

记 账 凭 证

年　　月　　日

摘　要	总账科目	明细科目	√	借方金额								贷方金额						
				十	万	千	百	十	元	角	分	十	万	千	百	十	元	角	分
合　计																			

会计主管　　　　　记账　　　　　审核　　　　　　出纳　　　　　　　制单

附件　张

记 账 凭 证

年　　月　　日

摘　要	总账科目	明细科目	√	借方金额								贷方金额						
				十	万	千	百	十	元	角	分	十	万	千	百	十	元	角	分
合　计																			

会计主管　　　　　记账　　　　　审核　　　　　　出纳　　　　　　　制单

附件　张

记 账 凭 证

年　　月　　日

总号_____

分号_____

摘　要	总账科目	明细科目	√	借方金额								贷方金额							
				十	万	千	百	十	元	角	分	十	万	千	百	十	元	角	分
合　计																			

附件

张

会计主管　　　　记账　　　　审核　　　　　出纳　　　　　　制单

记 账 凭 证

年　　月　　日

总号_____

分号_____

摘　要	总账科目	明细科目	√	借方金额								贷方金额							
				十	万	千	百	十	元	角	分	十	万	千	百	十	元	角	分
合　计																			

附件

张

会计主管　　　　记账　　　　审核　　　　　出纳　　　　　　制单

实训岗位任务 6.1(认识原始凭证)

原始凭证分类说明表

凭证编号	所属凭证类别	凭证名称	代表的经济业务内容
原始凭证 1			
原始凭证 2			
原始凭证 3			
原始凭证 4			
原始凭证 5			
原始凭证 6			
原始凭证 7			
原始凭证 8			
原始凭证 9			
原始凭证 10			
原始凭证 11			
原始凭证 12			
原始凭证 13			
原始凭证 14			
原始凭证 15			
原始凭证 16			
原始凭证 17			
原始凭证 18			
原始凭证 19			
原始凭证 20			

原始凭证分类说明表

凭证编号	所属凭证类别	凭证名称	代表的经济业务内容
原始凭证 1			
原始凭证 2			
原始凭证 3			
原始凭证 4			
原始凭证 5			
原始凭证 6			
原始凭证 7			
原始凭证 8			
原始凭证 9			
原始凭证 10			
原始凭证 11			
原始凭证 12			
原始凭证 13			
原始凭证 14			
原始凭证 15			
原始凭证 16			
原始凭证 17			
原始凭证 18			
原始凭证 19			
原始凭证 20			

实训岗位任务 6.2(原始凭证审核)

原始凭证分类说明表

凭证编号	原始凭证解读	审核情况说明	审核结果及处理意见
原始凭证 1			
原始凭证 2			
原始凭证 3			
原始凭证 4			
原始凭证 5			
原始凭证 6			
原始凭证 7			

原始凭证分类说明表

凭证编号	原始凭证解读	审核情况说明	审核结果及处理意见
原始凭证 8			
原始凭证 9			
原始凭证 10			
原始凭证 11			
原始凭证 12			
原始凭证 13			
原始凭证 14			

原始凭证分类说明表

凭证编号	原始凭证解读	审核情况说明	审核结果及处理意见
原始凭证 15			
原始凭证 16			
原始凭证 17			
原始凭证 18			
原始凭证 19			
原始凭证 20			

实训小结

《会计分岗位综合实务训练》实训小结

班级与专业：　　　　　　　　　　姓名：　　　　　　　　　学号：

评价分值	项　目	内　容
2%	实训时间	
2%	实训地点	
10%	工作任务描述	
10%	本项目任务岗位角色介绍	
20%	工作过程及工作步骤描述	
14%	对任务评价、批判、建议	
15%	今日亮点(收获与成果)	
15%	本人对知识需求与实训不足	
12%	快乐指数	

实训辅导老师：　　　　　　　　　　　　　　填写日期:201　年　　月　　日

《会计分岗位综合实务训练》实训小结

班级与专业：　　　　　　　　　　姓名：　　　　　　　　　学号：

评价分值	项　目	内　容
2%	实训时间	
2%	实训地点	
10%	工作任务描述	
10%	本项目任务岗位角色介绍	
20%	工作过程及工作步骤描述	
14%	对任务评价、批判、建议	
15%	今日亮点(收获与成果)	
15%	本人对知识需求与实训不足	
12%	快乐指数	

实训辅导老师：　　　　　　　　　　　　　　填写日期:201　年　　月　　日

实训岗位任务答案

友情提示:请您一定先自主完成相关实训任务,并在同学间互相审核后再核对答案。在以下答案中,有的题目有多个答案,编者根据企业会计相关岗位实际做了说明。

实训岗位任务1.1(认识企业往来款项)

序号	经济业务内容	所属会计要素及增减变动	涉及往来款科目
1	企业在销售产品时根据合同或协议约定预先收取货款	负债	预收账款
2	企业在提供劳务之前按合同或协议约定预先收取的报酬	负债	预收账款
3	企业在采购原材料时按合同或协议约定预先支付的货款	资产	预付账款
4	企业在销售产品时尚未收到的货款	资产	应收账款
5	企业在采购原材料过程时尚未支付的货款	负债	应付账款
6	企业在销售产品时根据合同或协议约定收到客户通过银行开出的"商业承兑汇票"	资产	应收票据
7	企业在采购原材料过程中,根据合同或协议约定通过银行开出给供货单位的"银行承兑汇票"	负债	应付票据
8	计提应由本月承担的但尚未支付的贷款利息	负债	应付利息
9	企业忘记代扣而先垫付职工个人"五险一金"	资产	其他应收款
10	企业从职工工资中代扣准备下个月上交的个人应支付的"五险一金"	负债	其他应付款
11	企业收到其他公司或个人交来的包装物保证金(押金)	负债	其他应付款
12	提前支付下一个会计年度的仓库租金	资产	其他应收款

实训岗位任务1.2(采购过程往来款项核算)

漳州兴达羊毛衫厂2012年11月发生以下经济业务:

(1)漳州兴达羊毛衫厂11月2日从银行预付江苏吴江三峡纺织厂原材料采购款80 000元。

答案一：

借：预付账款——江苏吴江三峡纺织厂　　　　　　　　　　　80 000
　　贷：银行存款　　　　　　　　　　　　　　　　　　　　　　　　80 000

答案二：

借：应付账款——江苏吴江三峡纺织厂　　　　　　　　　　　80 000
　　贷：银行存款　　　　　　　　　　　　　　　　　　　　　　　　80 000

特别说明：为方便与供应商核对往来账，建议只采用一个会计科目，比如，在预付款时，做：借：应付账款；以后如果有欠他们款项，自然也在"应付账款"减掉，这样会比较方便。当然，在编制资产负债表时就要注意了，如果"应付账款"有借方余额，就再填写在"预付账款"项目。

(2)漳州兴达羊毛衫厂11月7日向江苏吴江三峡纺织厂采购原材料兔毛线，货款共60 000元，增值税10 200元，所有款项从银行电汇支付。

借：原材料——兔毛线　　　　　　　　　　　　　　　　　　60 000
　　应交税费——应交增值税——进项税额　　　　　　　　　　10 200
　　贷：银行存款　　　　　　　　　　　　　　　　　　　　　　　　70 200

(3)漳州兴达羊毛衫厂11月12日向江苏吴江三峡纺织厂采购羊毛线1 000公斤，每公斤单价25元；兔毛线2 000公斤，每公斤单价50元；增值税率17%，所有款项已从银行电汇支付。计算：

　　　　羊毛线采购成本＝1 000×25＝25 000元
　　　　兔毛线采购成本＝2 000×50＝100 000元
　　　　应交增值税——进项税额＝(25 000＋100 000)×17%＝21 250元

借：原材料——羊毛线　　　　　　　　　　　　　　　　　　25 000
　　原材料——兔毛线　　　　　　　　　　　　　　　　　　100 000
　　应交税费——应交增值税——进项税额　　　　　　　　　　21 250
　　贷：银行存款　　　　　　　　　　　　　　　　　　　　　　　146 250

(4)漳州兴达羊毛衫厂11月12日向江苏吴江三峡纺织厂采购羊毛线1 000公斤，每公斤单价25元，兔毛线2 000公斤，每公斤单价50元，增值税率17%，长途运费1 000元，50%货款13日已从银行支付，其余款项暂欠。

①计算过程

羊毛线1 000公斤，每公斤单价25元，总金额25 000元

兔毛线2 000公斤，每公斤单价50元，总金额100 000元

按重量分配运费：

　　　　分配率＝1 000/(羊毛线1 000公斤＋兔毛线2 000公斤)＝0.333333
　　　　羊毛线应分担的运费＝羊毛线1 000公斤×0.333333＝333

兔毛线应分担的运费＝2 000 公斤×0.333333＝667

羊毛线采购总成本＝25 000＋333＝25 333

兔毛线采购总成本＝100 000＋667＝100 667

进项税额＝(25 000＋100 000)×0.17＝21 250

②分录

借:原材料——羊毛线	25 333
原材料——兔毛线	100 667
应交税费——应交增值税——进项税额	21 250
贷:银行存款	73 625
预付账款——江苏吴江三峡纺织厂	73 625

(冲减11月2日预付款80 000元,如果当时做应付账款科目,现在贷方就用"应付账款")

特别说明:多项原材料共同发生的采购费用,应根据一定的标准来计算分配率,分摊到其成本中去。这里采用的是以原材料的重量来进行分配,您也可以根据所在单位的实际确定其他分配标准。

(5)漳州兴达羊毛衫厂 11 月 16 日向江苏吴江三峡纺织厂采购兔毛线,货款共 100 000 元,增值税 17 000 元,从银行电汇支付 57 000 元,其余款项暂欠。

借:原材料——兔毛线	100 000
应交税费——应交增值税——进项税额	17 000
贷:银行存款	57 000
应付账款——江苏吴江三峡纺织厂	20 000
预付账款——江苏吴江三峡纺织厂	6 375

(冲减 11 月 2 日预付款 80 000－73 625＝6 375)

特别说明:预付款时,做:借:预付账款;以后如果有欠他们款项,就要根据明细账上的余额在"预付账款"减掉,这样在编制会计分录时比较麻烦,要注意及时对账及时调整好。

(6)漳州兴达羊毛衫厂 11 月 18 日向江苏吴江三峡纺织厂采购羊毛、兔毛原材料,货款共 80 000 元,增值税 12 600 元,因资金紧张,这笔原材料款项暂欠。

借:原材料——羊毛、兔毛线	80 000
应交税费——应交增值税——进项税额	12 600
贷:应付账款——江苏吴江三峡纺织厂	92 600

(7)漳州兴达羊毛衫厂 11 月 20 日从银行向山东合肥得明纺织厂预付原材料采购款 50 000元。

借:预付账款——山东合肥得明纺织厂	50 000
贷:银行存款	50 000

(8)漳州兴达羊毛衫厂 11 月 22 日从银行支付前欠江苏吴江三峡纺织厂的原材料款 92 600 元。

借:应付账款——江苏吴江三峡纺织厂　　　　　　　　　　　　92 600
　　贷:银行存款　　　　　　　　　　　　　　　　　　　　　　　　92 600

(9)漳州兴达羊毛衫厂11月23日向江苏吴江三峡纺织厂采购羊毛线,货款共600 000元,增值税102 000元,因资金紧张,开出商业汇票,承诺6个月后支付。

借:原材料——羊毛线　　　　　　　　　　　　　　　　　　600 000
　　应交税费——应交增值税——进项税额　　　　　　　　　102 000
　　贷:应付票据——江苏吴江三峡纺织厂　　　　　　　　　　　　702 000

(10)上述商业汇票702 000元到期支付。

借:应付票据——江苏吴江三峡纺织厂　　　　　　　　　　　702 000
　　贷:银行存款　　　　　　　　　　　　　　　　　　　　　　　702 000

实训岗位任务1.3(销售过程往来款项核算)

(1)漳州兴达羊毛衫厂11月1日收到上海第三百货公司从银行汇来的预付款200 000元。

借:银行存款　　　　　　　　　　　　　　　　　　　　　200 000
　　贷:预收账款——上海第三百货公司　　　　　　　　　　　　200 000

(2)漳州兴达羊毛衫厂11月10日向上海第三百货公司销售羊毛衫,货款共40 000元,增值税6 800元,购货单位从银行电汇支付30 000元,其余款项尚未收到。

借:银行存款　　　　　　　　　　　　　　　　　　　　　　30 000
　　应收账款——上海第三百货公司　　　　　　　　　　　　　16 800
　　贷:主营业务收入　　　　　　　　　　　　　　　　　　　　　40 000
　　　　应交税费——应交增值税——销项税额　　　　　　　　　　6 800

(3)漳州兴达羊毛衫厂11月13日销售给上海第三百货公司羊毛衫一批,货款共40 000元,增值税6 800元,因购货单位资金紧张,这笔款项全部暂欠。

借:应收账款——上海第三百货公司　　　　　　　　　　　　46 800
　　贷:主营业务收入　　　　　　　　　　　　　　　　　　　　　40 000
　　　　应交税费——应交增值税——销项税额　　　　　　　　　　6 800

(4)漳州兴达羊毛衫厂11月10日销售给上海第三百货公司兔毛衫一批,货款共100 000元,增值税17 000元,购货单位从银行电汇支付30 000元。

借:银行存款　　　　　　　　　　　　　　　　　　　　　　30 000
　　应收账款　　　　　　　　　　　　　　　　　　　　　　87 000
　　贷:主营业务收入——兔毛衫　　　　　　　　　　　　　　　100 000
　　　　应交税费——应交增值税——销项税额　　　　　　　　　　17 000

(5)漳州兴达羊毛衫厂11月20日从银行收到上海第三百货公司上个月所欠货款60 000元。

借:银行存款　　　　　　　　　　　　　　　　　　　　　　60 000
　　贷:应收账款——上海第三百货公司　　　　　　　　　　　　　60 000

(6)漳州兴达羊毛衫厂 11 月 26 日向广州白马丽丽服装批发公司销售羊毛衫、兔毛衫一批,货款共 60 000 元,增值税 10 200 元,因购货单位资金紧张,开出商业汇票,承诺 9 个月后支付。

借:应收票据——广州白马丽丽服装批发公司   70 200

  贷:应交税费——应交增值税(销项)   10 200

    主营业务收入   60 000

(7)漳州兴达羊毛衫厂 11 月 26 日从银行收到广州白马丽丽服装批发公司 6 个月前开出到期的商业汇票 50 000 元。

借:银行存款   50 000

  贷:应收票据——广州白马丽丽服装批发公司   50 000

(8)漳州兴达羊毛衫厂 11 月 26 日从银行收到东北秋林公司预付商品款 260 000 元。

借:银行存款   260 000

  贷:预收账款——东北秋林公司   260 000

(9)漳州兴达羊毛衫厂 11 月 27 日让售羊毛线一批给东北秋林公司,货款 200 000 元,增值税 34 000 元,款项从银行收到。

借:预收账款——东北秋林公司   234 000

  贷:应交税费——应交增值税(销项)   34 000

    主营业务收入   200 000

(10)漳州兴达羊毛衫厂 11 月 27 日从银行汇款,退回东北秋林公司多预付的货款。

借:预收账款——东北秋林公司(260 000-234 000=26 000)   26 000

  贷:银行存款   26 000

实训岗位任务 1.4(往来款项其他会计事项)

漳州兴达羊毛衫厂 2012 年 11 月发生以下经济业务:

(1)漳州兴达羊毛衫厂 11 月 29 日清查发现,5 年前尚未支付的广东佛山永泰纺织公司货款 2 000 元,因对方公司倒闭,无法归还,经书面报告总经理审批后,同意核销,请进行相关会计处理。

借:应付账款——广东佛山永泰纺织公司   2 000

  贷:营业外收入   2 000

(2)漳州兴达羊毛衫厂 11 月 29 日清查发现,6 年前广东佛山永泰纺织公司暂存放在本企业的保证金 800 元,因对方公司倒闭,无法归还,经书面报告总经理审批后,同意核销,请进行相关会计处理。

借:其他应付款——广东佛山永泰纺织公司   800

  贷:营业外收入   800

(3)漳州兴达羊毛衫厂 11 月 30 日得知,6 年前有业务往来的客户单位广东中山三极服装批发公司宣告破产,原欠货款 8 000 元无法收回。经上网下载相关文件说明,报总经理批准后,做相关会计处理。

借:营业外支出   8 000

    贷:应收账款——广东中山三极服装批发公司   8 000

(4)漳州兴达羊毛衫厂11月30日得知,7年前有业务往来的客户,广东中山三极服装批发公司宣告破产,原欠代垫付的运杂费900元无法收回。经报总经理批准后,做相关会计处理。

借:营业外支出   900

    贷:其他应收款——广东中山三极服装批发公司   900

实训岗位任务 2.1(认识职工薪酬核算方式)

略

实训岗位任务 2.2("五险一金"代扣代缴会计处理)

略

实训岗位任务 2.3(个人所得税代扣代缴的会计处理)

漳州兴达羊毛衫厂2012年11月发生以下经济业务,请根据个人所得税法相关规定进行会计处理。

(1)漳州兴达羊毛衫厂11月,因本月采购原材料数量多,特聘请2位搬运工人,聘用期只有一个月。11月30日计算他们当月应发工资;根据税法规定计算代扣个人所得税,并编制会计分录、填写记账凭证。

搬运工人王吕民,搬运兔毛线 150 吨,每吨 26 元

搬运工人邹家邱,搬运羊毛线 180 吨,每吨 25 元

借:管理费用——王吕民工资   3 900

    管理费用——邹家邱工资   4 500

    贷:应付职工薪酬——应付王吕民工资   3 888

        应付职工薪酬——应付邹家邱工资   4 470

        应交税费——应交王吕民个人所得税   12

        应交税费——应交邹家邱个人所得税   30

(2)漳州兴达羊毛衫厂11月,从北京聘请一位技术专家,年薪15万元,请帮他填写一份个人所得税申报表。并编制代扣个人所得税的会计分录、填写记账凭证。

应交个人所得税额=150 000/12-3 500=9 000 元

应交个人所得税=1 500×3%+3 000×10%+4 500×20%=1 245 元

实训岗位任务 2.4(职工薪酬核算)

(1)略。

(2)略。

(3)漳州兴达羊毛衫厂 2012 年 12 月 10 日,从银行开出支票,发放以上管理人员、生产工人工资,请编制会计分录并填写记账凭证。

借:应付职工薪酬——管理人员工资   34 021.30

  应付职工薪酬——生产工人工资   30 625.80

 贷:银行存款   64 647.10

(4)漳州兴达羊毛衫厂 2012 年 12 月 10 日,从银行缴纳应交的各种税费、"五险一金",请根据以上计算结果,分析相关数据,请编制会计分录并填写记账凭证。

借:管理费用——工资   24 550

  制造费用——工资   4 450

  销售费用——工资   7 050

 贷:应付职工薪酬——工资   34 021.30

  其他应付款——应交养老保险金   800(代扣个人应交部分)

  其他应付款——应交失业保险金   100(代扣个人应交部分)

  其他应付款——应交医疗保险金   200(代扣个人应交部分)

  其他应付款——应交公积金   800(代扣个人应交部分)

  应交税费——应交个人所得税   128.70(代扣个人应交部分)

实训岗位任务 3.1(认识资金筹集)

略

实训岗位任务 3.2(银行贷款申请)

贷款申请报告的撰写应包括以下内容:

(1)企业简介(大约 200~300 字)

(2)贷款用途及项目可行性(大约 500~800 字)

①贷款项目总体情况介绍

②贷款项目所在地

③贷款项目总投资

④贷款项目预期收益

(3)资金需求(大约 100~200 字)

①贷款项目总投资额

②企业自有资金

③资金需要量

(4)贷款期限(说明几年)

(5)还款保证(说明还款的来源及可能性)

(6)落款及日期

实训岗位任务 3.3(融资业务核算)

漳州兴达羊毛衫厂 2012 年 11 月发生以下经济业务:

(1)11 月 3 日,漳州兴达羊毛衫厂与深圳隆盛有限公司签订合作协议,取得新机器设备 10 台,价值 160 万元,作为入股投资,设备已收到并验收调试交付使用。

借:固定资产	1 600 000
贷:实收资本——深圳隆盛有限公司	1 600 000

(2)11 月 5 日,漳州兴达羊毛衫厂与合肥纺织公司签订合作协议,取得货币资金投资 500 万元,款项已从银行收到。

借:银行存款	5 000 000
贷:实收资本——合肥纺织公司	5 000 000

(3)11 月 20 日,漳州兴达羊毛衫厂股东大会决议,将未分配利润 30 万元转增资本金,根据会计记要编制会计分录。

借:未分配利润	300 000
贷:实收资本	300 000

(4)11 月 25 日,漳州兴达羊毛衫厂与北京胜鑫有限公司签订合作协议,取得专利权一项,账面价值 20 万元,评估现值 22 万元,作为入股投资,本项专利已交付使用。

借:无形资产——专利权	220 000
贷:实收资本——北京胜鑫有限公司	220 000

(5)11 月 26 日,漳州兴达羊毛衫厂经与对方公司协商,应付广州万荣有限公司的债务 60 万元,以 40 万元转为股本。

借:应付账款——广州万荣有限公司	600 000
贷:实收资本——广州万荣有限公司	400 000
营业外收入——资产重组利得	200 000

(6)11 月 30 日,漳州兴达羊毛衫厂发生财务困难,经与对方公司协商,应付成都三峡织品有限公司的债务 30 万元,以 16 万元转为股本。

借:应付账款——成都三峡织品有限公司	300 000
贷:实收资本——成都三峡织品有限公司	160 000
营业外收入——资产重组利得	140 000

实训岗位任务 3.4(银行贷款业务办理)

(1)漳州兴达羊毛衫厂 11 月 2 日归还中国建设银行漳州分行到期的长期借款 600 000

元,从银行转讫。

借:银行存款   600 000

 贷:短期借款   600 000

（2）漳州兴达羊毛衫厂 11 月 3 日向中国建设银行漳州分行办理一笔还款期限在一年内的短期借款 150 000 元,该借款已从银行收到。

借:银行存款   150 000

 贷:短期借款   150 000

（3）漳州兴达羊毛衫厂 11 月 15 日向中国建设银行漳州分行办理一笔还款期限为二年的长期借款 20 000 000 元,该借款已从银行收到。

借:银行存款   20 000 000

 贷:长期借款   20 000 000

（4）漳州兴达羊毛衫厂 11 月 30 日计算应付而尚未支付的银行短期贷款利息 12 000 元。

借:财务费用——贷款利息   12 000

 贷:其他应付款——中国建设银行漳州分行   12 000

（5）漳州兴达羊毛衫厂 11 月 20 日归还中国建设银行漳州分行到期的短期借款 20 000 元,从银行转讫。

借:短期借款   20 000

 贷:银行存款   20 000

（6）漳州兴达羊毛衫厂 11 月 21 日支付第四季度（10、11、12 月）的银行短期贷款利息18 000元（其中 10、11 每月均已预先计提了 6 000 元的贷款利息）。

借:财务费用——贷款利息   12 000

  其他应付款——中国建设银行漳州分行   6 000

 贷:银行存款   18 000

（7）漳州兴达羊毛衫厂 11 月 21 日计算并支付用于新厂房建设的 30 000 000 元贷款的当月贷款利息 180 000 元。

借:在建工程——新厂房——贷款利息   180 000

 贷:银行存款   180 000

（8）漳州兴达羊毛衫厂 11 月 21 日支付当月贷款利息 50 000 元,该用于新产品研发。

借:研发支出——贷款利息   50 000

 贷:银行存款   50 000

实训岗位任务 4.1（存货与采购相关知识）

略

实训岗位任务 4.2（存货采购成本核算）

为方便采用多种纳税形式进行实务训练,请根据题目假设来进行会计核算。

(1)小规模纳税人漳州兴达羊毛衫厂 11 月 12 日向江苏吴江三峡纺织厂采购羊毛线、兔毛线原材料,货款共 90 000 元,所有款项从银行电汇支付。

借:原材料　　　　　　　　　　　　　　　　　　　　　　　　90 000
　贷:银行存款　　　　　　　　　　　　　　　　　　　　　　　　　　90 000

(2)小规模纳税人漳州兴达羊毛衫厂 11 月 12 日向江苏吴江三峡纺织厂采购羊毛线,货款共 60 000 元,采购兔毛线原材料,货款共 70 000 元,其中羊毛线支付搬运费 2 000 元,兔毛线支付搬运费 1 000 元,所有款项及搬运费从银行电汇支付。

借:原材料——羊毛线(60 000+2 000=62 000)　　　　　　　　62 000
　原材料——兔毛线(70 000+1 000=71 000)　　　　　　　　71 000
　贷:银行存款　　　　　　　　　　　　　　　　　　　　　　　　132 000

以上两种原材料的采购成本计算:

　　羊毛线原材料的采购成本包括买价 60 000 元加上支付的搬运费 2 000 元
　　兔毛线原材料的采购成本包括买价 70 000 元加上支付的搬运费 1 000 元

(3)一般纳税人漳州兴达羊毛衫厂 11 月 15 日向江苏吴江三峡纺织厂采购羊毛线、兔毛线原材料,货款共 100 000 元,增值税 17 000 元,所有款项从银行电汇支付。

借:原材料　　　　　　　　　　　　　　　　　　　　　　　100 000
　应交税费——应交增值税(进项)　　　　　　　　　　　　　17 000
　贷:银行存款　　　　　　　　　　　　　　　　　　　　　　　117 000

(4)小规模纳税人漳州兴达羊毛衫厂 11 月 12 日向江苏吴江三峡纺织厂采购羊毛线,货款共 50 000 元;采购兔毛线原材料,货款共 50 000 元;支付共同性长途运费 3 000 元、装卸费 1 000元、保险费 1 000 元。所有款项及采购费从银行电汇支付。

借:原材料——羊毛线(50 000+1 500+500+500=52 500)　　　52 500
　原材料——兔毛线(50 000+1500+500+500=52 500)　　　　52 500
　贷:银行存款　　　　　　　　　　　　　　　　　　　　　　　105 000

(5)一般纳税人漳州兴达羊毛衫厂 11 月 16 日向江苏吴江三峡纺织厂采购羊毛线、兔毛线原材料,货款共 40 000 元,增值税 6 800 元,从银行电汇支付 10 000 元,其余款项暂欠。

借:原材料　　　　　　　　　　　　　　　　　　　　　　　40 000
　应交税费——应交增值税(进项)　　　　　　　　　　　　　6 800
　贷:银行存款　　　　　　　　　　　　　　　　　　　　　　　10 000
　　应付账款——江苏吴江三峡纺织厂　　　　　　　　　　　　　36 800

(6)漳州兴达羊毛衫厂 11 月 22 日向山东合肥得明纺织厂从银行预付原材料采购款 90 000元。

借:预付账款——山东合肥得明纺织厂　　　　　　　　　　　90 000
　贷:银行存款　　　　　　　　　　　　　　　　　　　　　　　90 000

(7)一般纳税人漳州兴达羊毛衫厂 11 月 20 日向江苏吴江三峡纺织厂采购羊毛线、兔毛线原材料,货款共 80 000 元,增值税 13 600 元,因资金紧张,这笔原材料款项暂欠。

借:原材料 80 000

应交税费——应交增值税(进项) 13 600

贷:应付账款——江苏吴江三峡纺织厂 93 600

(8)一般纳税人漳州兴达羊毛衫厂 11 月 26 日向江苏吴江三峡纺织厂采购兔毛线原材料,货款共 600 000 元,增值税 102 000 元,因资金紧张,开出商业汇票,承诺 6 个月后支付。

借:原材料——兔毛线 600 000

应交税费——应交增值税(进项) 102 000

贷:应付票据——江苏吴江三峡纺织厂 702 000

(9)漳州兴达羊毛衫厂 11 月 6 日发出兔毛线,委托江苏吴江立荣纺织厂加工,原材料成本共 160 000 元。

借:委托加工材料——兔毛线 160 000

贷:原材料——兔毛线 160 000

(10)漳州兴达羊毛衫厂 11 月 25 日从银行支付前欠江苏吴江三峡纺织厂的原材料款 100 000元。

借:应付账款——江苏吴江三峡纺织厂 100 000

贷:银行存款 100 000

(11)漳州兴达羊毛衫厂 11 月 26 日收到本月 6 日委托江苏吴江立荣纺织厂加工的兔毛线,支付委托加工费 20 000 元,运输费用 2 000 元,相关费用已从银行支付。

借:原材料——兔毛线(160 000+20 000+2 000=182 000) 182 000

贷:委托加工材料——兔毛线 160 000

银行存款 22 000

(12)漳州兴达羊毛衫厂 11 月 3 日因完成合同任务时间问题,需要向上海第三毛衫厂采购其女开羊毛衫 1 000 件,单价 100 元,不含税总金额 100 000 元,进项税 17 000 元,同时包装完成,验收入库,货款分部从银行支付。

借:库存商品——女开羊毛衫(1 000×100=100 000) 100 000

应交税费——应交增值税(进项) 17 000

贷:银行存款 117 000

(13)漳州兴达羊毛衫厂 11 月 1 日根据捐赠协议,接收上海第五纺织厂捐赠羊毛线一批,总价值 200 000 元,到货并验收入库。

借:原材料——羊毛线 200 000

贷:营业外收入——捐赠收入 200 000

(14)漳州兴达羊毛衫厂 11 月 5 日根据捐赠协议,接收上海第五羊毛衫厂捐赠女童羊毛衫 10 000 件,单价 30 元,总价值 300 000 元,所有商品到货并验收入库。

借:库存商品——女童羊毛衫(10 000×30=300 000) 300 000

贷:营业外收入——捐赠收入 300 000

(15)漳州兴达羊毛衫厂11月1日根据投资协议,接收上海第五纺织厂以原材料方式的投资羊毛线一批,总价值800 000元,货到并验收入库。

借:原材料——羊毛线　　　　　　　　　　　　　　　　　800 000
　贷:实收资本　　　　　　　　　　　　　　　　　　　　　　　　　　800 000

(16)漳州兴达羊毛衫厂11月3日根据投资协议,接收上海第五羊毛衫厂以库存商品方式的投资,男圆领羊毛衫1 000件,单价160元,总价值160 000元,所有商品到货并验收入库。

借:库存商品——男圆领羊毛衫(1 000×160＝160 000)　160 000
　贷:实收资本　　　　　　　　　　　　　　　　　　　　　　　　　　160 000

(17)漳州兴达羊毛衫厂8月30日进行存货清查,发现腈纶线仓库实际数量比账上多,经计算增加的腈纶线原材料成本为12 000元,盘盈原因尚未查明,先根据存货会计和仓库管理员签名的盘点表调整账簿记录。

借:原材料——腈纶线　　　　　　　　　　　　　　　　　12 000
　贷:待处理财产损溢——待处理腈纶线盘盈　　　　　　　　　　　　12 000

(18)漳州兴达羊毛衫厂9月30日存货清查腈纶线盘盈,盘盈原因查明,属于上个月一直下雨,毛线吸收水汽增加重量,经领导审批,冲减管理费用。

借:待处理财产损溢——待处理腈纶线盘盈　　　　　　　　12 000
　贷:管理费用——其他　　　　　　　　　　　　　　　　　　　　　12 000

(19)漳州兴达羊毛衫厂11月30日进行存货清查,发现羊毛线仓库实际数量比账上少,经计算减少的羊毛线原材料成本为7 500元,原因尚未查明,先根据存货会计和仓库管理员签名的盘点表调整账簿记录。

借:待处理财产损溢——待处理羊毛线损失　　　　　　　　7 500
　贷:原材料——羊毛线　　　　　　　　　　　　　　　　　　　　　　7 500

(20)漳州兴达羊毛衫厂11月30日进行存货清查,发现羊毛线仓库实际数量比账上少,经计算减少的羊毛线原材料成本为20 000元,经查明,是下大雨引起仓库进水,仓库员自行扔掉了。由于企业有买财产保险,可以取得保险公司赔偿10 000元,其余2 000元应由仓库管理员杨昆承担责任,8 000元损失属于企业管理不善,根据存货清查情况认定书及领导审批,调整账簿记录。

借:其他应收款——应收××保险公司羊毛线损失赔款　　　10 000
　其他应收款——应收杨昆羊毛线损失赔款　　　　　　　　2 000
　管理费用——其他　　　　　　　　　　　　　　　　　　8 000
　贷:待处理财产损溢——待处理羊毛线损失　　　　　　　　　　　　20 000

(21)漳州兴达羊毛衫厂于12月23日从银行收到保险公司羊毛线损失赔偿款10 000元,以现金收到仓库管理员杨昆赔偿款2 000元。

借:银行存款　　　　　　　　　　　　　　　　　　　　　10 000
　库存现金　　　　　　　　　　　　　　　　　　　　　　2 000
　贷:其他应收款——应收××保险公司羊毛线损失赔款　　　　　　　10 000
　　其他应收款——应收杨昆羊毛线损失赔款　　　　　　　　　　　　2 000

实训岗位任务 4.3(存货发出成本核算)

采用月末一次加权平均法计算存货发出成本＝469 500/9 000＝52.17

原材料数量金额式明细账

品名：羊毛线　规格：　　存放地点：　　计量单位：公斤

单位：元

2012年		凭证号	摘要	收入			发出			结存		
月	日			数量	单位	金额	数量	单价	金额	数量	单价	金额
11	2	1	购入	1000	60	60000				1000		
	3	3	购入	500	55	27500				1500		
	7	4	发出				1200	52.17	62600.00	300		
	9	5	购入	800	50	40000				1100		
	10	9	购入	2000	40	80000				3100		
	11	10	购入	3000	50	150000				6100		
	15	18	发出				800	52.17	41733.33	5300		
	18	25	购入	700	60	42000				6000		
	22	40	发出				1200	52.17	62600.00	4800		
	26	50	购入	1000	70	70000	800	52.17	41733.33	5000		
合计				9000	52.17	469500	4000	52.17	208666.67	5000	52.17	260833.33

实训岗位任务 5.1(认识期间费用)

费用分类与归集训练

序号	经济业务	所应归集的期间费用类科目(打√)			
		管理费用	销售费用	财务费用	营业税金及附加
1	财务部报销购买办公用品	√			
2	销售部报销购买办公用品		√		
3	人力资源部经理报销差旅费	√			
4	销售部经理报销招待费		√		
5	收到银行存款利息			√	

续表

序号	经济业务	所应归集的期间费用类科目(打√)			
		管理费用	销售费用	财务费用	营业税金及附加
6	计提当月销售部固定资产折旧费		√		
7	计提当月厂部用固定资产折旧费	√			
8	支付银行贷款利息			√	
9	本企业的无形资产进行摊销	√			
10	办公室刘东行出差回来报销差旅费	√			
11	支付土地使用税				√
12	支付管理部门电话费	√			
13	支付销售部门电话费		√		
14	支付银行电汇手续费			√	
15	支付印花税	√			
16	支付城建税				√
17	支付银行购现金支票费用			√	
18	支付公司验资审验费用	√			
19	支付报关税费	√			
20	支付外地销售机构物业费		√		

实训岗位任务 5.2(管理费用的核算)

假设 2012 年 11 月漳州兴达羊毛衫厂发生以下经济业务:

(1)11 月 8 日,漳州兴达羊毛衫厂人力资源部经理报销差旅费 5 200 元,以现金支付。

借:管理费用——差旅费　　　　　　　　　　　　　　　　　5 200

　　贷:库存现金　　　　　　　　　　　　　　　　　　　　　　　　　5 200

(2)11 月 10 日,漳州兴达羊毛衫厂副厂长报销招待费 12 000 元,以现金支付。

借:管理费用——招待费　　　　　　　　　　　　　　　　　12 000

　　贷:库存现金　　　　　　　　　　　　　　　　　　　　　　　　　12 000

(3)11 月 15 日,漳州兴达羊毛衫厂购买办公用品 2 308 元,以现金支付。

借:管理费用——办公费　　　　　　　　　　　　　　　　　2 308

　　贷:库存现金　　　　　　　　　　　　　　　　　　　　　　　　　2 308

(4)11 月 16 日,漳州兴达羊毛衫厂预提本月应付而尚未支付的管理部门用电费用 12 500

元。

  借:管理费用——水电费   12 500

    贷:其他应付款——水电费   12 500

  (5)11 月 19 日,漳州兴达羊毛衫厂以现金支付人事资源部为员工招聘过程中发生的费用 6 500 元,新员工体检费 500 元。

  借:管理费用——招聘费   7 000

    贷:库存现金   7 000

  (6)11 月 20 日,漳州兴达羊毛衫厂核算管理部门固定资产应分摊的当月折旧费 3 700 元。

  借:管理费用——折旧费   3 700

    贷:累计折旧   3 700

  (7)11 月 22 日,漳州兴达羊毛衫厂以现金支付电脑耗材费 1 050 元。

  借:管理费用——办公费   1 050

    贷:库存现金   1 050

  (8)11 月 25 日,漳州兴达羊毛衫厂从银行支付本月物业管理费 7 600 元

  借:管理费用——物业管理费   7 600

    贷:银行存款   7 600

  (9)11 月 20 日,漳州兴达羊毛衫厂办公室刘东出差回来,报销差旅费 35 000 元,原借 40 000 元,余款以现金方式交回财务部。

  借:库存现金   5 000

    管理费用——差旅费   35 000

    贷:其他应收款——刘东   40 000

  (10)11 月 25 日,漳州兴达羊毛衫厂从银行支付下一年度财产保险费 36 000 元。

  借:管理费用——财产保险费   36 000

    贷:银行存款   36 000

实训岗位任务 5.3(销售费用核算)

假设 2012 年 11 月漳州兴达羊毛衫厂发生以下经济业务:

  (1)11 月 3 日,漳州兴达羊毛衫厂上海销售部报销招待费 23 500 元,以现金支付。

  借:销售费用——上海销售部——招待费   23 500

    贷:库存现金   23 500

  (2)11 月 4 日,漳州兴达羊毛衫厂上海销售部报销水电费 2 350 元,以现金支付。

  借:销售费用——上海销售部——水电费   2 350

    贷:库存现金   2 350

  (3)11 月 5 日,漳州兴达羊毛衫厂广州销售部经理报销广告费 63 000 元,从银行支付。

  借:销售费用——广州销售部——广告费   63 000

    贷:银行存款   63 000

(4)11 月 12 日,漳州兴达羊毛衫厂广州销售部购买办公用品 2 036 元,以现金支付。

借:销售费用——广州销售部——办公费　　　　　　　　　　　2 036

　　贷:库存现金　　　　　　　　　　　　　　　　　　　　　　　　　　2 036

(5)11 月 13 日,漳州兴达羊毛衫厂广州销售部固定资产应分摊的当月折旧费 6 010 元。

借:销售费用——广州销售部——累计折旧　　　　　　　　　　6 010

　　贷:累计折旧　　　　　　　　　　　　　　　　　　　　　　　　　　6 010

(6)11 月 15 日,漳州兴达羊毛衫厂上海销售部经理报销广告费 53 800 元,从银行支付。

借:销售费用——广州销售部——广告费　　　　　　　　　　　53 800

　　贷:银行存款　　　　　　　　　　　　　　　　　　　　　　　　　　53 800

(7)11 月 15 日,漳州兴达羊毛衫厂广州销售部业务员出差回来,报销样品运输费 900 元,装卸费 800 元,商品维修费 1 200 元,以现金支付。

借:销售费用——广州销售部——运输费　　　　　　　　　　　900

　　　　　　　　　　　　——装卸费　　　　　　　　　　　　800

　　　　　　　　　　　　——商品维修费　　　　　　　　　　1 200

　　贷:库存现金　　　　　　　　　　　　　　　　　　　　　　　　　　2 900

(8)11 月 20 日,漳州兴达羊毛衫厂广州销售部从银行支付当月明星代言费 12 000 元。

借:销售费用——明星代言费　　　　　　　　　　　　　　　　12 000

　　贷:库存现金　　　　　　　　　　　　　　　　　　　　　　　　　　12 000

(9)11 月 22 日,漳州兴达羊毛衫厂广州销售部以现金支付电脑耗材费 3 120 元。

借:销售费用——广州销售部——耗材费　　　　　　　　　　　3 120

　　贷:库存现金　　　　　　　　　　　　　　　　　　　　　　　　　　3 120

(10)11 月 23 日,漳州兴达羊毛衫厂广州销售部以现金支付个人折扣费 6 700 元。

借:销售费用——销售折扣　　　　　　　　　　　　　　　　　6 700

　　贷:库存现金　　　　　　　　　　　　　　　　　　　　　　　　　　6 700

实训岗位任务 5.4(财务费用核算)

假设 2012 年 11 月漳州兴达羊毛衫厂发生以下经济业务。

(1)2012 年 12 月 3 日,漳州兴达羊毛衫厂从银行支付办理电汇手续费 250 元。

借:财务费用——手续费　　　　　　　　　　　　　　　　　　250

　　贷:银行存款　　　　　　　　　　　　　　　　　　　　　　　　　　250

(2)2012 年 12 月 18 日,漳州兴达羊毛衫厂从银行支付贷款利息 5 610 元。

借:财务费用——贷款利息　　　　　　　　　　　　　　　　　5 610

　　贷:银行存款　　　　　　　　　　　　　　　　　　　　　　　　　　5 610

(3)2012 年 12 月 20 日,漳州兴达羊毛衫厂从银行支付购现金支票款 120 元。

借:财务费用——购现金支票款　　　　　　　　　　　　　　　120

　　贷:银行存款　　　　　　　　　　　　　　　　　　　　　　　　　　120

(4)2012 年 12 月 20 日,漳州兴达羊毛衫厂因提前支取商业承兑汇票 200 000 元,支付银行手续费 6 020 元。

借:银行存款   193 980

  财务费用——手续费   6 020

  贷:应收票据——支取商业承兑汇票   200 000

(5)2012 年 12 月 26 日,漳州兴达羊毛衫厂从银行支付购商业汇票手续费 200 元。

借:财务费用——手续费   200

  贷:银行存款   200

(6)2012 年 12 月 28 日,漳州兴达羊毛衫厂当月发生美元的汇兑损失 2 500 元

借:财务费用——汇兑损失   2 500

  贷:银行存款   2 500

(7)2012 年 12 月 29 日,漳州兴达羊毛衫厂当月发生日元的汇兑收益 500 元。

借:银行存款   500

  贷:财务费用——汇兑收益   500

(8)2012 年 12 月 30 日,漳州兴达羊毛衫厂当月发生商业折扣支出 7 500 元,以现金支付。

借:财务费用——商业折扣   7 500

  贷:库存现金   7 500

(9)2012 年 12 月 30 日,漳州兴达羊毛衫厂从银行收到存款利息 9 820 元。

借:银行存款   9 820

  贷:财务费用——利息收益   9 820

实训岗位任务 5.5(营业税金及附加核算)

假设 2012 年 11 月漳州兴达羊毛衫厂发生以下经济业务:

(1)11 月 30 日,漳州兴达羊毛衫厂计算本月应交增值税 30 000 元,城建税率 7%。

借:主营业务税金及附加——应交城建税(30 000×7%=2 100) 2 100

  贷:应交税费——应交城建税(30 000×7%=2 100)   2 100

(2)11 月 30 日,漳州兴达羊毛衫厂计算本月应交增值税 30 000 元,教育费附加税率 5%。

借:主营业务税金及附加——教育费附加(30 000×5%=1 500) 1 500

  贷:应交税费——教育费附加(30 000×5%=1 500)   1 500

(3)11 月 30 日,漳州兴达羊毛衫厂取得应纳消费税的销售商品收入 100 000 元,该产品适用的消费税税率为 25%。

    月末计算应交消费税额=100 000 元×25%=25 000 元

借:营业税金及附加——应交消费税   25 000

  贷:应交税费——应交消费税   25 000

(4)11 月 30 日,漳州兴达羊毛衫厂月末计算应交消费税带征的城建税 7%、教育费附加税

率 5%。

月末计算应交消费税带征的城建税＝25 000 元×7%＝1 750 元

月末计算应交消费税带征的教育费附加＝25 000 元×3%＝750 元

借：主营业务税金及附加——应交城建税　　　　　　　　　　　　1 750

　　主营业务税金及附加——教育费附加　　　　　　　　　　　　　750

　贷：应交税费——应交城建税　　　　　　　　　　　　　　　　　1 750

　　　应交税费——教育费附加　　　　　　　　　　　　　　　　　　750

实训岗位任务 6.1(认识原始凭证)

原始凭证分类说明表

凭证编号	所属凭证类别	凭证名称	代表的经济业务内容
原始凭证 1	外来原始凭证	普通销售发票	反映企业购买电脑配件
原始凭证 2	自制原始凭证	现金支票	反映从银行领取现金
原始凭证 3	自制原始凭证	现金缴款单	反映企业把现金存入银行
原始凭证 4	外来原始凭证	银行付款单据	支付银行办理业务的手续费
原始凭证 5	外来原始凭证	增值税销售发票	反映企业购买电脑耗材业务
原始凭证 6	外来原始凭证	交税凭证	反映从银行缴纳税款
原始凭证 7	自制原始凭证	收料单或称入库单	反映有物资入库了
原始凭证 8	自制原始凭证	折旧计算表	反映计算某个月折旧
原始凭证 9	外来原始凭证	服务业发票	反映企业支付广告费
原始凭证 10	自制原始凭证	商品结存表	反映企业内部存货情况
原始凭证 11	外来原始凭证	服务业发票	反映企业支付仓库租金
原始凭证 12	自制原始凭证	差旅费报销单	反映企业支付差旅费
原始凭证 13	自制原始凭证	工资计算表	反映企业某个月部分员工工资
原始凭证 14	外来原始凭证	增值税销售发票	反映企业某个月电费
原始凭证 15	自制原始凭证	领料单	反映生产领用材料
原始凭证 16	自制原始凭证	固定资产验收单	反映固定资产增加
原始凭证 17	外来原始凭证	普通销售发票	反映企业购买办公用品
原始凭证 18	自制原始凭证	成本计算表	反映企业某个月成本
原始凭证 19	自制原始凭证	报销汇总表	用于费用汇总
原始凭证 20	自制原始凭证	行车记录表	用于公车管理

实训岗位任务 6.2(原始凭证审核)

原始凭证审核说明表

凭证编号	原始凭证解读	审核情况说明	审核结果及处理意见
原始凭证 1	这是一张外来反映购物的普通发票	1. 是合法、合规的原始凭证。 2. 内容填写不完整,规格、单位、数量、单价、日期没填。 3. 凭证背面签名手续完整。	应退回补附清单;清单上要加盖与发票一致的印章。
原始凭证 2	这是一张外来反映购物的普通发票	1. 是合法、合规的原始凭证。 2. 内容填写不完整,规格、单位、数量、单价没填。 3. 发票背面只有经办人签名,没有其他人证明。	应退回补附清单;清单上要加盖与发票一致的印章;背面应有其他人证明,也可以附验收单或入库单;还要部门经理审核。
原始凭证 3	这是一张外来反映购物的普通发票	1. 是合法、合规的原始凭证。 2. 凭证上数量、单价、日期没填,小写合计没写,空格处没划斜线。 3. 发票背面只有经办人签名,没有其他人证明。	应退回补充完整;背面应注明用途,有其他人证明;还要部门经理审核。
原始凭证 4	这是一张外来反映购物的普通发票	1. 是合法、合规的原始凭证。 2. 日期没填。 3. 发票背面只有经办人签名,没有其他人证明	应退回补充完整;背面应注明用途,并有其他人证明;还要部门经理审核。
原始凭证 5	这是一张外来反映购物的普通发票	1. 是合法、合规的原始凭证。 2. 内容填写不完整,品名、单位没填,空格处没划斜线。 3. 发票背面只有经办人签名,部门经理审核,手续完整。	应退回补充完整或作废并重新开具。
原始凭证 6	这是一张外来反映购物的普通发票	1. 是合法、合规、比较完整的原始凭证。 2. 该发票是购服装的,审核单位是否有相关报销规定。 3. 发票背面的经办人与证明人不是同一个部门。	应退回补充:凭证背面应注明服装用途,说明本支出是否合理;经办人与证明人要在同一个部门里,应重新找本部门经理补签名。

续表

凭证编号	原始凭证解读	审核情况说明	审核结果及处理意见
原始凭证7	这是一张外来反映广告费的服务业发票	1.审核凭证正面后可以知道,此服务业发票有地方税务局印章,是合法的发票。 2.凭证上数量、单价、日期没填,小写合计没写,空格处没划斜线。 3.发票背面只有经办人签名,没有其他人证明。	退回重新补充完整;附上合同书或协议书;应补销售部经理审核签名。
原始凭证8	这是一张外来反映购物的普通发票	1.是合法、合规的原始凭证 2.这张原始凭证印章要素齐全,内容填写完整。 3.审核凭证背面后可以知道,经办人、审核要素齐全。	背面应补充写明哪个部门用,此发票可报销。
原始凭证9	这是一张外来反映仓库租金的服务业发票	1.审核凭证正面后可以知道,此服务业发票没有地方税务局印章,是不合法的发票。 2.这是一张"记账联",用来报销的发票应是"客户联" 3.发票背面的经办人与证明人不是同一个部门。	这是一张不符合规定的票据,要求退回重新换取有地方税务局印章并是"客户联"的发票方可报销。发票背面应补办公室经理审核签名。
原始凭证10	这是一张外来反映收视费的文化体育事业统一发票	1.是合法、合规的原始凭证 2.这张原始凭证印章要素齐全,内容填写完整。 3.发票背面只有经办人签名,没有其他人证明	应补部门经理签名。 还是考虑,此发票时间是不是过了报销期了,如果超过了,情况特殊,应写个说明书,经总经理审批后可以给予报销。
原始凭证11	这是一张外来反映购物的普通发票	1.是合法、合规的原始凭证。 2.内容填写不完整,规格、单价没填。	应退回补附清单;清单上要加盖与发票一致的印章。并在背面写明用途
原始凭证12	这是一张外来反映购物的普通发票	1.是合法、合规的原始凭证。 2.内容填写不完整,数量、单价没填。 3.发票背面的经办人与证明人不是同一个部门。	应退回补充完整,并附清单,清单上要加盖与发票一致的印章;背面应注明用途,经办人与证明人、部门经理要在同一个部门。
原始凭证13	这是一张外来反映购物的普通发票	1.是合法、合规的原始凭证 2.内容填写不完整,规格、单位、数量、单价、日期没填 3.发票背面只有经办人签名,没有其他人证明。	应退回补充完整,并附清单,清单上要加盖与发票一致的印章;背面应有其他人证明,也可以附验收单或入库单。应补部门经理审核签名。

续表

凭证编号	原始凭证解读	审核情况说明	审核结果及处理意见
原始凭证 14	这是一张外来反映购物的普通发票	1.是合法、合规的原始凭证。 2.内容填写不完整,单位、数量、单价没填。 3.发票背面的经办人与证明人不是同一个部门。	应退回补充完整,并附清单,清单要加盖与发票一致的印章;背面应注明用途,经办人与证明人要在同一个部门里,应补办公室经理审核签名。还要考虑购药品具体用途的合理性,然后确定是否给予审核通过。
原始凭证 15	这是一张外来反映购物的普通发票	1.是合法、合规的原始凭证。 2.内容填写不完整,规格、单位、数量、单价没填。 3.背面签名审核手续齐全。	应退回补充完整,或附清单;清单上要加盖与发票一致的印章。背面应注明用途。
原始凭证 16	这是一张外来反映购物的普通发票	1.是合法、合规的原始凭证。 2.内容填写不完整,规格、单位、数量没填。 3.发票背面只有经办人签名,没有其他人证明。	应退回补充完整,并附清单,清单上要加盖与发票一致的印章;背面应有其他人证明,也可以附验收单或入库单。应补部门经理审核签名。
原始凭证 17	这是一张外来反映快递费用的通用定额发票	1.是合法、合规的原始凭证。 2.背面签名审核手续齐全。	补充注明用途,可以作为报销的原始凭证。
原始凭证 18	这是一张外来反映电信业务的定额发票	1.是合法、合规的原始凭证。 2.内容填写不完整,单位名称、规格、单位、数量没填。 3.背面签名审核手续齐全。	应退回补充填写完整后,注明用途,可以作为报销的原始凭证。
原始凭证 19	这是一张外来反映购物的普通发票	1.是合法、合规的原始凭证。 2.附有清单,内容完整。 3.背面签名审核手续齐全。	内容完整,最好能附上入库单,手续就齐全了,可以作为报销的原始凭证。
原始凭证 20	这是一张外来反映购物的普通发票	1.是合法、合规的原始凭证。 2.日期没填。 3.背面签名审核手续齐全。	应退回补充完整;背面应注明用途。

附录一：致加西亚的信

在所有与古巴有关的事情中，有一个人常常令我无法忘怀。

美西战争爆发以后，美国必须马上与西班牙反抗军首领加西亚将军取得联系。加西亚将军隐藏在古巴辽阔的崇山峻岭中——没有人知道确切的地点，因而无法送信给他。但是，美国总统必须尽快地与他建立合作关系。怎么办呢？

有人对总统推荐说："有一个名叫罗文的人，如果有人能找到加西亚将军，那个人一定就是他。"

于是，他们将罗文找来，交给他一封信——写给加西亚的信。关于那个名叫罗文的人，如何拿了信，将它装进一个油纸袋里，打封，吊在胸口藏好，如何在3个星期之后，徒步穿越一个危机四伏的国家，将信交到加西亚手上——这些细节都不是我想说明的，我要强调的重点是：

美国总统将一封写给加西亚的信交给了罗文，罗文接过信后，并没有问："他在哪里？"

像罗文这样的人，我们应该为他塑造一座不朽的雕像，放在每一所大学里。年轻人所需要的不仅仅是学习书本上的知识，也不仅仅是聆听他人的种种教诲，而是更需要一种敬业精神，对上级的托付，立即采取行动，全心全意去完成任务——"把信送给加西亚"。

加西亚将军已不在人世，但现在还有其他的"加西亚"。没有人能经营好这样的企业——虽然需要众多人手，但是令人吃惊的是，其中大部分人碌碌无为，他们要么没有能力，要么根本不用心。

懒懒散散、漠不关心、马马虎虎的工作态度，对于许多人来说似乎已经变成常态。除非苦口婆心、威逼利诱地强迫他们做事，或者，请上帝创造奇迹，派一名天使相助，否则，这些人什么也做不了。

不信的话我们来做个试验：

此刻你正坐在办公室里——有6名职员在等待安排任务。你将其中一位叫过来，吩咐他说："请帮我查一查百科全书，把克里吉奥的生平做成一篇摘要。"

他会静静地回答："好的，先生。"然后立即去执行吗？

我敢说他绝对不会，他会用满脸狐疑的神色盯着你，提出一个或数个问题：

他是谁呀？

他去世了吗？

哪套百科全书？

百科全书放在哪儿？

这是我的工作吗？

为什么不叫乔治去做呢？

急不急？

你为什么要查他？

我敢以十比一的赌注跟你打赌，在你回答了他所提出的问题，解释了如何去查那些资料，以及为什么要查的理由之后，那个职员会走开，去吩咐另外一个职员帮助他查某某的资料，然后回来告诉你，根本就没有这个人。当然，我也许会输掉赌注，但是根据平均率法则，我相信自己不会输。

真的，如果你很聪明，就不应该对你的"助理"解释，克里吉奥编在什么类，而不是什么类，你会面带笑容地说："算啦。"然后自己去查。

这种被动的行为，这种道德的愚行，这种意志的脆弱，这种姑息的作风，有可能将这个社会带到"三个和尚没水喝"的危险境地。

如果人们都不能为了自己而自动自发，你又怎么能期待他们为别人服务呢？

乍看起来，任何一家公司都有可以分担工作的人选，但事实真的如此吗？你登广告征求一名速记员，应征者中，十有八九不会拼也不会写，他们甚至认为这些都无所谓。

这种人能把信带给加西亚吗？

"你看那个职员。"一家大公司的总经理对我说。

"看到了，怎么样？"

"他是个不错的会计，但是，如果我派他到城里去办个小差事，他也许能够完成任务，但也可能中途走进一家酒吧。而到了闹市区，他甚至可能完全忘记自己是来干什么的。"

这种人你能派他送信给加西亚吗？

最近，我们经常听到许多人对那些"收入微薄而毫无出头之日"以及"但求温饱却无家可归"的人表示同情，同时将那些雇主骂得体无完肤。

但是，从没有人提到，有些老板如何一直到白发苍苍，都无法使那些不求上进的懒虫勤奋起来；也没有人谈及，有些雇主如何持久而耐心地希望感动那些当他一转身就投机取巧、敷衍了事的员工，使他们能振作起来。

在每家商店和工厂，都有一些常规性的调整过程。公司负责人经常送走那些无法对公司有所贡献的员工，同时也吸纳新的成员。无论业务如何繁忙，这种整顿一直在进行着。只有当经济不景气，就业机会不多的时候，这种整顿才会有明显的效果——那些无法胜任工作、缺乏才干的人，都被摈弃在工厂的大门之外，只有那些最能干的人，才会被留下来。为了自己的利益，每个老板只会留住那些最优秀的职员——那些能"把信送给加西亚"的人。

我认识一个十分聪明的人，但是却缺乏自己独立创业的能力，对他人来说也没有丝毫价值，因为他总是偏执地怀疑自己的老板在压榨他，或者有压榨他的意图。他既没有能力指挥他人，也没有勇气接受他人的指挥。如果你让他"送封信给加西亚"，他的回答极有可能是："你自己去吧。"

我知道，与那些四肢残缺的人相比，这种思想不健全的人是不值得同情的。相反，我们应该对那些用毕生精力去经营一家大企业的人表示同情和敬意：他们不会因为下班的铃声而放下工作。他们因为努力去使那些漫不经心、拖拖拉拉、被动偷懒、不知感恩的员工有一份工作而日增白发。许多员工不愿意想一想，如果没有老板们付出的努力和心血，他们将挨饿和无家可归。

我是否说得太严重了？不过，即使整个世界变成一座贫民窟，我也要为成功者说几句公道话——他们承受了巨大的压力，导引众人的力量，终于取得了成功。但是他们从成功中又得到了什么呢？一片空虚，除了食物和衣服以外，一无所有。

我曾为了一日三餐而为他人工作，也曾当过老板，我深知两方面的种种酸甜苦辣。贫穷是不好的，贫苦是不值得赞美的，衣衫褴褛更不值得骄傲；但并非所有的老板都是贪婪者、专横者，就像并非所有的人都是善良者一样。

我钦佩那些无论老板是否在办公室都努力工作的人，我敬佩那些能够把信交给加西亚的人。他们静静地把信拿去，不会提任何愚笨的问题，更不会随手把信丢进水沟里，而是全力以赴地将信送到。这种人永远不会被解雇，也永远不必为了要求加薪而罢工。

文明，就是孜孜不倦地寻找这种人才的一段长久过程。

这种人无论有什么样的愿望都能够实现。在每个城市、村庄、乡镇，以及每个办公室、商店、工厂，他们都会受到欢迎。世界上急需这种人才，这种能够把信送给加西亚的人。

谁将把信送给加西亚？

附录二：小企业会计准则

中华人民共和国财政部财会〔2011〕17号，2011年10月18日

第一章　总则

第一条　为了规范小企业会计确认、计量和报告行为，促进小企业可持续发展，发挥小企业在国民经济和社会发展中的重要作用，根据《中华人民共和国会计法》及其他有关法律和法规，制定本准则。

第二条　本准则适用于在中华人民共和国境内依法设立的、符合《中小企业划型标准规定》所规定的小型企业标准的企业。

下列三类小企业除外：

（一）股票或债券在市场上公开交易的小企业。

（二）金融机构或其他具有金融性质的小企业。

（三）企业集团内的母公司和子公司。

前款所称企业集团、母公司和子公司的定义与《企业会计准则》的规定相同。

第三条　符合本准则第二条规定的小企业，可以执行本准则，也可以执行《企业会计准则》。

（一）执行本准则的小企业，发生的交易或者事项本准则未作规范的，可以参照《企业会计准则》中的相关规定进行处理。

（二）执行《企业会计准则》的小企业，不得在执行《企业会计准则》的同时，选择执行本准则的相关规定。

（三）执行本准则的小企业公开发行股票或债券的，应当转为执行《企业会计准则》；因经营规模或企业性质变化导致不符合本准则第二条规定而成为大中型企业或金融企业的，应当从次年1月1日起转为执行《企业会计准则》。

（四）已执行《企业会计准则》的上市公司、大中型企业和小企业，不得转为执行本准则。

第四条　执行本准则的小企业转为执行《企业会计准则》时，应当按照《企业会计准则第

38 号——首次执行企业会计准则》等相关规定进行会计处理。

第二章 资产

第五条 资产,是指小企业过去的交易或者事项形成的、由小企业拥有或者控制的、预期会给小企业带来经济利益的资源。

小企业的资产按照流动性,可分为流动资产和非流动资产。

第六条 小企业的资产应当按照成本计量,不计提资产减值准备。

第一节 流动资产

第七条 小企业的流动资产,是指预计在 1 年内(含 1 年,下同)或超过 1 年的一个正常营业周期内变现、出售或耗用的资产。

小企业的流动资产包括:货币资金、短期投资、应收及预付款项、存货等。

第八条 短期投资,是指小企业购入的能随时变现并且持有时间不准备超过 1 年(含 1 年,下同)的投资,如小企业以赚取差价为目的从二级市场购入的股票、债券、基金等。

短期投资应当按照以下规定进行会计处理:

(一)以支付现金取得的短期投资,应当按照购买价款和相关税费作为成本进行计量。

实际支付价款中包含的已宣告但尚未发放的现金股利或已到付息期但尚未领取的债券利息,应当单独确认为应收股利或应收利息,不计入短期投资的成本。

(二)在短期投资持有期间,被投资单位宣告分派的现金股利或在债务人应付利息日按照分期付息、一次还本债券投资的票面利率计算的利息收入,应当计入投资收益。

(三)出售短期投资,出售价款扣除其账面余额、相关税费后的净额,应当计入投资收益。

第九条 应收及预付款项,是指小企业在日常生产经营活动中发生的各项债权。包括:应收票据、应收账款、应收股利、应收利息、其他应收款等应收款项和预付账款。

应收及预付款项应当按照发生额入账。

第十条 小企业应收及预付款项符合下列条件之一的,减除可收回的金额后确认的无法收回的应收及预付款项,作为坏账损失:

(一)债务人依法宣告破产、关闭、解散、被撤销,或者被依法注销、吊销营业执照,其清算财产不足清偿的。

(二)债务人死亡,或者依法被宣告失踪、死亡,其财产或者遗产不足清偿的。

(三)债务人逾期 3 年以上未清偿,且有确凿证据证明已无力清偿债务的。

(四)与债务人达成债务重组协议或法院批准破产重整计划后,无法追偿的。

(五)因自然灾害、战争等不可抗力导致无法收回的。

(六)国务院财政、税务主管部门规定的其他条件。

应收及预付款项的坏账损失应当于实际发生时计入营业外支出,同时冲减应收及预付款项。

第十一条 存货,是指小企业在日常生产经营过程中持有以备出售的产成品或商品、处在生产过程中的在产品、将在生产过程或提供劳务过程中耗用的材料和物料等,以及小企业(农、林、牧、渔业)为出售而持有的、或在将来收获为农产品的消耗性生物资产。

小企业的存货包括:原材料、在产品、半成品、产成品、商品、周转材料、委托加工物资、消耗性生物资产等。

(一)原材料,是指小企业在生产过程中经加工改变其形态或性质并构成产品主要实体的各种原料及主要材料、辅助材料、外购半成品(外购件)、修理用备件(备品备件)、包装材料、燃料等。

(二)在产品,是指小企业正在制造尚未完工的产品。包括:正在各个生产工序加工的产品,以及已加工完毕但尚未检验或已检验但尚未办理入库手续的产品。

(三)半成品,是指小企业经过一定生产过程并已检验合格交付半成品仓库保管,但尚未制造完工成为产成品,仍需进一步加工的中间产品。

(四)产成品,是指小企业已经完成全部生产过程并已验收入库,符合标准规格和技术条件,可以按照合同规定的条件送交订货单位,或者可以作为商品对外销售的产品。

(五)商品,是指小企业(批发业、零售业)外购或委托加工完成并已验收入库用于销售的各种商品。

(六)周转材料,是指小企业能够多次使用、逐渐转移其价值但仍保持原有形态且不确认为固定资产的材料。包括:包装物、低值易耗品、小企业(建筑业)的钢模板、木模板、脚手架等。

(七)委托加工物资,是指小企业委托外单位加工的各种材料、商品等物资。

(八)消耗性生物资产,是指小企业(农、林、牧、渔业)生长中的大田作物、蔬菜、用材林以及存栏待售的牲畜等。

第十二条 小企业取得的存货,应当按照成本进行计量。

(一)外购存货的成本包括:购买价款、相关税费、运输费、装卸费、保险费以及在外购存货过程发生的其他直接费用,但不含按照税法规定可以抵扣的增值税进项税额。

(二)通过进一步加工取得存货的成本包括:直接材料、直接人工以及按照一定方法分配的制造费用。

经过1年期以上的制造才能达到预定可销售状态的存货发生的借款费用,也计入存货的成本。

前款所称借款费用,是指小企业因借款而发生的利息及其他相关成本。包括:借款利息、辅助费用以及因外币借款而发生的汇兑差额等。

(三)投资者投入存货的成本,应当按照评估价值确定。

(四)提供劳务的成本包括:与劳务提供直接相关的人工费、材料费和应分摊的间接费用。

(五)自行栽培、营造、繁殖或养殖的消耗性生物资产的成本,应当按照下列规定确定:

1.自行栽培的大田作物和蔬菜的成本包括:在收获前耗用的种子、肥料、农药等材料费、人工费和应分摊的间接费用。

2.自行营造的林木类消耗性生物资产的成本包括:封闭前发生的造林费、抚育费、营林设施费、良种试验费、调查设计费和应分摊的间接费用。

3.自行繁殖的育肥畜的成本包括:出售前发生的饲料费、人工费和应分摊的间接费用。

4.水产养殖的动物和植物的成本包括:在出售或入库前耗用的苗种、饲料、肥料等材料费、人工费和应分摊的间接费用。

(六)盘盈存货的成本,应当按照同类或类似存货的市场价格或评估价值确定。

第十三条 小企业应当采用先进先出法、加权平均法或者个别计价法确定发出存货的实际成本。计价方法一经选用,不得随意变更。

对于性质和用途相似的存货,应当采用相同的成本计算方法确定发出存货的成本。

对于不能替代使用的存货、为特定项目专门购入或制造的存货以及提供的劳务,采用个别计价法确定发出存货的成本。

对于周转材料,采用一次转销法进行会计处理,在领用时按其成本计入生产成本或当期损益;金额较大的周转材料,也可以采用分次摊销法进行会计处理。出租或出借周转材料,不需要结转其成本,但应当进行备查登记。

对于已售存货,应当将其成本结转为营业成本。

第十四条 小企业应当根据生产特点和成本管理的要求,选择适合于本企业的成本核算对象、成本项目和成本计算方法。

小企业发生的各项生产费用,应当按照成本核算对象和成本项目分别归集。

(一)属于材料费、人工费等直接费用,直接计入基本生产成本和辅助生产成本。

(二)属于辅助生产车间为生产产品提供的动力等直接费用,可以先作为辅助生产成本进行归集,然后按照合理的方法分配计入基本生产成本;也可以直接计入所生产产品发生的生产成本。

(三)其他间接费用应当作为制造费用进行归集,月度终了,再按一定的分配标准,分配计入有关产品的成本。

第十五条 存货发生毁损,处理收入、可收回的责任人赔偿和保险赔款,扣除其成本、相关税费后的净额,应当计入营业外支出或营业外收入。

盘盈存货实现的收益应当计入营业外收入。

盘亏存货发生的损失应当计入营业外支出。

第二节 长期投资

第十六条 小企业的非流动资产,是指流动资产以外的资产。

小企业的非流动资产包括：长期债券投资、长期股权投资、固定资产、生产性生物资产、无形资产、长期待摊费用等。

第十七条 长期债券投资，是指小企业准备长期（在1年以上，下同）持有的债券投资。

第十八条 长期债券投资应当按照购买价款和相关税费作为成本进行计量。

实际支付价款中包含的已到付息期但尚未领取的债券利息，应当单独确认为应收利息，不计入长期债券投资的成本。

第十九条 长期债券投资在持有期间发生的应收利息应当确认为投资收益。

（一）分期付息、一次还本的长期债券投资，在债务人应付利息日按照票面利率计算的应收未收利息收入应当确认为应收利息，不增加长期债券投资的账面余额。

（二）一次还本付息的长期债券投资，在债务人应付利息日按照票面利率计算的应收未收利息收入应当增加长期债券投资的账面余额。

（三）债券的折价或者溢价在债券存续期间内于确认相关债券利息收入时采用直线法进行摊销。

第二十条 长期债券投资到期，小企业收回长期债券投资，应当冲减其账面余额。处置长期债券投资，处置价款扣除其账面余额、相关税费后的净额，应当计入投资收益。

第二十一条 小企业长期债券投资符合本准则第十条所列条件之一的，减除可收回的金额后确认的无法收回的长期债券投资，作为长期债券投资损失。

长期债券投资损失应当于实际发生时计入营业外支出，同时冲减长期债券投资账面余额。

第二十二条 长期股权投资，是指小企业准备长期持有的权益性投资。

第二十三条 长期股权投资应当按照成本进行计量。

（一）以支付现金取得的长期股权投资，应当按照购买价款和相关税费作为成本进行计量。

实际支付价款中包含的已宣告但尚未发放的现金股利，应当单独确认为应收股利，不计入长期股权投资的成本。

（二）通过非货币性资产交换取得的长期股权投资，应当按照换出非货币性资产的评估价值和相关税费作为成本进行计量。

第二十四条 长期股权投资应当采用成本法进行会计处理。

在长期股权投资持有期间，被投资单位宣告分派的现金股利或利润，应当按照应分得的金额确认为投资收益。

第二十五条 处置长期股权投资，处置价款扣除其成本、相关税费后的净额，应当计入投资收益。

第二十六条 小企业长期股权投资符合下列条件之一的，减除可收回的金额后确认的无法收回的长期股权投资，作为长期股权投资损失：

（一）被投资单位依法宣告破产、关闭、解散、被撤销，或者被依法注销、吊销营业执照的。

（二）被投资单位财务状况严重恶化，累计发生巨额亏损，已连续停止经营3年以上，且无重新恢复经营改组计划的。

(三)对被投资单位不具有控制权,投资期限届满或者投资期限已超过 10 年,且被投资单位因连续 3 年经营亏损导致资不抵债的。

(四)被投资单位财务状况严重恶化,累计发生巨额亏损,已完成清算或清算期超过 3 年以上的。

(五)国务院财政、税务主管部门规定的其他条件。

长期股权投资损失应当于实际发生时计入营业外支出,同时冲减长期股权投资账面余额。

第三节　固定资产和生产性生物资产

第二十七条　固定资产,是指小企业为生产产品、提供劳务、出租或经营管理而持有的,使用寿命超过 1 年的有形资产。

小企业的固定资产包括:房屋、建筑物、机器、机械、运输工具、设备、器具、工具等。

第二十八条　固定资产应当按照成本进行计量。

(一)外购固定资产的成本包括:购买价款、相关税费、运输费、装卸费、保险费、安装费等,但不含按照税法规定可以抵扣的增值税进项税额。

以一笔款项购入多项没有单独标价的固定资产,应当按照各项固定资产或类似资产的市场价格或评估价值比例对总成本进行分配,分别确定各项固定资产的成本。

(二)自行建造固定资产的成本,由建造该项资产在竣工决算前发生的支出(含相关的借款费用)构成。

小企业在建工程在试运转过程中形成的产品、副产品或试车收入冲减在建工程成本。

(三)投资者投入固定资产的成本,应当按照评估价值和相关税费确定。

(四)融资租入的固定资产的成本,应当按照租赁合同约定的付款总额和在签订租赁合同过程中发生的相关税费等确定。

(五)盘盈固定资产的成本,应当按照同类或者类似固定资产的市场价格或评估价值,扣除按照该项固定资产新旧程度估计的折旧后的余额确定。

第二十九条　小企业应当对所有固定资产计提折旧,但已提足折旧仍继续使用的固定资产和单独计价入账的土地不得计提折旧。

固定资产的折旧费应当根据固定资产的受益对象计入相关资产成本或者当期损益。

前款所称折旧,是指在固定资产使用寿命内,按照确定的方法对应计折旧额进行系统分摊。应计折旧额,是指应当计提折旧的固定资产的原价(成本)扣除其预计净残值后的金额。预计净残值,是指固定资产预计使用寿命已满,小企业从该项固定资产处置中获得的扣除预计处置费用后的净额。已提足折旧,是指已经提足该项固定资产的应计折旧额。

第三十条　小企业应当按照年限平均法(即直线法,下同)计提折旧。小企业的固定资产由于技术进步等原因,确需加速折旧的,可以采用双倍余额递减法和年数总和法。

小企业应当根据固定资产的性质和使用情况,并考虑税法的规定,合理确定固定资产的使用寿命和预计净残值。

固定资产的折旧方法、使用寿命、预计净残值一经确定,不得随意变更。

第三十一条　小企业应当按月计提折旧,当月增加的固定资产,当月不计提折旧,从下月起计提折旧;当月减少的固定资产,当月仍计提折旧,从下月起不计提折旧。

第三十二条　固定资产的日常修理费,应当在发生时根据固定资产的受益对象计入相关资产成本或者当期损益。

第三十三条　固定资产的改建支出,应当计入固定资产的成本,但已提足折旧的固定资产和经营租入的固定资产发生的改建支出应当计入长期待摊费用。

前款所称固定资产的改建支出,是指改变房屋或者建筑物结构、延长使用年限等发生的支出。

第三十四条　处置固定资产,处置收入扣除其账面价值、相关税费和清理费用后的净额,应当计入营业外收入或营业外支出。

前款所称固定资产的账面价值,是指固定资产原价(成本)扣减累计折旧后的金额。

盘亏固定资产发生的损失应当计入营业外支出。

第三十五条　生产性生物资产,是指小企业(农、林、牧、渔业)为生产农产品、提供劳务或出租等目的而持有的生物资产。包括:经济林、薪炭林、产畜和役畜等。

第三十六条　生产性生物资产应当按照成本进行计量。

(一)外购的生产性生物资产的成本,应当按照购买价款和相关税费确定。

(二)自行营造或繁殖的生产性生物资产的成本,应当按照下列规定确定:

1.自行营造的林木类生产性生物资产的成本包括:达到预定生产经营目的前发生的造林费、抚育费、营林设施费、良种试验费、调查设计费和应分摊的间接费用等必要支出。

2.自行繁殖的产畜和役畜的成本包括:达到预定生产经营目的前发生的饲料费、人工费和应分摊的间接费用等必要支出。

前款所称达到预定生产经营目的,是指生产性生物资产进入正常生产期,可以多年连续稳定产出农产品、提供劳务或出租。

第三十七条　生产性生物资产应当按照年限平均法计提折旧。

小企业(农、林、牧、渔业)应当根据生产性生物资产的性质和使用情况,并考虑税法的规定,合理确定生产性生物资产的使用寿命和预计净残值。

生产性生物资产的折旧方法、使用寿命、预计净残值一经确定,不得随意变更。

小企业(农、林、牧、渔业)应当自生产性生物资产投入使用月份的下月起按月计提折旧;停止使用的生产性生物资产,应当自停止使用月份的下月起停止计提折旧。

第四节 无形资产

第三十八条 无形资产,是指小企业为生产产品、提供劳务、出租或经营管理而持有的、没有实物形态的可辨认非货币性资产。

小企业的无形资产包括:土地使用权、专利权、商标权、著作权、非专利技术等。

自行开发建造厂房等建筑物,相关的土地使用权与建筑物应当分别进行处理。外购土地及建筑物支付的价款应当在建筑物与土地使用权之间按照合理的方法进行分配;难以合理分配的,应当全部作为固定资产。

第三十九条 无形资产应当按照成本进行计量。

(一)外购无形资产的成本包括:购买价款、相关税费和相关的其他支出(含相关的借款费用)。

(二)投资者投入的无形资产的成本,应当按照评估价值和相关税费确定。

(三)自行开发的无形资产的成本,由符合资本化条件后至达到预定用途前发生的支出(含相关的借款费用)构成。

第四十条 小企业自行开发无形资产发生的支出,同时满足下列条件的,才能确认为无形资产:

(一)完成该无形资产以使其能够使用或出售在技术上具有可行性;

(二)具有完成该无形资产并使用或出售的意图;

(三)能够证明运用该无形资产生产的产品存在市场或无形资产自身存在市场,无形资产将在内部使用的,应当证明其有用性;

(四)有足够的技术、财务资源和其他资源支持,以完成该无形资产的开发,并有能力使用或出售该无形资产;

(五)归属于该无形资产开发阶段的支出能够可靠地计量。

第四十一条 无形资产应当在其使用寿命内采用年限平均法进行摊销,根据其受益对象计入相关资产成本或者当期损益。

无形资产的摊销期自其可供使用时开始至停止使用或出售时止。有关法律规定或合同约定了使用年限的,可以按照规定或约定的使用年限分期摊销。

小企业不能可靠估计无形资产使用寿命的,摊销期不得低于 10 年。

第四十二条 处置无形资产,处置收入扣除其账面价值、相关税费等后的净额,应当计入营业外收入或营业外支出。

前款所称无形资产的账面价值,是指无形资产的成本扣减累计摊销后的金额。

第五节 长期待摊费用

第四十三条 小企业的长期待摊费用包括:已提足折旧的固定资产的改建支出、经营租入固定资产的改建支出、固定资产的大修理支出和其他长期待摊费用等。

前款所称固定资产的大修理支出,是指同时符合下列条件的支出:

(一)修理支出达到取得固定资产时的计税基础50%以上;

(二)修理后固定资产的使用寿命延长2年以上。

第四十四条 长期待摊费用应当在其摊销期限内采用年限平均法进行摊销,根据其受益对象计入相关资产的成本或者管理费用,并冲减长期待摊费用。

(一)已提足折旧的固定资产的改建支出,按照固定资产预计尚可使用年限分期摊销。

(二)经营租入固定资产的改建支出,按照合同约定的剩余租赁期限分期摊销。

(三)固定资产的大修理支出,按照固定资产尚可使用年限分期摊销。

(四)其他长期待摊费用,自支出发生月份的下月起分期摊销,摊销期不得低于3年。

第三章 负债

第四十五条 负债,是指小企业过去的交易或者事项形成的,预期会导致经济利益流出小企业的现时义务。

小企业的负债按照其流动性,可分为流动负债和非流动负债。

第一节 流动负债

第四十六条 小企业的流动负债,是指预计在1年内或者超过1年的一个正常营业周期内清偿的债务。

小企业的流动负债包括:短期借款、应付及预收款项、应付职工薪酬、应交税费、应付利息等。

第四十七条 各项流动负债应当按照其实际发生额入账。

小企业确实无法偿付的应付款项,应当计入营业外收入。

第四十八条 短期借款应当按照借款本金和借款合同利率在应付利息日计提利息费用,计入财务费用。

第四十九条 应付职工薪酬,是指小企业为获得职工提供的服务而应付给职工的各种形式的报酬以及其他相关支出。

小企业的职工薪酬包括:

(一)职工工资、奖金、津贴和补贴。

(二)职工福利费。

(三)医疗保险费、养老保险费、失业保险费、工伤保险费和生育保险费等社会保险费。

(四)住房公积金。

(五)工会经费和职工教育经费。

（六）非货币性福利。

（七）因解除与职工的劳动关系给予的补偿。

（八）其他与获得职工提供的服务相关的支出等。

第五十条 小企业应当在职工为其提供服务的会计期间,将应付的职工薪酬确认为负债,并根据职工提供服务的受益对象,分别下列情况进行会计处理:

（一）应由生产产品、提供劳务负担的职工薪酬,计入产品成本或劳务成本。

（二）应由在建工程、无形资产开发项目负担的职工薪酬,计入固定资产成本或无形资产成本。

（三）其他职工薪酬(含因解除与职工的劳动关系给予的补偿),计入当期损益。

第二节 非流动负债

第五十一条 小企业的非流动负债,是指流动负债以外的负债。

小企业的非流动负债包括:长期借款、长期应付款等。

第五十二条 非流动负债应当按照其实际发生额入账。

长期借款应当按照借款本金和借款合同利率在应付利息日计提利息费用,计入相关资产成本或财务费用。

第四章 所有者权益

第五十三条 所有者权益,是指小企业资产扣除负债后由所有者享有的剩余权益。

小企业的所有者权益包括:实收资本(或股本,下同)、资本公积、盈余公积和未分配利润。

第五十四条 实收资本,是指投资者按照合同协议约定或相关规定投入到小企业、构成小企业注册资本的部分。

（一）小企业收到投资者以现金或非货币性资产投入的资本,应当按照其在本企业注册资本中所占的份额计入实收资本,超出的部分,应当计入资本公积。

（二）投资者根据有关规定对小企业进行增资或减资,小企业应当增加或减少实收资本。

第五十五条 资本公积,是指小企业收到的投资者出资额超过其在注册资本或股本中所占份额的部分。

小企业用资本公积转增资本,应当冲减资本公积。小企业的资本公积不得用于弥补亏损。

第五十六条 盈余公积,是指小企业按照法律规定在税后利润中提取的法定公积金和任意公积金。

小企业用盈余公积弥补亏损或者转增资本,应当冲减盈余公积。小企业的盈余公积还可以用于扩大生产经营。

第五十七条 未分配利润,是指小企业实现的净利润,经过弥补亏损、提取法定公积金和任意公积金、向投资者分配利润后,留存在本企业的、历年结存的利润。

第五章　收入

第五十八条　收入,是指小企业在日常生产经营活动中形成的、会导致所有者权益增加、与所有者投入资本无关的经济利益的总流入。包括:销售商品收入和提供劳务收入。

第五十九条　销售商品收入,是指小企业销售商品(或产成品、材料,下同)取得的收入。

通常,小企业应当在发出商品且收到货款或取得收款权利时,确认销售商品收入。

(一)销售商品采用托收承付方式的,在办妥托收手续时确认收入。

(二)销售商品采取预收款方式的,在发出商品时确认收入。

(三)销售商品采用分期收款方式的,在合同约定的收款日期确认收入。

(四)销售商品需要安装和检验的,在购买方接受商品以及安装和检验完毕时确认收入。安装程序比较简单的,可在发出商品时确认收入。

(五)销售商品采用支付手续费方式委托代销的,在收到代销清单时确认收入。

(六)销售商品以旧换新的,销售的商品作为商品销售处理,回收的商品作为购进商品处理。

(七)采取产品分成方式取得的收入,在分得产品之日按照产品的市场价格或评估价值确定销售商品收入金额。

第六十条　小企业应当按照从购买方已收或应收的合同或协议价款,确定销售商品收入金额。

销售商品涉及现金折扣的,应当按照扣除现金折扣前的金额确定销售商品收入金额。现金折扣应当在实际发生时,计入当期损益。

销售商品涉及商业折扣的,应当按照扣除商业折扣后的金额确定销售商品收入金额。

前款所称现金折扣,是指债权人为鼓励债务人在规定的期限内付款而向债务人提供的债务扣除。商业折扣,是指小企业为促进商品销售而在商品标价上给予的价格扣除。

第六十一条　小企业已经确认销售商品收入的售出商品发生的销售退回(不论属于本年度还是属于以前年度的销售),应当在发生时冲减当期销售商品收入。

小企业已经确认销售商品收入的售出商品发生的销售折让,应当在发生时冲减当期销售商品收入。

前款所称销售退回,是指小企业售出的商品由于质量、品种不符合要求等原因发生的退货。销售折让,是指小企业因售出商品的质量不合格等原因而在售价上给予的减让。

第六十二条　小企业提供劳务的收入,是指小企业从事建筑安装、修理修配、交通运输、仓储租赁、邮电通信、咨询经纪、文化体育、科学研究、技术服务、教育培训、餐饮住宿、中介代理、卫生保健、社区服务、旅游、娱乐、加工以及其他劳务服务活动取得的收入。

第六十三条　同一会计年度内开始并完成的劳务,应当在提供劳务交易完成且收到款项或取得收款权利时,确认提供劳务收入。提供劳务收入的金额为从接受劳务方已收或应收的合同或协议价款。

劳务的开始和完成分属不同会计年度的,应当按照完工进度确认提供劳务收入。年度资产负债表日,按照提供劳务收入总额乘以完工进度扣除以前会计年度累计已确认提供劳务收入后的金额,确认本年度的提供劳务收入;同时,按照估计的提供劳务成本总额乘以完工进度扣除以前会计年度累计已确认营业成本后的金额,结转本年度营业成本。

第六十四条　小企业与其他企业签订的合同或协议包含销售商品和提供劳务时,销售商品部分和提供劳务部分能够区分且能够单独计量的,应当将销售商品的部分作为销售商品处理,将提供劳务的部分作为提供劳务处理。

销售商品部分和提供劳务部分不能够区分,或虽能区分但不能够单独计量的,应当作为销售商品处理。

第六章　费用

第六十五条　费用,是指小企业在日常生产经营活动中发生的、会导致所有者权益减少、与向所有者分配利润无关的经济利益的总流出。

小企业的费用包括:营业成本、营业税金及附加、销售费用、管理费用、财务费用等。

(一)营业成本,是指小企业所销售商品的成本和所提供劳务的成本。

(二)营业税金及附加,是指小企业开展日常生产经营活动应负担的消费税、营业税、城市维护建设税、资源税、土地增值税、城镇土地使用税、房产税、车船税、印花税和教育费附加、矿产资源补偿费、排污费等。

(三)销售费用,是指小企业在销售商品或提供劳务过程中发生的各种费用。包括:销售人员的职工薪酬、商品维修费、运输费、装卸费、包装费、保险费、广告费、业务宣传费、展览费等费用。

小企业(批发业、零售业)在购买商品过程中发生的费用(包括:运输费、装卸费、包装费、保险费、运输途中的合理损耗和入库前的挑选整理费等)也构成销售费用。

(四)管理费用,是指小企业为组织和管理生产经营发生的其他费用。包括:小企业在筹建期间内发生的开办费、行政管理部门发生的费用(包括:固定资产折旧费、修理费、办公费、水电费、差旅费、管理人员的职工薪酬等)、业务招待费、研究费用、技术转让费、相关长期待摊费用摊销、财产保险费、聘请中介机构费、咨询费(含顾问费)、诉讼费等费用。

(五)财务费用,是指小企业为筹集生产经营所需资金发生的筹资费用。包括:利息费用(减利息收入)、汇兑损失、银行相关手续费、小企业给予的现金折扣(减享受的现金折扣)等费用。

第六十六条 通常,小企业的费用应当在发生时按照其发生额计入当期损益。

小企业销售商品收入和提供劳务收入已予确认的,应当将已销售商品和已提供劳务的成本作为营业成本结转至当期损益。

第七章 利润及利润分配

第六十七条 利润,是指小企业在一定会计期间的经营成果。包括:营业利润、利润总额和净利润。

(一)营业利润,是指营业收入减去营业成本、营业税金及附加、销售费用、管理费用、财务费用,加上投资收益(或减去投资损失)后的金额。

前款所称营业收入,是指小企业销售商品和提供劳务实现的收入总额。投资收益,由小企业股权投资取得的现金股利(或利润)、债券投资取得的利息收入和处置股权投资和债券投资取得的处置价款扣除成本或账面余额、相关税费后的净额三部分构成。

(二)利润总额,是指营业利润加上营业外收入,减去营业外支出后的金额。

(三)净利润,是指利润总额减去所得税费用后的净额。

第六十八条 营业外收入,是指小企业非日常生产经营活动形成的、应当计入当期损益、会导致所有者权益增加、与所有者投入资本无关的经济利益的净流入。

小企业的营业外收入包括:非流动资产处置净收益、政府补助、捐赠收益、盘盈收益、汇兑收益、出租包装物和商品的租金收入、逾期未退包装物押金收益、确实无法偿付的应付款项、已作坏账损失处理后又收回的应收款项、违约金收益等。

通常,小企业的营业外收入应当在实现时按照其实现金额计入当期损益。

第六十九条 政府补助,是指小企业从政府无偿取得货币性资产或非货币性资产,但不含政府作为小企业所有者投入的资本。

(一)小企业收到与资产相关的政府补助,应当确认为递延收益,并在相关资产的使用寿命内平均分配,计入营业外收入。

收到的其他政府补助,用于补偿本企业以后期间的相关费用或亏损的,确认为递延收益,并在确认相关费用或发生亏损的期间,计入营业外收入;用于补偿本企业已发生的相关费用或亏损的,直接计入营业外收入。

(二)政府补助为货币性资产的,应当按照收到的金额计量。

政府补助为非货币性资产的,政府提供了有关凭据的,应当按照凭据上标明的金额计量;政府没有提供有关凭据的,应当按照同类或类似资产的市场价格或评估价值计量。

(三)小企业按照规定实行企业所得税、增值税、消费税、营业税等先征后返的,应当在实际收到返还的企业所得税、增值税(不含出口退税)、消费税、营业税时,计入营业外收入。

第七十条 营业外支出,是指小企业非日常生产经营活动发生的、应当计入当期损益、会导致所有者权益减少、与向所有者分配利润无关的经济利益的净流出。

小企业的营业外支出包括：存货的盘亏、毁损、报废损失，非流动资产处置净损失，坏账损失，无法收回的长期债券投资损失，无法收回的长期股权投资损失，自然灾害等不可抗力因素造成的损失，税收滞纳金，罚金，罚款，被没收财物的损失，捐赠支出，赞助支出等。

通常，小企业的营业外支出应当在发生时按照其发生额计入当期损益。

第七十一条 小企业应当按照企业所得税法规定计算的当期应纳税额，确认所得税费用。

小企业应当在利润总额的基础上，按照企业所得税法规定进行纳税调整，计算出当期应纳税所得额，按照应纳税所得额与适用所得税税率为基础计算确定当期应纳税额。

第七十二条 小企业以当年净利润弥补以前年度亏损等剩余的税后利润，可用于向投资者进行分配。

小企业（公司制）在分配当年税后利润时，应当按照公司法的规定提取法定公积金和任意公积金。

第八章　外币业务

第七十三条 小企业的外币业务由外币交易和外币财务报表折算构成。

第七十四条 外币交易，是指小企业以外币计价或者结算的交易。

小企业的外币交易包括：买入或者卖出以外币计价的商品或者劳务、借入或者借出外币资金和其他以外币计价或者结算的交易。

前款所称外币，是指小企业记账本位币以外的货币。记账本位币，是指小企业经营所处的主要经济环境中的货币。

第七十五条 小企业应当选择人民币作为记账本位币。业务收支以人民币以外的货币为主的小企业，可以选定其中一种货币作为记账本位币，但编报的财务报表应当折算为人民币财务报表。

小企业记账本位币一经确定，不得随意变更，但小企业经营所处的主要经济环境发生重大变化除外。

小企业因经营所处的主要经济环境发生重大变化，确需变更记账本位币的，应当采用变更当日的即期汇率将所有项目折算为变更后的记账本位币。

前款所称即期汇率，是指中国人民银行公布的当日人民币外汇牌价的中间价。

第七十六条 小企业对于发生的外币交易，应当将外币金额折算为记账本位币金额。

外币交易在初始确认时，采用交易发生日的即期汇率将外币金额折算为记账本位币金额；也可以采用交易当期平均汇率折算。

小企业收到投资者以外币投入的资本，应当采用交易发生日即期汇率折算，不得采用合同约定汇率和交易当期平均汇率折算。

第七十七条 小企业在资产负债表日,应当按照下列规定对外币货币性项目和外币非货币性项目进行会计处理:

(一)外币货币性项目,采用资产负债表日的即期汇率折算。因资产负债表日即期汇率与初始确认时或者前一资产负债表日即期汇率不同而产生的汇兑差额,计入当期损益。

(二)以历史成本计量的外币非货币性项目,仍采用交易发生日的即期汇率折算,不改变其记账本位币金额。

前款所称货币性项目,是指小企业持有的货币资金和将以固定或可确定的金额收取的资产或者偿付的负债。货币性项目分为货币性资产和货币性负债。货币性资产包括:库存现金、银行存款、应收账款、其他应收款等;货币性负债包括:短期借款、应付账款、其他应付款、长期借款、长期应付款等。非货币性项目,是指货币性项目以外的项目。包括:存货、长期股权投资、固定资产、无形资产等。

第七十八条 小企业对外币财务报表进行折算时,应当采用资产负债表日的即期汇率对外币资产负债表、利润表和现金流量表的所有项目进行折算。

第九章 财务报表

第七十九条 财务报表,是指对小企业财务状况、经营成果和现金流量的结构性表述。小企业的财务报表至少应当包括下列组成部分:

(一)资产负债表;

(二)利润表;

(三)现金流量表;

(四)附注。

第八十条 资产负债表,是指反映小企业在某一特定日期的财务状况的报表。

(一)资产负债表中的资产类至少应当单独列示反映下列信息的项目:

1.货币资金;

2.应收及预付款项;

3.存货;

4.长期债券投资;

5.长期股权投资;

6.固定资产;

7.生产性生物资产;

8.无形资产;

9.长期待摊费用。

(二)资产负债表中的负债类至少应当单独列示反映下列信息的项目:

1.短期借款;

2.应付及预收款项;

3.应付职工薪酬;

4.应交税费;

5.应付利息;

6.长期借款;

7.长期应付款。

(三)资产负债表中的所有者权益类至少应当单独列示反映下列信息的项目:

1.实收资本;

2.资本公积;

3.盈余公积;

4.未分配利润。

(四)资产负债表中的资产类应当包括流动资产和非流动资产的合计项目;负债类应当包括流动负债、非流动负债和负债的合计项目;所有者权益类应当包括所有者权益的合计项目。

资产负债表应当列示资产总计项目,负债和所有者权益总计项目。

第八十一条 利润表,是指反映小企业在一定会计期间的经营成果的报表。

费用应当按照功能分类,分为营业成本、营业税金及附加、销售费用、管理费用和财务费用等。

利润表至少应当单独列示反映下列信息的项目:

(一)营业收入;

(二)营业成本;

(三)营业税金及附加;

(四)销售费用;

(五)管理费用;

(六)财务费用;

(七)所得税费用;

(八)净利润。

第八十二条 现金流量表,是指反映小企业在一定会计期间现金流入和流出情况的报表。

现金流量表应当分别经营活动、投资活动和筹资活动列报现金流量。现金流量应当分别按照现金流入和现金流出总额列报。

前款所称现金,是指小企业的库存现金以及可以随时用于支付的存款和其他货币资金。

第八十三条 经营活动,是指小企业投资活动和筹资活动以外的所有交易和事项。

小企业经营活动产生的现金流量应当单独列示反映下列信息的项目:

(一)销售产成品、商品、提供劳务收到的现金;

（二）购买原材料、商品、接受劳务支付的现金；

（三）支付的职工薪酬；

（四）支付的税费。

第八十四条 投资活动，是指小企业固定资产、无形资产、其他非流动资产的购建和短期投资、长期债券投资、长期股权投资及其处置活动。

小企业投资活动产生的现金流量应当单独列示反映下列信息的项目：

（一）收回短期投资、长期债券投资和长期股权投资收到的现金；

（二）取得投资收益收到的现金；

（三）处置固定资产、无形资产和其他非流动资产收回的现金净额；

（四）短期投资、长期债券投资和长期股权投资支付的现金；

（五）购建固定资产、无形资产和其他非流动资产支付的现金。

第八十五条 筹资活动，是指导致小企业资本及债务规模和构成发生变化的活动。

小企业筹资活动产生的现金流量应当单独列示反映下列信息的项目：

（一）取得借款收到的现金；

（二）吸收投资者投资收到的现金；

（三）偿还借款本金支付的现金；

（四）偿还借款利息支付的现金；

（五）分配利润支付的现金。

第八十六条 附注，是指对在资产负债表、利润表和现金流量表等报表中列示项目的文字描述或明细资料，以及对未能在这些报表中列示项目的说明等。

附注应当按照下列顺序披露：

（一）遵循小企业会计准则的声明。

（二）短期投资、应收账款、存货、固定资产项目的说明。

（三）应付职工薪酬、应交税费项目的说明。

（四）利润分配的说明。

（五）用于对外担保的资产名称、账面余额及形成的原因；未决诉讼、未决仲裁以及对外提供担保所涉及的金额。

（六）发生严重亏损的，应当披露持续经营的计划、未来经营的方案。

（七）对已在资产负债表和利润表中列示项目与企业所得税法规定存在差异的纳税调整过程。

（八）其他需要在附注中说明的事项。

第八十七条 小企业应当根据实际发生的交易和事项，按照本准则的规定进行确认和计量，在此基础上按月或者按季编制财务报表。

第八十八条 小企业对会计政策变更、会计估计变更和会计差错更正应当采用未来适用法进行会计处理。

前款所称会计政策,是指小企业在会计确认、计量和报告中所采用的原则、基础和会计处理方法。会计估计变更,是指由于资产和负债的当前状况及预期经济利益和义务发生了变化,从而对资产或负债的账面价值或者资产的定期消耗金额进行调整。前期差错包括:计算错误、应用会计政策错误、应用会计估计错误等。未来适用法,是指将变更后的会计政策和会计估计应用于变更日及以后发生的交易或者事项,或者在会计差错发生或发现的当期更正差错的方法。

第十章　附则

第八十九条　符合《中小企业划型标准规定》所规定的微型企业标准的企业参照执行本准则。

第九十条　本准则自 2013 年 1 月 1 日起施行。财政部 2004 年发布的《小企业会计制度》(财会[2004]2 号)同时废止。

附录三:内部会计控制规范
——货币资金(试行)

财会[2001]41 号

第一章　总则

第一条　为了加强对单位货币资金的内部控制和管理,保证货币资金的安全,根据《中华人民共和国会计法》和《内部会计控制规范——基本规范》等法律法规,制定本规范。

第二条　本规范所称货币资金是指单位所拥有的现金、银行存款和其他货币资金。

第三条　本规范适用于国家机关、社会团体、公司、企业、事业单位和其他经济组织(以下统称单位)。

第四条　国务院有关部门可以根据国家有关法律法规和本规范,制定本部门或本系统的货币资金内部控制规定。

各单位应当根据国家有关法律法规和本规范,结合部门或系统的货币资金内部控制规定,建立适合本单位业务特点和管理要求的货币资金内部控制制度,并组织实施。

第五条　单位负责人对本单位货币资金内部控制的建立健全和有效实施以及货币资金的安全完整负责。

第二章　岗位分工及授权批准

第六条　单位应当建立货币资金业务的岗位责任制,明确相关部门和岗位的职责权限,确保办理货币资金业务的不相容岗位相互分离、制约和监督。

出纳人员不得兼任稽核、会计档案保管和收入、支出、费用、债权债务账目的登记工作。

单位不得由一人办理货币资金业务的全过程。

第七条　单位办理货币资金业务,应当配备合格的人员,并根据单位具体情况进行岗位轮换。

办理货币资金业务的人员应当具备良好的职业道德,忠于职守,廉洁奉公,遵纪守法,客观公正,不断提高会计业务素质和职业道德水平。

第八条 单位应当对货币资金业务建立严格的授权批准制度,明确审批人对货币资金业务的授权批准方式、权限、程序、责任和相关控制措施,规定经办人办理货币资金业务的职责范围和工作要求。

第九条 审批人应当根据货币资金授权批准制度的规定,在授权范围内进行审批,不得超越审批权限。

经办人应当在职责范围内,按照审批人的批准意见办理货币资金业务。对于审批人超越授权范围审批的货币资金业务,经办人员有权拒绝办理,并及时向审批人的上级授权部门报告。

第十条 单位应当按照规定的程序办理货币资金支付业务。

(一)支付申请。单位有关部门或个人用款时,应当提前向审批人提交货币资金支付申请,注明款项的用途、金额、预算、支付方式等内容,并附有效经济合同或相关证明。

(二)支付审批。审批人根据其职责、权限和相应程序对支付申请进行审批。对不符合规定的货币资金支付申请,审批人应当拒绝批准。

(三)支付复核。复核人应当对批准后的货币资金支付申请进行复核,复核货币资金支付申请的批准范围、权限、程序是否正确,手续及相关单证是否齐备,金额计算是否准确,支付方式、支付单位是否妥当等。复核无误后,交由出纳人员办理支付手续。

(四)办理支付。出纳人员应当根据复核无误的支付申请,按规定办理货币资金支付手续,及时登记现金和银行存款日记账。

第十一条 单位对于重要货币资金支付业务,应当实行集体决策和审批,并建立责任追究制度,防范贪污、侵占、挪用货币资金等行为。

第十二条 严禁未经授权的机构或人员办理货币资金业务或直接接触货币资金。

第三章 现金和银行存款的管理

第十三条 单位应当加强现金库存限额的管理,超过库存限额的现金应及时存入银行。

第十四条 单位必须根据《现金管理暂行条例》的规定,结合本单位的实际情况,确定本单位现金的开支范围。不属于现金开支范围的业务应当通过银行办理转账结算。

第十五条 单位现金收入应当及时存入银行,不得用于直接支付单位自身的支出。因特殊情况需坐支现金的,应事先报经开户银行审查批准。

单位借出款项必须执行严格的授权批准程序,严禁擅自挪用、借出货币资金。

第十六条 单位取得的货币资金收入必须及时入账,不得私设"小金库",不得账外设账,严禁收款不入账。

　　第十七条　单位应当严格按照《支付结算办法》等国家有关规定,加强银行账户的管理,严格按照规定开立账户,办理存款、取款和结算。

　　单位应当定期检查、清理银行账户的开立及使用情况,发现问题,及时处理。

　　单位应当加强对银行结算凭证的填制、传递及保管等环节的管理与控制。

　　第十八条　单位应当严格遵守银行结算纪律,不准签发没有资金保证的票据或远期支票,套取银行信用;不准签发、取得和转让没有真实交易和债权债务的票据,套取银行和他人资金;不准无理拒绝付款,任意占用他人资金;不准违反规定开立和使用银行账户。

　　第十九条　单位应当指定专人定期核对银行账户,每月至少核对一次,编制银行存款余额调节表,使银行存款账面余额与银行对账单调节相符。如调节不符,应查明原因,及时处理。

　　第二十条　单位应当定期和不定期地进行现金盘点,确保现金账面余额与实际库存相符。发现不符,及时查明原因,作出处理。

第四章　　票据及有关印章的管理

　　第二十一条　单位应当加强与货币资金相关的票据的管理,明确各种票据的购买、保管、领用、背书转让、注销等环节的职责权限和程序,并专设登记簿进行记录,防止空白票据的遗失和被盗用。

　　第二十二条　单位应当加强银行预留印鉴的管理。财务专用章应由专人保管,个人名章必须由本人或其授权人员保管。严禁一人保管支付款项所需的全部印章。

　　按规定需要有关负责人签字或盖章的经济业务,必须严格履行签字或盖章手续。

第五章　　监督检查

　　第二十三条　单位应当建立对货币资金业务的监督检查制度,明确监督检查机构或人员的职责权限,定期和不定期地进行检查。

　　第二十四条　货币资金监督检查的内容主要包括:

　　(一)货币资金业务相关岗位及人员的设置情况。重点检查是否存在货币资金业务不相容职务混岗的现象。

　　(二)货币资金授权批准制度的执行情况。重点检查货币资金支出的授权批准手续是否健全,是否存在越权审批行为。

　　(三)支付款项印章的保管情况。重点检查是否存在办理付款业务所需的全部印章交由一人保管的现象。

　　(四)票据的保管情况。重点检查票据的购买、领用、保管手续是否健全,票据保管是否存在漏洞。

第二十五条 对监督检查过程中发现的货币资金内部控制中的薄弱环节,应当及时采取措施,加以纠正和完善。

第六章 附 则

第二十六条 本规范由财政部负责解释。

第二十七条 本规范自发布之日起施行。

附录四：征信业管理条例

中华人民共和国国务院令第 631 号

《征信业管理条例》已经 2012 年 12 月 26 日国务院第 228 次常务会议通过，现予公布，自 2013 年 3 月 15 日起施行。

第一章　总　则

第一条　为了规范征信活动，保护当事人合法权益，引导、促进征信业健康发展，推进社会信用体系建设，制定本条例。

第二条　在中国境内从事征信业务及相关活动，适用本条例。

本条例所称征信业务，是指对企业、事业单位等组织（以下统称企业）的信用信息和个人的信用信息进行采集、整理、保存、加工，并向信息使用者提供的活动。

国家设立的金融信用信息基础数据库进行信息的采集、整理、保存、加工和提供，适用本条例第五章规定。

国家机关以及法律、法规授权的具有管理公共事务职能的组织依照法律、行政法规和国务院的规定，为履行职责进行的企业和个人信息的采集、整理、保存、加工和公布，不适用本条例。

第三条　从事征信业务及相关活动，应当遵守法律法规，诚实守信，不得危害国家秘密，不得侵犯商业秘密和个人隐私。

第四条　中国人民银行（以下称国务院征信业监督管理部门）及其派出机构依法对征信业进行监督管理。

县级以上地方人民政府和国务院有关部门依法推进本地区、本行业的社会信用体系建设，培育征信市场，推动征信业发展。

第二章　征信机构

第五条　本条例所称征信机构，是指依法设立，主要经营征信业务的机构。

第六条 设立经营个人征信业务的征信机构，应当符合《中华人民共和国公司法》规定的公司设立条件和下列条件，并经国务院征信业监督管理部门批准：

（一）主要股东信誉良好，最近 3 年无重大违法违规记录；

（二）注册资本不少于人民币 5 000 万元；

（三）有符合国务院征信业监督管理部门规定的保障信息安全的设施、设备和制度、措施；

（四）拟任董事、监事和高级管理人员符合本条例第八条规定的任职条件；

（五）国务院征信业监督管理部门规定的其他审慎性条件。

第七条 申请设立经营个人征信业务的征信机构，应当向国务院征信业监督管理部门提交申请书和证明其符合本条例第六条规定条件的材料。

国务院征信业监督管理部门应当依法进行审查，自受理申请之日起 60 日内作出批准或者不予批准的决定。决定批准的，颁发个人征信业务经营许可证；不予批准的，应当书面说明理由。

经批准设立的经营个人征信业务的征信机构，凭个人征信业务经营许可证向公司登记机关办理登记。

未经国务院征信业监督管理部门批准，任何单位和个人不得经营个人征信业务。

第八条 经营个人征信业务的征信机构的董事、监事和高级管理人员，应当熟悉与征信业务相关的法律法规，具有履行职责所需的征信业从业经验和管理能力，最近 3 年无重大违法违规记录，并取得国务院征信业监督管理部门核准的任职资格。

第九条 经营个人征信业务的征信机构设立分支机构、合并或者分立、变更注册资本、变更出资额占公司资本总额 5% 以上或者持股占公司股份 5% 以上的股东的，应当经国务院征信业监督管理部门批准。

经营个人征信业务的征信机构变更名称的，应当向国务院征信业监督管理部门办理备案。

第十条 设立经营企业征信业务的征信机构，应当符合《中华人民共和国公司法》规定的设立条件，并自公司登记机关准予登记之日起 30 日内向所在地的国务院征信业监督管理部门派出机构办理备案，并提供下列材料：

（一）营业执照；

（二）股权结构、组织机构说明；

（三）业务范围、业务规则、业务系统的基本情况；

（四）信息安全和风险防范措施。备案事项发生变更的，应当自变更之日起 30 日内向原备案机构办理变更备案。

第十一条 征信机构应当按照国务院征信业监督管理部门的规定，报告上一年度开展征信业务的情况。

国务院征信业监督管理部门应当向社会公告经营个人征信业务和企业征信业务的征信机构名单，并及时更新。

第十二条 征信机构解散或者被依法宣告破产的,应当向国务院征信业监督管理部门报告,并按照下列方式处理信息数据库:

(一)与其他征信机构约定并经国务院征信业监督管理部门同意,转让给其他征信机构;

(二)不能依照前项规定转让的,移交给国务院征信业监督管理部门指定的征信机构;

(三)不能依照前两项规定转让、移交的,在国务院征信业监督管理部门的监督下销毁。

经营个人征信业务的征信机构解散或者被依法宣告破产的,还应当在国务院征信业监督管理部门指定的媒体上公告,并将个人征信业务经营许可证交国务院征信业监督管理部门注销。

第三章 征信业务规则

第十三条 采集个人信息应当经信息主体本人同意,未经本人同意不得采集。但是,依照法律、行政法规规定公开的信息除外。

企业的董事、监事、高级管理人员与其履行职务相关的信息,不作为个人信息。

第十四条 禁止征信机构采集个人的宗教信仰、基因、指纹、血型、疾病和病史信息以及法律、行政法规规定禁止采集的其他个人信息。

征信机构不得采集个人的收入、存款、有价证券、商业保险、不动产的信息和纳税数额信息。但是,征信机构明确告知信息主体提供该信息可能产生的不利后果,并取得其书面同意的除外。

第十五条 信息提供者向征信机构提供个人不良信息,应当事先告知信息主体本人。但是,依照法律、行政法规规定公开的不良信息除外。

第十六条 征信机构对个人不良信息的保存期限,自不良行为或者事件终止之日起为5年;超过5年的,应当予以删除。

在不良信息保存期限内,信息主体可以对不良信息作出说明,征信机构应当予以记载。

第十七条 信息主体可以向征信机构查询自身信息。个人信息主体有权每年两次免费获取本人的信用报告。

第十八条 向征信机构查询个人信息的,应当取得信息主体本人的书面同意并约定用途。但是,法律规定可以不经同意查询的除外。

征信机构不得违反前款规定提供个人信息。

第十九条 征信机构或者信息提供者、信息使用者采用格式合同条款取得个人信息主体同意的,应当在合同中作出足以引起信息主体注意的提示,并按照信息主体的要求作出明确说明。

第二十条 信息使用者应当按照与个人信息主体约定的用途使用个人信息,不得用作约定以外的用途,不得未经个人信息主体同意向第三方提供。

第二十一条 征信机构可以通过信息主体、企业交易对方、行业协会提供信息，政府有关部门依法已公开的信息，人民法院依法公布的判决、裁定等渠道，采集企业信息。

征信机构不得采集法律、行政法规禁止采集的企业信息。

第二十二条 征信机构应当按照国务院征信业监督管理部门的规定，建立健全和严格执行保障信息安全的规章制度，并采取有效技术措施保障信息安全。

经营个人征信业务的征信机构应当对其工作人员查询个人信息的权限和程序作出明确规定，对工作人员查询个人信息的情况进行登记，如实记载查询工作人员的姓名，查询的时间、内容及用途。工作人员不得违反规定的权限和程序查询信息，不得泄露工作中获取的信息。

第二十三条 征信机构应当采取合理措施，保障其提供信息的准确性。

征信机构提供的信息供信息使用者参考。

第二十四条 征信机构在中国境内采集的信息的整理、保存和加工，应当在中国境内进行。

征信机构向境外组织或者个人提供信息，应当遵守法律、行政法规和国务院征信业监督管理部门的有关规定。

第四章　异议和投诉

第二十五条 信息主体认为征信机构采集、保存、提供的信息存在错误、遗漏的，有权向征信机构或者信息提供者提出异议，要求更正。

征信机构或者信息提供者收到异议，应当按照国务院征信业监督管理部门的规定对相关信息作出存在异议的标注，自收到异议之日起 20 日内进行核查和处理，并将结果书面答复异议人。

经核查，确认相关信息确有错误、遗漏的，信息提供者、征信机构应当予以更正；确认不存在错误、遗漏的，应当取消异议标注；经核查仍不能确认的，对核查情况和异议内容应当予以记载。

第二十六条 信息主体认为征信机构或者信息提供者、信息使用者侵害其合法权益的，可以向所在地的国务院征信业监督管理部门派出机构投诉。

受理投诉的机构应当及时进行核查和处理，自受理之日起 30 日内书面答复投诉人。

信息主体认为征信机构或者信息提供者、信息使用者侵害其合法权益的，可以直接向人民法院起诉。

第五章　金融信用信息基础数据库

第二十七条 国家设立金融信用信息基础数据库，为防范金融风险、促进金融业发展提供相关信息服务。

金融信用信息基础数据库由专业运行机构建设、运行和维护。该运行机构不以营利为目的，由国务院征信业监督管理部门监督管理。

第二十八条 金融信用信息基础数据库接收从事信贷业务的机构按照规定提供的信贷信息。

金融信用信息基础数据库为信息主体和取得信息主体本人书面同意的信息使用者提供查询服务。国家机关可以依法查询金融信用信息基础数据库的信息。

第二十九条 从事信贷业务的机构应当按照规定向金融信用信息基础数据库提供信贷信息。

从事信贷业务的机构向金融信用信息基础数据库或者其他主体提供信贷信息，应当事先取得信息主体的书面同意，并适用本条例关于信息提供者的规定。

第三十条 不从事信贷业务的金融机构向金融信用信息基础数据库提供、查询信用信息以及金融信用信息基础数据库接收其提供的信用信息的具体办法，由国务院征信业监督管理部门会同国务院有关金融监督管理机构依法制定。

第三十一条 金融信用信息基础数据库运行机构可以按照补偿成本原则收取查询服务费用，收费标准由国务院价格主管部门规定。

第三十二条 本条例第十四条、第十六条、第十七条、第十八条、第二十二条、第二十三条、第二十四条、第二十五条、第二十六条适用于金融信用信息基础数据库运行机构。

第六章　监督管理

第三十三条 国务院征信业监督管理部门及其派出机构依照法律、行政法规和国务院的规定，履行对征信业和金融信用信息基础数据库运行机构的监督管理职责，可以采取下列监督检查措施：

（一）进入征信机构、金融信用信息基础数据库运行机构进行现场检查，对向金融信用信息基础数据库提供或者查询信息的机构遵守本条例有关规定的情况进行检查；

（二）询问当事人和与被调查事件有关的单位和个人，要求其对与被调查事件有关的事项作出说明；

（三）查阅、复制与被调查事件有关的文件、资料，对可能被转移、销毁、隐匿或者篡改的文件、资料予以封存；

（四）检查相关信息系统。

进行现场检查或者调查的人员不得少于2人，并应当出示合法证件和检查、调查通知书。被检查、调查的单位和个人应当配合，如实提供有关文件、资料，不得隐瞒、拒绝和阻碍。

第三十四条 经营个人征信业务的征信机构、金融信用信息基础数据库、向金融信用信息基础数据库提供或者查询信息的机构发生重大信息泄露等事件的，国务院征信业监督管理部门可以采取临时接管相关信息系统等必要措施，避免损害扩大。

第三十五条　国务院征信业监督管理部门及其派出机构的工作人员对在工作中知悉的国家秘密和信息主体的信息，应当依法保密。

第七章　法律责任

第三十六条　未经国务院征信业监督管理部门批准，擅自设立经营个人征信业务的征信机构或者从事个人征信业务活动的，由国务院征信业监督管理部门予以取缔，没收违法所得，并处 5 万元以上 50 万元以下的罚款；构成犯罪的，依法追究刑事责任。

第三十七条　经营个人征信业务的征信机构违反本条例第九条规定的，由国务院征信业监督管理部门责令限期改正，对单位处 2 万元以上 20 万元以下的罚款；对直接负责的主管人员和其他直接责任人员给予警告，处 1 万元以下的罚款。

经营企业征信业务的征信机构未按照本条例第十条规定办理备案的，由其所在地的国务院征信业监督管理部门派出机构责令限期改正；逾期不改正的，依照前款规定处罚。

第三十八条　征信机构、金融信用信息基础数据库运行机构违反本条例规定，有下列行为之一的，由国务院征信业监督管理部门或者其派出机构责令限期改正，对单位处 5 万元以上 50 万元以下的罚款；对直接负责的主管人员和其他直接责任人员处 1 万元以上 10 万元以下的罚款；有违法所得的，没收违法所得。给信息主体造成损失的，依法承担民事责任；构成犯罪的，依法追究刑事责任：

（一）窃取或者以其他方式非法获取信息；

（二）采集禁止采集的个人信息或者未经同意采集个人信息；

（三）违法提供或者出售信息；

（四）因过失泄露信息；

（五）逾期不删除个人不良信息；

（六）未按照规定对异议信息进行核查和处理；

（七）拒绝、阻碍国务院征信业监督管理部门或者其派出机构检查、调查或者不如实提供有关文件、资料；

（八）违反征信业务规则，侵害信息主体合法权益的其他行为。

经营个人征信业务的征信机构有前款所列行为之一，情节严重或者造成严重后果的，由国务院征信业监督管理部门吊销其个人征信业务经营许可证。

第三十九条　征信机构违反本条例规定，未按照规定报告其上一年度开展征信业务情况的，由国务院征信业监督管理部门或者其派出机构责令限期改正；逾期不改正的，对单位处 2 万元以上 10 万元以下的罚款；对直接负责的主管人员和其他直接责任人员给予警告，处 1 万元以下的罚款。

第四十条 向金融信用信息基础数据库提供或者查询信息的机构违反本条例规定,有下列行为之一的,由国务院征信业监督管理部门或者其派出机构责令限期改正,对单位处 5 万元以上 50 万元以下的罚款;对直接负责的主管人员和其他直接责任人员处 1 万元以上 10 万元以下的罚款;有违法所得的,没收违法所得。给信息主体造成损失的,依法承担民事责任;构成犯罪的,依法追究刑事责任:

(一)违法提供或者出售信息;

(二)因过失泄露信息;

(三)未经同意查询个人信息或者企业的信贷信息;

(四)未按照规定处理异议或者对确有错误、遗漏的信息不予更正;

(五)拒绝、阻碍国务院征信业监督管理部门或者其派出机构检查、调查或者不如实提供有关文件、资料。

第四十一条 信息提供者违反本条例规定,向征信机构、金融信用信息基础数据库提供非依法公开的个人不良信息,未事先告知信息主体本人,情节严重或者造成严重后果的,由国务院征信业监督管理部门或者其派出机构对单位处 2 万元以上 20 万元以下的罚款;对个人处 1 万元以上 5 万元以下的罚款。

第四十二条 信息使用者违反本条例规定,未按照与个人信息主体约定的用途使用个人信息或者未经个人信息主体同意向第三方提供个人信息,情节严重或者造成严重后果的,由国务院征信业监督管理部门或者其派出机构对单位处 2 万元以上 20 万元以下的罚款;对个人处 1 万元以上 5 万元以下的罚款;有违法所得的,没收违法所得。给信息主体造成损失的,依法承担民事责任;构成犯罪的,依法追究刑事责任。

第四十三条 国务院征信业监督管理部门及其派出机构的工作人员滥用职权、玩忽职守、徇私舞弊,不依法履行监督管理职责,或者泄露国家秘密、信息主体信息的,依法给予处分。给信息主体造成损失的,依法承担民事责任;构成犯罪的,依法追究刑事责任。

第八章 附则

第四十四条 本条例下列用语的含义:

(一)信息提供者,是指向征信机构提供信息的单位和个人,以及向金融信用信息基础数据库提供信息的单位。

(二)信息使用者,是指从征信机构和金融信用信息基础数据库获取信息的单位和个人。

(三)不良信息,是指对信息主体信用状况构成负面影响的下列信息:信息主体在借贷、赊购、担保、租赁、保险、使用信用卡等活动中未按照合同履行义务的信息,对信息主体的行政处罚信息,人民法院判决或者裁定信息主体履行义务以及强制执行的信息,以及国务院征信业监督管理部门规定的其他不良信息。

第四十五条 外商投资征信机构的设立条件,由国务院征信业监督管理部门会同国务院有关部门制定,报国务院批准。境外征信机构在境内经营征信业务,应当经国务院征信业监督管理部门批准。

第四十六条 本条例施行前已经经营个人征信业务的机构,应当自本条例施行之日起 6 个月内,依照本条例的规定申请个人征信业务经营许可证。本条例施行前已经经营企业征信业务的机构,应当自本条例施行之日起 3 个月内,依照本条例的规定办理备案。

第四十七条 本条例自 2013 年 3 月 15 日起施行。